VALENTINE'S WAY

BOBBY VALENTINE
& PETER GOLENBOCK

ボビー・バレンタイン自伝

ボビー・バレンタイン＆ピーター・ゴレンボック

訳 中曽根俊／監訳 荒木重雄

TOYOKAN BOOKS

ライル小学校5年生の時

1964年スタンフォード・アメリカン・ベーブルース・ワールドシリーズ出場チーム

父と、イタリアから移民してきた父の両親

1964年フロリダのダンス選手権でのパム・デンプシーと私

スポーツ・マガジン誌のアスリート・オブ・ザ・マンス受賞時に母と父(左)と共に

史上最高のマイナーリーグチーム？　1970年スポケーン・インディアンズは歴史に名を残したチームだった

1968年オグデン・ドジャース:
バックナー、ラソーダ、ガービーと私

1970年スポケーン時代:
トミー、エディ・ミナシアン、私、スティーブ・ガービー

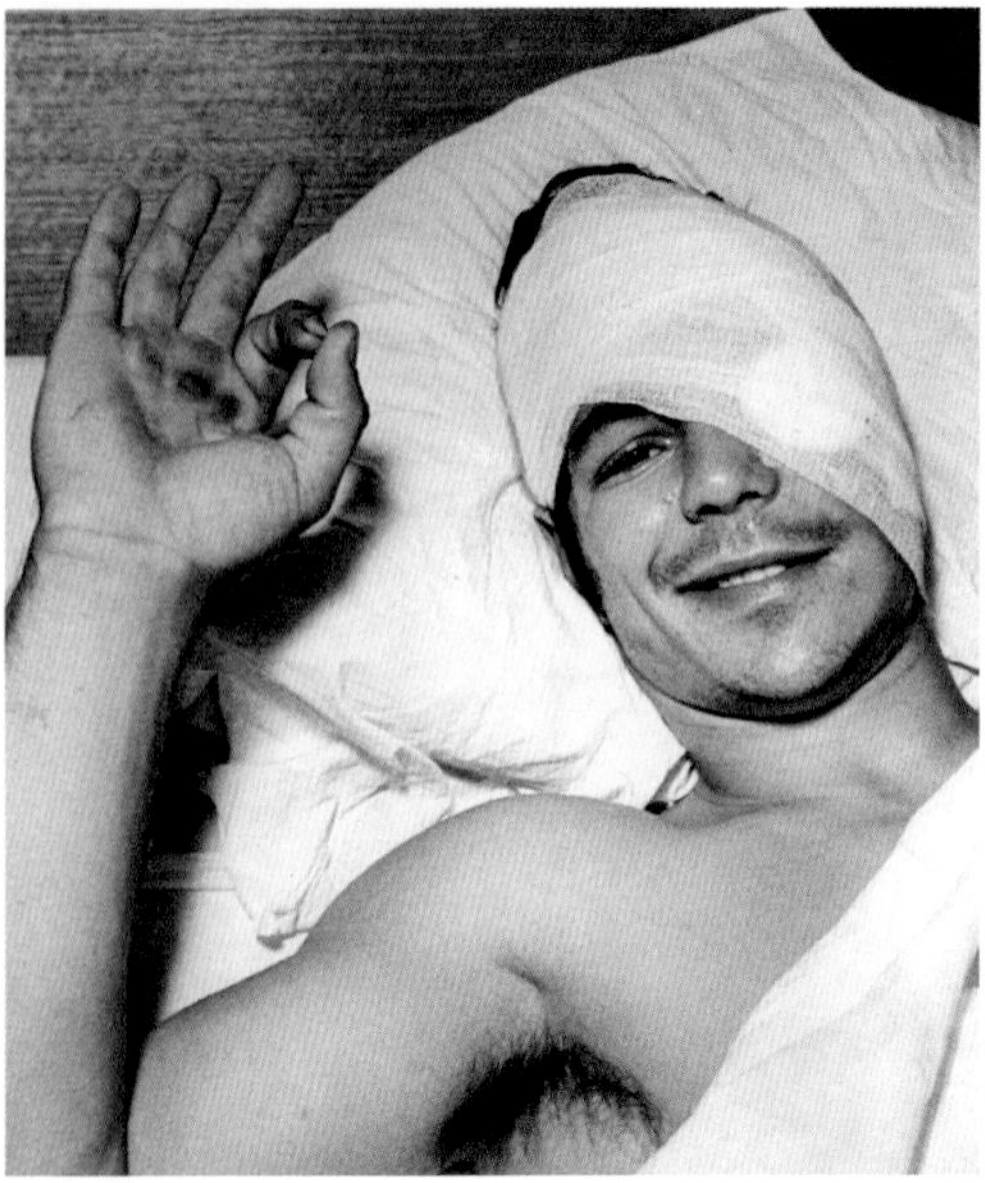

顔面に死球を受けた後、1週間入院

1973年、脚のケガを負う前は
エンジェルズのチーム首位打者だった

38 BRIDGEPORT POST Friday, May 18, 1973

VALENTINE BREAKS LEG AS ANGELS BOW TO OAKLAND

Crashes Into Fence Pursuing HR Clout

Injury Blights Stamford Native's 'Happiest' Year in Majors

By RON ROACH

ANAHEIM (AP) — Bobby Valentine's "happiest" season of major league baseball may have lasted only 41 days.

The peppery California Angels' center fielder, outspokenly gleeful for the opportunity to play every game after two seasons of what he called frustration with the Los Angeles Dodgers, suffered a broken right leg Thursday night.

He crashed into the left-center field fence at Anaheim Stadium while pursuing a three-run homer by Dick Green of Oakland. The ball hit the top of the eight-foot chain link fence and bounced over. The A's won, 4-0.

Valentine is a graduate of Rippowam high school, Stamford, where he was outstanding in both baseball and football. He started his major league baseball career with the Los Angeles Dodgers two years ago before being traded to the California Angels.

Valentine struck the padded fence, fracturing both the tibia—the big bone—and the smaller fibula about five inches above the ankle.

Dr. Jules Rasinski, team physician, placed the leg in a cast at nearby St. Joseph's Hospital and said Valentine "likely will be in the cast for 2½ to three months."

That would take until at least August; then he would require rehabilitation before joining the Angels.

Rasinski said there was only a "faint possibility" that Valentine would play again this season. "He'll be in a cast and then a walking cast for 12 to 16 weeks, and it will take another four weeks to limber his ankle up."

The doctor said, however, there was no reason to believe Valentine will not fully recover.

General Manager Harry Dalton said: "I can't say for sure" [illegible] would be able to [illegible] the season.

"The [illegible] are not compound—the bones are not sticking out through the skin. The X-rays appear that it was a reasonably clean break, no jagged edges."

Dalton said he didn't ask Va-

The SCOREBOARD

NATIONAL LEAGUE
Yesterday's Results
New York at Montreal (ppd.)
St. Louis 6, Chicago 4
Pittsburgh 5, Philadelphia 2
Los Angeles 3, Cincinnati 1
Houston 2, Atlanta 1
(Only games scheduled)

Eastern Division

	W	L	Pct.	GB
Chicago	21	15	.583	—
New York	18	15	.545	1½
Pittsburgh	14	16	.467	4
Montreal	14	17	.452	4½
Philadelphia	13	21	.382	7
St. Louis	11	23	.324	9

Western Division

	W	L	Pct.	GB
San Francisco	26	14	.650	—
Houston	23	15	.605	2
Cincinnati	20	15	.571	3½
Los Angeles	21	16	.568	3½
Atlanta	15	20	.429	8½
San Diego	14	23	.378	10½

Games Today and Pitchers
Chicago (Jenkins 3-3) at Philadelphia (Ruthven 1-2), 7:35 p.m.
St. Louis (Gibson 2-4) at Montreal (Moore 2-2), 8:05 p.m.
Pittsburgh (Walker 1-1) at New York (Seaver 4-3), 8:05 p.m.
Los Angeles (Messersmith 3-3) at Atlanta (Reed 2-4), 8:05 p.m.
San Diego (Greif 3-2) at Cincinnati (Billingham 6-1), 8:05 p.m.
San Francisco (Willoughby 3-2) at Houston (Roberts 3-1), 8:30 p.m.

AMERICAN LEAGUE
Yesterday's Results
New York 4, Milwaukee 2 (11)
Detroit 1, Boston 0
Baltimore 4, Cleveland 1
Oakland 4, California 0
Kansas City 6, Texas 1
Chicago 3, Minnesota 4

Eastern Division

	W	L	Pct.	GB
Detroit	17	17	.500	—
New York	16	17	.485	—½
Baltimore	15	17	.469	1
Milwaukee	15	17	.469	1
Boston	14	17	.452	1½
Cleveland	15	20	.429	2½

Western Division

	W	L	Pct.	GB
Chicago	20	10	.667	—
Kansas City	21	15	.583	2
California	18	14	.563	3
Oakland	19	17	.528	4
Minnesota	15	16	.484	5½
Texas	12	20	.375	9

BOBBY VALENTINE CRASHES INTO FENCE—California Angels' Bobby Valentine goes up high to try to catch long ball hit by Oakland's Dick Green, then crashes into center field fence, and falls to ground with a broken right leg during second inning of game at Anaheim Stadium Thursday night. Ball went over fence for a three-run homer. Valentine will be sidelined at least three months. Oakland won the game, 4-0.

DODGERS SCORE BEHIND SUTTON

By ALEX SACHARE
Associated Press Sports Writer

UB Nine Faces Adelphi In ECAC Opener Today

SECRETARIAT FACES 5 FOES

Nettles' Homer Gives Yanks Victory in 11th

Major League Leaders

DAN SIKES TOPS MEMPHIS FIELD

Memphis Golf Scores

1973年5月18日、私のケガを報じる『ザ・ブリッジポート・ポスト』紙

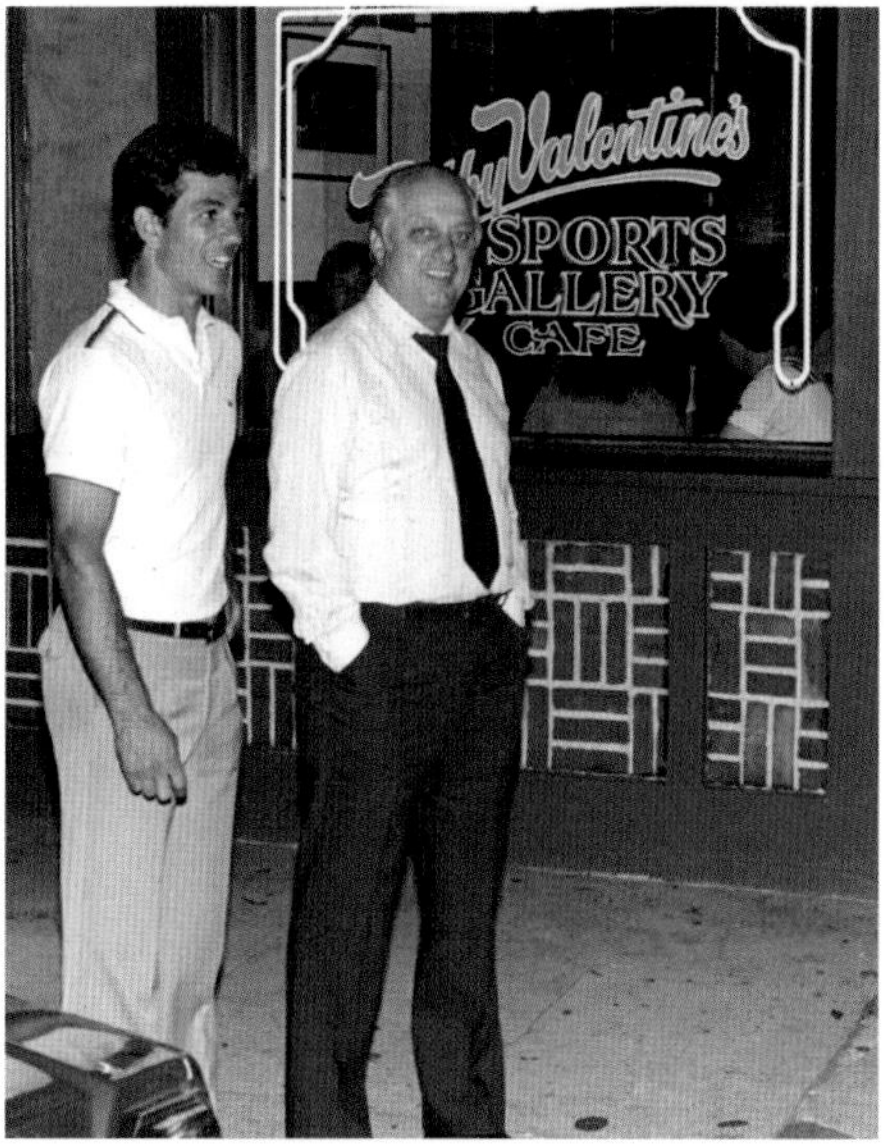

1980年、私の最初のレストランでトミーと

1980年、ボブ・コスタスの初の中継で共に仕事をしたNBCの放送

1983年犯罪容疑者の写真

1989年、テキサス・レンジャーズはジョージ・W・ブッシュによって買収された。前列左から右:マイク・ストーン球団社長、私、トム・グリーブGM

上:この直後に財産が5000ドル減る

左:シェイ・スタジアムでメアリー、ボビーJr.と

日本一、アジア王者になった後、千葉のバレンタイン通りで優勝記念パレード

9・11から2日後のグラウンドゼロで

私とジョー・トーリ、20年後のグラウンドゼロで

オーバル・オフィスでジョージ・W・ブッシュ大統領と

オーバル・オフィス（大統領執務室）で
ロナルド・レーガン大統領と面会する私とトミー

パタキ知事と共に、
トミー、私の弁護士フィル・ハーシュ（右）、私

スタンフォード出身で殿堂入りしたアンディ・ロバステーリ

この本を、私の人生を実にエキサイティングなものにしてくれた、すべての素晴らしい人々と教えを授けてくれた方々に捧げる。

　スタンフォードの私の家族と友人たち。私がともに時間を過ごすことができたすべてのチームのチームメート、コーチ、選手、フロントオフィススタッフ。偉大なる故ジョー・ロマーノと彼の家族。ポール・プポ、フランク・ランペンと彼の妻ミシェール、マイク・アレグラ。トム・ケリー、マックスことマンガニーズ・バルサザー、そしてレストランを実に長い間守り続けてくれた勤勉な人々。テキサスのレストラン運営を支えてくれたピート・ムーアとポール・チェックアイ、その他大勢の人々。日本での私の時間をとてもエキサイティングなものにしてくれた髙石昂司と中曽根俊には、心から感謝を伝える。私の兄ジョーと義姉パティ、彼らの家族、そしてもちろん、メアリーとボビーJr.。すでに旅立ってしまった次の人たちには、最後の謝意を捧げる。クリス・セイビア、アンとラルフのブランカ夫妻、ミッキー・リオーニ、トム・ロブソン、ビリー・バックナー、私の母グレイス、私の父ジョー、そして最後にもう一度、トミー・ラソーダ。

はじめに

私は非常に幸運な男だが、この幸運は、祖父のジョン・バレンタインがエリス島を離れてコネティカット州スタンフォードに向かった1910年10月10日に始まった。ジョンはイタリアのナポリでメカニックをしており、2001年に私がニューヨーク市のコロンバスデー・パレードの総指揮官をした際にジョージ・パタキ知事から受け取った乗客名簿によると、ジョンのポケットには15ドルしか入っていなかった。

当時の移民の多くがそうだったように、私の家族は、目前にある新たな機会に心を躍らせていたため、自分たちが離れた土地のことは語らなかった。私の母と父は、自称「世界の野球の首都」で出会ったのだが、彼らが会ってくれたことは私にとって非常に幸運だった。私が少年野球時代に多くの試合をプレーしたキューベータ・スタジアムの木製外野フェンスには、センターを中心にこのスローガンが書かれていた――〝世界の野球の首都、スタンフォードへようこそ〟。スタンフォードは1900年代初頭から野球がプレーされ、人々に楽しまれてきた。初期の移民たちの多くは、特に戦後は野球を人生の節目の出来事として捉えていた。私には、私より前の世代と私の友人たち、そして私をずっと助けてくれた、信じられないほど支援的な家族に深い恩義がある。

私の祖父母は4人ともイタリア語を話し、ほとんど英語を話せなかった。4人とも私が子供のときに亡くなった。最後に逝ったのは父方の祖母だった。町の中心部で彼女が3家族共同で住んでいた家は、日曜の夕食になると、家族のほとんどが集まる場所だった。私はそこで多くのいとこたちと一緒に『エド・サリバン・ショー［訳注：1948年〜1971年までアメリカで放送されていたバラエティ番組］』でビートルズを見たのを覚えている。そして、祖母がこう言ってくれたのも記憶に残っている。おばのクレミーが通訳してくれたのだが、祖母は、バレンタインの名前が警察に関わらない内容で新聞の見出しになったことに、とても誇りを持っていると言ってくれた。私はリトルリーグのオールスターゲームでノーヒットノーランを達成し、新聞に載ったのだ。祖母が誇りに思うと言ってくれたことに、幸せな気持ちでいっぱいになった。

私はティーンエイジャーになると、スポーツの予定が埋まって家族と夕食を共にすることができなくなったので、私の母が祖母の代わりに料理をしてくれるようになった。母は、まさにすべてを請け負っていた。常に仕事を持っていた母は、週に40時間働き、少なくとも80時間は働いていた父と共にあらゆる手を尽くして家を守り、家族のケアをしてくれた。母は学校や教会、チームのグループすべてに所属し、時間や専門技術を提供することを惜しまなかった。そして、兄のジョーイ（ジョー）と私に愛情をたっぷりと注いでくれた。常に周りの人を立ててくれて、私たちが知り合った人たち全員が家族の一員のように感じられるよう気を遣ってくれた。私は幸運だと述べたが、私の人生においてどれほど素晴らしい家族と友人に恵まれていたかを説明するには、もう一冊本を書かなければならない。

目次

1 少年期

私の祖父母が最初にアメリカに着いたとき、イタリア人は〝トーテムポール〟の最下層に位置づけられていた。おじやおばから聞いたところによると、彼らは差別を受けたため、子供たちをイタリア人的にならないよう育てたという。だからこそ、私の両親は「アメリカ人」にならなくてはいけなかった。

父には3人の兄弟と2人の姉妹がおり、母には3人の兄弟がいて、全員がスタンフォードに住んでいた。

私は素晴らしい家族に恵まれた。父のジョセフは、腕の立つ大工で昼夜を問わず働き続けるワーカホリックだった。日中の仕事を終えると、夕食後には家の地下にあるワークステーションに向かい、さらに仕事をしていた！

母のグレイスは、地球上に存在した最高の母親だった。みんなの食事を作り、私たちの学校や教会でボランティア活動を行い、フルタイムの仕事としてオフィスマネージャーを務めていた。常に笑顔を絶やさず、私たちの試合を1試合どころか1球たりとも見逃すことはなかった。

私は1950年5月13日、スタンフォード病院で生まれた。私たちはメルローズ・プレイス39にあった小さな5部屋の家に住んでいた。家には、両親の寝室と兄と私が一緒に使った寝室、ソファとテレビがあったリビングルーム、そして私たちがすべての食事を共にしたダイニングがあった。

家を出て角を曲がったところにはセント・クレメンツ教会があった。夏のハイライトのひとつは、ミサの後に野球のスタンフォード・トワイライト・リーグ〔訳注：大学を出た後プロになりきれなかった選手や元プロ選手がプレーするアマチュアのリーグ〕の試合を見ることだった。この試合には、かつてスタンフォードのチームで優勝を果たしたスター選手が出場していた。その中には、ミッキー・リオーニJr.、アンディ・ワシル、ロン・パレンティ、そして後に私の代理人となったトニー・アタナシオなどがいた。父とこれらの試合を見に行ったのは、かけがえのない思い出だ。

父は常に仕事をしていて、日曜の試合が終わった後もそうだったが、何とか時間を見つけて私の試合を見に来てくれた。それも、すべての試合を。彼を父にもてた私は幸運だった。ジョーと母と共に、私の家族は街におけるまさに最高のチームだった。

トワイライト・リーグは、私が子供のころに見た最高の生の野球だった。少年の頃、プロ野球は2度しか見に行ったことがない。最初に見に行った試合は曖昧な記憶しか残っておらず、ヤンキース対レッドソックスの試合だったと教えてもらったが、私の記憶にあるのは、ライトスタンドのかなり奥、鉄製の柱の真裏の席だったため、あまりよく見えなかったことだけだった。当時は障害物の裏の席も売られており、我々に手が届いたのはその席だけだった！　もう1試合は高校の最終学年のときで、やはりヤンキー・スタジアムだった。これについては、後ほど詳しく話そう。

兄のジョーはキャッチャーで非常に優れたアスリートだったが、お金を稼ぐことの方に興味が傾いていた。兄は19歳のときに工具や金型を作る会社で働き、最高にクールなシボレー・シェベルを買えるほどだった。

私たちが育ったスタンフォードのウォーターサイドは、1950年代、60年代当時では完璧な場所だった。メルフェア・マーケットや私たちが通った教会、そしてサウスフィールド公園があった。ロングアイランド・サウンドには小さなビーチもあった。私にとって夏は野球をするシーズンだったので、ビーチには行ったことがなかった。兄が私や他の子供たちを公園で一緒にプレーさせてくれたおかげで、自転車に乗れるようになった私は公園が第二の自宅となり、そこにいる誰とでも野球をやるようになった。公園の管理人だったフランチーナさんは、ひどいケンカが起きないよう目を光らせていた。

当時の子供たちは、時々ケンカをしなければならないと思っていた。校舎や教会の裏で衝突があり、誰と誰がいつどこでケンカをするという話はいつも聞こえてきた。兄はそういったことに関わらないグループの一員だった。

＊

私は中学生だった１９６０年代半ば、スタンフォード高校のアメフト（アメリカンフットボール）の試合を見ようとボイル・スタジアムに忍び込んだことがあった。試合後、ギャングと言ってもいいであろう別のグループ同士が場所を変えて殴り合いを演じた。私が知る中でも屈強だったひとりが、ジュロ・ジャクティだった。彼が飼っていたジャーマンシェパードは、彼よりもたちが悪かった。ジュロはいつも黒い服を着て黒いオートバイを乗り回し、その音で角の向こうから近づいてくるのがわかった。いつもケンカに参加していたため、私たちはそれを見物に行ったものだった。

兄は、当時流行していたストリートで歌う少年コーラスグループのひとつに参加して歌っていた。彼らはニューヨーク州ライにある古いアミューズメントパーク、プレイランドでレコードを作るほどだった。私のアイドル的存在だったジミー・アイナーはバロンズというグループに所属していて、彼らのレコード「プレッジ・オブ・フール」はヒットした。ジミーは彼の弟ドニーと共に音楽業界で名を馳せ、彼らのいとこのジョーイは、1967年に私の高校でアメフトのフルバックとしてプレーしていた。ジミーも街では腕っ節の強さで知られていた。彼はウェストサイドではなくコーブの出身で、ある日スタンフォード高校の試合中、ジミーとジュロが駐車場にある樫の木の下でやり合うという噂が流れた。私たち70人ほどが見守る中、ジミーがジュロをこてんぱんにやっつけた。そのとき私は、「そんなに強そうに見えないヤツがこんなに強いなんて、カッコいいな!」と驚きながら思っていた。

私は兄のジョーと3歳しか離れていなかったが、次世代の人間だった。1961年に映画『ウェストサイド物語』が封切られると、誰もがギャングを作らなければと考えるようになった。スタンフォードにはウェストサイドがあり、イタリア系の多くがそこに住んでいたが、彼らはギャングとは言い切れなかった。ハイリッジ地区に住む、我々より裕福な家の子供たちがグループを作ったので、私たちは彼らに対抗するグループを作り、「ジェンツ」という名を付けた。だが、彼らとの衝突は、エッグファイトがせいぜいだった。家の冷蔵庫から卵を拝借し、チェスナットヒルズ・パークのスウェルズで「一戦」を交え、卵を投げ合った。あまり命中しなかったが、それでも楽しかった。

私のライル小学校での時間は、卒業時の両親の呼び出しで終わった。女性校長のトーナー先生は、私がケンカばかりしていたので将来ろくなものにならないと両親に伝えた。スポーツとケンカ以上に何かさせなければいけないと考えた母は、私に社交ダンスのレッスンを受けるよう説得した。ところが、中学校の初日は学校中を前にしたケンカで始まった。しかし私はそれ以後トラブルから距離を置き、7年生、8年生ではスポーツに勤しみ、夏の間はベーブ・ルース・リーグ［訳注：リトルリーグ（10〜12歳）の上（13〜

15歳）のリーグ。日本で言う、リトルシニアリーグ］のチームで野球をした。

父のいとこのジョン・エスポジートとマイク・マンシーニが街のウェストサイドにあったミッキー・リオーニ・リトルリーグのビジテーションズというチームでコーチをしていた。父も仕事がないときに指導を手伝ってくれた。私は8歳のときにバットボーイをしていたが、試合内容が一方的になったり選手が足りなかったりしたときにコーチが私にプレーさせてくれた。出場機会はそれほど多くなかったが、それが私の野球歴の始まりだった。私は常に年上の子供たちの中に囲まれていた。最年少だったため、年上の選手たちがどうやってプレーしているのかを見ながらそれを自然に身につけていった。

リトルリーグはとても楽しかった。私は11歳と12歳のときにオールスターチームに選ばれた。オールスターゲームではノーヒットノーランを達成し、街のチャンピオンにもなった。リトルリーグで知り合った友達とは人生を通じての友人となった――フランキー・アボット、ジム・ザニーノ、ケン・ドーラン、ダレル・アタベリーなどだ。同じ街のライバルチームにも、長く付き合う友人ができた。ボビー・カストリガーノ、ベネット・サルバトーアなど今も友人としての付き合いがある人々は、当時同じ街のライバルで、倒したいと思っていた相手だった。今日の親友のひとり、ジョー・チアペッタは、当時わが街で最高のプレーヤーだったジミー・セイビアと共にナショナル・リトルリーグでプレーしていた。

私が、ベーブ・ルース・リーグのオールスターチームに初めて選ばれたのは、13歳のときだったと思う。リポワム高校のチームでプレーしたとき、私は9年生だった。また、ケープコッド・リーグ［訳注：大学生のトップレベルが集まる、有名な大学サマーリーグのひとつ］でプレーした唯一の高校3年生だったと思う。メジャーリーグに昇格したときはまだ19歳、メジャーリーグの監督に就任したときは35歳の若さだった。

他より若いというのがテーマだ。また、それは私にとって勲章でもある。この本の別の2つのテーマは、私を助けてくれた恩師がいたことと、私が本当にすごく幸運だったことだ。自分ではコントロールし得ないことが、私の人生には起きていた。私は何も関係していないのに、その恩恵を被ったのだ。

私は13歳のとき、13歳から15歳の子供のために作られたベーブ・ルース・リーグに入った。そのときに所属したホーリーネームというチームのコーチはスタンリー・バロスキーだった。オールスターチームのコーチは、スタンフォードのレジェンド的存在であるジョン・〝シャーキー〟・ローリーノ。シャーキーはスタンフォードのチームを率いて１９５２年、53年、54年とベーブ・ルース・リーグ・ワールドシリーズで3年連続の優勝を遂げた。１９５５年の決勝戦が行われたテキサス州オースティンに彼のチームが到着したとき、チームにいた２人の黒人選手は、白人選手と同じホテルには泊まれないとシャーキーは伝えられた。シャーキーは２人をチームが滞在したバーグストロム空軍基地に泊まれるよう手配し、チームの結束は決して崩さなかったことを、それ以降も胸を張って語ってくれた。

私たちは、シャーキーと彼の２人のアシスタント、アル・ジャッジとストッシュ・バロスキー（私の兄は彼の娘と結婚した）から今日のメジャーリーガーのほとんどが知っていることよりも多くの野球の基礎を学んだ。また、シャーキーは人種よりも才能が優先されることも教えてくれた。これは、私がずっと持ち続けている非常に大切な教えとなった。

シャーキー・ローリーノは、私がまるで彼の養子だったかのように大きな影響を私の人生に与えてくれた。13歳で選手として迎え入れてくれ、素晴らしい時間をもたらしてくれた。私にとっては、それまでのリトルリーグでの塁間60フィートから90フィートに変わったばかりで、突如全く違う世界に飛び込んだようだったが、彼がコーチでいてくれたおかげで、1年目でベーブ・ルース・リーグのオールスターチームに選出された。

私が14歳になった年は、チームにはものすごい勢いがついた。地元で最高の投手だったジミー・セイビアを擁していたし、ジミーとジョーイ・チアペッタはリトルリーグの最強チームでプレーしていたが、ここでは私のチームメートになっていた。私は打順3番でセンターを守り、盗塁をしてホームランを放ち、ヒットを量産したし、ピッチャーも務めた。14歳で本領を発揮し始めて、突出したシーズンを過ごした。誰よりも足が速かった私は、多くの注目を集めるようになっていた。

我々はコネティカット州のトリントンを破って州のチャンピオンになり、続いてニューイングランド・チャンピオンシップに向けてメイン州サンフォードに向かった。移動のスクールバスを運転したのは、私たちの地元スタンフォードで最高のホットドッグとハンバーガーを提供する「アルズ・ドッグハウス」を経営していたアル・ロピアーノだった。何年もの間、ベーブ・ルース・リーグのチームが遠征に出るときはアルが運転していた。途中、私たちにとって最高の場所A＆w（ファストフードチェーン）に立ち寄ってくれた。A＆wのルートビアーとホットドッグは最高の味だった。また、この遠征はその後につながる貴重な経験にもなった。このときのバス遠征は、後に私が経験するマイナーリーグのバス移動の序章だったのだ。私の両親は、アルが運転するバスの後に車列を作ってついてきてくれた。

メイン州でニューイングランド地方のチャンピオンになった我々は、ベーブ・ルース・リーグ・ワールドシリーズに出場するためユナイテッド航空に乗ってカリフォルニア州ウッドランドへ移動し、現地ではホームステイ先に泊まった。

第1戦は接戦の末敗れ、次に戦った相手はオレゴン州クラマスフォールズのチームだった。クラマスフォールズという地名を聞いたことがなく、我々はあまり野球をやっている土地ではないだろうと想像していた。

だが、それは間違いだった。私が先発したが、四球を次々に与え、2本のホームランを献上した。シャーキー・ローリーノはジミー・セイビアを登板させず、彼のキャリアで唯一先読みをしてしまった試合となった。シャーキーは、ケン・ブレット擁する優勝候補のカリフォルニア州エルセグンドのチームとの試合でジミーを登板させるため、起用を控えたのだった。

ジョージ・ブレットの兄ケン・ブレットは、成熟した15歳の選手で、ノーヒットノーランを成し遂げ自らホームランを2本打ってトーナメント優勝を手にした。

敗戦には心を折られたが、イベント自体は忘れ得ないものとなった。パレードが行われ、我々はオープンカーに乗ってメインストリートを通った。複数のメジャーリーガーが始球式をした。私は最後に試合を壊したが、オールトーナメントチーム（大会ベストナイン）に選ばれた。その後、我々はディズニーランドとドジャー・スタジアムを訪れた。それから何年もの間、メンバー全員が当時を振り返っては人生で最高の経験のひとつだったと語り合っている。私にとってもそうだった。新型コロナのロックダウン中に、私はベーブ・ルース・リーグと社交ダンスの映像が記録された古いテープが入った箱を見つけた。この映像は、今YouTubeで配信している。

＊

少年期を過ごしている間、学校でスポーツをすることが私にとって何よりも大切なことだった。ただの子供だった私の周囲で様々なことが起き、想像することすらできなかった道へ思うがままに進ませてくれた。8年生と9年生の間の夏に、私が通っていた中学校がスタンフォード市によって閉鎖された。それが幸運だった。この閉鎖によって、私は9年生として高校に行ったのだが、当時は今ほどよくあることではなかった。

8年生のときは街で最も多様性を持つ中学校であるクルーナンで野球をした。私が住んでいた場所の近所の子供たちや、労働者階級のイタリア系やポーランド系、アフリカ系アメリカ人は、みなクルーナンに進学した。通常であれば、9年生を卒業した後はスタンフォード高校に進んでいたが、1964年にクルーナンが閉鎖したとき、生徒たちは他の学校へ分散された。9年生はスタンフォード高校とリポワム高校の2校に分けられた。もうひとつの選択肢はスタンフォード・カトリック高校だったが、入学試験の日がフロリダ州マイアミで開かれる国際社交ダンス選手権と重なってしまった。私は大会で踊ることを選択し、試験を担当した修道女は日程の変更を許可しなかったため、私は公立高校に進む決断をすることとなった。

私の希望は、リポワム高校に進んでロン・パレンティの下で野球をすることだった。ただ問題は、私はリポワム地区に住んでいなかったことだった。その地区の高校に合法に行く方法を見つけるのは容易なことではなかった。父は絶対に間違ったことをしたくない人で、運転中に制限速度を超えることは一度もなく、誰かが違法だと思うようなことは何ひとつしなかった。列の順番を守り、常に正しいことをしていた時代のイタリア人そのものだった。当時を振り返ると、私は父に畏敬の念を抱く。父はタバコを吸わず、酒も飲まず、私は大人になるまで父が罵るのも聞いたことがなかった。罵ったとしても、ごく限られたときのみだった。母を心から愛し、ジョーと私のために生き、私たちを常にケアしてくれた。

私がリポワム高校に進んでロンの下で野球をすることがいかに大切なことか、シャーキーとロンが両親を説得すると、父はわが家を売ってリポワム地区に移った。

いとこのリッチーが、1万9000ドルでわが家を買うことに合意してくれた。残念なことにリッチーは前金を支払うだけの資金を持ち合わせていなかったが、1年以内に払うと約束してくれた。そして、私はリポワム高校に合法的に通うため、1年目はサウスフィールド・ビレッジのアービング・アベニュー25にある祖母の家に住んだ。そこは、学区の境界のすぐリポワム側にある政府の住宅プロジェクトだった。私は祖父母の住所を自宅として学校に届け出て、その年は祖父母とたくさんの時間を過ごした。

私の成功の中心にあったものは何だろうかと振り返るとき、今でも不思議なのは、「どうやってそれが起きたのか」ということだった。なぜなら、ロンは私の指導者かつ恩師として「本当に完璧な人物」だったからだ。彼はイタリア系で、3A《トリプル》でのプレー経験があり、威厳のある学者のような振る舞いをする人だった。彼は私が置かれている状況を私よりもよく理解していたし、彼の友人の何人かはその高校のユダヤ系の教師で、そのうちのひとりがアメフト部でコーチをしていたアル・シェイネンだったことを、私は素晴らしいと思っていた。

アルと彼の妻バーバラ、アルの妹ソンドラ・メルツァーと夫のフランク、そして地元の弁護士が、私をほぼ養子として扱ってくれた。この世で最も華々しさを持つと言って過言ではないソンドラは、英語学科の学科長だった。SATテスト［訳注：Scholastic Assessment Test／アメリカの高校生が受ける、大学進学のための標準テスト］で良い点が取れるようにラテン語を4年間学ぶよう私を説き伏せてくれた。また、私がただの運動バカで終わらないよう、人生に多様性を持たせるために学校演劇の主役に挑戦するよう勧めてくれた。これらの素晴らしい人々は、私にとって家族以上の存在となった。彼らは、自分たちの子供以上に私のことをケアしてくれた。そのため、子供たちはやや私を恨んでいたが、それも無理はない。

彼らは私の世話をしてくれた。私にはポテンシャルがあるが、成功するためには彼らの助けが必要であることを知ってくれていたし、私に多才な人間になってほしいと思ってくれていたから、私は彼らに従った。運動バカでいるのは簡単なことだったが、他のことはすべて大変だった。だが、彼らなしでは達成できなかっただろうと思える目標があった。SATで良い成績を取りたかった。イェール大学に勧誘されたかった。ダートマス大学やペンシルベニア大学に入りたかった。自分のためではない。私はアイビー・リーグにそれほど興味を持っていなかったから。だが、彼らのために、だった。彼らが時間を費やしてくれた。彼らが見返りを受けるべきだった。

私は可能な限り多くのことに挑戦した。ソンドラ・メルツァーが思い描いていたように、弁護士になろうと思っていた時期もあった。また、プロのダンサーにもなりたかった。1962年からビル・デフォマートのダンススクールに通い始め、ビルが私より年上の少女、パム・デンプシーとパートナーを組ませると、私たちはコンテストで優勝を続けた。地方のコンテストに勝ち、全米大会に進み、さらにマイアミのフォンテーヌブロー・ホテルで行われた国際大会へとコマを進めた。1964年のニューヨーク・ワールドフェアーの開幕式典でもパフォーマンスをした。6組のペアが、「ムーン・リバー」に合わせてシンクロしたウィンナワルツを踊るため1ヶ月間猛練習をした。私たちは抜群のダンスを披露し、スタンディングオベーションを受けた。パムと私は、優勝チームが50ドルを受け取るコニー・アイランドでのコンテストにエントリーしようと話していたが、そこでロンが不意に言葉を挟んできた。「もしダンスがスポーツと認識されていた場合、それで賞金をもらってしまうと大学でスポーツをすることができなくなってしまうかもしれないよ」と彼は言った。リスクが高すぎると彼が言ってくれたので、私はエントリーしなかった。

リポワム高校に入学するまで、私は競技としてのアメフトをほとんどしたことがなかった。そもそもアメフトはポップ・ウォーナー・リーグ［訳注：アメフトの少年リーグ］で始めるはずだった。私はすべての練習に参加し、最初の試合を翌日に控えたところでコーチが選手全員にクルーカット（短く刈り込んだ髪型）にしてくるよう命じた。当時の私は大きくウェーブのかかったポンパドールにしていて、とても気に入った髪型だったので、父に髪は切らず試合には出ないと伝えた。父は反対しなかったので、私はプレーしなかった。

高校に入る前にプレーしたアメフトは、サウスフィールド・パークで年上の子供たちとやったときだけで、それも彼らがアメフトのボールを持っていたからだった。公園でプレーするアメフトは防具なしにタックルをするが、兄と兄の友人たちは私にもプレーさせてくれた。私は他のほぼ全員よりも足が速く素早く動けたので、ほとんどタックルされなかったため、ひどいケガをすることは全然なかった。

アル・シェイネンは、高校のアメフトは安全で私にプレーをさせるべきだとロンと父を説き伏せてくれた。アルは優れたコーチであると同時に、腕の立つセールスマンでもあった。9年生のほとんどはJVチーム（二軍）でプレーしていたが、野球部の一軍でコーチを務めるロンとアメフト部の一軍でコーチをしていたシェイネンは親しく、私がケガをしないためにはJVチームでプレーすべきではないと2人で判断した。その代わりに、私はアルのプレーを学ぶことができる一軍のメンバーとなった。プレーした期間は短かったが、初めて試合に出場したとき、私はステイプルズ高校相手にキックオフ・リターン・タッチダウンを決めた。

野球の一軍チームでは、ロンが私に最も合っているポジションだと感じていたショートでレギュラーとなった。最終的に私は1年生として初めてオール・カウンティ・チーム（郡のベストナイン）のショートに選ばれたので、ロンの判断が正しかったことが証明された。一緒にプレーしていた中には、私より3歳年上の選手もいた。私は一番若かったが、2人のキャプテン、ホームランバッターで後にタンディ社の副社長になったキップ・アトフィールドと、後にコネティカット州最高裁判所判事となったデニス・エベリーがとても良くしてくれたので、私はラッキーだった。先輩である彼らは新人の私を疎ましく思っても当然だったが、逆に私をチームに歓迎してくれた。私がチームで最高の打率を残したことも良かったのかもしれない。

2年目に私は優れた上級生がたくさんいたチームでアメフトプレーヤーとしての実力を発揮した。最初の試合では4つのタッチダウンを奪うなど、その年は24のタッチダウンを挙げてオールステートのファーストチームに選出された。同じ街の主要なライバル校、スタンフォード・カトリック高校も無敗でシーズンを終えたので、街の中での力関係は興味深いものになっていた。この年はスタンフォード・カトリックとの対戦はなかったが、この年の最後の試合で私の学校はウェストへイブンにあるノートルダム高校と対戦し、50－16の大差で勝利した。この試合で私はタッチダウンを4度決めたが、ニューヘイブン・レジスター紙が州内の最高のアメフトチームに贈るワスコウィッツ・トロフィーを我が校が受け取ったのは、この勝利のおかげだったと思いたい。

私が所属した野球チームは2年目も成長を続けたが、それより重要なことに、アメフトの大一番が秋に行われることとなったのだ。高校3年目の終わりに、リポワムとスタンフォード・カトリックはまたもや無敗でシーズンを終えていた。フェアフィールド郡の高校はイーストとウェストの2つの地区に分けられており、リポワムはウェスト、カトリックはイーストの優勝チームとなった。それぞれが2度無敗のシーズンを終えた後、カンファレンスチャンピオンシップで顔を合わせることとなったのだ。

会場となったボイル・スタジアムには、私がそれまでにプレーした中では最多の1万2000人が詰めかけ、チームバスがスタジアムになかなか入れなかったほどだった。カトリック高校を相手にするのは、ノートルダム高校と戦うようなものだった。彼らは50人もの選手を抱える大所帯で、コーチ陣のボビー・ホランとレニー・リバーズはとても優秀だった。伝説的なミッキー・リオーニJr.もサイドラインにいた。寒さ対策のポンチョはグリーンベイ・パッカーズのチームカラーを模しており、サイドラインでは司祭たちが声援を送っていた。

リポワムは1961年創立のまだ新しい学校。街が発展してニーズが高まる中、リポワムは街で2番目の公立高校として開校し、まだ6年目を迎えたばかりだった。

前半、我が校のクオーターバックでディフェンシブバックのポジションも兼ねるジョニー・バランが足首を骨折したが、出場を続けた。ジョニーはチームのためなら何でもするという、いいヤツだった。彼が主にパスを投げた相手は、後にコネティカット大学でバスケットボールをプレーするめざましいアスリートのトム・マクロクリンだった。

我がチームのディフェンスの要は、ダレル・アタベリー。選手のほとんどがオフェンス、ディフェンス両方をプレーしたので、彼もオフェンスガードとしてもプレーしていた。ダレルは私が10歳の頃から一緒にリトルリーグでプレーした親しい友達で、オールスターチームに選ばれた唯一の黒人選手だった。後半が始まって間もなく彼は脳しんとうを起こしたが、これはその後の彼の人生に付きまとうものとなった。ダレルはボールを持ったランナーに頭から突っ込むスタイルを得意としていて、3人のブロッカーがランナーの前にいるスクリーンパスのプレーで、ダレルはリードブロッカーをかわしてタックルを決めた。カトリック高の選手は黄色いヘルメットをかぶっていたが、ヘルメット同士の衝突を受けたダレルのヘルメットには、我々が見た中で最も大きなペイントマークがくっきりと付いていた。彼は後半の残りをプレーせず、今日が何曜日なのかわからない様子でサイドラインの脇を行ったり来たりしていた。頭部の負傷について現在広まっている知識が、その当時にあったらと思う。ダレルは複数指名されたキャプテンのひとりで、私の親友でもあり、それまでの2シーズンで私が彼と一緒にフィールドに立っていなかったのは、そのときが初めてだった。

我々のディフェンスが弱くなった後半、スタンフォード・カトリック高校はラインバッカーを超えるスクリーンパスを多く用いるようになり、我々は6－32で敗れ、スタンフォード・カトリック高校が州のチャンピオンとなった。面白かったのは、トータルの獲得ヤードを見ると両者ともほぼ同じだったことだが、チームとして上回った方が勝利を手にした。この試合でプレーした選手たちとは、生涯のつながりを持っている。今日の私の親友の中には、この日スタンフォード・カトリック高校のメンバーとしてプレーしたリック（リッキー）・ロバステーリとベネット・サルバトーアがいる。

*

1967年。私の高校野球3年目。この年のもうひとつの思い出深い活動と言えば、ソンドラ・メルツァーの助言を得て演劇『八月十五夜の茶屋』の主役を務めたことだった。映画ではマーロン・ブランドが主役を演じていた。役柄は第二次世界大戦後アメリカの統治下にあった沖縄で米軍の通訳を務めた日本人で、役名はサキニと言い、台詞には日本語も入っていた。後に私が日本の野球を席巻しようと、日本人通訳を横に置いて7年間日本で過ごすことになるとは、何という偶然だろうか。

その年の夏は、新たに創立されたシニア・ベーブ・ルース・リーグでプレーして過ごそうと考えていた。しかし、私の幸運の星がここでも輝き、全米で最高レベルの大学生プレーヤーを集めて開催される著名なサマーリーグ、ケープコッド・ベースボールリーグに参加することとなった。このリーグの歴史の中で高校生としてプレーしたのは私だけではなく、トム・グリーブもそうだっただろうが、それほど多かったわけではない。

スタンフォード出身の偉大なバスケットボールコーチで当時プロビンス大学のアシスタントコーチを務めていたビリー・オコナーが、イースター休暇で自宅に戻っていた。ビリーは、オールプロ選出経験があり殿堂入りもした元ディフェンシブエンドで後にNFLニューヨーク・ジャイアンツのGMを務めたスタンフォード在住のアンディ・ロバステーリの甥で、すべてのイタリア系住民とほとんどのスタンフォード市民は彼の辿った道のりを崇拝していた。ビリーはプロビンス大で野球部のアシスタントコーチをしていたルー・ラモリエーロをアンディの家での夕食に招待した。ルーはその後NHLニュージャージー・デビルズのGMとしてスタンリーカップを3度勝ち取ってアイスホッケーの殿堂入りを果たしており、現在はNHLニューヨーク・アイランダーズのGMを務めている。ともかく、その夕食の際にアンディはルーに1日滞在を延ばし、後にアンディの娘のひとりと結婚することになったベネット・サルバトーアが野球をするところを見るよう説得した。私は、サルバトーアの対戦相手のチームにいた。

24歳のルーは、ケープコッドのサウスヤーマス・インディアンズで監督1年目を迎えるところだった。その日私は、打って走ってプレーを決めてと、上々の1日を過ごしていた。試合が終わるとルーは私の両親を見つけ、その夏に私を彼のチームでプレーさせないかと提案した。父はきっとケープコッドがどこにあるか知らなかっただろう。母は、伯母のドリスが１、２回口にしたことがあったかもしれないので、どこなのかは多少知っていたかもしれない。

　私たちは即答しなかった。ロン・パレンティが承諾しなければならなかったからだが、父はすぐさま私をマサチューセッツ州ヤーマスに連れて行き、大学のスター選手たちと野球をさせた。

　それは、素敵な夏になった。私は大学生たちと過ごしたが、彼らがすべて面倒を見てくれたのだ。コネティカット大の二塁手バディ・ペピンは、私が車のトランクに隠れて遠征に出かけ、バッティング練習中にそこに置き去りになったのではないかと心配してくれた。私はホストファミリーの家で２ヶ月を過ごし、ハーバード大の一塁手でホッケーもプレーしていたダン・デミシェールとルームメートになった。ダンは車を持っていたので、私は一緒に練習に行けた。

　対戦した中で印象に強く残っている人のひとりに、サーマン・マンソンがいる。彼はコネティカット大の投手エド・ベアードを擁したチャタムでプレーしていた。私が出場した初期の試合で、ベアードが投手、サーマンが捕手を務めていた。そのときセンターを守っていたのはジョージ・グリアーで、彼はウェイクフォレスト大で傑出したコーチのキャリアを送り、さらにセントルイス・カーディナルズの打撃コーチにまでなった。ジョージは３番打者で、私はセンターを守っていた。そして彼が放った左中間への当たりを、私はフェンスにぶつかりながらもランニングキャッチを決めてイニングを終えた。

　次の回、私は先頭打者で、高校でそうしたように打席の横に立ってベアードがウォームアップをする中タイミングを計っていた。するとサーマンが返球しながらこう言った。

「そこに立ってピッチャーのタイミングに合わせようとするな。そんな風にタイミングを見ていると、このピッチャーはお前の頭にぶつけてくるかもしれないぜ」

私は「イエッサー」と答えた。

ベアードはウォームアップで6、7球を投げたが、サーマンは返球するたびに口を開いた。

「よう。お前高校生だってな。さっきはすごくいいキャッチをしたじゃないか。で、お前にやってほしいことがあるんだ」

「何？」と私は聞いた。

「次の回に俺が打席に入ったら、さっきキャッチしたところに立て。その頭上を越えてやるから」

彼が話すのを聞きながら、私は「キャッチャーはぼくに話しかけるべきじゃない。彼は敵なんだから」と思っていた。

私は内野ゴロに倒れ、ベンチに戻ってバディ・ペピンに「あのキャッチャーは誰ですか？　すごいおしゃべりで参りましたよ」と言った。

バディは彼の名前を教えてくれたが、あまりにも聞き慣れない名前で私はちゃんと聞いていなかった。

次のイニングで守備につくと、先頭打者が初球を左中間深くへ飛ばしてきた。私は打球を追って走ったが、すぐにフェンスを越えると気がついてスピードを緩め、内野の方を見た。するとバッターが二塁を回りながら私を見ていた。彼の目を見て、私はそれが相手のキャッチャーだと気づいた。ベンチに戻ったときに再度バディに彼の名を尋ねると、「サーマン・マンソン」ともう一度教えてくれた。それから彼の名前を忘れることはなかった。

私はその夏あまり多くの手紙を書かなかったが、親友のひとりで高校時代のチームメート、ジョー・チアペッタには一通手紙を書き、ホームランを予言した選手について記した。そこから2000年代序盤に早送りするが、私がウォルドーフ・アストリア・ホテルでサーマン・マンソン賞を受賞したとき、私が当時の話をすると、サーマンの妻ダイアナは目に涙を浮かべた。ダイアナは、サーマンがよくその話をしていたが、ほとんどの人は彼を信じず、作り話だと言っていたと教えてくれた。30年が経ち、私はそれが事実だったことを世界中に伝えていた。

さて、話を元に戻すが、次に彼の名前を聞いたのは、翌年の6月だった。夜遅くにテレビの11チャンネル、WPIXのニュースをつけたとき、私はニューヨーク・ヤンキースがサーマン・マンソンをドラフトで指名したことを知った。

「パパ、これ、ケープコッドでぼくの頭上を越えるホームランを打つと言って、本当に打ったキャッチャーだよ」

＊

私にとってアメフトの最終戦となったスタンフォード高校との試合日の前夜、共同キャプテンのダレル・アタベリーと私は兄の車で相手校の講堂で行われている激励会を見に行った。ドア越しに覗《のぞ》くと、ユニフォームを着せて私を模した人形がステージの上に吊されていた。そのバレンタイン・ダミーにスタンフォードの各選手がパンチを見舞うと、会場の全員が歓声を上げた。私は激怒し、ダレルを家に送る途中で彼らに報いを受けさせようとお互いに誓った。

ケガを予防するため、シェイネンコーチは私がボールを持つ回数を制限していた。スタンフォード高校に向かうバスに乗るためリポワムを出発したとき、私はアルに「コーチ、お願いですから、今日ぼくに30回ボールを持たせてください。タッチダウンを6回決めたいんです」と伝えた。結果、私は6つのタッチダウンを挙げた。それも、キックオフリターン、パントリターン、パスキャッチ、スクリメージラインを突破するランと、あらゆる形で成し遂げて見せた。試合で最初にボールに触れたときは、相手のパスをインターセプトしてリターンタッチダウンを決めた。

第3クオーターが始まって5分のところで、私は試合から退いた。だがこれよりさらに大事な試合は、スタンフォード・カトリック高校との再戦だった。私たちは12－0でリードしていたが、最後の5分で相手はベネット・サルバトーアのパスによって2つのタッチダウンを決め、私たちは12－16で敗れた。私はラッシングで200ヤード以上を走り、グラウンドですべての力を振り絞ったが、及ばなかった。

高校最終学年で私は奨学金のオファーを受けたので、多くの注目が集まっていた。各大学を訪問するために飛行機で飛び回っていたこともあり、シーズン後半で私は非難の的となった。身勝手だと責められたのだ。世間からの関心が高まりすぎてきていて、居心地が悪かった。私に対する注目度があまりにも高かったため、最後の3、4試合ではゴールラインを目前にしたプレーで私がボールを持つ作戦が命じられたときも、他のハーフバックとポジションを替えて彼にタッチダウンを取らせていた。クオーターバックのブルース・オルターはアンソニー・ゼジーマかボブ・パロにボールを渡していた。得点を挙げた後シェイネンコーチは我々を呼びつけ、何をしているのかと尋ね、勝手にプレーを変更したことに怒鳴りつけてきたが、我々の意図は間違っていなかった。

3年にわたって私は大学の奨学金オファーを大量に受けていたが、私に直接届いたわけではなかった。アル・シェイネンが私に来た大学への誘いをすべて吟味し、大学のコーチと話し合い、訪問をプランし、試合に間に合うよう帰ってこられるスケジュールで私を飛行機に乗せた。アルと彼の妹ソンドラ、そして私の母が秘書となり、ほぼ2年の間私の人生の秩序を守ってくれた。アルは何百通と送られてきた手紙をすべて読み、弱いところは除外して彼が重要だと考えるところを私に見せてくれた。ノートルダム大、マイアミ大、ネブラスカ大、サザンカリフォルニア大に加え、アイビー・リーグやACCに所属する多くの学校が有力候補として挙げられていた。

私は、スポーツやAPコース［訳注：Advanced Placement Course／優秀な高校生が履修できる大学レベルの科目］、社交ダンス、学校演劇の台詞覚えだけでは十分に忙しくなれなかったかのように、ほとんどのティーンエイジャーにとって当たり前にあった興味も持っていた。最初のガールフレンドは、イタリア系の少女でアナ・ロマーノと言った。彼女は人目を引く女の子で、私の相棒として人生を捧げる気持ちでいた。アナは政府の住宅プロジェクトに住んでおり、お父さんは警察官でお母さんは素晴らしい主婦であり、料理がとても上手で、最高の人物だった。アナはセイディ・ホーキンズ・ダンスに私を誘ってくれたが、女子が男子をデートに誘うことを、母は許さなかった。その結果、私たちはやや隠れながら付き合いを続けていた。アナとは20歳まで付き合ったが、そこで私は彼女と高校時代に思いを寄せたもうひとりの女性、ロクサナ（ロキシー）・シソンのどちらかを選ばなければならなかった。それでもアナは、今でも私の心の中で光り輝いている。

ロキシーはチアリーダーのトップだった。細身で魅力的な彼女は、私とは無縁の世界に住んでいた。彼女のお父さんはダートマス大卒でアメリカの実業界で仕事をしていた。お母さんはスタンフォードの小学校教師だった。おばあさんは驚くほど素晴らしい女性で、全く違う生い立ちを持っていた。ロキシーはプロテスタントで、彼女の家族は私の家とは違う移民のバックグラウンドを持っていた。しかしながら、私たちはお互いのバックグラウンドをリスペクトし、2人の違いを知ることにワクワクしていた。彼女の家族にとって最大の祝日は感謝祭だった。彼女の家は築100年が経っていて、テーブルには家宝の食器が並び、家のあちこちに本があった。彼らはみな作者を認識していて、いくつか詩を引用していた。私は彼女と一緒にその世界をよく知りたかったので、彼女は私にとっての知識の泉だった。ロキシーは本当に信じられないくらい賢い少女で、私の家族の歴史にも興味を抱いてくれた。イタリア系である私の民族性も尊重してくれたし、彼女と彼女の両親は私の母と父が大好きだったが、私の両親は彼らの世界をなかなか理解できなかった。

私が若い頃付き合った女性はもうひとりいる。ジュニア・プロムに誘ったダイアン・マティーノだ。彼女は銀行頭取の娘だった。驚いたことに、数十年が経って私はセイクレッド・ハート大学でバスケットボールのコーチをしている彼女の娘と知り合った。ダイアンと私は、今日も友人同士でいる。

ロキシーと私は結婚し、やがて離婚したが、ロキシーは常に私の人生の中に存在している。離婚後も彼女は私が脚を骨折し医療ミスがあって苦難の時期を送ったときも誠実に支援してくれた。これについては、後に詳しく語ろう。

私は1968年6月にリポワムを卒業した。両親は10年に1度の盛大なパーティーを催してくれた。巨大なケーキは数百人のゲストをもてなせるほどの大きさだった。サンドイッチも数百個作り、ライブバンドを呼び、私と私の友人全員が忘れ得ない夜を演出してくれた。

当時は1960年代。私はいろいろなことをやったが、すべてがとても良い形で終わっていた。

2 大学へ

私は入学願書を提出したすべての大学に合格し、決断を迫られていた。運動部での活動以外にもキー・クラブ（高校生向けの国際奉仕団体）とジュニア・キワニス・クラブ（世界的規模の奉仕団体）に所属し、コミュニティ内で奉仕活動をしたし、生徒会の会長も務めた。学校演劇では主役を演じ、コネティカット州史上唯一、アメフトでオールステート3度選出、野球でオールカントリー4度選出された選手となった。室内陸上競技でも、60ヤードと300ヤードダッシュで州記録を樹立した。私のカレッジボードにあるSATの点数は1260だった。これは、4年間受けたラテン語の授業と大学進学用数学の授業のおかげで得られた好スコアだった。高校3年と4年の野球シーズンでは、出場した試合にいつもスカウトが来ていた。私の最後の野球の試合は、1968年ドラフトの1週間ほど前だったと思う。

私はアイビー・リーグ［訳注：アメリカ北東部にある8つの私立大学の総称］の大学3校を訪問した――ダートマス大、ペンシルベニア（ペン）大、イェール大。私はロキシーと付き合っていて、彼女の父デイルさんの母校だったことから、ダートマス大のアメフト部コーチ、ボブ・ブラックマンと最初に会った。また、ペンシルベニア大のコーチ、ボビー・オデルからも誘いを受けていた。ペン大のアメフトチームはとても強く、フランクリン・フィールドは私の中でカッコいい場所として記憶に残っていたスタジアムで、イェール大のイェール・ボウルより良かった。私はメジャーリーグ球団のオーナー2人から、ペン大への進学を勧められていた。どちらのオーナーも、プロとして契約するのではなく、教育をまず優先して大学に行くべきだと言ってくれた。そのひとりはドジャースのオーナーでペン大卒業生としての義務を遂行していたウォルター・オマリーであり、もうひとりはヤンキースの社長マイケル・バークだった。

バーク氏は、私がヤンキースファンだと聞いたので、ヤンキー・スタジアムでの試合に招待してくれた。ヤンキースでのプレーを望んでいた私であったが、バークはペンシルベニア大に進学するよう説得したかったのだ。スタンフォードはニューヨークから遠くなかったので、ヤンキースとメッツのスカウトは、私を熱心に見に来てくれていた。

バーク氏と私が電話で話したとき、彼は「君の好きなヤンキース選手を教えてくれ」と言った。私は「もちろんミッキー・マントルです」と答えた。

すると彼は、「では、君がミッキーと一緒に写真を撮れるよう手配しよう」と約束してくれた。

叔父のジョンはものすごく興奮して街の中にあるキャナルストリートへ車を走らせ、ヤンキー・スタジアムで私が着るジャケットを買ってきてくれた。彼が7ドルでジャケットを2着買ってきたことは、その後家族間で伝説として語り継がれている。店では1着を5ドルで売っていたが、彼は2着を7ドルで買ってきたのだから！　おかげで私は初めてジャケットを着てバーク氏が送ってくれたタウンカーに乗り込み、そのジャケットを着たままバッティングケージの後ろに球団社長と共に立ってヤンキース選手のバッティング練習を見学した。

バーク氏は次々と選手たちを連れてきてくれた。私はヤンキースの二塁手ボビー・リチャードソンや遊撃手のトニー・クーベックと会った。さらには一塁手のジョー・ペピトーニも連れてきてくれた。

そしてついに、ミッキーがダッグアウトから出てきたのだ。その日はデーゲームだったが、晩年を迎えていたミッキーはデーゲームで本来の力を発揮できていなかった。もちろん、試合前に太陽の下で1時間も過ごすはずはなかった。軽く打撃練習を行った後、バーク氏に声をかけられたミッキーは彼を無視し、ダッグアウトへ向かって歩き出した。

「ミッキー、ミッキー、ミッキー」とバーク氏は彼を呼んだ。私たちの写真を撮ろうと待ち構えていたカメラマンが走ってダッグアウトに入る前のミッキーを捕まえ、彼の袖をつかんで私のところに連れてきてくれた。ミッキーは私の肩に腕を回し、カメラマンが写真を撮るとかがみ込んでこう囁いた。「いつか君にも、このくだらないことをやらなきゃならない日が来るといいな」

後に私たちは友人となった。ミッキーが私の耳に囁いている写真は、叔父のガソリンスタンドのステージの真ん中と両親の家に置かれていた。

私がイェール大を訪問した当時、同大ではカルビン・ヒル［訳注：元アメフト選手。元NBAプレーヤー、グラント・ヒルの父親］がスターランニングバックだった。そのときはジョー・チアペッタも私と一緒に来てくれたが、ニューヘイブンに向かう車の中で、私は彼にアイビー・リーグの学校に行くことが何でそんなに大きなことなのかと聞いた。私は有名校についての知識はたくさん得ていたが、アイビーと他の大学の差が何であるかが今ひとつ理解できていなかった。ジョーの姉は大学に行き、彼女の学年の卒業生総代となり、大学進学を考えている者たちだけと付き合っていたので、ジョーはその答えを知っていて大学がそれほど大切な理由は何かを私に語り続け、イェール大に行くよう一生懸命説得してくれた。

私たちはハーバード大との試合をスタンドで観戦したが、そのとき私はジョーに「どう思う？

イェール大に行くべきだと思うか?」と聞いた。

「ぼくだったら躊躇しない」とジョーは答えた。「お前、気は確かか? ここはイェールだぞ。このスタジアムを見ろよ。お前は、このリーグ、アイビー・リーグでアメフトをするんだ。そして、存在しているすべての記録を塗り替えるんだ。1年生で先発メンバーに入り、4年間プレーする。このスタジアムに来る誰もが、お前が誰かを知ることになる。それに、優れた教育も受けられるんだ」

試合後、私たちはイェール大アメフトコーチのカーメン・コーザに会うためロッカールームに案内された。彼は私を入学管理部長に紹介し、部長は「あなたには絶対に来てもらいたいのです。必要であれば、教室に席を用意しますよ」と言ってくれた。コーザ・コーチは、スターランニングバックのカルビン・ヒルも連れてきてくれた。彼は私を見て、イェール大は進学するには最高の場所だと言ってくれた。我々は、とても感動した。

ノートルダム大を訪問するためインディアナ州サウスベンドに向かっている途中、私はミシガン大学に立ち寄った。そこでは野球のヘッドコーチ、モビー・ベネディクトに歓迎を受けた。トータルで、私はおよそ20校の大学を訪問し、各校でヘッドコーチに迎えられた。その中には、アラバマ大のベア・ブライアントも含まれており、彼の部屋はまるで大統領のオフィスのようだった。そこに行った理由はアル・シェイネンがそうしろと言ったからだったが、タスカルーサに行ったときは、アラバマがあまりにも……アラバマらしいことがわかって驚いた。ブライアント・コーチは、後に試合で見た千鳥格子の帽子はかぶっていなかったが、葉巻を吸っていた。私はその訪問まで、アラバマ大の試合をテレビで見たことがなかった。私は土曜の午後はアメフトをプレーしていたので、大学の試合はほぼ見たことがなかったのだ。

アラバマでは、まるで外国にいるような気持ちだった。選手たちのアクセントはとても強く、ベアと彼のコーチたちも同じだった。その週末に話しかけられたことは、ひとつとして理解できていなかったと思う。私はとにかく頷きまくっていた。

そのときベアが言ってくれただろうことを翻訳すると、「うちには北部出身の選手はあまりいないが、君はそのひとりになるかもしれない」である。土日の短期間の訪問のためサウスベンドに到着したときは、バスから降りた私を数人の選手が迎えてくれた。ノートルダム大のヘッドコーチ、アラ・パーシジアンがそこにいなかったのには驚いた。私を迎えてくれた人たちが、すべて硬材で作られた粋なバーに連れて行ってくれた。後にノートルダム大でスタークオーターバックになるジョー・サイズマンが、向こう側でビールを飲んでいた。

日曜に私はミサに行き、朝食を食べるために学生会館に戻った。そこにアラがやってきて、自己紹介して私を歓迎してくれ、訪問に感謝すると言ってくれた。彼は私のアメフトの能力を褒めてくれ、「ノートルダム大に来たら2年生でレギュラーになれるかもしれない」と言ってくれた。

「なぜ私が初日に君に会わなかったのか、不思議に思っているんじゃないかな」と彼は言った。

「思っていました。というのも、私の叔母アンジーはあなたの大ファンで、すごくサインを欲しがっていたからです」と私は答えた。

私は彼にサインをもらおうとナプキンを手にしていたが、彼は自身の小さな写真を取り出すと、叔母のアンジーのためにサインをして私に手渡してくれた。

「ボブ、なぜ私が昨日君に会わなかったのか、わかってもらいたいんだ。なぜ私が、きっと他のコーチたちがしたであろうやり方で君を手厚く迎えなかったのか」

私は心を奪われて座っていた。

「なぜなら、ここノートルダム大では、キャデラックを売る必要がないからだ。我々がキャデラックだからだよ」

これは、ものすごいインパクトがあった。

空港まで私を車で送ってくれる人に会うため、アラと私が学生会館を出て外を歩き始めたのは、雪が積もった朝のことだった。雪は歩道の両側に高く積もっていて、階段を降り始めるとそこに学生が2列になっているのが見えた。1列に6人ずつ、2列に並んでいた。彼らの間を歩いたとき、私の人生で出会った最も身体の大きな人間たちだというのがわかった。

私がこの巨大な人間山脈の間に立っているとき、アラは私にこう言った。「我々がキャデラックであることの他に、君がノートルダム大に来る理由がある。というのも、君がここに来れば」と彼が言ったところで、歩道の左側にいた選手たちが向きを変え、私は彼らの背中を見ていた。「君がノートルダム大でプレーするのであれば、君は彼らの背中を見ていることになる。彼らはうちのオフェンシブラインだ」私には、彼らの向こう側が見えなかった。それぞれの選手が体重400kg以上あるように見えた。アラは続けた。「そして、覚えておいてくれ。君があのハイウェイの向こうの西海岸の学校に行くのなら……」――彼は私がサザンカリフォルニア大学（USC）を検討していることを知っていた。「君はこちらの男たちの正面を見ることになる。彼らはうちのディフェンシブラインだ」

反対側にいた選手たちは、逆側の選手と同じか、彼らより大きく見えた。

アラは私に握手をしてハグをしてくれた。「ウォルドーフで開かれる、うちの卒業生のイベントで会おう」彼は言った。

私がUSC進学に興味を持っていた理由は、野球部のヘッドコーチ、ロッド・デドーが私の高校の野球部コーチであるロン・パレンティに連絡を取り、彼がUSCのアメフトコーチ、ジョン・マケイととても良い関係にあると伝えてくれたからだった。ロッドは、もし私がUSCに来たら、1年生時は野球をプレーし、春のアメフトの練習は参加しなくていいことにしようと、2人で話し合って決めたと言ってくれた。翌1968年のシーズンでは、NCAAディビジョンIの1年生が所属校の一軍でスポーツをすることが許された最初の年だった。ジョン・マケイは、ミシシッピ川より東の高校アメフト選手で彼が初めて勧誘したのが私だったと手紙に書いてくれた。

「ワオ!!」

私は興奮し、これはピッタリだと思った。そして実際に行ってみると、まさにピッタリだった。USCは他の大学とは違っていた。ロサンジェルス空港に着いた後、私はキャンパスに車で連れて行ってもらったが、その途中でUSCは暴動が起きたワッツの隣にあることを知った。私の想像では、USCは世界でもっとも華々しい場所にあると思っていたので、驚いた。キャンパスから数ブロックのところに焼け落ちた建物がいくつかあった。キャンパスの近くにはフラタニティ［訳注：男子学生の社交クラブ］とソロリティ［訳注：女子学生の社交クラブ］の寮が建ち並び、その光景はニューケイナンのように煌びやかで高級に見えた。また、壮大な「LAメモリアル・コロシアム」を見てオリンピックで走る夢も膨らんだし、アメフトプレーヤーたちがバスケットボールの試合をして心から楽しんでいる姿も見えた。

アメフトの練習に行ったときは、USCの短パンと私のサイズに合った陸上用シューズを渡された。自分の能力を見せろと言われたのは、USCだけだった。私は陸上トラックに行き、USCが4×100ヤードの世界記録を達成したときのチームで先頭を走り、後にNFLのデトロイト・ライオンズでスタートして活躍したアール・マカラウチにバトンを渡した。また、アメフトの試合も観戦し、O・J・シンプソンのプレーも見た。O・J・シンプソンが誰かは、知っていた。彼は全米放送されたノートルダム大との試合で3つのタッチダウンを決め、ハワード・コセル〔訳注：アメリカのスポーツキャスター〕にハイズマントロフィーの候補者だと言われていた。私は球場のUSC生徒専用席に座り、シンプソンのものすごい活躍を目の当たりにした。その後、マケイ・コーチは、私がUSCに来たらシンプソンの背番号と彼のポジションを任せると言ってくれた。もちろん、今になってみれば、彼は勧誘したすべての選手にそう言っていたに違いない。私はシンプソンに会い、キャンパスを一緒に歩いた。高校最終学年の生徒にとっては、天国に来たような気分だった。

私は野球の秋季試合に寄らせてもらい、USCのキャッチャー、スティーブ・ソギーを紹介された。彼はアメフトチームではクオーターバックをやっていて、2種のスポーツをこなしていた。それは、私がやりたかったことでもある。

私がスタンドに座って試合が終わるのを待っていると、丸顔で年上の男性がやってきて私の肩を叩いた。彼は「ヘイ、君がボビー・バレンタインかい？」と聞いてきた。

「ええ、そうです」

「良かった。私の名刺とこれを受け取ってくれ」

彼は正面に「Dodgers」と描かれた小型トランジスタラジオを私に手渡した。

「これをどこで手に入れたか、誰にも言わないでくれ。だが、ドジャースは君をとても気に入っているよ」

「ありがとうございます」

家に帰った後、通りを挟んだところに住むドジャースの大ファンである伯母のドリスにそのトランジスタラジオを渡した。私はヤンキースファンで、ドジャースが大嫌いだった。私が人生で初めて賭けたのは、クルーナン中学校の7年生のときだった。ドジャースとヤンキースは1963年のワールドシリーズで戦っていた。休み時間、大口を叩く子供がジムの中を走り回りながら、「ドジャースがヤンキースをスウィープするぞ！　ドジャースがヤンキースをスウィープするぞ！　ドジャースがヤンキースをスウィープするぞ！」と叫んでいた。

私も大口を叩くことでは負けていないのを知っていたいとこのドニーが、「ドジャースはヤンキースをスウィープしないと言ってやれ、ボビー」と声をかけてきた。

私はその通りに言うと、その子は「いいか。ドジャースがヤンキースをスウィープするのに5ドル賭けるぜ」と言ってきた。

私はそれまでの人生で5ドルなど一度も手にしたことがなかった。ミルクを1クオートと母のためにタバコを1箱買うのにいくつかコインを持ったことはあったが、5ドルはお目にかかったことがなかった。それでも、私は胸を張って手を突き出し、賭けと握手がどういう意味かもよくわからずに、彼と握手をした。

私は恐怖におののきながら、1963年ワールドシリーズ最後の2試合を自宅のリビングルームで観戦していた。試合を映したのは、ウサギの耳のような形のアンテナが付いた小型の白黒テレビで、両端にはアルミホイルが付いていて、映像がきちんと映る正確な方向に父がそれを動かしていた。最終第4戦目で27個目のアウトが取られたとき、電話が鳴った。私が出る前に父が応答し、「君が言っていることは信じられないが、お金はちゃんと渡す」と言って切った。

父が私に、軽率な行為にはそれなりの結果がついてくることを説明しなければならなかった最初で最後の出来事だった。今でも、私の尻を叩いた父のベルトの痛さを思い出す！　毎週月曜日、私は学校に50セントを持って行き、その子に渡した。そして、受け取った証を紙に書かせた。10週間かけて借金を完済し、その日以来、私はドジャースが大嫌いになった。相手の子供、ジョーイ・アイナーはその後私と友達になり、リポワムのアメフトチームではフルバックとしてプレーした。

カリフォルニア訪問から帰宅後ほどなくして、私はUSC進学の意向表明書にサインした。アル・シェイネンが同席してくれ、敬意を表してアラ・パーシジアンに電話をしろと言ってくれた。私には、長距離通話料を支払うようなお金はなかった。その電話代を学校が払ったのか、アルが払ってくれたのかはわからないが、冒険は終わり、私はUSCに行くことになった！　まさに世の中が急展開していた。

3 ドジャース入団

私は2月20日に意向表明書にサインし、サザンカリフォルニア大学でアメフトと野球をプレーするために奨学金の全額を受け取った。奨学金に含まれていたのは、学費1800ドル、寮費と食費1100ドル、医療費33ドルに加え、年間200ドル余りの「春学期就業分」。これが何なのかはわからなかったが。いずれにしろこれらすべてを私は得ていた。実に心躍る出来事で、このワクワク感をできるだけ多くの友人・家族とともに分かち合った。

この頃、アメリカは大混乱に陥っていた。マーティン・ルーサー・キングが4月4日に殺害され、ロバート・ケネディは6月5日に暗殺された。私はこれら偉大なリーダーたちのスピーチを家族と一緒にテレビで見て、彼らの話力に夢中になっていた。

1968年6月7日、メジャーリーグベースボールはアマチュアドラフトを開催した。私が生まれてから18年と3週間が過ぎていた。ドラフトは午後6時に始まるので、電話が来たときに備えて家にいるように言われていた。私たちはじっと座って待っていた。8時半頃、電話が鳴り私が出た。受話器の向こうの声は、ロサンジェルス・ドジャースのフレスコ・トンプソン副社長だと名乗った。大嫌いなドジャースが私をドラフト1巡で指名したとのことだった。

「明日、スカウティングディレクターから連絡があります」

それだけ言って彼は電話を切った。

えぇ！　それだけ！

その後知ったのは、ニューヨーク・メッツが全体1位でティム・フォリを指名。そしてオークランド・アスレチックスがダートマス大の投手ピート・ブロバーグを獲得。ヒューストン・アストロズは3位で高校生キャッチャーのマーティ・コットを指名。私がとにかくプレーしたかったニューヨーク・ヤンキースが次だった。だが残念なことに、彼らもキャッチャーを指名。それもケントステート大の、私がケープコッド・リーグから知っているあのおしゃべり男、サーマン・マンソンだった。私は全体5位で指名を受けた。

新たにドジャースのGMに任命されたアル・キャンパニスが翌日、飛行機でコネティカット州にやってきた。キャンパニスは昇格する前にスカウティングディレクターを務めていた。アンディ・ロバステーリを含むスタンフォードのコミュニティは私の指名に気持ちが高ぶっていた。アンディはこの2、3年後にプロアメフト殿堂入りを果たしている。父がアンディに連絡を取り、交渉時に私を助けてほしいと依頼した。6月17日、私は6万5000ドルで契約を交わした。比較のために記すと、私の父はこの2年前に彼の夢だった家を2万9000ドルで購入している。

私はドラフトから数日後に契約を締結し、翌日にはニューヨークからソルトレイクシティ［訳注：ユタ州の州都］へ飛んでいた。飛行機を降りると、どこかで見たことのあるずんぐりとした丸顔の男性が私を迎えてくれた。

「私を覚えているかい？」と彼は聞いてきた。「君にトランジスタラジオをあげた男さ。トミー・ラソーダだ。君の監督になるんだよ」

私がオグデン［訳注：ユタ州の都市。当時オクデン・ドジャースというルーキーリーグのチームがあった］に到着したのは夜だったので、トミーはベン・ロモンド・ホテルまで私を送ってくれた。私は部屋に入り、ルームメートがいることにワクワクしていた。ドアを開けて「ヘイ、ぼくが君のルームメートだよ」と言った。

彼はすでに寝ていたので、私は彼を起こした。

「どうでもいいぜ。朝話そう」と彼は言った。

トム（トミー）・パチョレック［訳注：大洋ホエールズや阪神タイガースでプレーしたジム・パチョレックの兄］はヒューストン大の選手としてカレッジ・ワールドシリーズでプレーしたばかりで、大学時代はアメフトと野球でオールアメリカンに選ばれた名選手。ドジャースにドラフト5巡で指名されていた。

朝になり、私はトミーに会いに行った。そこで私はＵＳＣの野球部コーチ、ロッド・デドーとアメフト部コーチのジョン・マケイに電話をするよう言われた。トミーはロッドと親友だったのだ。

会話は、「ロッド、君の選手を預かったよ」というトミーの言葉から始まった。笑いが起こった後、トミーは私に電話を替わった。翌日、トミーはロッド・デドーに再び電話をかけ、とても評価が高かったもうひとりのＵＳＣ選手、ビル（ビリー）・バックナー（バック）を2巡で指名したことを伝えた。バックは、私同様高卒だった。彼の方が少し年上だったが、それほどの年齢差ではなかった。バックナーは1巡指名を受けなかったことにひどく動揺していたが、それも当然だった。私が契約するまでサインせず、できるだけ高い額を手にしようと試みていた。

次に電話をかけたのは、ロキシーとアナのガールフレンド2人だった。電話ボックスに行き、最初の3分のために25セント硬貨を5枚入れた。それからアナとロキシーには何度も電話をかけた。

それからの数日で、オグデン・ドジャースの選手が次々と集まってきた。その中のひとりが、ミシガンステート大出身のスティーブ・ガービー（ガーブ）だった。スティーブが持っているすべてのシャツの袖か胸ポケットにＳＰＧ（スティーブ・パトリック・ガービー、フルネームのイニシャル３つ）の文字が入っていた。私はイニシャル入りのシャツを初めて見た。私のルームメート、トム・パチョレックも大学出だったが、彼がドレスパンツを一本でも持っていたとは思えない。毎日Ｔシャツに短パン、ランニングシューズという出で立ちだったから。だがガービーは、チームバスで移動するときはアイロン仕立てで糊の利いたドレスシャツを着ていた。ガーブは最高だった。彼はバスで寝たことがないと思う。シャツにシワが寄ることを許さなかったはずだから。それが、ガーブだったから。今では彼を友人として思うが、彼はとにかく変わっていた。きちっとして落ち着いた男だったが、我々はどのような姿勢で臨めばいいのかすらわからなかった。

ここで、ひとつ覚えておいてほしい事実を紹介する。それは、１９６８年のドラフトがドジャース史上、最高のドラフトと言われていることだ。ガービー（補填ドラフトの1巡指名）に加え、バック、私、そしてやはり上位指名だった投手のサンディ・バンスはスタンフォード大出身の剛腕で、さらにパチョレック。彼はシーズン半ばに我々のチームから離れ、ベイカーズフィールドにあるマイナーリーグのドジャース傘下のチームに所属した。この注目すべきドラフトでは他にもロン・セイ、ジョー・ファーガソン、ジェフ・ザーン、ドイル・アレクサンダー、そしてデイビー・ロープスが指名されており、ＭＬＢ史上最高のドラフトだったと大多数の人が信じている。

１９６８年、ドラフトのほとんどを司った当時のスカウティングディレクターはアル・キャンパニスで、アルの側近がトミー・ラソーダだった。アルは、トミーをスカウトからルーキーリーグ、オグデン・ドジャースの監督をするよう働きかけていたが、トミーのイメージに対して、球団内にはドジャースが追い求めるものに一致しないと思う向きが多かった。トミーはリオ・ドゥローシャー［訳注：1934〜1948までブルックリン・ドジャース監督を務める。現役時代からベーブ・ルースとは犬猿の仲として知られている］ほどどぎつくはなかったが、彼と同じぐらいうるさく挑発的だったのは確かだ。トミーは会社に忠実な男だったが、会社のすべてのルールに従うわけではなかった。

対照的に、襟を正して常に深刻なドジャース経営陣は、現職のウォルター・オルストン［訳注：1954〜1976年までロサンジェルス・ドジャースの監督を務める］を好んでいるようだった。オーナーのウォルター・オマリーは忠誠心を重んじ、オルストンと23年連続で1年契約を交わしていた。前監督で怒りっぽいチャーリー・ドレッセンは1年契約を続けて中途半端な状態でいることに嫌気がさし、1953年シーズン終了後に3年契約を要求した。オマリーは彼を解任してオルストンを雇った。ドジャースは忠誠心がある者に信頼を置くため、オルストンは1年契約で永遠に残留を受け入れる様子だった。オルストンが1年契約を交わしたということは、オマリーに対する忠誠心を示したということだった。

アル・キャンパニスが指揮を執った1968年ドラフトの主要選手たちは、パイオニア・リーグのオグデンで監督となったトミーの下に送られた。キャンパニスの上司フレスコ・トンプソンが私にドラフト指名の連絡をくれたが、その後癌を患っていることが発覚した。大学出のキャンパニスが後を引き継ぎ、オマリー、トンプソン、ウォルター・オルストンを含むドジャース首脳陣の保守的姿勢を脅かした。なぜかと言えば、キャンパニスは荒削りなトミー・ラソーダがドラフトで獲得した新選手たちを使ってチームに勢いをもたらすと信じていたからだ。

トミーは自らのチームにすべての時間を捧げた。ホームにいるときは早朝練習があった。トミーは何人かを連れ出し、メンバーは私、バック、パチョレック、ガービーが大体固定されていて、その他に数人が入れ替わりで加わった。トミーは朝から打撃投手を1時間務めていた。その後自宅に戻って昼食を取り、時には昼寝をしてから球場に戻って打撃練習をし、夜の試合に出場した。

トミーはある意味完璧主義者だった。我がチームの1968年の成績は39勝25敗。シーズン最終日にパイオニア・リーグ優勝を決めた。シーズン中、3連敗を喫したときにトミーはクラブハウスでミーティングを招集した。

トミーはこう言った。「バレンタイン、君がもっと盗塁をしないと、我々は多くの得点を挙げられない。頼むから、塁に出て初球で走ってくれ。一体何を待っているんだ? ランナーが出たら、そいつを還してやれ。なぜそれができない?」

こうやって彼は選手一人ひとりに檄を飛ばして回った。選手のひとりに、神の言葉を伝えるモルモン教のミッションに2年間仕えて戻ってきたばかりのゲイリー・プリンズがいた。プリンズは酒を飲まず、タバコを吸わず、人を罵ることがなかった。チームの中でもっとも清潔感があり、スマートな選手だった。トミーは選手一人ひとりに向かって怒鳴りつけながら、何ができていないか、何をすべきなのかを伝え、最後にプリンズの前に立った。一瞬間を置いたトミーは、彼を指さしながらこう言った。「そしてお前だ、プリンズ。俺は、お前の年の頃、お前にそっくりだった」

そんなことがないのは誰もがわかっていたので、全員大爆笑した。トミーほど悪態をつける人はいなかったので、逆にものすごくおかしくなって笑いが止まらなかった。彼は意識して緊張感を高め、全員が怒鳴られて萎縮した後、大笑いさせてはしゃぐ場を作ったのだ。

このミーティングの後、我々は10連勝した。この年、バック、ガーブと私は、ほぼすべての試合に出場した。ガーブは打率3割3分8厘、ホームラン20本、59打点、9盗塁の成績を収めた。バックは打率3割4分4厘、ホームラン4本、41打点、15盗塁。私は打率2割8分1厘、ホームラン6本、26打点、20盗塁。パチョレックは打率3割8分6厘と抜群の成績だったことから、早い段階で1A《シングル》に昇格した。サンディ・バンスは、ドジャース選手としては完璧な名前である。サンディ・コーファクス［訳注：ドジャース一筋で3度のサイ・ヤング賞を誇る名左腕］とダジー・バンス［訳注：1920年代に活躍したドジャースの主力投手］を合わせたような投手。彼は、オグデンで投げた1968年は14勝をマークした。そのまま行けばドジャースでスターになっただろうが、肩の故障で早すぎる現役引退を迎えた。いずれにしろその年、私たちはラソーダからモチベーションをもらい続けていた。

1968年シーズンが半分ほどに差し掛かった頃、トミーはドジャース球団全体を揺るがすことをやってのけた。トミーは毎日選手たちと夕食を共にした――バック、パチョレック、私、ガーブはしょっちゅう参加し、他にチームのトッププレーヤーが1人か2人加わっていた。バックと私はほぼ毎晩顔を出し、パチョレックも1Aに昇格するまではレギュラーメンバーだった。ある日、トミーは我々にこう言った。

「オーケー、君たちに宿題を出そう。ホテルに戻ったら、メジャーリーグで君たちのポジションをプレーする選手に手紙を書いてほしい。自分たちが間もなく上がっていくから、引退するか他のチームでプレーする準備をしておけと伝えるんだ」

バックと私は、当時18歳。年上の選手でも21歳で、そこに41歳の監督が相手を激昂させる手紙を書けと言う。私たちはその後に起きうることなど一瞬たりとも考えなかった。トミーと同じぐらい厚かましかった。バックは従順にウェス・パーカーに手紙を送り、信じられないことに、パーカーが30歳という若さで引退した理由のひとつとなった。私はセンターを守っていたウィリー・デイビスに手紙を書いた。ガーブは、彼の父がスプリングトレーニングでドジャースのバスの運転手をしていて多くの選手を知っていたため、手紙を書かないことにした。このとき書いた手紙は、バック、パチョレック、そして特に私を悩ますこととなった。

私たちにはオフがなかった。マイナーリーグの世界ではそれが常だった。3試合をこなした後バスに乗り、数時間かけて次の街に移動する。到着時間が真夜中になることはしばしばあり、ホテルにチェックインしたらすぐに睡眠を取って翌朝球場に向かう。バスで眠ることができない者は、マイナーではプレーできない。私は荷物棚に登って眠ることがしょっちゅうあった。

遠征の中で、トミーは「タダ飯食い」の評判を得ることとなった。私たちに〝レバレッジの使い方〟という人生の教訓を授けてくれた。移動の途中、バスはドライブインに寄る。遠征マネージャー兼トレーナー兼クラブハウスボーイを務める若干16歳のザック・ミナシアンが、まずレストランに入る。そこでレストランのマネージャーに、これから腹を空かせた25人の若い男子が夕食を食べに来ようとしていると伝える。だが、とザックは条件提示を始める。彼らがここで食事をするには、自分とチームの監督の食事代をタダにしてもらわなければならない！　と。この作戦はほぼ毎回通用した。

ルーキーリーグの試合をアイダホ州コールドウェルでプレーしたある日、コールドウェルチームの選手ひとりが、やたらと私にヤジを飛ばしてきた。

「お前はドラフト1巡で指名されるほど良い選手じゃない」と彼は叫び続けた。

その日はダブルヘッダーで、第1試合開始時から第2試合が終わるまで、私がベンチを出るたびにヤジが飛んできた。

私が三塁に達したとき、トミーが三塁ベースコーチだったので、「あいつをぶっ飛ばさないと」と言うと、トミーは「いや、ダメだ。お前は出場し続けなければいけない」と言って私を止めた。

試合は我々の連勝で終わり、私はグラウンドでチームメートと握手をしていた。ベンチに戻るとトミーが肩をつかんで「まだやりたいか？」と聞いてきたので、「ええ。やりたいです」と答えた。

「よし。ではマウンドに行け」

そしてトミーはグラウンドを横切って私にヤジを飛ばしていた選手に怒鳴りつけ、マウンドに来るように言った。さらにうちのチーム全員を一塁線に並ばせ、相手チームのメンバーを三塁線に並ばせた。

「お前はそこに、お前はここに来い。誰もファウルラインから中に入るな」と指示したトミーが、続けて叫んだ。「お前たち2人、準備ができたら始めろ！」

相手は、私がそれまで見たこともない空手の構えをした。私はすぐに突進してタックルし、相手を地面に倒した。相手を殴っている最中、トミーは「もう一発！　もう一発殴れ！」と大声で叫んでいた。

ロッカールームに戻っていた相手チームの監督が飛び出してきて、ケンカの様子を見るやいなや「何をやってるんだ！」と叫んだ。

「何をやってるって？　教えてやろう。俺の選手がお前の選手をしこたまブン殴ってるんだ。黙って中に戻らないと、俺があんたをボコボコにしてやるぜ」とトミーが言い返していた。

試合直後の出来事だったので、古くて倒れそうなコールドウェル球場のスタンドにはまだ観客が残っていた。かなりの騒ぎになり、街を出るときには警察の先導が必要だった。

野球でのいざこざはこうやって収める。トミーと私は同じ考えだった。ある意味ホッケーのように。

そのシーズンは、食べる、寝る、野球をする、トミーに楽しませてもらう、の繰り返しだった。トミーを囲んで座り、野球の歴史について教えてもらうこともあれば、街が決めた門限までオグデン市内をみんなで歩きながら良い選手と悪い選手の違いやドジャースの歴史を語ってもらった。トミーは実に魅惑的で、彼が我々と深く関わってくれたのは本当にラッキーだった。彼は全身全霊を傾けて私たちの監督、恩師、友人でいてくれた。

トミーの下、我々は1968年のパイオニア・リーグ優勝を果たした。センターを守った私はリーグMVPを受賞した。

*

シーズンが終わると、バックと私はUSCに入学した。学生登録は9月3日までに済まさなければいけなかった。また、学生が軍の徴兵から逃れようとしていた時代だったので、学籍係の目の前で自ら小切手にサインをする必要があった。バックと私は一緒に飛行機でLAに移動し、キャンパスに向かった。手続き案内によると、私たちはサザンカリフォルニア大学のアスリートが使用するトロージャン・ホールという寮に住むことになっていた。スーツケースを持ってトロージャン・ホールのロビーに入り、入寮を受け付けているテーブルに向かい、手続きを待った。しかし受付にいた女性は私たちの名前を見つけられなかった。

「サザンカリフォルニア大学の奨学金を受けていますか」と彼女が尋ねた。

ビリー・バックはワインを生産するカリフォルニア州バレーホ出身の田舎者でとてもシャイであり、話し合いは私が担当した。

「ぼくらは奨学金を得ているけれど、ロサンジェルス・ドジャースとプロ契約を結んでいるんだ」と私は言った。

　彼女は全く興味がなさそうだった。

「それだったら、あなたたちはここの寮ではありません。どこになっているか、確認します」と彼女は答えた。30分待たされた後、彼女は「あなたはタッテン・ホールです」と私に言い、バックはキャンパス外のもうひとつの寮に割り振られていると教えてくれた。

　チェックインしたときにわかったのだが、私の寮は外国人学生用に用意された場所で、ほぼ全員が英語を話せずキャンパスからも離れていた。ルームメートは日本人だった。バックの寮にも外国人学生が多くいた。学校側は、ベッドが空いているところに私たちを放り込んだのだ。新たな部屋で一夜を過ごした私たちは、哀れだった。大学の最悪な場所に入れられたので、なんとかしなければならなかった。私はロッド・デドーの息子で野球チームのアシスタントコーチをしているジャスティンに会いに行った。

「唯一残っている選択肢は社交クラブ《フラタニティ》に入ることだ」と彼は教えてくれた。

　バックも私も、フラタニティが何なのか知らなかった。「本当？　そのフラタニティとはどこにあるんですか？」と私は聞いた。

「28番ストリートに行けば見つかるよ。今はラッシュウィーク（新入生勧誘期間）だ。頑張って」

　バックと私はすぐに行ってみた。最初の角にある寮は〝シグマ・カイ〔訳注：北米で最大の社交クラブ組織〕〟の寮だった。ちょうど昼時で、フラタニティの面々《ブラザー》たちが正面の階段でくつろいでいた。

「やあ、こんにちは。ぼくらはフラタニティに入りに来たんだ」と私は挨拶した。

　フラタニティに入るために必要なことなど、私たちは何も知らなかった。ラッシュウィークのことも、誓約をし、すべてのブラザーの投票を得てやっと入会できることも、全く知識になかった。何か飲み友達の集まりのようなもので、そこに行けば入れてもらえるのだと思っていた。そんな私たちを、彼らは笑った。

「どこかに入りたいのなら、通りの向かいのあそこに入るといい」とひとりが言った。

通りの向かいには活動停止処分を受けてキャンパスから追い出されたフラタニティがあった。そこの部屋が貸し出されていたので、「これでいいだろう」と我々はそこの部屋を借りることにした。

ラッシュウィークの間、我々はシグマ・カイの向かいに住んでいたが、そのとき『ロサンジェルス・タイムズ』紙がガービー、バック、私のルーキーシーズンについて書かれた記事を掲載した。我々は1968年ドラフトでドジャースが指名したルーキーのスター選手であり、記事はドジャースの優れたドラフトを讃えていた。シグマ・カイのメンバーのひとりがそれを読んで新聞に載っている2人の写真と、向かいに住んでいる2人の顔を見比べた。翌日、バックと私が授業から帰ってくると、シグマ・カイのブラザー4人が「ランチを食べに来ないか?」と誘ってきた。

私たちは誓約をし、ヘルウィーク(正式な入会の前にしごきを受けて過ごす1週間)をこなした。想像を絶するものもいくつか見た。後にNFLで10年間プレーし、その後映画俳優になったティム・ロソヴィッチが、緊急用道具入れを壊して斧を取り出し、2階の窓から投げると、斧は通りを挟んだところにある椰子の木の高さ9メートルのところに突き刺さった――30年後に見てみたが、斧はまだそこにあった。USCでパントリターナーを務め、後にNFLのニューヨーク・ジェッツでプレーしたマイク・バトルは、ガラスを食べた。人々がぞっとしながら見ている前で、ガラス製食器をかじってかみ砕いていた。夜になると彼は、床の上でロソヴィッチの隣で寝ていた。

映画『アニマルハウス［訳注：1978年公開のコメディ映画］』を見たことがあるだろうか？　デルタハウス（フラタニティのひとつ）のブラザーのひとりが、ゴミ置き場に行って学期末テストを印刷したときに使ったカーボン紙を盗み出すシーンがある、あの映画だ。

それを最初にやった男が我々のフラタニティにいて、彼は学校をドロップアウトしながらも印刷会社を始めた。ヘルウィークで彼に付けられたニックネームはキンコ（Kinko）だった。ギリシャ系で、髪の毛は真っ黒で風変わりなヘアスタイルをしていた。私は会ったことがなかったが、その男が1970年にキンコーズ（Kinko's）を創業したポール・オーファリアだったというのは、後から知った。

私は勉強し、スポーツをし、その後もずっと親交があるフラタニティのブラザー、スキップ・ファリナと彼の良き友人、マイク・ホルムグレンと知り合う幸運に恵まれた。シグマ・カイには、大統領の側近、ニクソンの腹心の部下の息子たちが4、5人いた。ハーブ・カルムバックの息子、カート・カルムバックなどがそうだった。

ヘル・ナイトの出来事は決して忘れられない。私たちは目隠しをして車に乗せられ、トパンガ峡谷までの長い道のりを連れて行かれた。そこで車から降り、「シグマ・カイの白い十字架を探せ」と言われた。この言葉の本当の意味は、孤独の寂しさの中に身を置いてシグマ・カイの教義を理解するということだった。

それは私の性には合っていなかったので、私は白い十字架そのものを探すことにした。それはきっと山の頂上にあるに違いないと思い、バックがひとつの道を行き、私は別の道を歩いた。私はスラックスにローファーという出で立ちだったが、構わずに頂上を目指して登り続け、ついに大きな木製の白い十字架が立てられたヘリコプターの発着場にたどり着いた。私は喜びが爆発しそうになったが、すぐに不安を覚えた。「どうやってこれを見つけたことを証明しよう?」私はそばにあった石を拾って木の一部を剥がし、それを見せるために一目散に山を駆け下りた。ビッグブラザーのスキップは、きっとものすごく感心してくれるに違いない。バックはすでに車の中で待っていた。

私は車のドアを開け、「見つけました」と報告した。そのときの彼らの顔を写真に撮っておけば良かった。

我々は沈黙したまま家路に着いたが、私はなぜ褒められなかったのかがわからなかった。ビッグブラザーは振り返るとこう言った。「白い十字架なんて探さなくて良かったんだよ、このバカが!」

「あ……」私はようやくそこで気がついた。

USCでの1年目、私は水を得た魚のようだった。キャンパスに着いて健康診断に行くと、苗字がVで始まる学生は2日目に受ける予定であることを知った。時間を潰しながら健康診断の会場を覗くと、看護師のひとりが「あなた、今時間ある?」と聞いてきた。

「もちろん。何でしょう?」と聞き返すと、「学生会館に行って、コーヒーを2つ持ってきてくれない?」と頼まれた。

私は「わかりました」と引き受けたものの、学生会館がどこだかさっぱりわからなかった。だがすぐに見つかり、看護師たちにコーヒーを持って帰った。

翌日その場に戻り、健康診断の列に並んだ。前日と同じ看護師2人がそこにいて、ひとりが「また来てくれて良かったわ」と言った。

「なぜです? またコーヒーですか?」と聞くと、「違うの」と彼女は言った。

「私の息子が『ザ・デーティング・ゲーム［訳注:アメリカの人気お見合い番組］』のオーディションを受けるは

ずだったんだけど、行けなくなって。あなた、人の良さそうな若者だから、彼の代わりに受けてみない？」と彼女は続けた。

私は『ザ・デーティング・ゲーム』が好きではなかったが、面白そうだったのでやってみることにした。電話をかけて番組の面接に向かうと、そこでは本当の観客とウソのゲームをプレーすることになっていて、私は愛とロマンスに関する仮定的な質問を受けた。私は質問に答え、ジャッジが判定し、また呼ばれるかどうかが判断されるまで待つように言われた。

回答の電話がフラタニティハウスの公衆電話にかかってきた。ブラザーのひとりで今日まだ親交があるもうひとりの友人、マイク・ドラキュリッチが電話に出て、「『ザ・デーティング・ゲーム』出演が決まったぞ」と廊下の向こうから大声で伝えてくれた。「ジャケットとネクタイ着用だそうだ。来週の火曜」

バーバンクにあるスタジオには、ビッグブラザーのスキップ・ファリナが車で連れて行ってくれた。そこではひとりの女性がカーテン越しに質問し、私を含めて3人がそれに答えるという形だった。各自4つの質問に答えた後、番組ホストのジム・ラングが「オーケー、誰を選びますか？」と彼女に聞いた。私は参加者1番で、彼女は3番を選んだが、彼を選んだ理由は私の答えを聞いたからだと言っていた。

番組が終わった舞台裏で、プロデューサーのひとりが「君が選ばれるべきだった。また出てもらうよ」と言ってきた。数日後、電話がかかってきて、「夜のバージョンを収録するので、参加者のひとりとして出てもらいたい」と言われた。

『ザ・デーティング・ゲーム』は日中に週数回、夜は週1回放送されていた。午後の回で選ばれていたら、賞品はラグーナビーチへの旅行だった。私は夜の回で選ばれ、賞品はアムステルダムとロッテルダム、そしてハーグへの旅だった。

これにはロキシーとアナが動揺した。彼女たちは私がその美しい女性とヨーロッパ旅行に行くのではと恐れていた。私はその日選ばれたが、チャック・バリスがすべての回の放送権を買ってリリースを拒んでいるため、再放送を見ることができなかった。YouTubeでも、『ザ・デーティング・ゲーム』を見ることはできないのだ。

ヨーロッパ旅行には決まった期限内に行かなければならなかったが、その短い期間内に、私は学校の勉強があったしスプリングトレーニングへの参加も予定していた。旅行に出られる可能性はなかったので、その女性はボーイフレンドとヨーロッパに行くことにした。

春休みの間、私はドジャースのスプリングトレーニングに参加し、その後学校に戻って授業の欠席がないことを確認した。ビリー・バックナーも同じことをした。彼も私も大学についてはほとんど知らなかったので、2人とも本流から外れた存在だったが、成績は良かった。私はAマイナスより低い成績を取ったことがなかった。良い成績を取り、大学に残ることでベトナムに行かずに済むのを、我々は知っていたから。

4

幸運な展開

1969年、私は1Aカリフォルニア・リーグのベイカーズフィールドのチームに行き、ポジションを変えることとなった。ケープコッドで行われた少年野球のオールスターゲームや高校最終学年、そしてプロでのルーキーイヤーでもセンターを守っていたが、トミー・ラソーダは私が最も早くドジャー・スタジアムでの試合に出場する方法は遊撃手になることだと考えていた。

学期末試験を終えた私は、オグデン出身のクラブハウスボーイで、トミーの親友エディ・ミナシアンの息子、ザック・ミナシアンと一緒にドジャー・スタジアムに観戦に出かけた。エディはサンセット大通り裏にあるアンバサダーホテルの素晴らしいエンターテイメントスペース、〝ココナッツグローブ［訳注：ナイトクラブ］〟のケータリングマネージャーだった。USCから誘いを受けていたときに私はそこでシュープリームス［訳注：ダイアナ・ロスなども所属していた女性ボーカル・グループ］を見たし、ボビー・ケネディが殺害されたのもこの場所だった。ドジャー・スタジアムでは、私はドジャースの一員だったので選手用駐車場に車を止めた。一般用の駐車場に止めていたら、次に起こったことは決して起こらなかっただろう。

試合後、ザックと私は車に向かって歩き、途中で幹部のオフィスがある前を通った。ガラス窓越しに中を見ると、新しくGMに就任したアル・キャンパニスが彼のデスクにいるのが見えた。電話をしていた彼が受話器を置くと、私に向かって中に入るよう手招きした。

私はアル・キャンパニスとは実家のダイニングルームで両親と一緒に話をしたときと、スプリングトレーニングで一度会っただけだったので、心臓が鳴り始めた。彼に会うのはまだ3度目だ。きっと、ベイカーズフィールドで頑張れと言ってくれるのだろう。アルはタバコを吸いながら電話をかけていて、彼の正面のイスに座れと指差しながら、話を続けていた。

「では、彼を誰と入れ替えるんだ？」彼は電話の相手にそう言った。

それが何を意味するかはわからなかったが、トミー・ラソーダと話しているのはわかった。トミーはオグデンで3年連続優勝を果たし、パイオニア・リーグから3Aのスポケーン・インディアンズの監督に昇格していた。アルがトミーに聞いていたのは、その夜の試合でケガをした二塁手のトミー・ディーンを誰と入れ替えるかということだった。アルはトミーが指揮を執るスポケーンから誰かを送ってもらわなければならなかった。トミーが何と言っているのかは聞こえなかったが、それまで何年もトミーは同じ話を繰り返ししていて、アルにも「ビリー・グラバーケウィッツという選手を送る。ビリーはトミー・ディーンよりも優れた選手だ。彼を使えば絶対に気に入る。身体の大きさを差し引けば、彼はリーグで最高の打者のひとりだ」と言っていた。

「なるほど、それは素晴らしい。で、君のチームでグラバーケウィッツの代わりはどうするんだ？」とキャンパニスは尋ねた。長い沈黙の後、キャンパニスの口から出た言葉は、「何？　お前、正気か？　1ヶ月でお前たち2人とも街から追い出されるぞ」だった。

そのときのトミーの返事が「ボビー・バレンタイン」だったことを、私はすぐ後に知ることになる。

その前年、私はルーキーリーグの中堅手だったのに、トミーはいきなり3Aに私を昇格してショートを守らせようとしている。どの選手にとってもとんでもない抜擢だが、1Aに行くはずだった19歳の少年にはあり得ない話だった！

「それは突拍子もないアイディアだな」とキャンパニスは言った。

トミーは全く主張を変えずにいると、アルは「バレンタインは、今どこにいると思う？」と言った。

「全くわからない」

「ここにいるよ」と言ってアルは受話器を私に渡した。トミーは「ボビー、私たちは今ハワイにいるんだ。月曜にはスポケーンに戻る。月曜にスポケーンへ来られるか？」と尋ねてきた。

スポケーンがどこなのか、私は皆目見当がつかなかった。翌日の金曜には朝からベイカーズフィールドに向かうつもりだったので、車は荷物で一杯だった。

「月曜ですか？」と私は聞いた。「楽勝です。月曜に会いましょう。何をすればいいですか？」

「球場に行け。着いたときには、GMのエルテン・シラーが君を待っている」

「わかりました」

そのときロキシーがLAに来ていたので、自宅に帰り彼女に伝えた。「イカレた話だけど、ぼくはこれからスポケーンに行くよ。夏が終わる前に、そこで会おう」

翌朝、私はフラタニティハウスからバーバンク［訳注・・カリフォルニア州ロサンジェルス郡の都市］のバロウズ高校に向かい、ザックをピックアップしてスポケーンへのドライブを開始し、カリフォルニア州、オレゴン州を経てワシントン州に入った。20時間の旅は、難局なしでは終わらなかった。私はカリフォルニア州を出る前に3度スピード違反で警察に止められた。3度目はすでに現金が底をついていた。当時は、切符を切られるとその場で警察官に現金を渡すか、巡査の家に行って彼に現金を払うかのどちらかだった。あるいは、一晩留置所で過ごし、翌朝に巡査の尋問を受ける選択肢もあった。

私がコネティカット州の運転免許でカリフォルニア州内を運転していたため、この警察官は、カリフォルニア州の免許がないことで私を一晩留置場に入れなければならないと判断した。留置場のロビーで待っている間、ザックが深夜シフトで働いていた女性と話し、彼女は州外から来た大学生であればカリフォルニア州の免許は必要ないという条例を見つけた。ザックはその女性に、私を留置場から出すよう誰かに掛け合ってほしいと頼み込み、我々はスポケーンへのドライブを再開することとなった。

5

スポケーン

私はまた年上の選手たちとプレーしていた。数日後に20歳になるときだったが、次に若い選手は25歳だった。私の主な仕事はセンターからショートへのコンバート。私らしくないがこのときは怖れを感じていて、開幕直後はひどいプレーをしていた。

チームの投手のひとり、チャーリー・ハフは、私があまりにも送球を客席に投げ込んでいたため、ボールを投げずに蹴れと怒鳴ってきたことがあった。あるときは、私の投げたボールが客席の女性に当たり、頬骨を骨折させたことがあった。最初のひと月が終わる前にトミーと私が街から追い出されることになると言ったアル・キャンパニスが正しかったかのように、私のプレーはひどいものだった。

トミーは人類史上最高のプロモーターだった。彼はいつも催事に出向いてドジャースのことを語り、食事をご馳走になり、チケットを売っていた。日曜のデーゲームに備えて私たちが打撃練習をしている頃、彼はキワニス・クラブの朝食会で講演していた。彼が球場入りするまで、選手兼コーチで左翼手のディック・マクラフリンに打撃投手をさせ、その間投手陣は外野で打球を捕って内野に返球しているはずだった。

だがこの日は、トミーが練習中に到着すると投手陣は外野で打球を捕っていなかった。私服のままのトミーは、「投手陣はどこだ?」とディックに聞いた。

「トミー、彼らはクラブハウスにいますよ」とディックが答えた。「彼らはバレンタインがショートを守るときに投げたくないと言っていて、あなたと話したいそうなんです」

その投手陣は、ほとんどが30代の選手で、大リーグを少し経験し、今は3Aでまたいつかメジャーに戻れるかなと考えながら、電話がかかってくるのを待っている人たちだった。正直なところ、私は彼らの勝利を消していた。彼らにとって最終的に必要になる大事な数字だ。例えば9イニング当たりに与えた四球とヒットの数や、奪った三振など他のことは、あまり関係なかった。

トミーは練習を中断させて選手たちをクラブハウスに呼び込んだ。全員が揃うと、彼はロッカーの間を行ったり来たりしてから、こう言った。「君たちの中の何人かが、今ここで起きていることを気に入っていないという話を聞いた。これから自分のロッカーに座って、少し考えてみてほしい。私はすぐに戻る」

彼は監督室に行き、ユニフォームを着て戻ってくると、22人の選手を前に再び歩き出した。そして、「オーケー。私が聞いたのは、ピッチャーが投げたがっていないということだ」と言うと、私のロッカーの前に立ち、私を指さして続けた。「こいつがショートを守っているときは」

彼はその後、また何度か部屋の中を歩いて往復した。私はと言えば、床を見つめたままだった。目を上げて他の選手の表情を見たくなかった。私は、元々プレーしているはずだったベイカーズフィールドに降格される日がやってきたと思っていた。私がベイカーズフィールドに行けば、投手陣はこれからハッピーに過ごせる。

トミーはさらに歩いた後に再び口を開いた。「では、これからどうするかを教えてやる。こいつはこれからもショートを守るだけでなく、この部屋にいる全員が、今すぐ、私がオフィスに戻ったらすぐに、紙と鉛筆を手に持ってこいつのロッカーの前に立ち、彼のサインをもらうんだ。なぜなら、お前たちが自宅でランチを運んでいるとき、こいつはメジャーリーグでプレーしているからだ。そしてお前たちは、彼と一緒にプレーしたことがあると友達に自慢げに言うのさ。そのとき、それを証明できる唯一のものが、今日これからもらうサインなんだよ」

トミーはそう言って監督室に戻ると、叩きつけるようにドアを閉めた。私はまだ自分のシューズを見つめていたが、気がつくと目の前に選手たちのスパイクが見えた。顔を上げると、チームの全員がサインを求めて目の前に並んでいた。私は彼ら全員にサインをした。

そのとき私は、確か打率2割1分ほどしか打っておらず、30個ぐらいのエラーをしていた。だがその日からは打率3割を打ち、それ以降の試合では合計で10個もエラーをしなかったと思う。チーム内で最も成長した選手となり、20歳で迎えた翌年は7部門でリーグトップの成績を挙げた。

これが、トミー・ラソーダだった。彼は、何事にもすべてを懸けて臨む。

トミーがしてくれたのは、これだけではない。私の成長ぶりを喜んでくれたトミーは「あの手紙を、モーリー・ウィルズに今書くんだ。お前は、ドジャースの次の遊撃手になるんだからな」と言ってきた。それをすればドジャースの中で気に入らないと感じる人が出るだろうと思ってはいたが、トミーに言われたことなので私はモーリー・ウィルズに手紙を書き、彼のポジションを狙っていること、すぐに明け渡した方がいいことを伝えた。

シーズンは9月1日に終了し、私は再びUSCに戻った。同時に、メジャーリーグのロスター（登録選手枠）が9月に拡大され、ビリー・バックナーと私は、ドジャースのホームゲーム9試合にベンチ入りすることになった。日中は大学生、夜はドジャース選手というわけだ。

私のメジャーデビュー戦は、ペナント争いに加わっていたニューヨーク・メッツとの試合。代走として出場し、一塁から三塁に進んだ。メッツのピッチャーはジェリー・クーズマンで、ドジャースの三塁ベースコーチのダニー・オザークは私にホームスチールを命じた。私はスタートが遅れ、途中で止まって三塁に引き返した。

「タイミングがわかった。次の球で行きます」と私はダニーに伝えた。

だが、打者がショートライナーに倒れたため、ホームスチールをする機会はやってこなかった。代走の役割でメジャーの試合に出場したこの日から、ウォルター（ウォルト）・オルストンと私の間の関係が始まった。この後何年も経ってから知ったのは、私がトミー・ラソーダのナンバーワンの選手だったため、ウォルトは私の方に視線を一切送らなかったことだ。野球界で見られる政治的要素を何年も見て、ウォルトがどういう人間かが見え、ウォルトがどのように私を理解していたかがわかったとき、完全に理解することができた。彼が1971年に書いた本の中で、私が「チームのキャプテンになるべき男だった」と書いてあったが、彼からもらった褒め言葉はそのひとつだけだった。

私は出場できると思っていなかった。19歳の子供がメジャーリーグベースボールとはどんなものか、覗きに来ただけだから、ウォルトは私の起用法で悩む必要がなかった。だが2年にわたり、ウォルター・オルストンは私に対する無関心、あるいは侮蔑を露わにして私をわざと〝ビリー・バレンタイン〟と呼んだ。ウェルカムホーム・バンケット［訳注：スプリングトレーニングを終えた後、地元に戻ったチームがファンを集めて晩餐会を開き、開幕ロスターを発表するなどしてファンとの交流を深める催し］でも、彼は私をビリー・バレンタインと紹介した。ダニー・オザークや他のコーチに間違いを指摘されても、肩をすくめるだけだった。

「うちにはビリーがたくさんいる。ひとり増えたって構わないだろう?」

確かに、当時はビリー・グラバーケウィッツ、ビリー・バックナー、ビリー・スダキスそしてビリー・ラッセルがいた。もうひとりいたらダメなのか?

私が1969年にLAに行ったとき、ウォルター・オルストンはすでに地位を確立していた。若い選手など、彼にとっては何の意味も持たなかったのだ。私は新参者で、新入生だった。ウォルトにとっては、私はこれから力を認められなければならない駆け出しの若手だった。それは理解できた。なぜなら、どこに行っても最年少だった私は、力を認められるよう努めることしかしてこなかったのだから。

6 MVP

1970年シーズンは、トミーと私、そしてスポケーン・インディアンズにとって魔法にかけられたような1年となった。チームは94勝52敗の成績でシーズンを終え、私はパシフィックコースト・リーグのMVPに選ばれた。同地区2位のポートランドには26ゲームの大差を付けての優勝だった。私の成績は打率3割4分、211安打、122得点、二塁打39本、三塁打16本、ホームラン14本、80打点、29盗塁。イチローが存在する前に、私はアメリカで〝イチロー〟だった。

この年は歴史に残るチームだった。スティーブ・ガービーがサード、私がショート、デイビー・ロープスがセカンドを守り、そしてトミー・ハットンは私がともにプレーした中で最高の一塁手だった。ボン・ジョシュア、ビリー・バックナー、トム・パチョレックが外野を占め、キャッチャーはボブ・スティンソンと、USCアメフト部でクオーターバックだったスティーブ・ソギー。優れた投手陣の中には、2人だけ挙げてもチャーリー・ハフとドイル・アレクサンダーというすごい名前がいた。

シーズン中、我々はハワイで10試合を戦った。各チームと10試合の対戦が義務づけられていたが、ハワイには1度しか行けなかったので、全試合をこなすため10日間滞在した。ハワイアン・アイランダーズは、半分がカリフォルニア・エンジェルズのマイナーリーガー、半分がフリーエージェントの選手で構成されていた。アイランダーズのオーナー陣は、地元ファンがメジャーリーガーを見ることができないのを知っていたため、ボー・ベリンスキーやホアン・ピザーロ、ジム・コーツといった著名なベテランと契約していた。

我々には、ロードゲームでの簡単な儀式があった。私は1番打者で、ビリー・バックが2番、そしてトミー・ラソーダは監督だったが三塁ベースコーチをしていたので、国歌が流れるときは3人がネクストバッターズサークルの位置に立っていた。国歌が終わると、トミーは三塁側コーチャーズボックスへ走り、私は打席に向かい、バックは重りを付けたバットを振って自分の打席に備えていた。

その日、国歌が流れているとき、バックが何かつぶやき始めた。バックは、口を開かずボソボソ喋ることにかけては人類史上最高にうまかった。吐息より小さい声で喋ることができ、ハッキリとものを言いたいときですら言葉の端々で自分の声に溺れてしまっていた。彼がブツブツ言っている内容は、「このクソ野郎、気に入らねぇ。あのゲスはぶっ殺してやりてえな」といった感じだった。1970年を迎えるまでに、我々はトミー・ラソーダの言い回しを完璧にマスターするほど、彼との付き合いが深くなっていた。

マウンドにいた投手は、3Aに昇格したばかりのロイド・アレン。後に知ったのだが、バックと同じ地域の高校出身で、エンジェルズは彼を高校卒業時にドラフト1巡で指名したということだった。このときはそれから3年が経っていて、バックが彼に会うのは高校時代以来だった。アレンは球速95マイル（約153キロ）のストレートを投げる注目の有望株だった。

トミーと私はバックを見た。「なあ、あいつはどんなヤツなんだ?」トミーは知りたがっていた。

「あいつの眉間にライナーを打ち返して、殺してやりますよ」とバックは言った。

国歌が終わり、トミーは三塁へ向かっていった。私はバックが何を言っているのか、まだ定かではなかったが、打つ準備を整えて打席に入った。相手がロイド・アレンであることすらわからなかったし、ドラフト1巡指名を受けた選手だということも知らなかった。ただ、バックと私は3年間ルームメートだったので、お互いのすべてを話していたから、アレンのことは聞いていた。それでも、彼は昇格したばかりだったので、私にとってはただの投手だった。彼は投げ、私は打ち、そしてヒットとなった。

バックが打席に入った。ロイドは初球にストレートを投げ込んだ。バックはライナーを弾き返すと、打球はロイドの額に正面から当たり、ロイドは地面に倒れ込んだ。打球がまさに真っ正面から当たったので、跳ね返ったボールはキャッチャーの後ろに飛んでいった。バックは二塁打となり、私は三塁に進塁した。ロイドは額にコブを作りながらも立ち上がったが、彼のおでこはまるでゴルフボールが2つ埋め込まれたかのように膨れ上がっていた。信じられないことに、アイランダーズのチャック・タナー監督はロイドを続投させたが、8球連続でボールを投げた後、降板させた。

我がチームの選手たちは、次のイニングにトミーが言ったことが信じられなかった。「お前、あいつの額に打球を打ち返して殺すって言ったよな」

「彼はそんなこと言いませんよ」とチームメートたちは言った。

「俺、ネクストバッターズサークルにいたんです」と私は言った。「彼はそうするって実際言ってました。本当にしそうになったけど」

この出来事は、伝説以上のものとなった。バックの打者としての天賦の才が見られた一件だった。彼は、信じられないバッターだった。

1970年、私はスポケーンで全試合全イニングに出場した。5ヶ月で146試合をこなすシーズンでの達成だった。シーズンを通して、オフが2日もなかったと思う。シーズン最終日に、私は打率3割4分で首位打者となった。その日は3打数3安打しなければならなかったが、それを成し遂げた。首位打者争いを1厘差でかわした相手のウィンストン・イェナスは、アイランダーズの選手だった。彼は最終日にソルトレイクで午後にダブルヘッダーをプレーしていた。我々の試合は夜だった。我々のプレスボックスから、ティッカーテープでイェナスが第1試合で2打数1安打とした後に退いたとの情報が入った。彼の打率は3割3分7厘から3割3分8厘5毛に上がった。次の試合で彼は2打数1安打として打率を3割3分9厘に上げ、試合から退いた。私は打数が多かったので、彼を超えるには3打数3安打しなければならなかった。打数が多いと、打率は大きく動かなくなってしまう。最初の打席で三塁手のグラブを弾く当たりを放ったが、ヒットともエラーとも判定される可能性のあるプレーになった。だが、我々がホームチームだったこともあり、記録はヒットとなった。次の打席でもヒットを打ち、最終的に3打数3安打で、打率を3割4分に上げていた。

プレスボックスからは、私がウィンストン・イェナスを5毛上回ったとトミーに連絡が入った。トミーは私のところにやってきて、「お前はこれでお役御免だ」と言った。

「何を言ってるんですか?」と私は言った。私は全試合全イニングに出場していたのだ。「なぜ途中で交代しなければいけないんです?」

「お前は、今首位打者になったからだ」

「だから何です? どっちみちなるんですよ。あと2打席は立てる。それなら、あと2本ヒットを打ってみせますよ」と私は食い下がった。

「そのリスクは冒さない」とトミーは言う。「首位打者になるチャンスは、もう二度と巡ってこないかもしれない。今日はこれで終わりだ」

私たちが言い合っている間、彼は私と交代する選手を送り出した。私は首位打者となり、スポケーンはイースタンディビジョン優勝を果たした。これによって、ウェストの勝者、ハワイ・アイランダーズとの7回戦制のシリーズ出場が決まった。

ハワイでは、私を首位打者にした微妙な判定があったとの噂が流れていた。アイランダーズのラジオ中継実況はアル・マイケルズだった（そう、『ミラクル・オン・アイス』や数えられないほどの『マンデーナイト・フットボール』を実況した、殿堂入りアナウンサーの、あのアル・マイケルズ）。今は良き友人になっているアルだが、当時は断固としたアンチ・ボビー・バレンタインだった。シリーズ最初の2戦はスポケーンで戦い、我々が2連勝した。それからハワイに行って最大3試合を戦うことになったが、私は打席へ入るたびにブーイングを受けた。スタンドには大勢のファンが詰めかけており、当時のファンはトランジスタラジオを持ってきていて、マイケルズの実況を聞き、彼の私に対する意見も耳にしていた。彼の主張は、地元のスター、ウィンストン・イエナスから私が首位打者をさらったというものだった。我々は3勝0敗と優位になり、私はその3試合で9本のヒットを放っていた。第4戦で最初の打席に入ると、私はスタンディングオベーションを受けた。

マイケルズは彼の著書でこう書いている。プレーオフ第4戦の初球のおかげで、それまでのことが、彼が学んだ最大の教訓になったということだった。私はグレッグ・ウォッシュバーン投手から故意の死球を顔面に受けた。私はドジャースのメジャーリーグレベルに昇格されるはずだったが、実際は頭を包帯で巻かれて1週間病院で過ごすこととなった。

ボールは私の顔面を直撃し、頬骨が9cmほど下にずれた。死球を受けた後私は立ち上がったが、顔が変形していた。全員が恐怖の表情で私を見ていた。トミー・パチョレックは、変わり果てた私の顔を見て気分が悪くなり、嘔吐した。頬骨が顔の下まで落ち込んでいたのだ。トレーナーは出血を止めようと私の目の上にタオルを当て、私はセンター奥のクラブハウスに向かって歩き出した。担架を求める声が聞こえたが、人に運ばれて球場の外に出る気はなかった。

その間、グラウンドではあちこちで殴り合いが始まっていた。相手の三塁手と我々の三塁手は組み合って地面を転がり回っていた。私がトレーナーとグラウンドを後にする中、トミーはチャック・タナーを怒鳴りつけていた。ザックの父エディ・ミナシアンは客席から飛び降りてきて私たちと一緒に歩いてくれた。もうひとり私たちのそばにいたのは、腰の低い日本人の男性だった。

クラブハウスに入り、鏡を見て私は嘔吐した。直後に救急車に乗せられ、緊急治療室に運ばれた。クラブハウスまで一緒に歩いてくれた日本人男性が、著名な形成外科医で熱心なドジャースファンだったとは、知る由もなかった。彼は緊急治療室にも付き添ってくれた。そのときは知らなかったが、彼はドジャース球団と球団専属医のボブ・カーラン医師に連絡を取り、私の手術をする許可を得ていたのだった。

通常であれば、顔に大きな傷が残るものの頬を切開して骨を引き上げるのだが、彼は目の下の傷ができていた部分に沿って切れ目を入れ、小さなステンレス製の器具を使って骨の位置を確認して引っかけ、上に引き上げた後、手で骨を元の位置に戻してくれた。さらに、砕けた骨片もそこから取り出したのだ。

翌日、私は目が覚めると左目と頭部は白い包帯でグルグル巻きになっていた。医師と看護師は手術が見事に成功したと言ってくれたが、「目が見えるかどうかは、数日経ってわかります」とも付け加えた。

スポケーンのシーズン終わりに、私はLAに行ってドジャースの正遊撃手となるはずだった。だが、現実には、病院のベッドに横たわりながらまたプレーができるのだろうかと考えていた。

トミー・ラソーダが見舞いに来てくれた。試合は16－1で我々が勝利してシリーズ制覇を成し遂げ、チームは地元に戻るところだと教えてくれた。私の代わりを務めたマーブ・ギャリハーがホームラン1本、三塁打1本、シングルヒット2本を打ったということだった。彼は手術を担当した医師に会いたいと言ったが、執刀した医師はすでにいなくなっていた。後でわかったのは、その医師は形成外科学会でロサンジェルスを訪れていて、日本への帰国便が他のすべての便と同様に燃料補給をするためハワイに立ち寄った際、ドジャースの3Aチームが優勝を賭けて戦った試合を見ていこうと思ったそうだ。

私も彼に会えなかったし、その後も会う機会は得られなかった。私が日本で監督をしていた何年もの間、彼のことを聞き回っていたにも関わらず。私が初めて日本を訪れたのは1980年代で、1990年代に再び訪れ、2000年代も日本で過ごし、日本の新聞には私のキャリアと顔面に死球を受けたときに手術をしてくれた日本人医師の話が記事として載っていたが、彼の消息はわからなかった。

37年が経ち、日本で監督をしているときに私の通訳が打撃練習中に私のところにやってきて、ベンチの後ろに立っている人物の名刺を渡してきた。すべて日本語で書かれていたので、私は読めなかった。

「これは誰だ?」

「形成外科医です。監督にお話しがあるそうです」

きっと彼に違いないと思い、私の心臓は高鳴り始めた。急いでベンチに行くと、濃い色のスーツを着た男性がいた。髪も黒く、私よりも若かったので、彼ではないと思った。私がかしこまって自己紹介をすると、彼は私の手術をしてくれた医師の息子だと言い、医師が前年に亡くなったことを伝えくれた。

「お父さまには、なぜお目にかかる機会がなかったのでしょう？」と私が聞くと、彼は「新聞に名前が載りたくなかったのです」と答えた。

「それはなぜです？」

「私の母は、父がハワイで3日余計に過ごして野球観戦していたのを知らなかったので、父は家庭でトラブルを起こしたくなかったのです」

＊

私はハワイの病院からUSCに戻り、最初の学期を終了した。顔は思ったより速く回復しているようだった。学期が終了したとき、ドジャースは私をアリゾナ教育リーグに参加させるためアリゾナステート大（ASU）に編入させた。ドジャースも私も、試合でちゃんと打ててプレーできるかどうかを確かめる必要があった。そしてそれができることがわかり、私は気持ちが高まった。さらに、徴兵抽選番号が295［訳注：ベトナム戦争中に採用された選抜式の徴兵制度］となったので、徴兵されることを心配しなくてよくなった。野球が私の最優先事項になった。

3Aで私は毎月1200ドルを稼いでいたが、それはシーズン中だけだった。メジャーリーグの契約が郵送されてこないかと待ちわびたが、3Aで良い成績を残せたので、かなりの昇給を期待していた。そうすれば、母と父とロキシーとアナに、大金を稼いでいると報告できたからだ。

スプリングトレーニングが始まる1週間前に、ASUでのフラタニティ「シグマ・カイ」のシーズン最後のフラッグフットボール（防具を使わない簡易版アメフト）ゲームが行われた。私たちのチームはかなり強く、無敗だった。チームメンバーのほとんどは奨学金を得たアメフトプレーヤーで、かなり厳しい指導者だったフランク・クッシュの下でプレーすることに嫌気がさし、アリゾナステート大のチームを離れていた。私たちはこの容赦のないフラッグフットボールをプレーし、試合後はいつもフレディズ・タバーンに繰り出していた。そこは線路の隣にあるメキシコ人経営のバーで、身分証明書なしで誰でも飲ませてくれ、さらにとても安いビールのピッチャーを提供していた。このときは私の送別会のようなものだった。我がチームは優勝し、気持ちよくパーティーをして、私が学校を離れるときにはシグマ・カイが最新のチャンピオンとなっているはずだった。

最初に受けたキックオフで、私はリターンタッチダウンを決めた。その後相手のロースクールチームが得点し、またキックオフとなったときに我々はフェイクリバースを試みた。もうひとりのバックスがボールを受け、私はそれを受け取るかのように彼に向かって走り、彼はボールを渡さずそのままサイドライン際を駆け抜ける作戦だった。私はボールを受け取るふりをした後、彼が走るのを見ていたが、そのとき死角からタックルを受けた。

このタックルが、私のヒザを完全に破壊した。

ドジャースで正遊撃手になる代わりに、私は右脚全体をギプスで覆われた姿でスプリングトレーニングに現れた。ドジャースは組織内の会議を開き、モーリー・ウィルズに、前年良いシーズンを過ごしてはいたが引退を勧告するか、あるいは残留させて私の遊撃手としての教育係とするかを決断しなければならなかった。脚をギプスで覆われてスプリングトレーニングにやってきた私を見て、モーリー・ウィルズは私が彼の仕事を奪うと書いた手紙の話を持ち出した。彼は、今の仕事は私の教育係だと言い、私はスプリングトレーニングの間ドジャータウンにいる人々が食事を摂るモリソンズ・カフェテリアで、毎朝列に並んでウィルズの朝食を運んでいた。

ようやくギプスが取れると、私はオープン戦の最後に2、3打席立つことができた。ヒザにはニューヨークのジェームズ・ニコラス医師がジョー・ネイマスのためにデザインしたタイプのとても煩わしい装具を着けていた。メジャーリーグでの最初の1年半、私はかなりブカブカのユニフォームの下にその装具を着けてプレーした。

ドジャース首脳陣は、動揺したどころではなかった。私は練習中にフライを追った際スプリンクラーを踏んでケガをしたとチームに伝えていた。1951年のワールドシリーズでミッキー・マントルがヒザを負傷したときの原因がそれだったからだが、チームは信じずに私をLAへ送り、著名な整形外科医ボブ・カーラン医師の秘蔵っ子フランク・ジョーブ医師の診察を受けさせた。ジョーブ医師はトミー・ジョンのヒジを手術した外科医だ。彼は靱帯を固定するための器具を挿入し、可能な限りの修復をしてくれた。まさに完全な再建だった。

このため、私はメジャーリーグでの最初の1年半は脚を引きずっていた。ようやく装具が取れたとき、私はかつてのような形で走ってみたが、半歩だけ遅れているような感じだった。その半歩の遅れで、アル・キャンパニスとウォルト・オルストンは私にショートを守る力はもうないと判断した。

だが、私は彼らが間違っていると証明する気が満々だったので、ショートで完全に機能できるよう少しずつ力を取り戻していった。5月半ば、ウォルト・オルストンが私を監督室に呼び、私を3Aに戻すと伝えてきた。

私は装具を着けていながらもちゃんと走れていると思ったし、かつてとそれほど大きく違っていないと感じていたので、理由を尋ねた。

「二塁手に下手で投げる練習をしないといけないな。君の守備はメジャーリーガーとしてはまだ磨き上げられていないんだ」

私が彼をどれだけ軽蔑したか、きっと想像がつかないだろう。

1971年、オルストンは私に基礎を学ばせるためマイナーに落とし、私はトミーのところで10日間プレーした。私は混乱し、気分が落ち込んでいたが、3Aチームがハワイでプレーしていたので、機嫌が良くなった。

アル・キャンパニスが私のプレーを見にハワイへやってきた。私はショートで7試合に出場した後、ドジャースに再昇格した。オルストンは私をスタメンに入れた。相手投手は最もタフな相手のひとり、ボブ・ギブソン（セントルイス・カーディナルズ）であった。

一方、私はサードを守ることになった。この状況には混乱させられた。なぜなら、私はショートでの技術を磨くために3Aに送られたのに、メジャーに戻ると一度も守ったことがないポジションに据えられたからだ。私はサードが大嫌いだった。心から。だが、ギブソンから決勝打を打ったので救われた。

私はドジャース組織内で渦巻いていた覇権争いの真っ只中にいた。アル・キャンパニスはGMで、1940年代からドジャースのオーナーを務めていたウォルター・オマリーは息子のピーターにその座を譲ろうとしていた。ピーターはトミーが大好きだった。トミーもまたアル・キャンパニスの秘蔵っ子だったが、マイナーで何度も何度も優勝したにも関わらず、ドジャースの監督職は与えられていなかった。1973年、トミーはオルストンの下でコーチとなった。

私はうまくショートのポジションから離されていった。ウォルトが選んだショートは、ビリー（ビル）・ラッセルだった。ビリーはカンザス州ピッツバーグの出身で、ウォルトも同じ中西部のオハイオ州ダータウンの出身だった。

私はハンティングもフィッシングもしない北東部出身のイタリア系の若輩者。しかもウォルトの職をあからさまに狙っているイタリア系の男に擁護されていた。トミーは常に忠誠心のある兵士だった。ウォルトに言われたことはすべてやったが、友人たちとディナーに出かけたときは、ウォルトについて良い言葉は余りたくさん出てこなかった。ウォルトが夕食に出かけたときもまた、トミーを良く言うことはほとんどなかったことだろう。

1971年、モーリーはショートで144試合に出場した。私はセカンドで21試合、サードで24試合、ショートで36試合、うちスタメンは10試合、ライトで9試合、センターで2試合の出場だった。

オルストンはトミーが私を中堅手から遊撃手に仕立て上げたのを見て、次のシーズンにビル・ラッセルで自分も同じことをやろうと決心した。きっとウォルトは、「トミーがバレンタインでできたのなら、私もラッセルで同じことができる」と考えたに違いない。年を重ねて、そういうことだったのだと理解できた。当時、私は政治的なことが一切わかっていなかった。オルストンがラッセルを溺愛し、私を煙たがっていたのはわかっていたが、そういう舞台裏があったのを知ったのは、自分が舞台裏に行ってからだった。「ドジャースにいたときのことを覚えてる?」と言われて初めて、「ああ、そういうことだったのか」と合点がいったものだ。結局、ラッセルは正遊撃手となり、ずっとそのポジションをキープしていた。

1971年、世界が変化を遂げる中、私はその変化に順応しようとする若者だった。髪は長く伸び、人生についての思いは広がる一方だった。1971年シーズン、ドジャースがテッド・サイズモアとのトレードでセントルイスから獲得したリッチー・アレンととても親しくなった。このトレードでドジャースはセカンドのポジションが空いた。リッチーは、「我々のキャリアは短く、人生はいつもフェアではない」と教えてくれた。

1971年6月、ドジャースは東海岸の遠征に出た。ミッキー・リオーニを含む多くの友人や家族が、モントリオールで行われた連戦を見に車で来てくれた。リッチーは私の友人たちを家族のように扱ってくれて、彼らはそれを忘れなかった。連戦の最終戦で、私は1号ホームランを放ち、4打数4安打と活躍してみんなを喜ばせた。翌日はニューヨークへ移動し、トム・シーバーから決勝打を放った。その次の日はノーラン・ライアンから二塁打を打ち、連戦最終戦はジェリー・クーズマンを相手に3打数2安打で終えた。7日間で私はサード、ショート、レフト、ライトを守り、23打数7安打、二塁打3本、3打点、2得点だったが、ボブ・ギブソン相手に3打数ノーヒットに終わると、ベンチに下げられていた。

1971年シーズンが終了したとき、私はまだあの煩わしい装具を右ヒザに着けながらも、正遊撃手になる機会が来るのを楽しみにしていた。

冬になると、トミーと一緒にベネズエラに渡り、カラカス・レオネスでプレーする機会を得た。徴兵システムは抽選制に変わり、ビリー・バックと私はとても大きな数字をもらっていた（当時は若い番号順に徴兵されていた）。私たちはもうフルタイムの学生ではなくなり、正式に〝ラソーダ大学〟に籍を置いていた。ビック・ダバリーヨは当時ドジャースの選手で、兄のポンペーヨはウィンターリーグの監督だった。トミーはそのチームのコーチとなり、私はビリー・ラッセル、チャーリー・ハフと共に、非常に優れたチームを相手にさらなる経験を積んだ。アメリカ人選手は招待されなければプレーできず、各チームの外国人選手の数は制限されていた。

メジャーリーグのシーズンが終了した日、私はビザを取得するため、ロサンジェルスからニューヨークまで車で大陸を横断しなければならなかった。最後の試合が終わった後、私はドジャースのクラブハウスでみんなにこれからのプランを話していた。そこに、アシスタントトレーナーがやってきて、「疲れたら1錠飲んでみて」とアンフェタミンを渡してくれた。

私は、契約金で買った1968年式カマロを、ノンストップで3000マイル運転した。途中、ヒッチハイカーを何人か乗せ、楽しいドライブだった。

ニューヨークに着いてからビザを取得し飛行機に乗るにはギリギリの時間だったが、すべて間に合った。ロキシーはデニソン大学での学期を終えた後、私に会いにベネズエラまで来てくれて、2人でカラカスのダウンタウンにあるアパートを借りた。素晴らしいロケーションだったが、3階にある私たちの部屋の窓の下で、花屋が毎朝5時半に仕事を始めるのには閉口した。毎朝日が昇ると、「フローレス、フローレス（花はいかが？）」という声が聞こえてきたのだ。

ドジャースでの最後の2ヶ月間、私は髪を切らずヒゲを剃らないでいた。野球をやっていない21歳の大半がやっているスタイルにしたかった。カラカスに着いたときは、髪が首に掛かり濃い口ひげを蓄えていた。地元のメディアは、私を「エル・ロコ（変人）」と名づけた。

カラカスは驚かされる街だった。何人かの選手はホテル・タマナコに滞在していた。丘の上にあって街を見渡すことができ、壮観なプールもあった。私はカラカスで素晴らしい思い出を作ったが、野球の思い出はあまり良いものではなかった。

理由はわからなかったが、ベネズエラでトミーは塞ぎ込んでいた。ビル・ラッセルも陰鬱になっていて、予定より早く帰国し、他にも2、3人の選手が帰っていった。我々には数日のクリスマス休暇が許されていて、私はそれを利用して帰国したがその後現地には戻らなかった。正しいことではなかったが、私は婚約していたので地元に戻り結婚式のプランを立てなければならなかったのだ。ロキシーと私は結婚し、車でスプリングトレーニングに向かった。それが私たちの新婚旅行だった。途中、ワシントンD．C．で素敵なディナーを共にし、さらに別の街にも立ち寄った後、ドジャータウンがあるフロリダ州ベロビーチに到着した。

その後私はウィンターリーグに戻ったが、そこではリーグのスターになった。

＊

1972年、私はドジャースでの2年目を開始した。私はトミー・ラソーダが監督になることを期待し、祈り、待っていたが、オルストンはまた1年監督をすることになり、ビル・ラッセルをショートで起用した。ビルは打率2割7分2厘の成績で、私は、ショートのポジションではなかったが同じくらい試合に出て打率2割7分4厘の成績だった。

私はどこか過激な若者と見られていて、ドジャースの型にはハマっていなかった。反戦活動に関わるようになると、ある日ドジャー・スタジアムの自分のイスの上にハサミが2本とカミソリがひとつ置いてあった。その前年、私はリッチー・アレンと多くの時間を過ごすようになっていた。アレンはアフリカ系アメリカ人で、私がチームの中で最も尊敬していた選手だった。上層部の彼の扱い方は正しくないと感じたので、私は時にそれを口にすることもあった。当時は、そういうことを語る時代ではなかった。とにかく語らなかったのだ。私はリッチーに「愛する」以上の高尚な気持ちで接していた。彼は私を「リトル・ブロ（弟）」と呼んでくれた。移動の飛行機では、ドジャースのチャーター機の最後列で彼の隣に座った。

「ぼくらは、ここで長くやりますよね。あなたと一緒に現役時代を過ごすのが待ち遠しいですよ」とシーズンのはじめに私は彼に言った。

するとリッチーは、「俺はここに来てまだ1ヶ月だ」と切り出した。「そして確実に言えるのは、俺が1年しかここにいないということだ。俺はすべての打撃部門でチームのトップに立つが、それでもこのチームは俺をここに残すことはない」

1971年、リッチーはドジャー・スタジアムで23本のホームランを打った。今日では50本に相当するぐらいの数字だ。リッチーは、私が見た中で最高の選手だった。走塁はモーリー・ウィルズを上回っていた。42オンス（約1191グラム）のバットを使っていながら、ライトへエンドランを決められた。彼の打撃練習はまさに模範だった。8回スイングして、ライトへ2本、センターへ2本、レフトへ2本、そしてフェンスオーバーを2本。それほどまでにあっと言わせる技を持っていた。

彼は神が創造した中で最も非の打ち所のない体格を持っていた。後のボー・ジャクソンやリッキー・ヘンダーソンのような体つきだった。ウェストは48cmで胸囲は117cm、着ていたカスタムメードのスーツは、まるでハリウッドのランウェイから降りてきたかのように彼にフィットしていた。

リッチーは道義をわきまえていた。彼はドジャース投手の何人かが打者と対戦するときに、不当に優位に立とうとしているのが許せなかった。試合中に傷がついたボールを見つけたら、すぐに交換していた。ドン・サットンはボールに傷を付けていたし、ビル・シンガーもそうだったが、ビルの場合はヤスリよりもワセリンを多く使った。ビルはワセリンボールのマスターだった。クロード・オスティーンも時々やっていたが、一番のマスターはドン・サットンだった。リッチーはそれが気に入らなかった。リッチーが一塁へコンバートしたとき、内野陣はボール回しのときにリッチーへ投げなかった。

リッチーはスコッチが大好きで、少しマリファナも吸っていたが、のめり込むことはなかったし、荒れ狂うこともなかった。彼の母や、飼っている数頭の馬の話を聞かせてくれたし、時にはマイナー時代に過ごしたアーカンソー州での話をしながら、人種差別的なヤジや侮辱に耐えてきたことを教えてくれた。彼は私に、メジャーリーグで自分とは違う扱いを受けるだろうと言っていたが、それは正しくなかった。

リッチーは黒人であった。彼は特に肌の色が濃く、それが夏は特に顕著で、何人かの白人選手は彼を恐れていた。彼は視線も強かった。彼が人に視線を向けるとき、特に眼鏡を外したときは、人々は怖じ気づいていた。

だが、私が彼を好きだったのは、そのことが理由ではなかった。他の白人選手たちが、あまりたくさん彼と一緒に行動していなかったからだ。あるいは、モーリーとも、ウィリー・デイビスとも。彼らはいずれも、独自の道を行く黒人だった。私はウィリーとも時間を共にすることがあったし、彼のことが大好きだった。

今から思うと、黒人選手たちと付き合いを持っていたことは、ウォルター・オルストンには良い印象を与えていなかったようだ。これはあくまでも直感で、彼を批判しているのではなく、私が感じたことを述べているだけだ。ウォルターは人種的に差別することのない人物だったが、彼と私は深く関わることはなかった。彼はビル・ラッセルを贔屓にしていたし、私がセカンドを守り始めるとやはりオルストンが贔屓にしていたジミー・ラフィーバーが競争相手となった。ジミーはオルストンにごまをすり、ウォルトはそれを気に入っていた。

スティーブ・ガービーはごますりをさらに進化させた。彼はうまくウォルトを操った。試合後、彼はいつもガールフレンドのシンディと一緒にいたが、シンディはウォルトを完全に理解していた。スプリングトレーニング中は日帰りで近場への遠征に出るが、帰りのバスがベロビーチに到着するところに、シンディが自分で焼いたウォルト好みのクッキーを持って待っていた。そこに図々しく立っていた彼女は、ウォルトがバスを降りると駆け寄ってクッキーを渡した。彼を利用するシンディのやり方には驚かされたが、ロキシーは彼女に激怒していた。何とかシンディの向こうを張ろうとしていたが、それはまるでシューズを履かずにマラソンを走ろうとするほどの無謀さだった。何しろ相手のシンディはオーダーメイドのナイキを履いていたようなものだったから。ガーブと私がウィンターリーグでドミニカ共和国に行っていたとき、シンディとロキシーはトミーのスイートルームでドアにカギをかけ、怒鳴り合いの一戦を繰り広げた。ロキシーが叫んだり、相手の髪を引き抜いてやろうと考えたりしたのは、たぶんこのときだけだっただろう。

オールスターが終わると間もなく、ドクターは脚の装具を外す許可をくれた。それは記念すべき日となった。ヒザの装具がどれほど嫌だったことか。練習のときに装着するたび、自分は本来あるアスリートの姿ではないと感じていたのだ。

さらにモチベーションとなったのは、トミーがオルストンに代わって監督を任される日が近いと感じたことだった。シーズンのほとんどで、それが私の目標となった。トミーが指揮を執ったら、いろいろなことが変わるだろうと思っていた。

１９７２年シーズンが始まったとき、リッチー・アレンは彼が予測したとおりドジャースにはいなかった。1971年12月、アル・キャンパニスはリッチーをトレードしてトミー・ジョンを獲得し、別のトレードでボルティモアからフランク・ロビンソンを獲得していた。フランクはオープン戦で対戦したときはたちが悪かった。とても厄介な選手で、彼が二塁にスライディングしてくるときはうまく避けなければならなかった。彼がドジャースに来たとき、史上初の黒人監督になるのではないかという噂が流れ、彼は監督になったとき用の顔をいつでもしていた。フランクは36歳だったが、当時では相当な年配だった。また年上でもあり、年を重ねると誰もがそうなるように、彼も明るく振る舞っていた。フランク自身はウォルト・オルストンの後を引き継ぎたかっただろうが、ドジャースにそのプランはなかった。その理由は1987年4月、アル・キャンパニスがテレビ番組『ナイトライン』に出演し、ホストのテッド・コッペルに「黒人は監督やGMになるのに必要なものを持ち合わせていないかもしれない」と発言していたからだ。翌日、アルは辞任するよう求められた。ドジャースは1947年にメジャーリーグ史上初の黒人選手（ジャッキー・ロビンソン）を擁していたし、次期監督には別のプランを持っていた。

私はフランクと共に過ごすことはなかったが、ウィリー・デイビスとは時間を共にした。ウィリーは私を仏教に改宗させようとしていて、集会に誘い「南無妙法蓮華経、南無妙法蓮華経」とお経を唱えさせた。彼は試合前にロッカーでお経を唱えていたので、仏教に関心があることが周囲に伝わった。素晴らしく深いバリトンの声を持っていたおかげで、お経はクラブハウス中に響き渡った。オルストンと彼の一味が眉をひそめたのは、容易に想像できるだろう。私は映画『メジャーリーグ』でデニス・ヘイスバート演じるペドロ・セラノがロッカーの前でジョブーに祈りを捧げるシーンを見るたび、ウィリーを思い出す。あのシーンのモデルになったのは、間違いなくウィリーだ。

私は、自分で言うとおり他とは違っていたし、急進的だった。ウォルトが私をどう思っていたかは別として、私はドジャースの一員だったから、問題に巻き込まれたら私を助けるのが彼の仕事だというのは、彼自身もわかっていた。そのときはシカゴにいて、私はシカゴに住んでいた良き友人のザック・ミナシアンと夕食をともにした。食事が終わり、ホテルに戻ると、ルームメートのビリー・バックがこう言った。「ボビー、ウォルトが今電話してきたぞ」

ウォルト・オルストンは、私を含め若手選手に電話をかけたことなどなかった。すぐに私は、トレードされたと思ったが、そのときは11時半頃でかなり遅い時間だった。バックはすでにベッドにいた。

ホテルのオペレーターに電話をし、ウォルトの部屋につないでもらった。電話に出たウォルトは、ちょうどタバコを吸い込んだところのようだった。ウォルトはタバコを手放したことがなく、いつも試合中タバコを吸っていた。タバコを思い切り吸い込み、煙を一切出さずに話をするという技を持っていた。

彼が「もしもし」と言うまで、長い間があった。

「ウォルト、ボビー・バレンタインです」

「部屋にいるのか?」

「はい、そうです」

「今すぐに行く。コリーンと警察がもうすぐやってくる」と言って彼は電話を切った。

(コリーンと警察?? コリーンって誰だ? なんで警察が来るんだ?)

バックと私は震え上がった。

ウォルトがドアをノックしたので、部屋に通した。彼はゆっくりと中に入り、部屋の小さなデスクの端に寄りかかるように腰を預けた。バックはベッドにいて、私はひとつしかないイスに座っていた。「コリーンは未成年だ」とウォルトは切り出した。「彼女は両親と警察と一緒にこっちに向かっている。何があったか話してみろ」

私は彼を見ながら「コリーンって誰です？」と聞いた。

「私はお前を助けると言ったはずだ。助けがいらないというなら、私は今すぐ戻るぞ」と彼は言った。

「監督、何のことを言っているのか、教えてください」

「今夜お前が一緒にいた女の子は、まだ17歳だ」

「監督。ぼくはザック・ミナシアンと一緒にいました」と、ウォルトがザックの父を知っているかもしれないと思い、言ってみた。「ここに彼の電話番号があります。かけましょうか？」

もちろんウォルトは信じなかった。

「助けに来たと言っただろう。私の助けがいらないのなら、自分で片を付けろ」

それを聞いたビリー・バックは、シーツをかぶって笑い始めた。彼がなぜ笑っているのかわからなかった。トレードされたのではなかったからか、この年寄りのおっさんが何もわかっていなかったからなのか。

（いずれにしろ、コリーンは誰なんだ？）

ウォルトはタバコを深く吸い込み、振り返って部屋から出るとドアを閉め、立ち去った。5分ほどするとドアがノックされた。ドアののぞき窓から外を見ると、もちろんそこにいたのは、私を見つめるシカゴの警察官とその後ろにいる数人の人だった。

ドアを開けると、「ボビー・バレンタインを探している」と警察官が言った。

「ぼくがボビー・バレンタインです」

警察官の後ろで両親と一緒に立っていた少女が「あんたじゃないわ」と言った。

私は彼女を見ながら「ぼくだよ」と言った。

「この人、違います」と彼女は言った。

私は財布から社会保障カードと運転免許証を取り出した。デスクの上にはザックがくれた私の野球カードが1枚置いてあった。リリースされたばかりのそのカードには、ユニフォーム姿の私の写真が載っていた。警察官に、3枚とも手渡した。

警察官はそれらを見て「なるほど、君がボビー・バレンタインのようだ」と言うと、ドアを閉じて去って行った。

「なんてこった」。私は不思議だった。一体全体、今のは何だったんだろう？　この一件はその後何年も頭から離れなかった。

数年経って、エンジェルズにトレードされた後のある日、一緒にトレードされたビリー・グラバーケウィッツ（ギャビー）や他の選手と一緒にバーにいた。するとジョー・ラフーがビリーに「君たちが一緒にトレードされるとは、驚いたよな。君は女の子を誘っては、自分はボビー・バレンタインだって言ってたんだろ？」と言った。

「いや、それはぼくじゃない。別の内野手だよ」とギャビーは答えた。

彼はジム・ラフィーバーの名前は出さなかったが、ドジャースの内野手でそんなことをするヤツは他にいない。試合がテレビで中継されていなかったから、きっと当たり前のことだったのだろう。テレビで見られたのは、土曜日の『ゲーム・オブ・ザ・ウィーク［訳注：NBCが放送していた野球番組。1980年代まで、全米中継される野球の試合は毎週土曜日の1試合のみ」』だけだった。遠征に出ると、既婚者は連れ出した女の子が何らかのきっかけで警察を呼んだときのために若手選手の名前を拝借していたのだ。そうすればうまく隠れ蓑として使えるし、壮大なウソをでっち上げる必要がなくなる。選手に必要なのは名前を変えることだけだった。ウォルター・オルストンは、私のことを、逮捕される寸前の状況から助けようとした彼を信じなかった愚か者と思いながら、墓に入ったことだろう。

翌日、私が球場に行くとウォルトは何があったかを一切聞いてこなかった。明らかに、彼はどうでもいいと思っていた。コーチもひとりとして私に事情を尋ねてくることはなかった。事情に通じている遠征マネージャーのリー・スコットも決して聞かなかった。汚名をそそぐために真実を話す準備ができていたのだが、誰も私に質問してこなかった。

この年、ウォルト・オルストンが私を最も侮辱したのは、シェイ・スタジアムでボビー・バレンタイン・デーが開催されたときだった。スタンフォード市のスポーツコミュニティが大規模な募金活動を行い、私に新車を提供してくれた。打撃練習と試合の間に、スタンフォード市長のジュリアス・ウィレンスキーがグラウンドに登場し、スタンフォードコミュニティの他の見識のあるメンバーたちと共に、キーを手渡してくれた。

スタンフォード市民数百人が私のプレーを見に来てくれていて、その中には私の両親と、このときが最初で最後の球場観戦となった祖母も含まれていた。この日の前夜の試合で私はノーラン・ライアンから決勝打を打っており、この日は相手の先発投手は左腕で、通常左腕相手の試合では私はスタメンに入っていた。時に、オルストンは左打ちながら右投手よりも左投手からヒットを打っていたジミー・ラフィーバーを起用することがあった。それにしても、このボビー・バレンタイン・デーに、オルストンはラフィーバーを起用し、私は代打での出場しかなかった。いつもオルストンが新聞上で私を非難したときにそのダメージを和らげてくれるダニー・オザーク（コーチ）が、試合後わざわざ私のところにやってきて、ウォルトはこの状況で私が緊張しすぎているかもしれないから、スタメンから外したんだと説明してくれたが、私はそんなことは1秒の間も信じなかった。ウォルトと私は、完全に犬猿の仲だった。

別の出来事が起きたとき、ドジャースはフィラデルフィアで試合があった。私たちは壮麗で年季が入ったベルビュートストラトフォード・ホテルに泊まっていた。観戦のため、叔父のマイクが車で両親をフィラデルフィアまで連れてきてくれて、ホテルのロビーでチームバスの到着を待っていてくれた。そこで迎えてくれた家族とともに、私はエレベーターに乗った。最後に乗ってきたのはウォルトで、ボタンを押した彼の真後ろにいた私は「監督、両親を紹介させてください」と言ったが、ウォルトは前を向いたままだった。3階に着くと彼は降り、両親に目を向けることすらしなかった。170㎝、61㎏と小柄な父は非常に穏やかな口調のとても礼儀正しい男だったが、この態度は許せず、エレベーターを降りて何ごとか言いたくなっていた。

私は父にメジャーリーグの宿舎の部屋がどのようなものか見てもらいたかったが、父は「いや、もう行こう。今は話をする気分ではないが、今日は頑張ってくれよ。私はいつでもお前を応援しているぞ」と言った。怒りで首の血管を膨らませながら、父は部屋に戻っていった。あまりの屈辱に喋ることすらできなかったのだ。私はそれまでの1年半、ウォルトと私の間に何が起きていたかを父に話していなかった。両親を巻き込みたくなかったし、両親には監督が私を愛していると思っていてもらいたかった。それはそうだろう。私はそれまでにプレーしたチームでは、どのレベルでも監督からとても愛されてきた。メジャーリーグは違うなんて、そんなことがあるだろうか？

それは、最大の屈辱を受けた瞬間のひとつだった。ウォルトが激励の夕食会で私をビリー・バレンタインと呼んだときと似ていた。チームにいるビリーが全員手を上げて笑っていたことを私は決して忘れない。選手たちは、ウォルトが私に話しかけたときに私が無視していたと言ったが、彼はビリーと呼んだので、私は話しかけてられているとは思っていなかったのだ。2年目の終わりに彼がまだ同じことをしてきたときは、私はわざと返事をしなかった。そしてシーズンの終わり頃になると、彼は私をバレンタインと呼んだ。「ヘイ、バレンタイン」

オルストンが両親を無視した後、シーズン終盤になった頃に彼は私をショートのポジションから外したので、私はダニー・オザークに会いに行った。私はケガが完全に癒えていてドジャースも私の様子をじっくり見たがっていたので、シーズン終盤にはショートで多くの試合に出場することになると言われていた。だが、そうならなかったので、私はダニーにどうすればよいか相談したのだが、ダニーは「ウォルトに直接聞かないとダメだろう」としか言ってくれなかった。ウォルトから切り出してこない限り、監督との話し合いを持ったことはなかった。

「ウォルトにはどこで話せばいいかな？」と聞くと、「彼はいつもロビーの隅に座っている」とダニーは教えてくれた。ウォルトはそこでタバコを吸いながら、誰が門限より遅く帰ってくるか見張っていたのだ。「何か食べてから行けよ。彼の居場所はわかってるんだから」とダニーは言った。

私は、ウォルトが座っているところまで行ったが、彼はこちらに気づかずタバコを吸っていた。

「監督、ぼくはシーズン終盤にショートを守るはずですが、あまりプレーする機会がなさそうですね」と言うと、「そうだ。お前はショートじゃない。ロープスよりうまいというなら、セカンドになれるぞ」

とオルストンは答えた。

ロープスは私より3つ年上で、素晴らしい人物で好選手だった。心の中ではロープスがセカンド、私はショートであるべきだと思っていた。

「ぼくはセカンドじゃありませんよ、監督。ショートです」

「そうか。お前は他のチームならショートになれるが、ここのチームでは無理だ」

この言葉は私を動揺させた。私はドラフト1巡指名を受け、現役時代はずっとドジャースで過ごし、殿堂入りするつもりだった。そのとき気づいたのは、トミーがドジャースの監督にならないのであれば、私の未来は他のチームにあるということだった。「トレードに出される」と思ったので、翌日トミーに電話をし、シーズン終了後ドミニカ共和国にある彼のチームでプレーできるかと聞いたら、「もちろんさ」と答えてくれた。

「トミー、ぼくはショートをやりたいんです。誰かショートを探している人がいたら教えてください。ショートを守れるところを、みんなに見せたいんです。使ってくれるチームに行きたいんです」とトミーに伝えた。

「お前はトレードされない。チームに残す。お前はドジャースの一員だ。心配するな。すべてうまく行くから、心配するなよ」とトミーは言ってくれた。

トミーはまだスポケーンの監督だった。彼はドジャースの監督職をどうしても手に入れたかったので、さらに経験を積むためドミニカ共和国での仕事も引き受けた。私は、カラカスでのひどい経験があったため懸念していたが、それでも彼と一緒に行った。

チームはリセイ・ティグレスといい、首都サントドミンゴにあった。選手のほとんどはドミニカ共和国出身のベテランメジャーリーガーで、私はこの全く違う世界に順応しなければならなかった。チームのオーナー、モンチン・ピチャルドはコンクリート会社を所有して成功を収めていた。何よりも、彼はトミー・ラソーダを崇拝していた。ピチャルドはアメリカ人選手をとても大切にしてくれ、トミーは気の知れた選手全員、ガービー、バック、ハフ、そしてボン・ジョシュアを連れてきていた。最高のメンツが集まったグループだった。バックと私は大学で学位を取得することよりもトミーの下でプレーすることを選択していたため、このチームを「ラソーダ大」と名づけた。

ホームゲームがある日の朝は、セニョール・ピチャルド所有の1971年製シボレー・ステーションワゴンにぎゅうぎゅう詰めになって乗り込み、ホテルからスタジアムへ移動した。トミーは毎朝1時間半打撃練習を務め、終わるとホテルに戻ってシャワーを浴び、バルコニーで昼寝をした。私たちはプールサイドでリラックスして過ごし、それからまたステーションワゴンに乗ってエスタディオ・キスケーヤへ行って試合をした。

そこは壮麗な場所だった。スタンドは熱狂的な野球ファンでいっぱいになり、試合が進むにつれ、熱狂度はさらに増していった。全員が賭けをしていたし、酒を飲んでややハイになっていたからだ。チームに対する思い入れがあまりにも強く、試合が終わる頃にはまっすぐ前が見えていなかった。

リーグは4チームから成り、最大のライバルはサンティアゴのアギラス・シバエニャスだった。サンペドロ・デ・マコリスのエストレーヤスとも対戦したし、球場は4つ目のチーム、レオネス・デルエスコヒードとシェアしていた。

私が首位打者を争って勝った相手は、アギラスのスタープレーヤーのひとり、ウィンストン・イェナスだった。リーグ内のチームとは強烈なライバル関係にあった。バスに乗って彼らの街に遠征に行くと、通りにはエストレーヤスファンが並び、横断幕を振りながら我々に向かって叫んでいた。試合は完売で、ダッグアウトの上にはチアリーダーがいた。チームにはオーランド・セペダを彷彿とさせるリコ・カーティなど、地元出身の優れたプレーヤーが何人かいた。リコは巨体の持ち主で、ココナッツを握りつぶせそうな大きな手をしていた。優秀な打者であり、素晴らしい人間だった。

マニー・モタもリセイでプレーし、私が知る中でも特に秀でたバッターだった。監督としてフリオ・フランコを見るまでは、彼よりもうまくバットの芯にボールを当てられる打者は見たことがなかった。彼はリッチー・アレンのトレードで、ドジャースに加入していた。また、シンシナティ・レッズのリリーバーのひとり、ペドロ・ボーボーンもいた。ペドロは私が知り合った中でも最もイカレた部類の男だった。観客も彼を挑発したが、彼はためらいもなく打者に投球をぶつけ、あっという間にファンと言い争いを始めていた。あるとき彼がホームランを打たれて降板すると、スタンドのファンはあらゆる類いの言葉を彼に向かって大声で投げつけた。その中でも特にきつく罵っているファンがいたが、ペドロは次の投手がマウンドでウォームアップをしている間にクラブハウスに戻ると、パール製の銃把が付いたリボルバーを持ってグラウンドに駆け戻り、スタンドに飛び込むと彼を罵倒していた男を追いかけて走り続けた。銃が撃たれることはなかったが、これは現実に起きたドラマだった。

銃はいつも周りにあった。警察は憲兵なので全員が長銃を持っていて、球場の周囲は全方角に立って警備をしていた。

チームのオーナーたちは賭けていた。選手の力を最大限に発揮させるため、オーナーたちは毎試合賞金を出していた。大一番になればなるほど、賞金額も増えた。賭けの対象試合はオーナーが指定し、ヒットはいくら、得点はいくら、勝利はいくら、ホームランはいくらとそれぞれが決められ、試合が終わると分配されるための現金がたっぷり入った封筒がトミーに渡された。分配のときが来ると、選手たち、特にドミニカ共和国の選手は活発に主張した。だがトミーは賞金の仕分け方がとてもうまく、賞金額はプレーオフに入るにつれ上がっていった。どんどん流れ込んでくるペソを手にし、私はそこにいた1ヶ月でそれまでのどの1ヶ月よりも多くの金を稼いだ。私のドジャース2年目の報酬は6500ドルだった。

トミーが受けた教育は、11年生［訳注：日本でいう高校2年生］までだった。だが、キューバでのウィンターリーグでプレーしていたときに、独学でスペイン語を習得した。トミーは4つの言語を操る――英語、イタリア語、スペイン語、そして審判に向かって使う言葉。彼は私たちの通訳になってくれて、審判や相手チーム、そしてマスコミに対してスペイン語で話していた。

トミーは毎日ショートで起用してくれたので、私は再び気分良くやれるようになったし、チームはとても良い構成だった――セサー・ヘロニモ、マニー・モタ、リコ・カーティが外野を占め、スティーブ・ガービーがファースト、私がショート、ドミニカ共和国出身のエドゥアルド・ディアスがセカンド、そしてキャッチャーはドミニカ共和国の独裁者ラファエル・トルヒーリョのボディガードを務めた経験を持つフレデリコ・バルデス。フレデリコには、それまでの人生で多くの人を殺し、中には素手で命を奪ったこともあるという伝説的な噂があった。彼の指はものすごく長く、強かった。また、チームにはアルー兄弟の末っ子ヘスース・アルーもいた。彼は豊かな教育を受けていて、バスの中でやったトリビアゲームでいつもトップだった。世界中の首都を知っていたし、我々よりはるかに多くのことをはるかに深く知っていた。チャーリー・ハフは世界クラスのクロスワードパズルプレーヤーだったが、アルーの潤沢な知識には舌を巻いていた。

ラソーダ大では、毎日勉強になることがあった。私は早起きして車を運転した。朝練習や試合に行くときは私がいつもハンドルを握り、さしずめお抱え運転手といったところだったので、サントドミンゴの地理には結構詳しくなった。午前中にはよく市場にも行った。鶏の絞め方や、大声を出す食品の売り方がとても好きだった。喧噪の中、私は公園に座って本を読むこともあった。とても刺激的だった。

ある日、サンペドロでのナイトゲームに向かう途中で渋滞に巻き込まれ、私は近道を行くことにした。しかし空いていると思った道は、ラッシュアワーで完全に詰まっていた。我々は全員ユニフォーム姿だった。トミーは私の判断の甘さにずっと文句を言い続けていたので、私はついに「トミー、怒鳴られるのも、罵られるのも、もうたくさんだ。カギを渡すから、あなたが運転してくれ」と言って車を降り、我々の車を動かすために何とかスペースを作ろうと、他の車を動かすことを試みた。

トミーは車から飛び出してきた。そこは、映画『ゴッドファーザー』でキューバを想定したシーンが撮影された、色とりどりの平屋が並ぶ通りだった。私は歩き続け、暑さで窓を開け放っている家が並ぶ中、トミーはマックスレベルの大きな声で私を罵りながら、「ボビー、車に乗れ！　このクソ車に乗るんだ！」と叫んでいた。

すると、通りにいた人々が口笛を吹き叫び始めた。「ヘイ、ラソーダ、ラソーダ！　バレンタイン、バレンタイン！」だいぶ見世物のようなシーンになっていたが、やがてラソーダが誰かに「試合に遅れてしまう」と伝えると、人々が集団となって通りを走り、我々をブロックしていた車を脇へ避け始めた。結局、私は車の運転席に戻り、私たちは歩道を走って渋滞を避け、通り抜けると私は試合に間に合わせようと、時速90マイル（約145キロ）でハイウェイを飛ばした。

後部座席でボン・ジョシュアが叫んでいるのが聞こえた。

「時速90マイルだぞ！　頭がおかしいのか？」

トミーは、「外国にいるからこれは時速90キロだ」と言った。よく言うよ！　アメリカ製の車だぜ。このスピードにやられたボンは嘔吐した。私は照明が付いていないハイウェイで実に巧妙に牛や他の動物を避けながら進み、事故なく目的地に着いた。

球場の駐車場に入ったときは、試合開始時間が近づいていた。スタジアムの照明が付いていなかったので、まだ試合が始まっていないのがわかった。トミーはスタメン表を持ってホームベースに突進し、そのときになってようやく照明に灯がともった。ドミニカ共和国では、いつも十分な電力があるわけではなかった。国歌が流れる中、私たちは到着してユニフォームの裾をズボンにたくし込みながら、シューズのひもを結んでいた。

私はリードオフだった。打撃練習はしていなかったし、ダッシュもウォームアップすらもやっていなかった。車からそのまま試合に突入したのだ。重りを付けたバットを振りながら、私は打席に向かった。マウンドを見ると、身長196cm、体重118kgの巨体を誇るJ・R・リチャードが、こちらを睨みつけていた。彼の武器は時速97マイル（約156キロ）ほどのストレートと、地獄から飛び出してきたようなスライダーだ。リチャードがワインドアップから初球を投げたその瞬間、スタジアムの明かりが消えた。球審、キャッチャー、そして私は皆地面に伏せたおかげで、ボールはバックネット方向に飛んでいった。

病院のジェネレーターがとんだため、地域一帯が停電となったのだった。復旧まで1時間半ほど待たなければならなかったが、おかげで試合が始まる頃にはウォームアップも終えていた。

その日はサンペドロ・デ・マコリスに勝ち、その後ドミニカン・プレーオフシリーズでも優勝すると、カリビアン・チャンピオンシップを戦うためカラカスに向かった。前年の冬に私がカラカスのチームから逃げ出していたこともあり、到着したときはマスコミがうるさかった。ファンは私に気づき、「変人」など思いつく限りのひどい名前で私を呼んだ。だが、シリーズが終わったときには、私がMVPを受賞して素晴らしい盾を手にしたのを見て、がらりと態度を変えた。

ドミニカ共和国にいたときのある晩、私はトミーのスイートルームにいた。電話が鳴り、応えたトミーが私に受話器を渡した。アル・キャンパニスからで、カリフォルニア・エンジェルズにトレードになったと伝えられた。

私はホッとした。私が良い成績を残さないように監督が願っているのではないかと考えながら、気乗りせずに球場に向かう1年を再度送りたくなかったからだ。ウォルト・オルストンから逃れられるのがうれしかったし、状況を知っていたトミーも喜んでくれた。トミーはいつか必ずドジャースの監督になると思っていたが、それがいつになるのかがわからなかった。

もしかしたら、私はウォルトに対してフェアでなかったかもしれない。彼は私がトミーには忠実だったのに、彼に対してはそうでないと思っていたから。だが、私に起きたことは、トム・パチョレックとバックにも起きた。ドジャースでビリー・バックに起きたことは、ボストン・レッドソックスで彼に起きたことよりも悲惨だった。トミーを慕うもうひとり、トム・パチョレックも良い機会には恵まれなかった。トムは1973年にプロ入りし、マイナーで3年間過ごして3割100打点を打つ力をつけた後、ドジャースに昇格したものの、オルストンは彼を代打でしか使わなかった。

ビリー・バックはと言えば、彼はあの手紙を一塁手ウェス・パーカーに書いた。ウェスは当時ドジャースで選手会代表を務め、彼の後を継いだのが私だった。ウェスは高等教育を受けており、非常に才能があり、とても傷つきやすかった。スイッチヒッターで、私がともにプレーした中では最高の一塁手だった。1971年には打率3割、ホームラン12本、100打点をマークした。華々しい活躍だったが、ビリーの手紙を受け取ってからは、ビクビクするようになった。ビリーがスプリングトレーニングにやってきたとき、彼のプレーぶりを見た人々は彼が生まれながらの優れた打者で、誰よりも輝きを放つ選手だということを明らかに確信した。ビリー・バックは、私が共に野球をした、あるいは対戦した中で、最高を超える勝負師だった。バックは打撃を楽しんでいたが、アウトになることをひどく嫌がったし、投手に翻弄されることに憎悪の念を抱いた。それはみな同じで、私もアウトになるのは嫌だったが、バックはその気持ちが特に激しかった。彼は三振するとまともではいられなかったので、彼と一緒にプレーしたことがある者は、ベンチで彼に近づいてはいけないと口をそろえて言っていた。

ウェス・パーカーは私が見た中で最も才能のある選手のひとりだったが、バックが彼のポジションを受け継ぐため、まだまだやれたのに引退してしまった。ウェスはバックにポジションを奪われるのではと恐れていたが、そんな気持ちのままやめたくはなかっただろう。

バックは開幕のスタメン一塁手として1973年シーズンを迎えたが、そのときドジャースはスティーブ・ガービーをどのポジションで起用するか思案に暮れていた。ドジャースは彼をサードで試したが、最終的に「いや、お前には二度とサードは任せない」となった。レフトも試したが、彼は外野を守れるだけの肩を持っていなかった。ガーブは175㎝しかなかったので、ゴロはうまくさばいていたものの、ファーストも適していないと思われていた。ガーブの手は分厚くて、アイルランドの石工のようだった。

ウェス・パーカーはバックにファーストのポジションを譲るため早期に引退したが、6月23日、オルストンはバックをレフトに、ガービーをファーストに据えた。それ以降、バックはほとんどファーストを守ることはなかった。噂ではガービーがトレードされるということだったが、実現しなかった。ガービーを一旦ファーストでスタメン起用すると、オルストンは、ラソーダもそうだったが、彼をほぼそこに固定し、彼は10年間良いプレーを見せた。だが、そこは元々バックのポジションだった。

バックは、ガービーが正一塁手の座を確保するまでしばらくかかったこともあり、ファーストをプレーできない不満をしょっちゅう私に漏らしていた。ガーブは肩が弱く、三振が続く日もあり、二塁にはほとんど送球していなかった。たぶん、一度もしなかったのではないか。サードを守ったとき、彼の肩は大敵となり、レフトからはもちろん投げられなかったが、打撃は優れていた。その年からアメリカンリーグにDH制が導入されたため、彼はアメリカンリーグのチームならフィットしたのに、とよく言われるようになった。ガービーがバッティングでバックを上回る日があったら、バックは完全に落ち込んだだろう。

1976年、バックは翌年の契約オファーを受けた後、アル・キャンパニスのオフィスに入っていった。アルの目の前で彼は契約書を破り、「一塁手としてならこの金額でプレーするが、外野手はやらない」と言った。翌日彼はシカゴ・カブスの一員となり、ファーストを守ることとなった。

ビル・バックナーが生涯ドジャースでプレーしなかったのはなぜか？　それは、彼がトミーの門下生であることが大きく作用した可能性もある。また、バックは頑固者で、打撃コーチのディクシー・ウォーカーが少し何かを変えようとしたり、違うことをやらせようとしたりしたのが気に入らなかった。また、凡退するとまるでこの世の終わりかのような態度を取った。それほど感情を表に出す選手だったが、それはウォルター・オルストンの好みではなかった。トミーは全く気にしなかったが、オルストンは受け入れなかった。トミー自身、感情的になる部分があったが、ウォルトには感情がなかった。スティーブ・ガービーのように。ただ、それもわかる。選手はそうすべきだからだ。バックは、そういう選手ではなかった。

トミーは、私がロサンジェルスで不幸だということ、ショートのポジションをもらえないことを知っていた。彼は組織内のミーティングすべてに出席し、どのような流れになっているかを把握していた。ただ、私が南カリフォルニアに残ることは喜んでくれた。アメリカンリーグに行けばドジャースと対戦することがなくなるので、その方がいいとも考えてくれていた。彼はオルストンが就いていた監督職を手にすることを心から願っていたし、そうなって当然だったが、彼はまさにドジャースの人間だった。「自分の体にはドジャーブルーの血が流れている」と彼は本気で言っていた。ドジャースのためなら何でもしたし、私や他の数人のためにもすべての力を尽くしてくれた。すでにガービーが一塁のポジションを手に入れていたので、バックがカブスにトレードされたときも喜んでいた。私がショートのポジションを与えられないこともわかっていた。トミーは、私たちに一番良い道を進んでほしいと思ってくれていた。

私は、1972年11月28日、フランク・ロビンソン、ビル・シンガー、ビリー・グラバーケウィッツ、そして投手のマイク・ストラーラーと共に、アンディ・メッサースミス、ケン・マクマレンとの交換でエンジェルズにトレードされた。トム・パチョレックは、1975年11月17日、リー・レイシー、ジム・ウィンと共にアトランタ・ブレーブスのダスティ・ベイカー、エド・グッドソンとの交換でトレードされた。トムはその後12年プレーし、そのほとんどをアメリカンリーグで過ごした。彼はどこに行ってもヒットを量産した。ドジャースはビリー・バックを1977年1月11日にイバン・デヘスースと共にリック・マンデイ、マイク・ガーマンとの交換でカブスに送った。その後13年プレーしたバックは、1980年に首位打者を取り、1986年のメッツとのワールドシリーズではレッドソックスの罪の犠牲者になった。ビリーは2019年5月に69歳という若さで早すぎる死を迎えた。私は毎日、彼のことを想っている。スティーブ・ガービーは1969年から1982年までロサンジェルス・ドジャースでプレーした。

1976年暮れ、トミー・ラソーダはついにウォルト・オルストンの後を継いだ。彼は1996年までドジャースで指揮を執り、4度リーグ優勝を果たし、2度ワールドシリーズを制した。私にはすべてが遅すぎた。

私もドジャースではあと20年プレーできていただろう。まだ成長過程にあったからだ。私は肩が強いことを、どうしても示さなければ気が済まなかった。私はいつも能力を見せつけたかったので、それを控えることは性に合っていなかった。他のショートが、ボールをさばいて送球し、打者走者をあと半歩のところでアウトにするのを見ると、私は5歩手前でアウトにしたかった。しかし、時速95マイル（約153キロ）のボールを投げられたが、コントロールできなかった。だからこそ、ウェス・パーカーはとても偉大だった。彼は私のエラーをいくつも防いでくれた。トミー・ハットンもそうだった。私が見た中で2番目に良い一塁手だった。

だが、私はバックのことはいつも気の毒に思っていた。多くの人々が彼を気の毒だと思うようになるはるか以前からそう思っていた。

7　エンジェルズ入団

ハリー・ドルトンはエンジェルズのGMとして2年目を迎えていた。彼はボルティモアから移ってきたが、エンジェルズへのトレード要員としてフランク・ロビンソンを含めたのは、ハリーがフランクにエンジェルズの監督を任せようとしていたからだった。だがハリーの思惑に反し、エンジェルズを所有していたカウボーイのジーン・オートリーは、自分のチームは初の黒人監督に適さないと判断した。それでもフランクは、指名打者（DH）制が導入されたことで、わめき散らさずに済んだ。彼はエンジェルズのDHとなり、レギュラーとしてプレーした。1974年シーズンが終わるとフランクはクリーブランド・インディアンズにトレードされ、メジャーリーグ史上初の黒人監督となった。

1972年、ハリー・ドルトンはチーム構成を変えようとしていた。ジム・フレゴシはショートを守るチームの顔だったが、ハリーはジムをメッツにトレードさせ、後にエンジェルズ史上最高のトレードのひとつとなった交換でノーラン・ライアンを獲得した。また、フレゴシに代わるショートとして、オールスター選出経験のあるゾイロ・ベルサイェスも獲得した。

ノーラン・ライアンは売り出し中のスターだったが、制球に難があった。メッツの1969年ワールドシリーズ優勝には貢献したが、3年経っても制球には課題が残っていた。メッツで数年投げたが、チームが期待していた投手には成長しなかった。彼がようやく本領を発揮したのは、エンジェルズに来てからだった。

私はドジャース時代に対戦していたので、ノーランについては知っていた。彼のストレートとカーブは知っていたし、すごく荒れ球なのもわかっていた。当時、若手投手はキャリアの序盤をリリーフで始め、先発はたまにしかしなかった。ノーランもメッツで同じようにしていた。だが、エンジェルズに来ると、デル・ライス監督はメッツほどの投手層がなかったので、ノーランをできる限り先発で起用した。ノーランは1試合で信じられないほどの球数を投げることができた。監督は、我慢強くなければいけない。ノーランは、まだキャリアが浅いころ、四球を6つ出して0－2とリードを奪われてからようやくストライクを取るようになり、監督をハラハラさせていた。ノーランは常に最後まで投げたがった。途中降板は絶対にしたがらなかった。彼が投げる球は、ほとんどが打てないボールだった。ノーヒットノーラン7度、被安打1の試合が12度でボブ・フェラーと並ぶ歴代トップ。被安打2の試合も18度あった。

ある日私がショートを守っていると、アル・ケーラインが四球を選び、ワイルドピッチで二塁まで進んできたので挨拶をした。「アル、今日の彼はどう?」と聞くと、「あいつのボールをどれか違反投球にしないと、ノーヒットノーランを達成しちゃうよ」と彼は答えた。

その日、ノーランは1安打しか許さなかった。その1本を打ったのはエディ・ブリンクマンだった。

ノーランは時に、彼には力が衰えて死ぬ日など絶対にやってこないだろうと思わせるピッチングをした。相手チームは、彼がガス欠になり別の投手がマウンドに上がることを祈るばかりだった。彼は相手を畏縮させた。巨体を誇るテキサス人で、試合開始直前の儀式は、マウンドから打者の方向に歩いていき、ホームベース前のグラウンドをチェックする。まるで四葉のクローバーを探すかのように周辺の地面を見定めた後、目を上げて先頭打者と視線を合わせる。いつも見ていて面白いシーンだった。

ノーランには十分注意しなければならない。ボストンでのある日、ダグ・グリフィンがノーラン相手にバントの構えをした。ノーランは投球モーションに入り、右ひざを曲げてからホームベース方向に頭を突っ込み、ストレートをグリフィンの頭にぶつけた。グリフィンはその後、二度と同じことは繰り返さなかった。

ノーランは１９６６年から１９９３年まで27年間プレーし、３２４勝２９２敗の成績を残した。奪三振数は歴代最多の５７１４個。彼に次ぐのは、４８７５個のランディ・ジョンソンと４６７２個のロジャー・クレメンスだ。

ノーランと私は、後にテキサスで再び同じユニフォームを着ることになる。

＊

１９７２年の冬、ドジャースからエンジェルズへのトレードが正式に完了する少し前、ハリーは新監督に大学のヘッドコーチを採用するという大胆な手を打った。ボビー・ウィンクルズはアリゾナステート大学サンデビルズを率いて抜群の成績を収める一方で、レジー・ジャクソン、リック・マンデー、サル・バンドーといったスター選手を育てていた。

１９７３年のスプリングトレーニングで、強烈な南部訛りを持つボビーは、「試合のスピードアップを最優先に考えている」と明確に語った。試合の中で、デッドタイムが多すぎると感じていたのだ。そして、打席を完了するまでバッターボックスを外すことが禁じられた。リリーフ投手はブルペンから走ってマウンドに向かえと言われていた。ミッキー・リバーズは正中堅手のケン（ケニー）・ベリーの控えだったが、ミッキーは何をするにもゆっくりで、ボビーをイライラさせた。ミッキーは試合をスピードアップさせていなかったのだ。

ボビー・ウィンクルズはスプリングトレーニングの最中に、リオ・カルデナスを上回れるのなら、ショートのポジションを与えると私に言ってきた。ウィンクルズは私とカルデナスを1試合おきに出場させ、お互いに10試合ずつぐらいプレーした後で、私を正遊撃手に据え、カルデナスをクリーブランドにトレードした。

私は開幕後、ほぼ毎試合ショートを守った。ボビー・ウィンクルズは私を3番打者にしてくれて、周囲が期待したとおりの主戦力となった。私が夢を追いかける中で、この他に唯一必要だったのは、もうケガをしないという幸運だけだった。野球をしている以上、ケガはつきもので、それに備えることも防ぎきることもできないからだ。

1973年5月13日、私がチームトップの安打数をマークしていた頃だった。ボビーが私のところに来てこう言った。「聞いてくれ。ケニーは休養日が必要だ。そして、今日はミッキー・リバーズを使いたくない。なので、君にセンターを守ってほしい。ホームに戻ったら、またショートだ。今日は（ルディ・）メオリにショートを守ってもらう。ちゃんとできるようなら、ホームに戻ったときに彼にはセカンドをやってもらう」

5月15日、ノーラン・ライアンが2度目のノーヒットノーランを達成した。そのとき私はセンターを守っていて、いくつか好プレーを見せた。すると、野球人なら誰でもそうだが、ボビー・ウィンクルズは験担ぎをした。カンザスシティでの最後の試合に勝った後、ホームに戻るとボビーはこう言ってきた。「スタメンを変えられないんだ。連敗を止めて、ノーランがノーヒットノーランをしたからな」ボビー・ウィンクルズと私は良い関係を築いていたし、私は彼のスタイルがとても好きだった。「ボビー、言われたとおりにするよ」と私が言うと、「約束する。明日はショートに戻ってもらう」とボビーは答えた。

5月17日は、全く普通の日だった。チーム内のよき友人のひとり、ルディ・メイが先発した。ルディはアフリカ系アメリカ人で、良いチェンジアップを持っていた。連続無失点イニングを継続中だったが、相手はちょうどパワフルなオークランド・アスレティックスになり始めていたチームだった。

「ルディ、心配するな。外野は任せとけ」と私は言った。

そのときの私は全盛期に向かっていた。豊かな将来が待ち受けていた。監督は私の味方をしてくれていて、追い風が吹き、幸運の女神が微笑んでいた。毎朝、起きて球場に行くのが待ち遠しかった。1973年に出場した32試合では打率3割2厘、12得点、13打点、6盗塁の成績を収めていた。

私は最初の打席でキャットフィッシュ・ハンターからシングルヒットを放った。3回の守備につくと、ディック・グリーンが打席に入った。私は右中間浅めの位置で守っていたが、グリーンは左中間深くに打球を放った。私は必死に追いついてフェンスによじ登り、打球を捕ろうとした。エンジェルスタジアムでは金網の外野フェンスの上に緑のシートが張られていて、私はその映像を見たわけではないのだが、私のスパイクがシートに突き刺さった。そのまま足がシート沿いに滑って下に落ち、地面に落ちる衝撃を身体全体で受け止める代わりに、私の下腿にすべての負荷がかかり、脛骨と腓骨がポッキリと折れた。まるで脚の上部と下部がつながっていないかのようだった。

レフトを守っていたベイダ・ピンソンが駆け寄ってきて状態を確認してくれた。

「脚が折れた。撃ち殺してくれ」と私は言った。

私は担架に乗せられてグラウンドから運び出された。私の足がブラブラと揺れていたので、数人の選手は直視できなかった。足が身体の一部ではない感覚だった。誰よりも早く駆けつけてくれたビリー・グラバーケウィッツが、私の足が揺れないようにつま先を押さえてくれていた。

クラブハウスに着くと、トレーナーが鎮静剤を打ってくれた。病院で目が覚めると、脚を治療するために腫れが引くのを待っていると看護師が教えてくれた。

私は数日前に23歳になったばかりだった。

担当医はエンジェルズの整形外科医ドナルド・ボールだった。1973年になるまで、エンジェルズの整形外科医は、スポーツ整形外科学の父、ロバート・カーランだった。カーラン医師はロサンジェルスにあるすべてのチームを診ていた――ラムズ、ドジャース、エンジェルズ、レイカーズ。だがこの年はエンジェルズとカーラン側に亀裂が入り、チームは著名な市民である祖父と父を持つボール医師を採用した。スタジアムの側を走るボール・ストリートは、彼の家族から名前が付けられている。私が病院のベッドに横たわっているところに、この若いドナルド・ボール医師が回診に来た。

「レントゲンを見ましたが、骨は両方とも折れています」両方とは、脛骨と腓骨のことだ。「ただ、脛骨の折れ方を見ると、手術なしで元に戻せるのではないかと思っています」

彼がしたかったのは徒手整復と呼ばれる方法で、提案の理由は皮膚の損傷がなかったからだ。その方法は、レントゲン像を見ながら手で折れた骨を元の位置に戻すというものだった。他の選択肢は、外科的に皮膚を切開して骨を動かし、金属を装着して固定するものだ。これが従来のやり方だが、その必要はないと思うと彼は言った。すべての骨片が元の位置に戻ればそれで大丈夫だと彼は確信していた。

彼が心配していたのは脛骨だった。腓骨には体重がかからないから心配ないと彼は言った。また、侵襲的手術（切開する手術）ではないので、治癒に必要な時間が短くて済む。より早くギプスを外してグラウンドに立てるようになるとも、彼は言った。

腫れが引くのを待つ間、電話が鳴った。受話器の向こうにいた男性はバリトンの声でロバート・カーラン医師だと名乗った。私がフラッグフットボールでヒザを負傷したとき、彼の愛弟子であるフランク・ジョーブ医師が執刀して完璧な手術をしてくれた。ヒザのリハビリにはしばらく時間がかかったが、このとき残っていた唯一の問題は、靭帯をつなぎ止めている金具があったので、金属探知機が鳴るぐらいだった。

「ボブ」とカーラン医師は言った。「私の手術が必要なら、可能だということを伝えたかったんだ」

これはひとりの人間の人生で、実に重要な瞬間だった。私はトミー・ラソーダやボビー・ウィンクルズ、または父などに、「カーラン先生に手術をお願いしろ」と言ってほしかった。

その代わりに、私は「ありがとうございます。ですが、ボール先生にお任せして大丈夫かと思っています」と言ってしまった。

カーラン医師は幸運を祈る、必要であれば電話するようにと言ってくれた。

ボール医師はすねの骨、脛骨を完璧な位置に戻してくれた。だが下腿に2本ある骨の細い方の腓骨は、最初はつながっていなかった。事を複雑にしたのは、私が内股だったことだ。内股であるおかげで、私は地球上の誰よりも速く走ることができた。あまりの内股なので、時々くるぶしの内側を蹴って出血していたほどだ。当時足が速いと言えば、ミッキー・リバーズ、リッチー・アレン、リッキー・へンダーソン、カール・ルイスなどだ。皆内股で歩いていたが、私も彼らのように歩き、彼らのように走っていた。

自分が内股でなくなっているのに気づいたのは、2ヶ月ほど経過してからだった。堅い石膏《せっこう》ギプスを付けていたので、数ヶ月経って交換しに行ったとき、脚の筋肉が萎縮しているのがわかった。ギプスの中の脚は細くなり、脛骨が曲がり始めていた。新しいギプスを付けようと医師が言ったとき、「すねの真ん中にあるこぶは何ですか？」と私は聞いた。

「ああ、それは石灰化だよ。普通のことだ。治癒の段階でこれだけのカルシウムがあるというのは、いいことだよ」と彼は答えた。

医師はすべてを教えてくれているわけではなかった。私のすねは曲がり始めていて、すねの正面に飛び出たカルシウムの突起は異常に見えて、気持ちが悪かった。新しいギプスを付けたとき、インターンが脚の骨折部を押し、ものすごい痛みが走った。泣きはしなかったものの、あまりの痛さに私は声を上げた。ギプスを付け終えると、彼は「筋萎縮の課程はたぶん終わっていると思います。このギプスはとてもきつくしてありますが、辛いようなら教えてください」と言った。

新しいギプスは石膏ではなくグラスファイバー製だった。軽く、松葉杖での移動もそれまでより楽になったが、筋萎縮は進み、2週間ほどして激しい痛みが走り、骨折部から出血してギプスを染めていた。すぐに電話をすると、「2週間後に来てもらえれば、ボール医師が休暇から戻っています」と言われた。

そうこうする間、私はエンジェルズの試合を訪れていた。松葉杖をついてクラブハウスに向かい、選手たちを激励してスタンドで前の席に脚を乗せながら観戦した。エンジェルズが遠征に出ると、自宅のテレビで試合を見た。

ある朝、私は地元アナハイムのキワニスクラブの朝食でスピーチをした。私は元キークラブのメンバーだったので、近隣の街のひとつアナハイムにある教会の地下でホームチームを応援することについて1時間ほど話をし、その後質問を受け付けた。そこには年配のエンジェルズファンが30人いて、そのうちのひとりが、「フランク・ロビンソンは1年目の監督ボビー・ウィンクルズを助けるために彼のリーダーシップをどのように発揮しているか」と尋ねてきた。

「助ける?」と私は聞き返した。

そして、フランクについてネガティブなことを言った。ボビー・ウィンクルズがミーティングを開くたび、ボビーが話し終えて部屋を出た途端にフランクは「くだらないことばかり言ってるな」とか「誰に冗談を言ってるつもりなんだ?」などと言っていたので、私は真実を話した。フランクがエンジェルズに来たとき、彼は後に監督になると思っていた。しかし、ハリー・ドルトンが味方に付いていたにも関わらず、実現しなかった。ボビーは他とは違っていたため、彼の新しいアイディアを受けいれられない選手は多くいた。ボビーが何か異端なことをやらせようとすると、フランクは「ああ、馬鹿げてるぜ」と不満を漏らしていた。

翌日、地元新聞に「バレンタイン語る——ロビンソンは仲間ではない」という見出しが載った。私は新聞を見ていなかったので、ボビー・ウィンクルズに監督室へ呼ばれたときには何の話をするのか想像が付かなかった。松葉杖をついて部屋に入ると、ハリー・ドルトンとフランク・ロビンソンもそこにいた。ボビーのデスクには新聞が載っていた。

ハリーがそれを手にしてこう言った。「ボビー、昨日キワニスクラブの朝食会に行ったか?」

思っていた。

「ええ、ハリー」と私は答えながら、「チームをしっかりと宣伝してくれたな」と褒められるのかと思っていた。

彼が聞いてきたのは、なぜフランクについてあのような発言をしたのか、だった。

「それが事実だからです。クラブハウスでのミーティングをするたびに反対する者が増えていて、それを率先しているのがフランクなんです」と私は答えた。

私はボビーの一番弟子で、彼に対して忠実だった。チームワークを乱す行為は以前にも見ていたし、フランクはそのリーダー格のひとりだった。そのことをボビーとハリーに伝えておくべきだったかもしれないが、その代わりにキワニスクラブのメンバーに言ってしまった。私は叱責を受け、発言が外に漏れてしまったことと間違った形で対処したことを謝罪した。だが、発言そのものは謝罪せず、部屋を出ようとしたときにフランクが私の側を歩きながら不愉快にさせる言葉をつぶやき、私にぶつかってきた。私が彼を押し返すと、次の瞬間、私たちはクラブハウスの床に重なり合い、私はレスリングのマウントポジションを取ろうとしてギプスのまま彼の脚の上に乗っかった。ハリー・ドルトンとボビー・ウィンクルズが我々の間に入って止めた。

セ・ラ・ヴィ、人生なんてそんなものさ。

（後にフランク、ノーランと私はクイズショー『スポーツチャレンジ』でチームメートとなった。私たちはフランク・ギフォードやモハメド・アリ、チャーリー・コナリー、ディック・ウィリアムズと彼が指揮したアスレティックスの選手2人などを破って6週連続で勝ち抜き、無敗のチャンピオンとしてリタイアした）

8 苦悶

ギプスが取れるときがやってきて、私は自分の脚の様子を見て面食らった。すねの正面が大きく隆起していて、ふくらはぎと太ももには全く筋肉がなかった。脚はまるでポリオに罹《かか》ったかのようで、大きなコブが付いていた。

私はすぐにアリゾナステート大（ASU）野球部で指導経験があったボビー・ウィンクルズに電話をし、アリゾナステート大でリハビリプログラムを用意してもらうよう依頼してほしいと尋ねた。「もちろんだ。向こうに行って、ASUアメフト部コーチのフランク・クッシュに会いなさい。彼のトレーナーがリハビリプログラムを用意してくれるから」とボビーは言ってくれた。

その晩、私はアリゾナ州テンピに飛び、フラタニティハウスでメンバーたちとビールを飲み、翌日クッシュ・コーチに会いに行った。彼はアメフトの練習中でサイドラインに立っていた。そこで私はズボンの裾をめくり、脚がどれだけひどくなっているかを見せると、彼は「何？　お前、本気か？　この脚はリハビリなんてできないぞ。曲がっているから、もう走ることはできないよ」と言った。

歩くのは問題なかったので、私は少しジョギングを始めていた。後は少しリハビリすればいいだろうと思っていたが、クッシュ・コーチのリアクションを受けてすぐに公衆電話に走って行った。パニックになりながらボール医師に電話をかけ、すぐに大声で彼に向かって怒鳴り始めていた。

「これって本当ですか？　クッシュ・コーチは、脚が変形して曲がっているから、今後走ることはできないと言ったけれど、それってどういう意味ですか？」

ボール医師は飛行機に乗ってLAに戻るよう、私に言った。ボビー・ウィンクルズと一緒に3人で話をすることになった。

ロキシーも私もパニック状態に陥っていた。

「もう一度脚を折るという提案をする前に、リハビリをしてどれだけできるかやってもらいたい」とボール医師は言った。

私はその通りにした。ASUに戻って練習を始め、打撃練習もやってみた。最初の2ヶ月は筋肉の強さも柔軟性もなかったが、そこからよくなり始め、それを続けてみた。

さらに他の医師やカイロプラクターを訪ねた。そこで脚を測定してもらうと、湾曲していたため一方の脚がもうひとつより短いことがわかった。インソールをもらい、一方のかかとが高くなった野球用スパイクをオーダーメードで作った。考えると奇妙なものだが、これで両脚の長さが同じになり、バランスも少しよくなった。これでプレーすることはできたが、ベースなどにつまずくことも時々あった。

脚のこともあったが、ロキシーと私が違う方向に進んでいたことでも、私は辛さを感じていた。私は男友達と仲がよく、いつも一緒にいた。彼女はプライベートな時間が好きで、野球以外のことに興味があったが、そこを我慢して自分を犠牲にし、私のパートナーでいるために自分を変えていた。

ロキシーは野球選手の妻になろうと努力したが、野球選手のほとんどは彼女が一緒にいたいと思う男性とは同類ではなかった。私がメジャーに昇格して結婚したとき、高校のアメフトチームでチームメートだったよき友人のダレル・アタベリーが新婚1年目の我が家で一緒に住んでいた。彼は運動の世界から離れてドラッグに手を出すようになっていた。ロキシーにとっては、とんでもないことだった。それに男というのはずぼらで、例えば洗面所のシンクに毛玉が詰まっていても掃除をしようともしなかったので、彼女は懸命に努力をしたが、到底合わせることができない世界だった。彼女にとっては、フェアではなかった。私は何とか彼女に合わせようと試みたし、完全に彼女の世界に入っていることもあったが、その機会はあまりにも少なすぎたし、ごくたまにしかしてやれなかった。私は彼女がこちら側にアジャストすることを望んでおり、それは正しい結婚生活ではなかった。

1973年の夏が終わる頃、私は脚のリハビリに努め、太ももの筋肉をつけるために自転車に乗ることが多かった。自宅があるカリフォルニア州アーバインから、毎日30〜40マイル（48〜64キロ）を走った。アーバインはちょうど開発が進んでいた頃で、周囲にはオレンジの果樹園がたくさんあった。私たちの家はフリーウェイ405号線のマッカーサー・ロード出口からすぐのところにあった。

長い自転車のロードワークから帰ると、なんとそこにはロキシーがデニソン大学時代に付き合っていた元彼のアンディがいた。アンディはロキシーとコーヒーを飲んでいたが、私は最初少し驚いた。その驚きは疑念と動揺に変わっていった。アンディが帰った後、ロキシーと私は話し合い、シーズンが終了すると間もなく私はASUへ脚のリハビリに向かった。その頃に、ロキシーがスタンフォードに戻り、ちょうどお互いに離婚を考え始めるべきだと決心していた。

私たちは車を2台持っていた。1台はスタンフォード市民からのプレゼントで、もう1台は私がカリフォルニアで買ったものだった。ロキシーはプレゼントされた方の車を選んだ。私たちの物をたくさん置かせてもらっていたトミー・ラソーダの家のガレージに向かい、ロキシーの車に荷物を詰め込んだ。

そして、別れのキスをした。

怒りも、苦い思いもなかった。この先私たちが望む形にはならないと、お互いに理解していた。私たちには、アメフト部のキャプテンとチアリーダーのキャプテンで学園祭女王だった少女が結婚してずっと幸せに暮らすというティーンエイジャーの頃からの夢があった。だが、私はアリゾナにひとりで向かい、彼女はスタンフォードに戻った後、間もなくアンディと再婚した。

9
復帰を目指す

　1974年の開幕戦、私はエンジェルズのレフトでスタメンに入った。私はもうショートとしては考えてもらえなくなっていて、とても辛かった。私の俊敏性とバランスは、病院で、いや、実際には、アナハイムのレフトフェンスで失われていた。

　開幕の週末はシカゴのコミスキー・パーク（当時はホワイトソックス・パークと呼ばれていた）で試合が行われた。開幕カードの3戦目は雪が降り、風がうなるようにレフトからまっすぐに吹いていた。試合開始時の気温は華氏38度（摂氏3度）だったが、会場は満員となり試合は行われた。

　エンジェルズの先発ビル・シンガーから、その時はホワイトソックスに所属していたリッチー・アレンがレフトにフライを打ち上げた。彼は高い軌道のホームランを打てる選手だった。私は一応フェンスまで走り、グラウンドに突き出すように作られた二階席にボールが消えていくのを見送ろうとしたが、有名なシカゴの風はボールがフェンスを越えるのを阻止し、内野方向に押し戻した。私は外野を守っていて、背後のスタンド方向から落ちてくるボールを内野に向かって走りながら捕った経験はこのときだけだった。このキャッチは、私が決めた中でも最高のキャッチのひとつとなった。試合は悪天候のため、延長10回の末4－4で引き分けとなった。

ボビー・ウィンクルズと私は一心同体だった。彼は私のために、私は彼のために力を尽くした。私が復帰したときも、彼はできる限りのことをして私をスタメンに入れようとしてくれた。私は彼に「監督、ぼくはプレーできるなら何でもやりますよ。できることをすべてやります」と言った。私は3週間ごとに、足首にコルチゾン注射を受け、それを受ける日はオフにしてもらっていた。

その頃は、特別にあつらえたシューズで新たなバランス感覚を得ていた。ようやく本調子になってきたと感じていた。

オフシーズンの間、私はカリフォルニア州サンバナディーノで地元のラジオ番組にゲスト出演していた。シーズン中に使う車を提供してくれるディーラーがいてとても助かっていたが、そこに車をピックアップしに行き、車を待つ間サインをしていると、地元ラジオのホストがやってきたのでインタビューに応じた。

「エンジェルズは、クライド・ライト［訳注：晩年は読売ジャイアンツに加入。3年間日本球界でプレー］がいてくれたらと、どのくらい思うでしょうか？」と彼は質問した。

エンジェルズは、冬のトレードで32歳のスター投手クライド・ライトをミルウォーキー・ブルワーズに送ったところだった。ボビー・ウィンクルズは若手を起用するポリシーだったので、その一環のトレードだった。私はボビーを支持していたので「ああ、あれは正しい判断でしたね。クライドがいてくれたらとは、全く思いませんよ」と答えた。

私は知らなかったのだが、クライド・ライトはサンバナディーノに住んでいて、このラジオ番組を聴いたか誰かから私が言ったことを伝えられたかしていたらしかった。5月のある日、我々はブルワーズと対戦し、相手の先発はクライドだった。試合前、ブルワーズのトレーナーがエンジェルズのトレーナーのところに来て、「クライドが最初の打席でバレンタインの頭にぶつけると言っていると彼に伝えてくれ」と言ってきた。

それを聞いた私は、事態を収めようとブルワーズのダッグアウトに行った。トレーナーにクライドを呼んでほしいと伝えたが、彼は戻ってくるなりこう言った。「クライドは、くたばれ！　と言っている。試合で会おう、と」

「あーあ」と私は思った。「大口を叩くんじゃないと母に言われたことを何で聞いておかなかったんだろう」

その日は、兄と兄の妻パットが観戦に来ていた。兄のジョーは私のプレーを見に遠征先に来たことはなかった。私は兄のところに行って、チケットの受け取りは問題なかったかを聞いた。

「すべてうまくいったよ。とても楽しみだ」と兄は言った。

「良かった。最初の打席でぼくはデッドボールを受けるけど、マウンドに突進することはない。一塁に行って、盗塁を試みるけど、気をつけて見てて」と私は言った。

私は1回裏の3番目の打者だった。マウンドにいたクライドは私の頭をめがけて初球を投げてきた。ボールはどうして当たらなかったのかがわからないほど頭の近くを通過した。死球を受けて一塁に行くのだろうとは思っていたが、ボールは頭に向かってまっすぐに飛んできて、私は仰向けにひっくり返り心臓は高鳴っていた。ハワイで顔に死球を受けたときのシーンがフラッシュバックしてきた。倒れながら私は「二度とあんなこと起こさせない」と思っていた。起き上がってバットを拾うと球審のロン・ルシアーノに手渡した。

「これを持ってて」と言うやいなや、マウンドに向かおうと振り返った。そして一歩踏み出したところに、クライド・ライトが立っていた。彼はグラブを外しており、打席で私と一戦交えるつもりでいた。私は彼の左目の下に会心の右パンチを見舞ったが、彼は倒れなかった。次の瞬間、彼は私をぬいぐるみのように抱え上げた。クライドは私より体重が20ポンド（9kg）ほど重く、雄牛のような強い身体を持っていた。レスリングのように脚を払って私を投げ飛ばし、私は地面に倒された勢いで左肩を脱臼した。

そこからは数人が折り重なるようになり、私は一番下で全力を出してクライドの頭を抱えていた。人の山が解かれ、私は左腕を抑えながらベンチに戻り、ウィンストン・イェナスと交代した。クライド・ライトは退場処分を受けた。

私は2週間肩のリハビリをした。またDL（故障者リスト）に入ってしまったため、ボビー・ウィンクルズに申し訳ないことをしたと思った。彼のスタイルに、ベテラン選手たちは抵抗感を感じていたから、DLから復帰した初日に私は打撃練習に参加した。ほとんどスイングできなかったが、復帰したかったので大丈夫だと彼には伝えた。

その試合で、ノーラン・ライアンはボストン・レッドソックスを相手に19個の三振を奪い、235球を投げた。13イニングを投げきったところでマウンドを降りたが、勝敗は付かなかった。試合の終盤、私はルイ・ティアントに対して代打で出場し、決勝の走者を置きながらセカンドフライに倒れた。変化球を左手だけで打ちに行き、肩のケガを悪化させた。ティアントは14回1/3を投げて負け投手となった。

私は打率2割8分近くを打っていたが、肩は完治していなかった。私は出場を続けたが、ライアン対ティアントの投げ合いから12日後の6月26日にボビー・ウィンクルズが解任されたときは、20打数ノーヒットのスランプに陥っていた。ウィンクルズは30勝44敗の成績でチームを去り、三塁ベースコーチのホワイティ・ハーゾグが4日間だけ代わりに指揮を執った。

「ホワイティ、ボビーのことは残念です。何か必要なことがあったら、ぼくはボビーのときと同様に忠実に尽くしますよ」と私は言った。

「ああ、君か。私はこの仕事を長くはやらないんだ。チームは別の監督を雇うつもりだよ。新監督が来てチームを一掃し、ボビーがしたかったように年を取った選手たちを手放してチームを再建するつもりなんだ」と彼は言った。

そして、その通りになった。ホワイティは若く熱心な男で、監督職に向かってひた走っていたが、まだその域には達しておらず、エンジェルズはディック・ウィリアムズを雇った。翌年、ホワイティはロイヤルズの監督に就任した。

ディックはレッドソックスで指揮官としてのキャリアをスタートさせ、1967年にはリーグ優勝を果たした。彼の厳しい鍛錬に選手たちが反逆すると、彼は解任された。その後オークランド・アスレティックスで3年間監督を務め、3度のリーグ優勝と2度のワールドシリーズ制覇に導いた。だがディックは選手をイライラさせるため、チームからの歓迎は長く続かなかった。そして今度はエンジェルズの監督となった。

私はディックを歓迎しなかった。彼の監督就任について聞かれたとき、ホワイティが私に言ったことを繰り返した。

「ボビー・ウィンクルズが去ってディックが来た。チームはきっと、ボビーがやりたがっていたことをやるのだろう。ボビーには、彼が望んでいた若いチームを作ってやることはなかったけれどね」と私は言った。

ボビーのスタイルは好きだったが、ディックのスタイルは好きになれなかった。ディックは昔気質で、ビリー・マーティンやアール・ウィーバーのようだった。私は彼らの時代はもう過ぎたと感じていたから、トミー・ラソーダやボビー・ウィンクルズがチームを動かすやり方がずっと好きだった。

監督就任から2週間後、ディック・ウィリアムズは試合後、クラブハウスに用意された食事、ハンバーガーやホットドッグをすべてひっくり返した。「お前たちは食事をもらうに値しない、なぜならメジャーリーガーは試合後食事を摂れるが、このチームはマイナーリーグレベルのチームだからだ」と叫んだ。翌日球場入りすると、部屋の真ん中に黒板が置かれ、カバーが掛けられていた。ディックはミーティングを招集し、カバーを外した。

「みんな、これを見ろ」と彼は命じた。

黒板の右側には15人の名前が書かれていた。左側には10人、中にはノーラン、フランク・タナナ、私が含まれていた。

「この黒板を見ろ。黒板の右側に名前がある者は、メジャーリーグの中でプレーできるチームはここだけだと思え」と彼は言った。

私は気分が悪くなった。「こんなのやってられない」と思った。

ウィリアムズは、私たち全員がひどくお粗末であると言い、このチームは彼以外の人間が作ったが、彼ならば勝てるチームの作り方を知っているので、今後はできるだけ多くの選手を放出してチームを再建すると言った。私は彼を全く好きになれなかったが、その一因は私自身にあった。私はボビー・ウィンクルズがトミー・ラソーダに最も近い監督だと思っていた。私を大切にしてくれたし、エネルギーがあって若手が成功することを願っていたからだ。だが、今は別の指揮官がいる。

このとき、エンジェルズでの私の立場に影響を及ぼしたことがもうひとつあった。アリゾナステート大で、私は同大学の卒業生で弁護士のピート・セリーノと友人になっていた。LAを訪れたピートは湾曲した私の脚を見て、ボール医師を医療ミスで訴えるよう説得してきた。訴訟で私が求めたのは、たないぼたで金銭を得ることではなく、将来の医療費をカバーするに足りる資金を得ることだった。

私はこれが正しいことだと納得していたが、エンジェルズがこの噂を聞きつけると、1974－75のオフに私は好ましからざる人物となっていた。

シーズンが終了し、私は多数のポジションをプレーして打率2割6分1厘と精彩に欠く1年を終えたので、トミー・ラソーダにドミニカ共和国に行って彼のチームでプレーできないかと尋ねた。彼がイエスと言ってくれたのは、私にとってはラッキーだった。私の人生を良い方向に転換してくれる、人生における素晴らしい出来事がまたひとつやってきたのだ。その偶然の素晴らしい出来事とは、トミーの提案でラルフ・ブランカが家族を連れてドミニカ共和国に旅行に来ていたことだった。

「ラ・ロマーナは世界でも有数のバケーションスポットだ」とトミーはラルフに勧めていた。「家族旅行を考えてみたらどうだろう。そこに来れば、若いドジャースのプレーヤーたちを見ることもできるし」

私は、ラルフ・ブランカが1951年に「世界中に響き渡った一発」をボビー・トムソンに献上した［訳注：1951年、ドジャースとジャイアンツとのプレーオフになり、トムソンがブランカから逆転サヨナラスリーランホームランを打って、ドジャースを天国から地獄へと突き落とした］ことで彼の名前を知っていた。ラルフはドジャースのオーナーのひとり、ジム・マルビーの娘と結婚していて、毎年春にベロビーチのドジャータウンを訪れていた。ラルフについて他に知っていた唯一のことは、彼が背番号13をつけていたことだ。私はドジャースにドラフトされたとき、つけたい背番号を聞かれて「13」と答えたが、「ダメなんだ。13番はあげられない。ラルフ・ブランカの番号なんだ」と説明を受けていた。ラルフは球場に来て打撃投手を務めてくれたあと、試合を観戦するためドミニカのチームのオーナーと共に座っていた。

私はショートを守っていて、2回表が終わったときにラルフの妻アンと彼らの大学生ぐらいの娘2人が球場に現れた。姉のパティは濃い色の髪をしていて、妹のメアリーは彼女の母と同じブロンドだった。パティ、メアリー、アンの3人は美しいだけではなく、髪の黒いドミニカ共和国の人々の中で一際目立っていた。映画『ザ・ナチュラル〔訳注：1984年公開。メジャーリーガーを題材にした映画〕』のグレン・クロースのように、彼女たちの頭上には天使の輪があったのかもしれない。彼女たちが席に着いたのを見たとき、私はチャーリー・ハフと話をするためタイムを要求してマウンドに行った。キャッチャーのスティーブ・イェガーもやってきた。

「今、球場に入ってきた3人を見たか？」と私は言った。

アンは40代で美しく、2人の娘も美人だった。彼女たちの豪華さは、タイムを取ってマウンドに行く価値があった。3人はネクストバッターズサークルの真裏の最前列の席に座っていた。

「チャーリー、ナックルボールを投げてくれ。ぼくはそれを弾いて、近くでよく見てくるよ」とイェガーは言った。

我々の攻撃となり、私は回の先頭打者だった。ネクストバッターズサークルにいるときに、超絶的に美しい女性たちに話しかけてみた。

「どこに泊まってるの？」と聞くと、「エンバハドールよ」とアンが答えた。

エル・エンバハドールはサントドミンゴの高級ホテルだった。私たちのチームは、ハラグアホテルに泊まっていた。ここは1947年にドジャースが泊まったホテルだが、それはフロリダでのスプリングトレーニングでベロビーチの市民がジャッキー・ロビンソンをドジャースの白人選手と一緒に泊まることを許可しなかったからだった。

私はエンバハドールホテルの場所を知っていたので、試合後、トム・パチョレック、バットボーイのジョン・ボッグズ（後にロビン・ベンチュラやトニー・グウィンなど多くの選手の代理人となる）ら数人と一緒に車で向かった。彼女たちが誰だかを知らずに、会いたいと思っていたのだ。ホテルに着いてドアを開けると、彼女たちは元ブルックリン・ドジャース投手のラルフ・ブランカと共にロビーに立っていた。

「なんてこった！　ラルフと一緒にいるよ！」と私は思った。

ロビーでしばらく話した後、私は「ディスコテックに行きませんか？」と尋ねてみた。「最初に口にする台詞」史上、最もシャープなフレーズではないのは明らかだった。

ラルフとアンは部屋に戻り、パティとメアリー、トム・パチョレック、ジョン・ボッグズ、私の5人はディスコテックに行くこととなった。

私はこうしてメアリー・ブランカと知り合い、人生の新たな素晴らしいチャプターが始まった。彼女は大学のクリスマス休暇中だったのでドミニカ共和国には1週間しか滞在しなかった。私たちはすぐに惹かれ合った。彼女のスマイルはとにかく魅力的で、目は夜に光るビーコンのように輝いていた。その夜私は彼女とダンスを踊り、彼女がノースカロライナ大学に通っていると知ると彼女に会いに行くようになった。私たちはチャペルヒルで一緒に楽しい時間をたっぷりと過ごした。

ウィンターリーグが終わると、エンジェルズのスプリングトレーニングがやってきた。ディック・

ウィリアムズが指揮を執った1975年のスプリングトレーニングは悪夢だった。ディックはキャンプで、なぜ私を出場させないかについて、ウソを並べて説明した。「いいか、ボビー。君がどれだけできるか、我々はわかっている。我々は、できるだけ多くの若手選手を見なければいけないんだ。だから、準備はしておいてくれ。打席に立つ機会は多くないが、それは心配するな。我々は、君の力をわかっているから」と彼は言った。

スプリングトレーニングの間じゅう、私はスタジアムの階段を走り続け、できるだけ脚の筋肉を強化しようと試みた。痛みは激しく、コルチゾン注射やノボカイン（局所麻酔薬）をたくさん打っていた。私の目標は、脚を十分強化し、足首の柔軟性を高めて、グラウンドに立つために必要だったそれらの注射を受けずに済むようにすることだった。

スプリングトレーニングの終盤、私たちはドジャースとフリーウェイシリーズ3連戦を戦った。私は2試合目で2度打席に立ち、その後ディック・ウィリアムズに監督室へ呼ばれた。

「もう少し若手を見る時間が必要なんだ」と彼は言った。

マイク・マイリーは22歳、デイブ・コリンズは22歳、ジェリー・レミーも22歳。私は、5月に25歳になる年で、もうそんなに若くはなかった。

私のリアクションは、ディックがマイリーをもう少し見る必要があるのか、ただのでたらめか、だった。実際はどうでもよく、私の態度は「OK、彼を見る必要があるなら、私はソルトレイクシティで毎日プレーするさ」という感じで、エンジェルズの3Aチームで過ごすことを覚悟していた。

ディックは、きっとそう言うだろうと思っていた。しかし彼は、「ハリーが来ている。彼が説明したいそうだ」と言った。

ディックは監督室を出て、GMのハリー・ドルトンが代わりにイスに座った。

「困ったよ、ボビー。こういう計画ではなかったんだ。こうなるとは思っていなかった。時期が遅すぎて、ソルトレイクシティには君が入れる余地がないんだ」と彼は言った。

私はつばをゴクリと飲み込んだ。

「だが、君が毎日プレーできる場所を見つけたよ。ウェストバージニア州のチャールストンにある、ピッツバーグ・パイレーツのトリプルAチームだ。君を彼らにレンタルすることにした」

私は混乱した。そのときはドジャースとの対戦だったので、私はディックの部屋を出るとグラウンドを横切って相手のクラブハウスでトミーに会うため、ドジャースのダッグアウトに向かった。1975年、トミーはまだドジャースのコーチだった。

私は完全に動揺しながらトミーに言った。「こんなこと、聞いたことありますか？ ぼくをチャールストンに送ろうとしているんです。トレードではなく、レンタルで相手に渡すと。どうしたらいいですか？ 何をしたらいいんでしょう？ どう思います？ スプリングトレーニングでは、全然プレーする機会をくれなかった。ぼくをおとしめようとしているんだ。トミー、彼らはぼくを潰そうとしている」

「そうだな」と、トミーは熟考して答えてくれた。「お前を潰そうとしている、その通りだ」

「どうしたらいいです？」

「心配するな。俺の友達がチャールストンの監督をしている。彼がお前の面倒を見てくれる」とトミーは言った。

元ドジャース選手のドン・デメターの兄、スティーブ・デメターがチャールストンの監督だった。ひどい状況の中、彼は最高の救いだった。パイレーツは、ブランチ・リッキーがチームの幹部を務めていた頃から、メジャーで最も予算の少ないチームのひとつだった。これは、常に知られていたことだった。そのため、チャールストンはいつも最悪のプレー環境にあった。そこのGMは、ハリー・ドルトンがボルティモアにいた頃にマイナーでGMを務めていた人物だった。

私の問題は——よりによってウェストバージニア州チャールストンに来たということ。炭鉱の街で、少なくとも百万両は連結されているような石炭を運ぶ列車が、ワット・パウル・パークのレフトフェンスの裏を毎晩ほぼ永遠に走っていた。イニングがどれだけ進んでも、石炭列車は走り続けていた。

さらに、チャールストンは遠征に飛行機を使わない唯一の3Aチームだった。何百マイルもの距離をバスで移動し、ロードアイランド州ポータケットやオハイオ州コロンバスに行っていた。場合によっては14時間かかっていた。プラスだったのは、チームのメンバーは素晴らしい人物ばかりで、将来パイレーツを担う面々が揃っていたことだった。ジョン・キャンデラリア、クレイグ・レイノルズ、エディ・オット、カート・ベバクア、ダグ・ベアー、オマー・モレーノ、ケント・テクルビー、ミゲール・ディローネ、トニー・アーマズ、そしてウィリー・ランドルフ。

とても輝いて見えたチームだったので、私はチャールストンに着いてからは楽しんでやろうと思い、気持ちを楽に持った。小言や不平は言わなかった。子供に無料の野球教室を開き、良いプレーもできていた。そのときはサードを守っていたが、私に火を付けたのは、スティーブ・デメターや数人のスカウトから、エンジェルズは私が引退するように仕向けているということを聞かされたときだった。エンジェルズは、私をトレードには出せなかった。傷物となっていたので、買い手がつかなかったのだ。エンジェルズは、私がもしかしたら復活して、もしかしたらまたショートを守れるかもしれないという希望を持っていた。もしかしたら、こう。もしかしたら、そう。もしかしたら、彼らは私が引退するのを望んでいたかもしれない。

私は、どれだけ順調にやっているかをエンジェルズに知らせようと自らPRすることにした。これがあまり良いアイディアでなかったことは、後でわかる。『スポーツ・イラストレイテッド』誌の記者が私に会いに来たので、私は「ええ、良い感じで走っていますよ」と少しウソをついた。天から授かった力やバランスが、かつてほどではないことや、脚がひどい状態になっていることは口にしなかった。

チャールストンでは、小さなキッチン付きの、ガレージの上の部屋を見つけて暮らしていた。ここでの滞在は1ヶ月だとエンジェルズは言っていたので、私はビューラーという名の部屋のオーナーに1ヶ月分の家賃を払った。ひと月が過ぎるころ、私は打率3割を超えて良い状態にあり、エンジェルズのファームディレクターに話をした。「いいかい、来月の家賃をどうすれば良いか、今知る必要があるんだ。今のホーム連戦が終わると、次は長い遠征に出るんだよ」と伝えた。遠征は、ポータケットやコロンバス、ロチェスターなど、例の地獄のような遠征で、その後ホームに戻るが、ずっとエアコン無しのバスでの移動だった。「ホーム連戦が終わるまでに、なんとかします」と彼は約束した。

私はそのことをチャールストンのGMカール・スタインフェルトに伝えた。「私も、そう聞いている」と彼は言い、そのためチームはホーム連戦の最終戦後に私のために時間を作ってくれた。チームを支援してくれる団体が私に感謝を伝えてくれ、ホームベース上での授与式で私にブレンダーをプレゼントしてくれた。

試合後、私はクラブハウスでGMが飛行機に乗れと言ってくるのを待っていた。だが彼は、「ボビー、カリフォルニアで彼らは考えを変えたようだ。君はここに残ることになったから、バスに乗ってくれ」と言った。

私は、当然ながら14日間の遠征のために必要な荷物を分けていなかった。持ち物はすべて2つのスーツケースに詰め込んであったので、ひとつをバスの荷物用スペースに押し込んだ。もうひとつのスーツケースを入れる場所はほぼなく、車内の通路に置かざるを得なくなり、無理矢理置いた荷物は私をあざ笑っているようだった。他のメンバーは、私のスーツケースをまたいでバスの中を移動していた。

私はひどく混乱していたし、とても恥ずかしかった。この地獄のような場所から私は離れていくと思い、ここの人々に別れを告げたばかりだったのに、移動に14時間かかるバスに乗せられている。その後どれだけの時間をここで過ごすかもわからないまま。

スティーブ・デメターはとても人が良く、私を落ち着かせようと、遠征の間はバスで最前列の彼の席の隣に座らせてくれたし、電話をかけて問題を解決するとも言ってくれた。翌日は、私が連絡を受けられるよう、試合には起用しないでいてくれた。だが、エンジェルズはスティーブにも私にも電話をかけてこなかった。

その後、私は2週間チャールストンのチームに残ることになった。そしてようやくマイナーリーグのディレクターから連絡が入り、エンジェルズはソルトレイクシティで私が入れる枠を何とか作ろうとしていたと説明してきた。私は遠征に出ていた間、必死にやろうとしなかったわけではないが、本来持たなければいけない集中力はなく、怒りを持って打席に入ることが多かった。チームメート全員に「頑張れよ。一緒にやれてすごく良かった。メジャーリーグで会おう」と言って別れたのに、エアコンがないバスに彼らと一緒に乗って2週間も過ごすことになるとは、惨めな気持ちだった。駄々をこねていたのではない。メジャーリーグでは5年間、街から街へと移動していたのが、またバス中心のライフスタイルに戻されていた。何とか冷静に捉えようとしたが、しばらくふくれっ面をしていたのは事実だ。

チャールストンでプレーして惨めに思っていた私の救いは、恋に落ちていたことだった。私はメアリー・ブランカと付き合っていて、私たちはチャールストンで一緒に暮らしていた。メアリーはメジャーリーグ選手の娘だったので、ロキシーとは違い、野球生活の予想の付かない展開を十分に知っていた。私がチャールストンを離れないとわかったとき、彼女は自分のフライトチケットをキャンセルして他の手配をした。彼女はすべてプランして手配を済ませておきたい人だが、そうならなかったときにも対応できた。私の人生が、世の中で最も楽に進むものではないと知っていたからだ。

遠征中、私はエンジェルズのマイナーリーグ・ディレクターから電話を受けたことが何度かあった。「1日以内にチャールストンから離れることになる」そのときいた場所がロチェスターでもシラキューズでも、とりあえず私は球場に行ったし、その後にスティーブ・デメターのホテルの部屋を訪ねて受けた電話の内容を知らせた。そうすることで、彼はその日のスタメンを私がいた場合といなかった場合の両方で用意することができたからだ。多くの場合、私はランチの後監督室のドアをノックして、中に彼がいるのを確かめてから「あの、今日じゃなかったです」と報告した。

翌日にはエンジェルズに連絡をすると言われたので、「今日が最後になります」とスティーブに伝えたことが2、3度はあったが、結局連絡は来なかった。最終的に私は遠征の最初から最後までチームに帯同した。午前4時にチャールストンに到着すると、私はGMのオフィスに行った。カール・スタインフェルトはウォルト・パウル・パークで午前4時に私を待っていた。

カールは私を部屋の中に呼び入れ、アナハイムではなくソルトレイクシティ行きのチケットを買うように言われたと伝えてきた。彼は私がこのチームでプレーしたことに感謝をしてくれ、翌朝私はチャールストンから飛び立った。

ソルトレイクシティ空港で、私は元ドジャースのキャッチャーでやはりラソーダの門下生であるノーム・シェリー監督の出迎えを受けた。彼の弟ラリー・シェリーはドジャースで投手としてプレーした。トミーとノームはかつてウィンターリーグで同じチームに所属し、同じバスでの移動を経験した仲だった。

私はノームと一緒に車でホテルに向かった。彼は私が激昂して罵声を浴びせると思っていたようだが、私は「ここで思い切りプレーしますよ。エンジェルズの3Aチームに来られて嬉しいです」と言い、「移動は飛行機ですね?」と聞いた。彼は「そうだよ」と答えた。

「本当に、最高です。ここに来られて良かった」と私は言った。

そのチームは本当に素晴らしい選手が揃っていたが、私はソルトレイクシティ・ガルズに長くは所属しなかった。46試合に出場して打率3割6厘、17打点、13盗塁の成績を残した。走ることはできたが、飛ぶように走った以前の姿ではなかった。そのとき知らなかったのは、足首が十分曲がらなかったためしっかりとした前傾姿勢が取れていなかったことだ。角度が20度を超えると、かかとが地面から離れてしまっていた。ヒザを深く曲げることもできなかった。他の選手は私の脚を見たとき、私が歩けていることさえ信じられなかった。

ソルトレイクシティには長くいるだろうと確信していた。住みたいアパートにはひと夏分の家賃を納めていた。メアリーが来てくれることになっていたので、ホテルには住みたくなかったのだ。

ガルズは地区優勝を争っていて、とても楽しく、私もチームに貢献していた。だが、そのタイミングでメジャーリーグのチームにケガ人が続出した。8月、ノームは私を監督室に呼び、「君はメジャーリーグに行くことになった」と伝えてきた。

1975年8月第1週に、私はアナハイムに到着した。2試合ほど代打で出場したが、まだディック・ウィリアムズが監督だったため、私は常に気持ちが落ち着かなかった。エンジェルズは右打ちの内野手、特にショートが守れる選手を必要としていた。二塁手は溢れるほどいたからだ。デニー・ドイルにサンディ・アロマーJr.、ルディ・ミオーリ、そしてジェリー・レミーは正二塁手になるべく昇格したばかりだった。ジェリーが昇格してきて、チームはサンディをショートに回した。私が脚を骨折する前にショートを守っていたとき、サンディはセカンドだった。今回、私はチームの構想に入っていなかった。

私は数試合に出場したが、それほどの活躍はしなかった。我々はミネソタにいて、ブルース・ボクティの友人の誕生日だったので、お祝いをしにレストランへ行った。ブルースと彼の友人、そしてノーラン・ライアン、デイブ・チョークと私、というメンバーだった。レストランに併設したバーがあり、私たちはそこに誰がいるか気づかなかったが、『サンタ・アナ・レジスター』紙の記者ディック・ミラーとエンジェルズのコーチ、ジェリー・アデアがいた。

私がチャールストンでプレーしていたとき、ディック・ミラーが電話をかけて調子はどうかと尋ねてきた。私は、打率が3割を超え、サードを守って結構良いプレーをしていると答えたが、私をマイナーに送るべきだと決めたのはアデアだったとディックから聞いていたので、アデアを非難するコメントをした。

ディックはマスコミに対して「ジェリーはバレンタインがメジャーリーグの内野手としてプレーするクオリティを持っていないと思っている」と語っていた。記者たちはディックのオフィスからジェリーのロッカーに行き、「どうしてそんな評価を下せるのですか？　バレンタインはあなたとスプリングトレーニングすら一緒に過ごしたことがないですよ」と質問した。アデアは、私がメジャーリーグにいないことの原因を作ったと非難され、どうしようもない立場に立たされていたのだろう。

私はトイレに行きたくなり、バーの方に向かった。私は会ったことのないアデアの横を通りすぎるところだった。アデアはバーストゥールの上で身体の向きを変え、料金所のゲートバーのように脚を伸ばし、私を通さなかった。彼はミラーと話をしていたが、「このクソ野郎は俺がこれまで関わった誰よりも災いをもたらしてくれたんだ」とけしかけてきた。

「ハイ、コーチ。お元気ですか？　ぼくはトイレに行くところなんです」と私は言った。

「ズボンに小便してみろよ、このゲス野郎」と言った彼の言葉は、まだ耳に残っている。

私は「ああ、そうですか。お話しできて良かったです、コーチ」と言って彼の脚を押し下げた。すると、彼はシーソーの原理のように勢いをつけてストゥールから飛び降りながら、私の鼻めがけて右手でパンチを繰り出してきた。私はかがんで避け、パンチは額に当たった。私は下から彼の顎にパンチを見舞い、身体を起こさせた。そこから肩を彼の胸に当てて押し込みながら、バーとレストランの境にあった手すりを飛び越えた。そのまま倒れ込んだとき、イスやガラス製のボトルが破壊され、その次の瞬間には用心棒兼ドアマンのデカすぎるウェイトリフタータイプの男がやってきて私のベルトとシャツの背中部分をつかんでつかみ上げ、横のドアから外に出ると映画で見るように私を放り投げた。私目線からは、ドアが一気に開いたかと思ったら、駐車場の地面に投げ捨てられていた。

感情が高ぶった状況で、バーにいた他の客が叫んでいるというシーンになった。私は、どうせこれで現役生活が終わるなら、あと2、3発いいのを食らわしてやり、アデアが始めたことを終わらせてやろうと思いながらその場に戻ろうとした。ドアにはカギがかかっていたので、私は正面に回った。ブルース・ボクティと彼の友人たちがそこに立って私を止め、落ち着かせようとホテルまで一緒に歩いてくれた。私は耳の後ろから血を流していた。2人でもんどり打って倒れたとき、どこかにぶつけたようだった。額には小さなコブができていて、皆は私が逮捕されるかもしれないという話をしていた。人生でやらかした最も馬鹿げたことのひとつだった。ジェリー・アデアはコーチだった。記者もそこにいたし、これがニュースとして流れたら、私に関わろうというチームは現れないことは確信できた。

「私は面汚しとなり、野球界から追放される」と頭の中で考えていた。

私はホテルの部屋で、ボクティと私のルームメートと一緒にイライラしながら座っていた。すると、ノーラン・ライアンがドアをノックした。

「ディック・ミラーのことは心配するな。彼は何も言わないし、一言も記事にしない」と彼は言った。

「ジェリーはどうなんだ?」と私は聞いた。

「彼も、何も言わない」とノーランは言った。

私は安心し、ノーランに礼を言った。それから何件か電話をし、ベッドに入って寝た。翌日球場に行ったとき、ジェリー・アデアの姿はなく、それについて何の話も出なかった。何もなかったことにするのだと思い、それですべてが水に流されるのかもしれなかった。

翌朝、私は朝食を摂っていた。エンジェルズが使っていたのは、ミネアポリスにあるクールで年季の入ったホテルだった。大きなダイニングエリアに座っていると、ウェイターが来てこう言った。「隅の席に座っている男性が、お話しがあるそうです」。隅にひとりで座っていた男性は、ディック・ウィリアムズだった。

「裁判官に呼ばれたか」私はそう思った。

私には言い分があった。目撃者もいる。事のきっかけはアデアだ。彼が先に手を出してきた。ディックのテーブルに行くと、彼は「座らなくていい。今、お前をサンディエゴ・パドレスにトレードした。先方は、今夜サンディエゴに来てほしいそうだ」と言った。

私はエンジェルズの遠征マネージャーを探しに行き、飛行機のチケット代をもらった。空港に行ってチケットを買い、サンディエゴに飛んだ。私を待っていたのは、私がドラフトされる前にドジャースのGMを務めていたバジー・ババーシだった。ドジャースから拡張球団のパドレスに移っていた彼は、私を迎えてくれて契約書を渡してくれた。

パドレスでは、私はあまりプレーしなかった。私はそこに行くプランを全く立てていなかった。友情トレードだったのだろう。バジーはハリー・ドルトンに借りがあったのか。ハリーはジェリー・アデアを再びチームに迎えたかったが、私がいなくならない限り、それはできなかった。

パドレスの監督はジョニー・マクナマラだったが、私はジョニーの下で7試合しか出場しなかった。1975年の私の成績は、20打数で打率1割3分3厘だった。

*

私は引退を考えていた。だが、それには自分に力が残っているかどうかを確かめる必要があった。私はまたドミニカ共和国でトミーと一緒にウィンターリーグでプレーする決心をした。彼なら、私が何をすべきか判断してくれる。

私は25歳と、まだ若い選手だった。降りかかってきた様々なケガを乗り越え、脚は良い状態でなかったかもしれないが、「自分に必要なのはチャンスだ。自分を気に入ってくれる監督と出会う機会があれば、まだプレーできるかもしれない」と考えていた。

私はトミーの下でショートを守って何試合かプレーし、試合後にサントドミンゴで我々のお気に入りのレストラン、ベスービオに行って夕食を摂った。ピザを食べながらビールを飲み、私は彼に聞いた。

「で、トミー、あなたはぼくの最高の時期を見てくれたし、今のぼくはリハビリをして復帰を目指しているけれど、周りはもうぼくにはショートをプレーすることはできないと言っている。今回は、評価できるぐらい十分にぼくのプレーを見てもらえてますか?」

「ああ、見たよ」と彼は言った。

「だが、もうお前は以前のような選手ではないな。コーチになることを考え始めた方がいいと思う」

泣ける瞬間だった。自分がどの状況にいるか、実際にはわかっていなかったから、いろいろな感情が入り乱れた。年配の選手が、かつての姿ではないことを自分以外の周囲の全員がわかっている状況に立っているのと似ていた。それに気づくのは、本人が最後なのだ。ケガも同じだった。もう終わっているのに、自分は気づかないのだ。

私はどん底にいた。

10

監督

1976年のスプリングトレーニングの最中、私はパドレスのGMバジー・ババーシと話をした。トミー・ラソーダも、すでに彼と話していたのかもしれなかった。バジーは、パドレスに若いドラフト指名選手がいると言ってきた――ブラウン大学出身のドラフト1巡指名、ショートのビリー・アルモンと、球団内で高く評価されているセカンドのマイク・チャンピオン。

「彼らが正しく成長するよう、3Aに行ってくれないか?」とバジーは言った。

彼は私に、ロイ・ハーツフィールドが監督を務めるハワイ・アイランダーズでプレーしてほしいとのことだった。ハーツフィールドは私がドジャースにいたとき三塁ベースコーチをしていた。3Aに行けば、私はパドレスの有望株たちと共に過ごすことになる。

「ロイの妻の健康状態がとても良くないんだ。彼女は癌の手術を6度受けていて、ロイは、朝早くから若手たちとトレーニングをしたり、彼らに野球について教えたりすることができないんだよ。君は、できるかな?」

「ぼくはプレーするんですか?」と尋ねた。もしそうでないのなら、引退を考えていたからだ。

「ファーストには空きがある」と彼は答えた。

「もちろん、ぼくはファーストだってできますよ」と答えたが、私は一度もファーストを守ったことがなかった。

私はアイランダーズでプレーするためホノルルへ向かった。アイランダーズは独立したチームとして運営していたが、実際は共同オペレーションを行っていた。チームの選手の半分はハワイチームの支配下にあったが、もう半分はパドレスが所有する選手たちだった。ハワイチームは、パドレス選手以外の全員の給料を支払っていた。

メジャーリーグでファーストでのプレー経験はなかったが、アイランダーズのホーム球場は人工芝を使っており、ゴロをさばくのも悪送球を捕るのも簡単だった。私は若い選手たちとずっと一緒に過ごし、ビリーとマイクの世話をした。彼らは私より2、3歳若いだけだったが、私はメジャーリーグでの経験が多少あったため、彼らには少し威信を示せていた。私はこの仕事を気に入った。この2人と、若い三塁手デイブ・ヒルトン、そしてもうひとりの1巡指名選手、デイブ・ロバーツを練習に連れて行った。打撃投手も何度も務め、機会があれば早めに球場に連れて行き、彼らにノックをした。

とてもリラックスした環境だった。これが最後の現役の舞台かもしれないと思い、多くのプレー機会を得た。ロイ・ハーツフィールドはドジャース時代から私を知っていて、優れた野球人だった。人生を通して野球に自らを捧げ、私のことも気に入ってくれているようだった。彼はウォルト・オルストンに近い人物で、1Aからマイナーリーグの監督職を経験してきた。きっと、メジャーリーグの監督をやらないかという誘いが来るのを期待していたことだろう。ロイは私に自由にさせてくれ、若手とのことは何でも任せてくれた。

年長の選手も何人かいた。ディエゴ・セギーはエース投手。エディ・ワット投手もいた。ベテランがアイランダーズでプレーしていた理由のひとつは、2つの新しいチーム、シアトル・マリナーズとトロント・ブルージェイズのための拡張ドラフトが行われることにあった。マリナーズは1巡でストレートのキレがいいディエゴを指名した。そして、ロイ・ハーツフィールドはブルージェイズの監督になった。アイランダーズでのプレーは楽しかった。私はどちらかのチームからドラフトされるとは考えていなかった。メジャーリーグで素晴らしいキャリアを過ごすことは考えていなかったが、そのときは「ここでは本当に良い時間を過ごせている。最高だな」と感じていた。メアリーが来て一緒に住んでくれたことで、もっと最高な気分になれた。メアリーはビル・アルモンやマイク・チャンピオン、デイブ・ヒルトン、デイブ・ロバーツ、その他大勢の選手たち、そして彼らの妻たちと年が近かった。一緒に過ごすには、最適なグループだった。

私たちは、ジョー・ペピトーン（ペピ）に会う幸運に恵まれた。ジョーはキャリアの終盤に日本でプレーする契約［訳注：1973年にヤクルトアトムズでプレー］をしていたが、日本の水に合わなかった。日本ではすべてがきちんと整えられていて、時間通りに事が進み、全員が同じことをする。ペピは彼らの文化からは正反対の存在だったので、シーズン開幕後2週間ほどしか持たなかった。彼は放出されたか、自分からやめたか、契約金をもらって逃げたかわからないが、日本を離れた。帰り道の途中にハワイに寄り、アイランダーズのトライアウトを受けた。パドレスではなく、ペピなら多くの客を集めてくれると考えたアイランダーズのトライアウトだった。アイランダーズにはかつて、ハワイでセンセーションを巻き起こしたボー・ベリンスキーが所属していた。ボーは遊び人で、雑誌『PLAYBOY』に登場する有名なガールフレンドたちがいた。タブロイド紙の格好のネタで、選手としても優れていた。ボーがチームに成功をもたらしたので、アイランダーズはペピで柳の下の二匹目のドジョウを狙った。

ペピはまだ低めのストレートを打てたが、「セックス・ドラッグ・ロックンロール」のライフスタイルを謳歌している真っ最中だったので、過度な課外活動が足を引っ張り、彼の周囲も巻き込んで結局長くは続かなかった。

私は最後の遠征で彼とルームメートになった。オレゴン州ユージーンでの試合後、開いていた数少ない店の一軒でビールを飲んでいた。バーにはビリヤードのテーブルが2台と長いカウンターがあり、カウンターの奥ではホットドッグ用のソーセージが温められていて、床にはピーナッツの殻が落ちていた。外にはオートバイが2台停めてあり、地元の女性が2人店内にいた。シャッフルボードのテーブルでペピは誰かとパートナーになって遊んでいたが、テーブルの端にある粉はパックをスムーズに動かすシリコンパウダーだと思っていた。しかし、それは鼻から吸い込み夜遅くまで起きていられるようにするヤツだった。常連の何人かがそれを見て何かしら言葉をかけると、ケンカが始まった。この出来事は、ペピに別れを告げる決定打となり、彼はヘアドライヤーを持って地元に帰っていった。

私はペピと過ごしたすべての時間が好きだった。私も彼と同じイタリア系だったが、私の仕事は彼の行動のいかなることもチームの若手に影響しないよう気を配ることだった。私はメジャーリーグの世界とナイーブな者たちの間で緩衝材になっていた。ある日は魚になり、別の日は猛禽類になった。少々大変だったが、この時間を気に入っていた。だが、ジョーはいなくなってしまった。

8月、私たちは多くの勝利を積み上げ、ペナント争いを演じていた。打撃練習を終えたばかりのタイミングでロイが私を小さな監督室に呼んだ。これをオフィスと呼ぶのはフェアではない。テーブルとイスがあり、選手たちとは離れていたが、むしろクローゼットのようなスペースだった。ロイは私を呼び入れ、こう言った。「今電話があった。アリスがまた癌の手術を受けなければならなくなった。これが最後かもしれないし、私は妻のところに行く。彼女が良くなるまで、あるいはすべてが終わるまで一緒にいるつもりだ」彼は私にスタメン表を手渡しながら、「チームを引き継いで、できる限りのことをしてもらいたい」と言った。

「ロイ。アリスが病気なのは、本当に残念です」私はドジャースにいた頃から彼女を知っていた。彼女はハワイに来なかったので、ロイは本土に戻る。また会うことができるかは、誰にもわからなかった。

ロイはチームミーティングを招集し、チームを去ることを全員に伝えた。「ボビーを、私だと思って扱ってほしい。みんなの幸運を祈る」と言って去って行った。

アイランダーズには、私より年上の選手がたくさんいた。そして私は監督経験が皆無だった。心の準備ができていなかった。私は常に戦略的に考えてはいた。プレーしていないときは、どういう作戦を用いればいいかを考えていた。自分のチームの監督の考えを、できるだけ多くの機会で再考してみた。トミー・ラソーダのとき以外は。だが、もしかしたら彼の作戦も何度か再考してみたかもしれない。

監督就任を祝うため、メアリーと私は婚約した。

私は決断を下す立場になり、ロイがやってきたことには、私自身の打順を3番に変える以外は何も手を加えなかった。センターのロッド・ギャスパーが2番、ジーン・リチャーズが1番を打った。ロッドはこの年133個の四球を選んだ。四球を選ぶマシーンのようだったが、四球は高く評価されなかった。ジーンとロッドは常に私の前に出塁していて、私はこの年89打点を挙げた。

ロードでの最終戦に勝ち、私たちは地区首位に並んだ。コイントスでホームフィールドアドバンテージ（ホーム球場で戦う権利）を得たので、タコマとの3回戦制プレーオフシリーズを戦うためにホノルルへ戻った。ハワイに到着すると用具を置きに球場へ行ったが、ゲートには太いチェーンと南京錠がかけられていた。すべての所有物はハワイ州の管理下にあると張り紙がしてあった。アイランダーズのオーナー、ジャック・クインは税金を払っていなかったのだ。

私たちは呆然と立ち、中には入れずにいた。

「これからどうするんだ？」と誰ともなく訊いた。

「荷物を車に乗せろ。明日の朝、ここに集合だ」と私は言った。

公的立場にいる人が、マウイの球場でプレーすることができるかもしれないと教えてくれた。タコマとの3連戦は明日始まるので、空港に向かってマウイへ飛ぶ準備をした。

選手たちへの最後の報酬となる小切手は、球場内のクラブハウスにあるメールボックスに入っていた。選手たちは、「球場は税の担保なのか？　給料をもらえなくなるぞ。もうどうでもいい。ここではプレーしない」と考えていた。彼らなしではチームが成り立たないので、パドレスが全員の経費を支払うと言ってくれ、選手たちは妻を同行させて良いことになった。我々の多くがマウイに行ったことがなかったので、少々機嫌を取ったところで、全員が3試合出場することに合意したが、エースのディエゴ・セギーだけは反対し、投げたがらなかった。というのも、彼がマリナーズにドラフトされるという噂が流れていたので、ライナーを受けてケガをしたくなかったのだ。

我々はひとつ勝ち、ひとつ負けて最終戦を迎えたが、多くの選手は「もうやめようぜ。最後は負けて、さっさと帰ろう」と思っていた。

第3戦の8回、私は逆転のスリーランホームランを放った。ベンチに帰ると、「サイレントトリートメント」を受けた。メジャーリーグでルーキーが初ホームランを打ったときの儀式だが、このとき彼らは本当にエキサイトしていなかったのだ。

私たちは地区優勝したが、祝福は何もなかった。2日後にはソルトレイクシティでガルズとのパシフィック・コーストリーグ・チャンピオンシップが控えていた。その後我々はハワイに戻る予定はなかった。飛行機のチケットが用意されていると伝えられ、すべての荷物をまとめて本土に向かうこととなった。ソルトレイクシティで5試合すべてを戦い、その後は飛行機に乗って地元に帰るのだ。パドレスは全員の小切手を肩代わりしたが、ハワイアンの控えキャッチャー、カラ・カアイフエの分はなかった。カラは我々が優勝したときにチームと一緒にいたかっただけだった。彼は貧しいのに給料ももらえなかったが、ソルトレイクシティ行きの飛行機チケットだけはあった。帰りのチケットはなかったが。

私は彼に一緒に来るよう説得し、寄付を募って帰りの飛行機代を作ると言った。チケットはおよそ150ドルだった。

ソルトレイクシティに着くと、とんでもない事態が待っていた。いつも泊まっていたホテルは、未払いがあったため受け入れてくれなかった。私は滞在費をもらっていたが、過去の借金を払う資金は持っていなかった。違うホテルを探さねばならず、安宿を見つけて部屋に入った。

第5戦で最後の勝利をつかんだ後、ソルトレイクシティのシャンパンを飲んだ。勝利した日、感謝の印として私はパドレスに昇格し、シーズンの残りをプレーした。そこには、ビリー・アルモン、マイク・チャンピオンと私が指導した売り出し中の若手数人も一緒に呼ばれていた。

私たちへの褒美は、9月の数週間にメジャーリーグチームでプレーすることだった。私は好調を維持し、49打数で打率3割6分7厘とした。だが、それは大したことではなかった。もっと大事なことが待っていたからだ。私は家を買い、裁判所に行き、東海岸に戻り、結婚しなければいけなかったのだ！

11 裁判

ボール医師が、彼の不注意によって私の脚をダメにしたことを証明するための、カリフォルニア州上位裁判所での裁判は、1976年秋に行われた。アリゾナステート大時代の親友のひとり、フィル・ハーシュが、フェニックスで弁護士をしていたピート・セリーノを紹介してくれた。1975年の暮れ、ピートは私に医師を訴えるべきだと強く勧めるようになった。当時、医師を訴えるというのは珍しく、しかもその医師はチームの整形外科医だった。その医師を訴えるとは、エンジェルズを訴えることを意味していた。それは正しいことなのか？　下される評決がその答えだった。

ピートはリサーチをしてくれて、おそらく今まで負けたことがない弁護士の一団をLAのダウンタウンで見つけてくれた。勝てない訴訟は受けない集団だった。法律事務所の名はバトラー、ジェファーソン・アンド・フライと言った。彼らは、私が負けないと思っていた。

彼らは、私が重要証人になることを決定した。私は証言台に立って話をする。ロキシーとは離婚していたが、彼女は、私のリハビリや当時何が起きたかについて証言することに同意してくれた。この頃のカリフォルニア州オレンジ郡といえば、特に保守的な地域であり、前代未聞の訴訟とも言えた。我々は、他の医師に対して不利な証言をするということを承諾してくれるのであれば、医師を1人か2人用意しようと考えていた。エンジェルズのチームドクターであるポール医師を相手に、しかもエンジェルズのスタジアムがカテラ・ストリートと、彼の家族の名が付いたポール・ストリートが交差するところに立っているのに、訴訟で成功する見込みなどあるのだろうか？

私は証言台に立ち、話をした。妊娠中だったロキシーも、証言してくれた。証人としてアル・キャンパニスとトミー・ラソーダを連れてくると、保険会社の弁護士が異議を唱えた。彼らの主席弁護士はハリウッドの台本から出てきたような人物で、真っ白で完璧に整えられた髪の毛に、あつらえたスーツを着こなし、威厳を持って流れるように法廷の中を歩き回っていた。

「陪審員には、彼がどのような状態にあったか、あるいはなかったのかという証言を聞いてほしくありません。そこで何が起きていたのか、何も知らない状態でなければならないのですから」と弁護士は言った。

判事はアルとトミーが証言する間、陪審員は部屋から出ていくよう命じた。さらに、私の弁護士が、私にズボンの裾を上げて脚を見せるように言うと、相手方の弁護士は私を止めた。

「陪審員の感情に訴えようとしています。彼の脚を見ても、陪審員には何を見ているのかわかりません。レントゲン写真だけを見てもらってください」と彼は言った。

陪審員が、レントゲン写真を読み取れるのだろうか。だが、判事は異議を受け入れた。

我々のエースは、サンディエゴ・パドレスの整形外科医ポール・バウアー医師で、ポール医師の最初の施術は基準に則ったものだったが、治癒期間中に脛骨が大きく曲がっているのを見たときは、脚をまっすぐにする手術を行うべきだったと証言した。

「もし、8月か9月に湾曲を修正する何かしらの術が為されていなかったとしたら、それは当地のコミュニティで容認される行動ですか？」と尋ねられると、「いいえ。容認されるものではありません」と彼は答えた。

ロバート・カーラン医師も証人となり、彼が、7月より後に適切な手術が施されず、その対処法は、コミュニティでの医療行為の水準には達していなかったと証言したときは、シャンパンを開けて祝福するときが来たかと思われた。

残るは、最終陳述だけだった。我々の弁護団のひとりが、相手弁護団に示談を望むかと聞いた。彼らは示談を望むどころか、再直接尋問のために私をもう一度証言台に立たせたいと言った。そのためには、私の承認が必要だった。

「もう一度立った方がいいのか、わからない」と私は言った。

ランチブレークの間、私の弁護団は、酒を飲みながら［訳注：通常弁護士がランチ中に飲酒することはないが、彼らは飲んでいた］、陪審員が私を気に入っているので、もう一度証言するのは良い考えだと判断した。

「あなたの証言はとても良かったです。彼らもあなたに同情しています」と弁護士は言った。

私は渋々同意した。

翌日、私は証言台に再び立ち、当時の私の状態はどうだったのかや、すべてうまくいっていると思っていたのかなどの質問に答えた後、相手方の主席弁護士が数枚の紙を取り出して私の弁護団をベンチに呼んだ。

「これらの記事を裁判の証拠として認めてください」と彼は言った。

手に持った紙を高く掲げながら、「ボビー、あなたは去年ウェストバージニア州チャールストンで野球をしていましたか？」と尋ねてきた。

「はい、していました」と私は答えた。

「成績はどうでしたか？」

「結構良かったです。しばらくは絶好調で、その後少し成績が下がりました。それでも、とても良い経験になりました」

「チャールストンにいる間、インタビューに応えたのを覚えていますか？」彼は、私に記事を見せた。

「記者に話をしたのは覚えています」

「この記事であなたは、脚はこれまでで最高の感覚で、今は100％で走っている。メジャーリーグに戻るのが待ち遠しいと言っています」

私はつばを飲み込んだ。

「あなたは、そう言ったのですか？」と彼が聞いた。

「はい、そう言いました」

「なぜそう言ったのですか？」

「えっと、メジャーリーグに戻りたかったからです」

「では、あなたの脚は100％でなく、それまでのようには走れていなかった？」

「もちろん、走れませんでした。ぼくの脚を見たでしょう？」

「では、なぜそう言ったのか、もう一度教えてください」

「メジャーリーグに戻るためです」

彼は慎重に考えてからこう言った。「ああ、それではあなたはウソをついていたんですね」

私は口を開かず、周りを見回した。そして「本当のことは、ちゃんと言っていませんでした」と言った。

彼は陪審員を見て、「あなたが、そのとき本当のことを言っていなかったのだとしたら、なぜ今は真実を話していると、我々は信じなければならないのでしょう？」と言った。

「それはそうじゃなくて……なんてこった」やっちまった。

「もうひとつ質問があります」と彼は言った。「あなたが入院していたとき、病院の記録によると、あなたはロバート・カーラン医師から電話を受けたことになっていますが、これは本当ですか？」

「はい。本当です」と私は答えた。

「ああ、では、カーラン医師は何と言ったのでしょう？　幸運を祈ると言いましたか？」

「はい、間違いなく彼は、私に幸運が訪れることを祈ってくれていました。私ならこのタイプのケガから回復できると、勇気づけてくれました。そして、手術がうまくいくよう祈っていると言ってくれました」

「彼は、助けを申し出ましたか？」

ここで私は一旦考えた。この男は私のことをウソつきと呼んだばかりだ。ここでまたウソをついてはダメだ。それがどんな重要な意味を持つか理解しないまま、私はこう言った。「ええ、彼は、私が必要とするならば、予定を開けてくれると言ってくれました」

それを聞いた保険会社の弁護士はベンチに戻った。

「裁判官、カーラン医師の証言を記録から削除することを求めます」と彼は言った。

「なぜです？」と判事が尋ねた。

彼は、陪審員に聞こえる大きな声で言った。「我々のコミュニティにおいて、他の地域から医療行為の勧誘をするのは倫理に反する行為であり、ロバート・カーラン医師はこのロバート・ジョン・バレンタインに対する医療行為の勧誘をしました。よって、その行為は不正行為であるため、彼の証言は削除されるべきであります」驚嘆すべき瞬間だった。

「何？　なぜ？　何だこれは？」私は考えた。「それとこれがどう関係あるんだ？」

裁判官は陪審員に、カーラン医師の証言を無視するよう指示した。

私は証言台からこそこそと退散した。最終陳述で、相手の弁護士はカーラン医師が私の入院中に電話をかけてきたのは倫理に反すると述べた。4度も。さらに彼は、バウアー医師はボール医師が医療行為を行っているコミュニティのメンバーではないとも言った。バウアーのコミュニティはサンディエゴで、ボールはLAだった。

「彼はコミュニティの一員ではないので、彼の証言は使われるべきではない」と保険会社の弁護士は主張した。

彼の最後の証言の後休廷となり、私たちはランチに出かけた。戻ってくると、相手方はボール医師のインターンだという証人を立たせる許可を求めた。私は彼に会ったことがなかったが、彼はインターンだと名乗り、手術の際に手術室にいたと語った。私について聞かれると、彼は私が、ボール医師がやろうとしていたことに全面的に賛成していたと言った。我々の弁護士は、このインターンが休暇でハワイにいて手術室にいるというのは真っ赤なウソだったという情報を持っていたが、再直接尋問はしなかった。私の弁護士はインターンが正しくないことを示す最善策は、最終弁論で指摘することだと決断していた。

最終弁論で、私の弁護士は何冊ものノートを持って証言台に上がり、ノートを開きながら順調に話を続けていたが、インターンについて指摘する重要な場面に差し掛かったとき、鉛筆を床に落とした。彼は黄色いノートを広げて読んでいた。身体を曲げて取ろうとしたが、鉛筆は床を転がった。彼はそれを追い、バランスを失いそうになりながら拾って壇上に戻ると、ページをめくった。そのため、インターンが本当はハワイにいたのに、ボール医師の診療所にいて目撃者となったというウソをついていたことは指摘せずに終わってしまった。私は動揺が収まらなかった。

「インターンを指摘するところを何で飛ばしたんですか？」

「心配しないで。我々は勝っていると思うから」

ピート・セリーノは何が起きたかを目撃した。「根拠がないので審理無効にはできない。だが、弁護過誤で君の弁護士たちを訴えるべきだ」と言ってくれたが、私は「いや、もう一度これをやるのは無理だ」と答えた。

２、３時間後私たちは裁判所に呼び戻され、陪審長が医療過誤はなかったとの評決を発表した。評決が確定し、裁判は終了。私はその後の人生ですべての医療費を自分で賄わなければいけなくなった。

裁判が終わり、私はチャールストンで記者にウソをついたことに罪悪感を覚えていた。もしウソをついていなければ、裁判に勝っていたかもしれない。すべて自分で背負い込み、あれがすべて仕組まれたことだったか、あるいはひどい弁護だったかのどちらかだと気づくまでに数年かかった。

この後、驚くような経験をしたのは、何年も経ってからだった。２０１１年、私はＥＳＰＮ〔訳注：アメリカのスポーツ専門チャンネル〕で『サンデーナイト・ベースボール』の解説をしていた。アナハイムで、私たちはプリゲームショーのために駐車場に設営されたステージにいた。コマーシャルが流れる間、プロデューサーのひとりがステージに上がってきて「ボビー、私の後ろの男性が、あなたに話があると言うんです」と言ってきた。

「誰だ？」

彼は60代の男性を指差した。隣には20歳くらいの男の子がいた。私が彼に手を振ると、彼はステージの端に来てほしいとジェスチャーしてきた。次のコマーシャルが入ったとき、私はヘッドセットを取ってステージの端に向かった。私がステージにヒザをつくと、彼は医者だと自己紹介をした。

「私は、あなたの裁判で証言したインターンです。今、12ステップのプログラム（依存症などから回復する際に行うプログラム）をやっていて、これまでに私が間違ったことをした相手に償いをしています。私の息子が、立会人です。あなたの裁判でウソをついてしまい、すみませんでした」

私は彼を見て「冗談だろう？」と言った。

コマーシャルは2分しかなかった。「話してくれてありがとう。心配するな。私は何も恨みを持っていないから」と伝えた。

席に戻り、ヘッドセットを付けると、自分に向かってもう一度つぶやいた。「冗談だろう？」

12 ああ、何という年だろう

メアリーと私は婚約し、結婚の準備ができていた。サンディエゴで見つけた家を買い、地元に戻って1977年1月に結婚式を迎えた。素晴らしい瞬間だった。マンハッタンビル大学のチャペルで結婚式を挙げ、披露宴はウェストチェスター・カントリークラブで開いた。ハネムーンは、初めて出会ったドミニカ共和国のラ・ロマーナに行った。それらのどのイベントよりも素晴らしかったのは、新婦だった。メアリーは私が知る中で最高の人間のひとりであり、ウェディングに向けて彼女は最高の美しさを醸し出していた。

スプリングトレーニング中のある日、私はサンディエゴに車で向かい、家の契約を済ませた。メアリーは私より早く到着していて、すべて整えてくれた。そうこうしているうちに、新たなシーズンが始まった。

1977年、私にはパドレスで果たせる役割がなかった。スタメンで出場したのは5試合ぐらいだっただろうか。全く良いプレーができなかった。67打数で、ヒットは12本、打率は1割7分9厘だった。それでもチームにいて、もう一度奇跡が起きないかといろいろやってみたが、プレーしないとリズムがつかめず、リズムがないと機会を生かせない。いずれにしろ、もう終わりだというのはわかっていた。

それでも、ユニフォームを着てデイブ・ウィンフィールドやローリー・フィンガーズ、ランディ・ジョーンズ、ジーン・テナスと一緒にいられたのはありがたかったし、ビリー・アルモンとマイク・チャンピオンがメジャー最高のレベルでプレーするのを見るのは楽しかった。

5月28日、ジョン・マクナマラが解雇され、アルビン・ダークが監督になった。私はアルビンの下で2日ぐらいしかプレーしなかった。サンディエゴで、シカゴ・カブスを迎えてホームゲームを戦っていた日、ビリー・バックナーが新しい我が家にやってきてランチを共にした。その日の午前中、新しい家のカーテンが到着していたので、メアリーと私はそれを付けようと計画していた。ハッピーな日だった。ランチを終えると、電話が鳴った。

前年の秋にサンディエゴに家を買うよう私にアドバイスしてくれた男が、話がしたいので早めに試合に来てほしいと言ってきた。パドレスのGM、バジー・ババーシだった。

「座ってくれ。いいかい、君の心がニューヨークにあるのはわかっている。なので、ニューヨークでプレーできるよう、トレードを成立させた」とバジーは言った。

「マジかよ、俺、ヤンキースでプレーできるのか！」と私は思った。

バジーは深く息をついて続けた。「で、メッツは明日ニューヨークに来てほしいと言っている」

サンディエゴのあの家に、私は3ヶ月だけ住んだ。私がメッツにトレードされたのは、ニューヨーク・メッツ史上最もクレイジーな日のひとつとして知られる「真夜中の大虐殺」の最中だった。メッツのオーナー、M・ドナルド・グラントは、メッツの歴史の中で最も愛されたプレーヤー、「ザ・フランチャイズ」ことトム・シーバーを、パット・ザッカリー、スティーブ・ヘンダーソン、ダグ・フリン、ダン・ノーマンとの交換でシンシナティにトレードしたのだ。さらにグラントはスラッガーのデイブ・

キングマンを、ポール・シーバート投手と私との交換でサンディエゴに送った。そして、マイク・フィリップをセントルイスにトレードし、ジョエル・ヤングブラッドを獲得した。私を含めそのときトレードされたメンバーがメッツの本拠地シェイ・スタジアムに着いたとき、ブーイングが滝のように降り注いできた。私はこの日のことについて聞かれるたび、「ぼくはシーバーが絡んだトレードではなく、キングマンの交換要員だったんですが……」としか言えなかった。

メッツファンは、キングマンのことをそれほど残念に思っていなかった。彼はよそよそしく、理解しがたい選手だったから。彼の野球能力も、それほどファンに受けるものではなかった。四球を選び、ホームランを打てる打者で、現代のスタッツでは最高の部類に入る選手だが、三振が多いため好まれていなかった。だが、私は傷物で、ポール・シーバートもたくさん勝てる投手ではなかったから、良いトレードではなかった。

だが、トム・シーバーを手放すことはどうか？　このトレードは悲劇的だった。世の中のメッツファン全員の心を砕いた。ウォルター・オマリーが、ドジャースはブルックリンから離れると言ったときと同じぐらいのひどい出来事だった。レッドソックスがベーブ・ルースを手放したときと同じひどさだった。シーバーは、後にも先にもメッツで最も愛された選手だった。交換要員が誰であろうと、関係なかった。

シンシナティからトレードされてきた選手は、全員が良いプレーヤーだった。ジョエル・ヤングブラッドは好選手だったが、彼を始め全員がニューヨークに合うキャラクターではなかった。メッツのユニフォームを着た中で最も偉大な選手だったチームの顔が見られなくなったファンは、ただ腹立たしいだけではなく、超絶的に激怒していた。

スティーブ・ヘンダーソンは3割バッターだった。インサイドアウトが得意でレフトを守り、肩は強くなかったが本当に素敵な人物だった。だが、3割打者の威厳を持ち合わせていなかった。ダギー・フリンのスマイルは最高で、スティーブ・ヘンダーソンは常にハッスルプレーを披露した。ジョエル・ヤングブラッドはいつもにこやかにしながら一生懸命努力していた。パット・ザッカリーは泥臭く、「俺にボールを持たせてくれれば、勝つためにどんなことだってやってやるぜ」タイプの男だった。ファンは、本当は彼らにブーイングをしたくなかった。ただ、彼らを応援したくもなかった。とにかく、その状況をボイコットしたかったのだ。観客動員数は、どんどん、どんどん、どんどん下がっていった。

1977年のメッツには、面白い選手が何人かいた。33盗塁をマークしたレニー・ランドルとは、よく一緒にいた。彼のスマイルも、熱さも好きだった。いつもユニフォームが汚れるほどの全力プレーを見せていたが、テキサスにいたときに監督のフランク・ルケーシを殴ったことでファンからは快く受け入れられていなかった。特にスポーツライターたちは、彼を正当に評価していなかった。

私は、チーム内で最高の選手であり、最もクールな男とルームメートになる幸運を得た。リー・マジーリ（マズ）はスイッチヒッターの中堅手で、走れて守れてパワーがあって、さらにチーム一のイケメンだった。トミー・ラソーダは初めてマズに会ったとき、「お前のところには、トイレよりも長く女が行列しているだろう」と言ったほどだった。マズはとにかくすごいヤツだった。センターの守備ではウィリー・メイズのようなバスケットキャッチをしたし、ブルックリン出身でイタリア系、そして21歳と若く、メッツ球団の中で最も輝いていたスターだった。

もうひとり、メッツの中心選手だったのは、晩年を迎えていたエド（エディ）・クレインプールだ。彼と監督のジョー・トーリは親しかった。エディはジョーが打撃コーチに自分を任命すべきだったと思っていた。2人の中は緊密だったが、エディからすれば、自分はメッツに17歳からいるんだという思いがあったのだろう。彼は上層部から気に入られてはいたが、やや率直過ぎる物言いをするところがあった。エディはメッツ球団内に自分の居場所があるべきだと感じていた。そうなる可能性もあったかもしれないが、実際に彼がGMになるだけの知識と技量があったか？　と言えば、わからない。打撃コーチは？　間違いなくできた。だが、そういう結果にはならなかった。エディはトム・シーバーのトレードを真っ先に非難し、幹部のご機嫌を取ることはしなかった。

エディは自分の打席になれば打つのだ。春や秋の試合の多くは寒さの中でプレーしたが、その寒い試合で彼はジョーの監督室に籠り、ユニフォームは着てはいるがデスクに足を投げ出してテレビで試合を見ていた。時々ダッグアウトにやってきては、みんなに挨拶していた。だが、代打が送られる可能性が見えるとベンチに向かってバットを握り、多くの場合は初球を打って痛烈なライナーのヒットにしていた。実に優雅な姿で。

私の足首はケガとコルチゾン注射のおかげでダメージがひどく、早めにチームを離れて手術を受けることとなった。足首を再建して曲がった脚に馴染むよう試みてくれたが、うまくいかなかった。ただ、翌シーズンは痛みが少なくプレーできた。1978年もベンチを温めるシーズンとなったが、私が出会った中で最も洗練された人間であるトム・グリーブとベンチでの時間を共有する素晴らしい幸運に恵まれた。トムはマサチューセッツ州ピッツフィールドの出身で、ワシントン・セネターズ［訳注：テキサス・レンジャーズの前身］のドラフト全体1位指名選手だった。私たちは共にパッとしないメジャーリーグ生活を10年送っていた。お互いに終わりが近づいていることに気づいていて、スプリングトレーニングで友情を育んだ。彼はメジャーリーグに残れた場合、どこに住むか当てがなかったので、住居が決まるまで私の家に住むことを勧めた。私たちはベンチに座りながら100試合近く共に過ごし、相手チームや自軍のこと、監督の采配など、3時間の試合の中で考えられるすべてのことについて話し合った。ベンチウォーマーコンビとしては、たぶん歴史上最も楽しく過ごした2人だっただろう。

トムも私も野球が大好きだった。我々はお互いをとてもよく理解し合えたし、お互いを大切にし合う友人になると感じていた。だが、いつの日か彼がGMになり、私が彼から監督の依頼を電話で受けることになるとは、このときの私たちは微塵も想像していなかった。そんなことが起きるとは、夢にすら見ることがなかった。

13 好機をつかむ

1978年、私はメッツでほとんどプレーしなかったので、1979年シーズンも登録メンバー争いに加わらなければならなかった。大した選手ではないものの、オープン戦では結構良いプレーができたと思ったし、いくつか良い流れも来ていた。ひとつは、ジョー・トーリがイタリア系で、リー・マジーリもイタリア系、私もイタリア系だったことだ。

私は、セントピーターーズバーグのハギンズ・ステンジェル・フィールドで行われたスプリングトレーニング最終日の紅白戦に出場していた。クラブハウスのアシスタント、チャーリー・サミュエルズが2回の途中にやってきて、私の株式仲買人ボブ・エルモから電話がかかっていると言った。私はエルモに貯金の全額2万ドルを預け、長距離電話サービスなどをやっているエリクソン・インターナショナルという会社に投資するよう伝えてあった。

「試合が終わったらかけ直すと言ってくれ」と私はチャーリーに伝えた。

6回、チャーリーがまたやってきて、ボブ・エルモが私とどうしても話さなければならないと言っていると伝えてきた。

「試合後だ」と私は言った。

試合がようやく終わり、私はボブに電話をかけた。「何があったんだ?」と聞くと、「ボビー、ずっと電話してたんだよ。株が2セントに暴落したんだ。最初に電話した10ドルのときに売れたし、5ドルのときにも売ることはできたんだが、君は電話に出なかった」と彼は言った。

「一体全体、どういうことなんだ?」と私は聞いた。

「君は、全財産を失ったってことだ」と彼は答えた。

だが、最悪のニュースはこれではなかった。クラブハウスに戻り、チームに帯同してニューヨークに戻れることを願い、バッグに荷物を詰めようとした。そこで待っていたのは、クラブハウスのヘッド、ハーブ・ノーマンだった。

「ジョーが監督室で話したいそうだ」と彼は言った。

「やばい」と思った。ジョー・トーリの監督室に行くと、メッツは方向性を変えることにしたと言われ、私は放出されると伝えられた。解雇通知だった。それまで3度トレードされ、3度マイナーに落とされたが、今回は違った。放出されたのだ!

私はマスコミに友人が多くいた。何か意見やスクープが欲しいとき、彼らは私のところに来た。私はいつも何かを話したし、大体のケースではオンレコだったが、時々オフレコの話もした。このときの私が放出されたというスクープは、別にメッツ史上最大の話でもなかったが、皆はトレーニングルームで15分時間をくれて、私はジョーがひどいことをしてくれたと愚痴を漏らすことができた。そして賃貸マンションに戻り、荷物をまとめてくれたのは良かったが、これからどこに行くのかわからなくなってしまったとメアリーに伝えた。私のような選手を必要としてくれるチームがあるかどうか代理人のトニー・アタナシオに聞いてみると、彼女には伝えた。

私はパニックになっていた。「何をしたらいい？　どうやればいい？」全く分からなかった。多数のチームに興味がないと言われた後、トニーは私のかつてのチームメートでクリーブランド・インディアンズの監督になっていたジェフ・トーボーグに電話をかけた。インディアンズはアリゾナ州ツーソンでスプリングトレーニングを行っていた。トニーは私を必死に売り込み、「彼は素晴らしい走りを見せる」などと言っていた。私がマンションの電話契約を解除する連絡をしようとしていたところに、ジェフ・トーボーグが私に電話をかけてきて、翌日午後4時までにツーソンに来られるならトライアウトをしてくれると言った。

「行きます」と私は即答した。

だが、どうやってツーソンまで行けばいいか全くわからなかった。飛行機の予約を取らなければならなかったが、それは決して簡単なことではなかった。空港に行ってメアリーをニューヨーク行きの飛行機に乗せ、私は踵を返して違う航空会社のところに行ってツーソン行きの手段を探した。

その晩は便がなく、翌朝まで待たなければならず、しかもフェニックス経由の便だった。フェニックスでの乗り継ぎ時間は4時間だったので、それならばトライアウトに間に合うようツーソンに着くことができた。これなら行けると思い、チケットを買ってそのまま空港で夜を明かし、1、2時間ほど寝た。フェニックスに着くと、タクシーに乗って親友のトム・パチョレックに会いに行った。彼はそこから15分のテンピでキャンプを張るマリナーズでプレーしていた。ちょうど、オープン戦最終戦を迎えるところだった。

テンピのクラブハウスに入り、試合開始1時間前にトムと再会した。彼が大きなハグをしてくれたとき、まるで銃で撃たれたかのような大きな叫び声が聞こえた。古いロッカールームにいた全員が、何が起きたのかと振り向いた。

「誰かが棺桶の蓋に手を挟んだぞ」とトムは言った。

クラブハウスのコーラは、すべて棺桶のように蓋が開くクーラーに入っていた。大きな掛け金を外して重たい蓋を開け、中のコーラを取り出すのだ。シアトル選手のひとりがその金具部分に手を挟んでしまい、そこらじゅうに血が飛び散っていた。

「誰だ？ 誰が手を挟んだんだ？」と、周りの選手たちは知りたがっていた。

「スタイニーだ」と誰かが言った。ビル・スタイン（スタイニー）はマリナーズの三塁手だった。

「困ったな。今日誰がサードを守るんだ？」とパチョレックは誰にともなく聞いた。「サードを守れるヤツがいないぞ。俺は昨日サードをやってみたが、死にそうだった」と言うと、トムは私にこう言った。「お前さ、ダレル（・ジョンソン監督）のところに行って、うちでプレーできないか聞いてみろよ」

「虎穴に入らずんば虎子を得ず」と私は思った。廊下を歩いて、監督室のドアをノックした。いつもの通り、ダレルはデスクでタバコを吸っていた。タバコの煙とその他の匂いが充満した中で、彼は「ああ、何の用事だ？」と聞いた。

「ダレル、ぼくはボビー・バレンタインです。今日三塁手が必要なら、ぼくがプレーできますけど」と私は言った。

「一体、なんで私が三塁手を必要としていると言うんだ？」と彼は聞いた。

そこに、当時GMだったルー・ゴーマンが入ってきて、ビル・スタインがクーラーに手を挟んでプレーできないとダレルに伝えた。「ボビー、ボビー、ボビー」いつも言葉を繰り返し言うルーは、「ボビー、ボビー、ボビー、ここで何をしているんだ?」と尋ねてきた。

「仕事を探してるんですよ」

「どういうことだ?」

「メッツに放出されたんです。今ダレルに、今日の試合でサードを守る選手が必要なら、ぼくができますと伝えたところです」

彼は、「少しだけ外してくれ」と言った。

試合は30分後に始まろうとしていた。廊下で待つ間、私の運命が動いていた。足が震えていて、ルーがドアを開けたときは神に祈っていた。ルーは「おい、本当にプレーしたいのなら、うちには三塁手が必要だ」と言った。

「本当にプレーしたいんです」と私は答えた。

「クラブハウスのヤツに言って、ユニフォームを用意してもらえ」

私は野球用バッグと小さなキャリーバッグを持っていた。トム・パチョレックのロッカーへ行くと、チームがユニフォームを持ってきてくれたので、すぐに着てグラウンドでキャッチボールをした。私は背番号40、ハウジーの名前が入ったユニフォームを着てサードでスタメン出場した(前日に解雇されたジョー・ハウジーのユニフォームだった)。打席に入ると、スタジアムに「バッターは、ジョー・ハウジー」のアナウンスが流れた。

それは最後の試合で、客席には200人ほどしかファンがいなかったが、私にとっては大きな試合だった! 9回の決勝打を含む3安打を放ち、とてもいい1日になった。試合後、ラジオアナウンサーのデイブ・ニーハウスが私にインタビューをして、なぜこんな活躍をする新顔がマリナーズのユニフォームを着ているのかを地元シアトルのファンに伝えてくれた。他の選手は全員、ロッカーの片づけに追われていた。

マリナーズにはジレンマとなった。私は大活躍をし、ラジオ中継で私が誰かということはシアトルのファンには伝わっていた。だが、チーム幹部はどうすればいいかわからなかった。私はそこに残っていたが、ついにフロントオフィスの人間がやってきて「もう少しここにいられますか？　ダレルは明日紅白戦をして、もう少しあなたのプレーを見たいそうなんです」と言ってきた。

私はすでにクリーブランドのジェフ・トーボーグのトライアウト参加を逃していたし、トム・パチョレックが彼の家のソファで寝ていいと言ってくれたので、「もちろん、いますよ」と返事をした。

ダレル・ジョンソンが紅白戦をやった主な理由は先発投手4番手のポール・ミッチェルにもう少し投げさせたかったからだ。ミッチェルは右投げで、バート・ブライレベンのような半端じゃないカーブを持っていた。また、マリナーズは私の打席を多く見たかったので、私は2番を打った。初球のカーブを見逃し、次のストレートを打ってヒットにした。

ピッチャーが初球を投げる前に、キャッチャーが「ヘイ、ベアー」と言うのが聞こえた。後でわかったことだが、キャッチャーの後ろで球審を務めていたコーチの名前がベアー・ブライアントだった。キャッチャーはカーブが投げられるときに「ヘイ、ベアー」と言って、球種を教えていた。私はウィンピー（パチョレックの愛称）になぜ「ヘイ・ベアー」と言ってカーブが投げられるのを知らせたのかと尋ねた。私はさらにカーブを打って3安打をマークし、全員に好印象を与えた。

飛行機はその日にシアトルに向かうことになっていたが、私はそれに乗るかどうか定かではなかった。試合後、ルー・ゴーマンがやってきた。「なかなかいい活躍だったね。そこで、いい知らせと悪い知らせがある」

「ルー、悪い知らせって、何ですか?」と私は聞いた。

「悪い知らせは、うちのロスター(選手登録枠)に君が入るスポットがないんだ」

「良い知らせは?」

「飛行機には、君が座る席がある。物事を整理するのに、少し時間が必要なんだ。とりあえず我々と一緒にシアトルに来てもらい、この後どうなるか様子を見ないか?」

私は契約を結んでおらず、条件に合意したという握手すらしていなかった。着ていたユニフォームにはハウジーの名前が入っていたが、素晴らしいことになったと感じ、公衆電話からメアリーに電話をしたときには「これからシアトルに行くよ」と伝えていた。

「今どこなの?」と彼女は聞いた。

「フェニックスだよ」

「ツーソンに行くんじゃなかったの?」

私がマリナーズと一緒にシアトルに着いた後、チームはビリー・スタインの手が開幕戦に間に合うかどうかを判断しなければならなかった。もうひとりの三塁手ホアン・バーンハートは、故障者リストに入っていた。彼が故障者リストから戻ったときにトレードに出せれば、私がロスターに入る空きができると言われた。

私は5日間客席に座って過ごした後、チームがバーンハートを手放したので入団した。契約を終えた後、私は友人でチームメートのブルース・ボクティと一緒にベルビューに家を買った。サンタクララ出身で頭が切れるブルースは、地元で銀行員をしている友人がいた。ブルースと私は工夫して資産報告書を作り、私たちがメジャーリーグの契約をしていたこともあって、ベルビューの第一期開発地区に6万5000ドルで家を買った。

メアリーも到着して、私たちはシアトルで最高の夏を過ごした。私はブルースと一緒にプレーできただけでなく、トム・パチョレックともプレーできた。私は本当にラッキーな男だった。

ある日の試合でキャッチャーのボブ・スティンソンがボールを指に当てて負傷退場したとき、私はベンチに座っていた。ダレル・ジョンソンは控えキャッチャーのラリー・コックスを試合に入れたが、ラリーがケガをしたら誰を使おうと考え、ベンチを歩きながら私に向かって、「ボビー、キャッチャーはやったことがあるよな？」と聞いてきた。

「ええ、もちろんありますよ」と私は答えた。

キャッチャーとしての実際の経験は、イニング間に投手がウォームアップで投げるボールを受けたのがせいぜいだった。2イニング後、ラリー・コックスはホームベース上で走者と衝突し、脳震盪を起こして退いた。私はメジャーリーグの試合で初めてキャッチャーとして出場した。用具をつけることすら初めてだったが、役目は十分に果たせたので、ダレルはそのシーズンでもう一度私をキャッチャーで起用した。

打撃コーチは、ベイダ・ピンソンだった。私がエンジェルズで脚を骨折したときにレフトを守っていた彼だ。シアトル打撃陣のスターはウィリー・ホートンで、彼はその年通算300号ホームランを放った。彼は、キングドーム［訳注：1977～1999年までマリナーズの本拠地］の屋根から下がっているスピーカーに当たらなければ500フィート（約152m）は飛んだと思われる当たりを放ったこともあったが、そのときはグラウンド上に落ちてきてアウトとなった。その年の試合では、タイガースの投手レリン・

ラグローがウィリーに死球をぶつけ、ウィリーがマウンドに突進して選手を8人ほど空中に投げ飛ばす騒ぎも起きた。投げ飛ばされた選手たちは、全員無事に地面に戻ってきた。あれは、一番驚かされた乱闘だった。ウィリーを止めようと次から次へと人が駆け寄っていったが、彼はひとりずつ空中に放り投げていた。

シアトルは、とにかくひどいチームだった。その年の成績は67勝95敗。キングドームを訪れた観客は、一晩あたり大体100人ぐらいだったか。スポケーン出身の私の良き友人ポール・プポと彼の家族がシアトルに移ってきて、プポ夫人のレシピを大都市シアトルで披露した。プポ夫人は西部最高の料理人で、ポールと彼の3人の兄弟と妹は私の家族のような存在になった。ポールとその家族はシアトルでレストランを開き、私はそこで1000回は食事をした。3年後、彼はコネティカット州に移って私のレストランビジネスのCOOになった。

ポール・プポと再会できたこと以外は、面白いことはあまり起きなかった。シーズンが終了したとき、私の現役生活も幕を閉じた。また電話がかかってくるのを待ってはいたが。

1979年11月、私は、ハワード・コセルに敬意を表し、多発性硬化症の治療を進め、認知を促進するためにコネティカット州スタンフォードで開かれたチャリティ・ディナーに出席した。隣に座ったのは、リッキー・ロバステーリの近所に住む人だった。リッキーは高校時代オールステートに選ばれるクオーターバックで、コネティカット大学では学校記録を樹立した。彼はアンディ・ロバステーリの長男でもあった。もうひとり同席していたジョー・ロマーノは、彼の大型コンピューターを自宅のガレージからスタンフォードのダウンタウンにある建物に移したところだと教えてくれた。

他の大勢と同様に、彼も私に何をしているのかと尋ねてきたので、電話を待っているのだと答えた。

もし電話がかかってこなかったらどうするのかと、彼は聞いた。

「全然わかりません」と私は言った。

「私は、ダウンタウンにビルを買ったところなんだが、隣に古い場末のバーでステージコーチ・カフェという店があるんだ」とジョーは話し始めた。ジョーはコンピューター会社を経営していて、隣のバーの客層が良くないので、女性従業員たちが夜に働くのを怖がっていると言った。バーのオーナーは年を取ったイタリア系で、健康状態が悪いと言った上で、私に提案してきた――「彼のリカーライセンス（酒類販売権）を買い上げて、バーも買えたら、君に私のパートナーになってもらいたいんだ。店の看板に君の名前を掲げて、ランチを何種類も提供する」


そのとき、彼が私の人生でとても重要な役割を担う人物になるとは、考えてもみなかった。私は多くの友人を作ってきたし、グラウンドではたくさんの人々に助けられてきたが、ジョー・ロマーノほど私の生涯の仕事を助けてくれた人はいなかった。彼は実社会での生き方について教えてくれた。彼の妻リタとロマーノ家の全員が、私という存在にとって必要不可欠な人々だ。

「明日、その場所を見に行きましょう」と私は言った。

そこは都市部の再開発地域だったため、我々は国から2％の金利でローンを借りることができ、その場所を購入した。これが40年続く冒険の始まりだった。一時は全米6カ所でボビー・バレンタインのレストランを展開し、40年間でトータル2億ドル近くを売り上げたビジネスとなった。

1980年代半ばまでに、私は最初のレストランの経営にヒザまでどっぷりとつかっていた。トイレを掃除し、ビールを注ぎ、ハンバーガーのパテを焼き、シフトが終わったウェイターのチェックアウトの仕方を学び、レジの締め方を覚えた。オープンした初日から、ランチに席が埋まらなかったことはないし、夜の時間は動物園のような賑わいだった。

ある日の午後、私がバーテンダーをしているときにバーの電話が鳴った。

「ボビー、ボビー、元気にしてるか？ 元気なのか？」トミー・ラソーダだった。

「ええ、トミー。電話はかかってきませんでしたが、素晴らしい人と出会えて、一緒にレストランを開いたんです。ニューヨーク遠征のとき、見に来てもらうのが待ち遠しくて仕方ありませんよ」と私は言った。

「ああ、知ってるさ。聞いたよ。だが、2日ほど休暇を取ってもらいたいんだ」と彼は言った。

「2日も休めるかどうか、わからないですよ」

「オハイオ州のヤングスタウンに来てくれないか。エディ・ディバートロJr.を祝してディナーをするんだが、彼と彼の友人に会ってもらいたいんだ」

トミーにノーとは絶対に言えないので、できるだけ仕事を前倒しして片づけ、チケットを買ってコロンバスに飛び、迎えに来てくれた人と一緒に車でヤングスタウンに向かった。

エディ・ディバートロJr.の家族は全米に多数のショッピングモールを所有していた。彼と彼の妹はサンフランシスコ・49ers（NFLのチーム）を買収しようと考えていた。シカゴ・ホワイトソックスがビル・ビークによって売りに出されたときもエディは買収しようとしたが他のオーナー陣に拒否された。その理由は民族性にあったと考える人もいた。

そのディナーでは、イタリア系が山ほどいた。私は主賓用テーブルに座っていた。私はトミーを、トミーはエディを来客に紹介した。そしてトミーは、それまで何千回と来場者を笑わせてきたスピーチを行い、終わったときにはスタンディングオベーションを受けていた。

私はバラード・スミスの隣に座った。彼はサンディエゴ・パドレスの社長に就任して間もなかった。彼の妻はレイ・クロックの娘だった。レイはマクドナルドの創業者で、パドレスのオーナーだった。私はバラードのことを知らず、彼も野球界に入ったばかりで私を知らなかった。ディナーが終わる前、トミーはバラードに、パドレスの球団社長職最初の業務として、私をコーチに雇うべきだと進言してくれた。そしてバラードは、「シーズンが始まる前に仕事を用意しますよ」と言ってくれた。

私は、自分のレストランで費やしている時間を正直に伝えた。「離れるのが難しいので、フレキシブルなスケジュールが必要になります」

「問題ないですよ。来られるときに来てください。報酬に見合う仕事をしてくれると信じていますから」と彼は言ってくれた。

*

パドレスのファームディレクターはジャック・マキーオンで、3Aの監督はダグ・レイダー。私は若手選手たちと、リノやワラワラといったところで共に過ごした。私はひとつ特別なプロジェクトを任された――パドレスの1980年アマチュアドラフト1巡指名選手でジョージア大学出身、ブロンドでとても信心深い外野手のジェフ・パイバーンの育成だった。彼はテキサスリーグに所属するアマリーロでプレーしていた。そこはとても暑く、選手たちは20時間のバス移動をしていた。映画『ラスト・ショー〔訳注：1971年公開。テキサスの小さな町が舞台の青春映画〕』の再現のようだった。すべてが白黒に見えた。

これが私の仕事で、レストランの他にやっているサイドビジネスだった。オグデンでプレーしたルーキーリーグを除いては、私にとって初めてのマイナー下部組織での経験だったが、当時とは全く様子が違っていた。私はマイナーの下部組織に行って、選手とコーチに楽しい数日間を提供しようと考えていたが、彼らの厳しい生活を知ったときは、ショッキングな現実を突きつけられた感じがした。食事代は、1968年に比べて1日あたり10ドル多くなっていたかもしれないが、生活費は3倍に跳ね上がっていた。バスの乗り心地はひどく不快で、オフは1日もなかった。私が3Aでプレーしていた1970年当時は、5ヶ月間で146試合をこなしていた。それから10年が過ぎていたのに、基本的には同じだった。

だが私は、野球のビジネスよりもレストランビジネスにより多くの時間を費やしていた。私が所有していたすべてのレストランには、こう書いていた——「6つのPを忘れるな。適切な準備はとんでもなくひどい仕事を防ぐ(Remember the six P' s: Proper Preparation Prevents Piss Poor Performance)」。私のオリジナルではなかったが、とても好きだったので使っていた。そして、みな理解してくれていた。

レストラン経営をしていた1981年、ルー・ゴーマンが連絡してきてメッツで同じ仕事をやる気はあるかと聞かれたので、引き受けた。夏の間はレストランでの仕事と、メッツの傘下チームがある街に飛んでいく時間に分かれた。当時メッツのマイナーには、ダリル・ストロベリー、ドワイト・グッデン、レニー・ダイクストラ、ビリー・ビーン、スティーブ・フィリップスなどがいて、私は彼らと過ごした時間を楽しんだ。

コネティカットでは、レストランが大繁盛していた。我々は州の中にあるどのバーよりも多くバドワイザーを売り、この年私はラップサンドイッチを発明した。そう。1981年に私はランチを提供するためキッチンにいたのだ。銀行の私の担当者がクラブハウスサンドを注文したが、メニューにはなく、トースターも壊れていた。ちょうどそのとき、10インチ（約25㎝）のトルティーヤが配達されてきたところだったので、私はクラブハウスサンドの具をトルティーヤに乗せて巻いてみた。その上にアメリカンチーズを乗せて、サラマンダー（業務用オーブントースターのようなもの）に入れてチーズを溶かした。それを3つに切って盛り付け、ウェイトレスに「クラブ・メックス（Club Mex）です」と言って提供するよう指示した。当時マネージャーをしていたポール・プポがそれを「ラップ」と呼ぶようになり、さらにフード・チャンネル（食に関する番組を放送するテレビチャンネル）でクラブ・メックスがアメリカ初のラップサンドイッチだと語った。ウォールストリート・ジャーナルがそれは違うと異議を唱えたが、彼らの主張の正当性を証明することはできなかった。やったね！

そしてまたしても、トミー・ラソーダが私の人生の行方を変える機会を作ってくれた。彼はドジャースの監督になっていて、一塁ベースコーチでかつてドジャースの二塁手だったジム・ラフィーバーが彼を裏切ったと感じていた。ジミーは卑劣な手を使ってトミーを攻撃し、マスコミを利用して彼を陥れ、監督の座を奪おうと考えていた。2人の間は親密な仲とは正反対のものに変わっていた。トミーはまずメッツのGMフランク・キャシェンに電話をかけた。というのも、別のチームの人材が欲しい場合、現在の職よりも上のポジションをオファーするのが礼儀だからだ。そうすることで、監督が他のチームの監督として引き抜かれることはないし、コーチが他のチームのコーチとして盗まれていくこともなくなるのだ。

トミーがフランクに、私に一塁ベースコーチ就任の話をしてもかまわないかと聞いたとき、フランクはズルをした。「その許可は出せない。なぜなら、我々はすでに彼をメッツの一塁ベースコーチとして雇っているからだ」と彼は言った。

これは真実ではなかった。私は、トミーが私と話す許可を求めた翌日になるまで、メジャーリーグのコーチ職のオファーは受けていなかった。フランクはレストランに電話をかけコーチ職をオファーしてくれたので、私はお祝いとしてバーにいた客全員に一杯ごちそうしたが、それはトミーが電話をした「翌日」のことだった。

こうして私は1982年にニューヨーク・メッツ監督のジョージ・バムバーガーの下でコーチとなった。当時、私は32歳だったので、自分より年上の選手を指導することとなった。だが、ジョージの下での仕事は楽しかった。一緒にいて楽しい人だったし、彼を嫌いになる人間はひとりもいなかった。

ジョージには、単に要職が回ってきただけだった。フランクがボルティモアでGMをしていたとき、アール・ウィーバー監督の投手コーチを務め、その後2度ほどミルウォーキー・ブルワーズで監督をした。メッツの監督職を得たときは、文字通りフィッシングボートから移ってきたようなものだった。社交性が高く、とても良い人物だった。

「君が得意な方法で仕事をしてもらいたい。チームにエキサイティングなものをもたらしてほしいんだ。内野守備と走塁を任せるし、一塁コーチもやってもらう」とジョージが言ってくれた。

「言われたとおりにやりますよ、ジョージ。いつからやればいいですか」と私は答えた。

私は誰よりも早く球場に着き、誰よりも遅く球場から帰った。スプリングトレーニングを終え、開幕はフィラデルフィアで迎える日程だった。開幕戦の前の練習日に、ジョージは監督室に私を呼んだ。

「やあ、ジョージ」

「なあ、ボビー。君のエネルギーはすごくいいと思う。一塁コーチのやり方もいい。だが、私には確信していることがひとつあるんだ」と彼は言った。

「何ですか、ジョージ?」。

「フランク・ハワードは、私が見た中で最高の一塁ベースコーチだ」

フランクは三塁ベースコーチだった。

「それは素晴らしいですね、ジョージ。彼にコツを聞いたらいいですか? 一塁ベースコーチとして、私に何かやっておけというものがあるのなら、何でもやりますよ」

「いや、違うんだ。私は、フランクに一塁ベースコーチをやってもらいたいんだ。そして、君には三塁コーチになってもらいたい」

「本当に?」

「ああ。ただ、ひとつだけ。君にはとにかく、君らしくやってもらいたい。きっと素晴らしい仕事をしてくれるだろうから。そして、サインを変えてくれ。フランクのサインは複雑すぎる」と彼は続けた。

それは開幕前日のことだった。私は三塁ベースコーチの経験がなかった。フランク・ハワードが使っていたバント、ヒットエンドラン、待てのサインは使うことができない。彼のサインを理解するまでに、4日か5日かかったからだ。選手のほとんどが、サインを理解できていなかった。キャッチャー、外野手、内野手には、それぞれ違うサインがあった。フランクはそれらすべてを、見事な形で伝えていた。身長206cm、体重136kgの巨体ながら、どのサインも素早く出して見せた。彼は実に生き生きとして、両手はあらゆる形で回転し、足、腕、帽子の頭の部分を両手で触るときの動きは鍛錬され、見事に一致していた。フランクはすべてを完璧に習得していた。私がやりやすいと思ったサインは、ベーブルース・リーグのオールスターズでコーチをしていたシャーキー・ロレーノのサインだけだった。腕を触り、同じ手でベルトを触り、また腕に戻ったら、バントだ。ベルトの綴りはBで始まり、バントもそうだから。

「最初に腕を触ったら、そこがロックだ」とシャーキーは言っていた。サインを出した後に腕に戻ったら、それは鍵（ロック）をかけたという意味になる。私は何度かサインを変更し、常に簡単にわかるようにした。ただ、現実は、ジョージの下でプレーする選手は全員、サインなど見ていなかった。

ジョージ・バムバーガーが私にこう切り出すまでに長くはかからなかった。「ヘイ、ボビー。私は君の意気込みが好きだよ。走者をホームに送る判断もいい。チームがとてもアグレッシブに見える。だが、サインが難しすぎるな。変えないとダメだ」

私は選手たちに言った。「ジョージが、サインが難しすぎると言っているので、キーをなくす。ベルト（“B” elt）に触ったら、バント（“B” unt）。帽子（“H” at）に触ったら、ヒットエンドラン（“H” it and run）。肌（“S” kin）に触ったら、盗塁（“S” teal）。両手をぎゅっと握った（“S” queeze）ら、スクイズ（“S” queeze）だ」これは私がリトルリーグで使ったサインだったが、今はメジャーリーグのメッツで使っている……。

このサインを使っても、選手たちはサインを見逃していた。ジョージはさらに簡単なサインにしろと言ってきた！

「これ以上シンプルにするって、どうすればいいんですか？」

すると、一緒に座っていたベンチコーチのジミー・フレイが、「手を叩いたらどうだ？」と言ってきた。

私はジミーを見た。

「わかるだろう、選手が一番わかりやすいのは、手を叩くことだよ」とジミーはニヤリとしながら言った。

冗談を言っているのだとわかったが、ジミーはやり方を教えてくれた。

「手を1回叩いたらバント。2回はヒットエンドラン。3回は盗塁。拳を握ったらスクイズだ」

選手に三塁側へバントをさせたかったら、手を1回叩いて三塁線を指さす。一塁側なら、一塁線を指さす。私はこのサインを、3年半後にメッツを離れるまで使った。

*

1983年4月、私の息子、ボビーJr.が誕生した。私の人生に起きた最高の出来事で、説明しようがないほど私は彼を愛している。1983年のシーズンは、神がくださった一大イベントが4月にやってくることを知りながら開幕を迎えた。個人的なことで、自分の仕事を中断させることは決してしたくなかった。1983年当時は、個人的理由で休暇は取らなかった。遠征に出ていたら、花を贈った。

4月23日は、試合があった。メアリーは妊娠9ヶ月で体調は良く、同僚のコーチたち、ハワードとジム・フレイに「子供が生まれるとき、家に帰る方法はあるかな?」と聞いてみた。

「ジョージに頼んでみたらどうだ?」と彼らは言った。

私はコーチになって間もなかったし、自分のために例外を作ってほしくなかったが、挑戦してみることにした。

「いつなんだ?」とジョージは聞いてきた。

「いつでもおかしくない状況です」と私は答えた。

「そうか、そうなったら教えてくれ」と彼は言った。

翌日、私はホテルから球場に向かうバスに乗っているとき、彼に再び言ってみた。

「ジョージ、もう間もなくだと思うんです」

「何がだ？」

「昨日、妻が出産する話をしましたよね」

「ああ。そうなったら、教えてくれよ」

いつ生まれるかなんて、全くわからなかった。初めての子供だし、子供を産むことについての知識なんてなかった。その日はダブルヘッダーで、私は試合の間に公衆電話に走った。そしていつもの通り、「すべて順調よ。連絡するから。全部うまく行くわ」という返事だった。

「それならいい。ぼくもそう思う」と私は返した。

アトランタでのダブルヘッダーの後、シンシナティへのチャーター機に乗る前、私は自宅に電話した。飛行機が3万フィートの高さに達したとき、パイロットが歩いてきた。

「あなたがコーチのボビー・バレンタインさんですか？」

「そうです」

「おめでとうございます。管制塔から今連絡が入って、あなたの奥さんが出産されたというメッセージが届いたそうです」

「あり得ない」と私は思った。遠征マネージャーのアーサー・リッチマンのところに行き、フライト時刻表を取り出して1ページずつすべての航空会社を見ながら、到着後乗れるシンシナティからニューヨークへの便を探した。唯一ニューヨークに行ける方法は、アトランタに戻り、ニューヨーク行きに乗り換えることだった。乗り継ぎ時間は15分。私はパイロットに頼んで管制塔と話してもらい、アトランタの便に乗れるようできるだけ近いゲートに着けるようにしてもらった。結局2つ離れたゲートに着き、私はアスファルトの上を走って次の飛行機に向かい、チケットがないままタラップを駆け上がった。彼らはそのまま私を乗せてくれ、私はアトランタへ飛び、そしてニューヨークに向かった。

私は早朝にJFK空港に到着した。すぐに公衆電話から自宅にかけたが、誰も出なかったので義理の父ラルフ・ブランカにかけてみると、つながった。

「ラルフ、どっちです？　男の子？　女の子？」

「何のことだい？」

「メアリーは、産んだんじゃないんですか？」

「いや。2時間前に彼女を病院に送ってきたところだよ」

「だってパイロットが……」

「違うんだ。私たちは、アトランタの管制塔に電話をして、『心配するな、すべて順調だ』と君に伝えてくれと言ったんだ」

私は病院に向かい、妻が4時間の陣痛を乗り越えるのに立ち会えた。ボビーJr.が生まれ、神々しい瞬間を味わった。人生最高の日だ。その後いちばん早いシンシナティ行きの飛行機に乗り、試合中にチームに再合流した。

翌月、我々はLAで3連戦を戦った。初日に打撃練習を行い、その後シートノックをした。シートノックでは私がノッカーになり、終わると全員がクラブハウスに戻ってコーラやコーヒーを飲んだり、軽くマッサージを受けたりした。だがこの日は、ジョージがミーティングを開いた。私はノックを終えたところだったのでボールを片づけなければならず、ひとつもなくさないよう確かめながらボールバッグにしまっていたため、クラブハウスに入るのが一番後になってしまった。

私が部屋に入ると、ジョージは部屋の真ん中に立っていた。するとユニフォームのボタンを外し始め、ユニフォームを脱ぐとその下にはスラックスとTシャツを着ていた。そして、「みんな、私は釣りに行くことにしたよ」と言い、クラブハウスから出て行った。私たちは愕然とした。「これからどうする?」

フランク・キャシェンは監督室にいた。彼はクラブハウスの真ん中に入ってくると、「さあ行こう。試合があるんだぞ」と言った。そして彼はコーチ陣をレフトフェンス裏ビジター側ブルペンの外にあるバッティングケージに連れ出した。結構な距離で、私たちは足早に歩いた。バッティングケージに着くと、全員が地面に座った。そしてフランク・ハワードが立ち上がると「みんな、心配ない」とキャシェンが切り出した。「これからは、このようにする。まず、今日も試合がある。フランク、君が今から監督になる。ジム(・フレイ)、君は監督のアシスタントで打撃コーチは継続する。モンボ(ビル・モンブケット)、君は投手コーチだ。ビル・ロビンソン、君は打撃コーチの役割を分担してもらう。そしてボビー、君は今やっていることを続けてくれ」

我々はブルペンから歩いて戻った。チームのメンバーはすでにダッグアウトにいた。フランク・ハワードは足早にスタメン表を運んだ。歩幅が3メートル半あるかのような驚くべき速さで。そして、遅すぎないタイミングで審判団にカードを手渡した。

フランク・ハワードがメッツの監督となり、チームのブレーンだったジミー(ジム)・フレイはさぞ悔しかったことだろう。ジムとフランクは奇妙なコンビだった。選手の多くは、フランクのことを、小説『二十日鼠と人間』に出てくる知的障害を持つ主人公のひとりの名前を取って「ジョージ」と呼び、ジム・フレイをもうひとりの主人公の名前「レニー」で呼んでいた。2人とも、そのことは一切知らなかった。最初に言い出したのは、知性の宝庫、デイブ・キングマンだった。

フランクが後継者となってから、チームは良くなった。フランク・ハワードは大きくて目立ち、あらゆるものより大きかった。身長は201㎝、体重は136㎏ほどあった。食事は1度に2人前食べたし、酒は5人分飲んだ。そして、トレーニングは誰よりも熱心で、サウナの中でもトレーニングをした。ダンベルをサウナに持ち込み、何リットルもの汗を出しながら、葉巻を加えながらやることもしょっちゅうだった。

フランクの投手コーチ、ビル・モンブケットもかなり変わっていた。モンボはエネルギーに溢れていて、打撃投手として多くのボールを投げ、けんかっ早く、私とはかなり年令が離れていたがとても良くしてくれた。モンボとフランクは一緒に過ごすことがとても多かった。

1983年のハイライトのひとつは、38歳になったトム・シーバーのチーム復帰だった。キャシェンはファンがシェイ・スタジアムの座席に変装していることに気づき、人気を高める手段を講じなければならなかった。1982年12月、彼はシンシナティとトレードを成立させ、トム・シーバーに再びメッツのユニフォームを着せた。

私には素晴らしいことだった。なぜなら、私はウェストチェスターに住んでいて、トムの自宅はグリニッチにあり、私はほとんど毎日トムとスキップ・ロックウッドをピックアップして一緒に球場へ行っていたからだ。

トムは1983年シーズンの開幕投手を務め、6回を無失点に抑えて我々は2－0で勝利した。試合前、彼はオベーション以上のものを受けていた。ファンは栄誉と愛を精一杯表現していた。全員が立ち上がって声援を送り、トムがブルペンでウォームアップをすると、最後の数球をカウントダウンしていた。ブルペンから出てきたトムには、あらん限りの声で応援の言葉を投げかけ、彼が一歩進むたびに会場のボリュームは上がっていった。ひとりの人間に対してあれだけの喜びと愛情が注がれるシーンは、今でもあのときしか見たことがない。ブルペンからダッグアウトまで、とても長い道のりだった。そのときのことを思い出すと、今でも鳥肌が立つ。私は彼がメッツを去った日からメッツの一員となり、彼が戻ってきた日にコーチとして残っていた。トム・シーバーと対戦できたことは光栄だった。そして、私がメッツの試合後の番組『カイナーズ・コーナー』に唯一出演したのが、1971年に彼から決勝打を放ったときだけだったのを彼に覚えておいてほしかったが、彼は忘れていなかった。驚きだ！

＊

私はコーチ、父、そしてレストランオーナーになる術を学んでいた。私のパートナーで、これまで私が会った中で最高の男、ジョー・ロマーノと私は、スタンフォードの最初のレストランで得た利益を元に、コネティカット州ミルフォードに2つ目の店舗用物件を購入した。そこはハイアライ競技場の向かいにある平屋の325㎡の建物だった。ミルフォード出身の元オールステート・レスリング選手で私が知る中で誰よりも一生懸命に働く男、マイク・アレグラがマネージャーとなった。マイクは、ミルフォードのこのレストランをずっと守り、25年も成功を続けてくれた！　ミルフォードは、車でスタンフォードから30分、シェイ・スタジアムから1時間の距離だったので、私はそこでマイクや友人と多くの時間を共にした。そのときの話だけで、1冊の本が書けるぐらいだ。

驚くべきことが起きたのは、1983年の冬だった。午前3時半、私がスタンフォードのレストランの閉店作業をしていたとき、電話が鳴った。聞き慣れない声が、裏口の外に出て来るように言ってきた。とても大切な話がある、と。裏口のドアを開けると、最新モデルのキャデラックに乗った男がいた。彼は窓を開けると、車に乗れと言った。彼は私より少し若いぐらいで、車を走らせながらやや緊張した面持ちだった。彼はとても説得力のある話し方で、メジャーリーグのコミッショナー事務局が、私がニューヨークでコカインを売っている際の会話を録音したテープを持っていると言ってきた。彼は2万5000ドルでその話が全くなかったことにできると言った。大金だった。そのときは日曜の夜で、私は火曜の午後までにその金を作れと言われた。私はすぐに、それだけの大金を何のためであろうと、ましてや私に一切関わりのないことのために、用意することなどできないと考えた。ゆすり。ギャング。1983年らしかった。

私は油断せずに気を配りながら夜明けを迎え、ジョー・ロマーノに電話をかけた。翌日、私たちは深夜の訪問者が誰で、どの組織で働いているのかを探った。しばらくして男の名はトニーだったことが判明したが、彼は約束の火曜日のランチタイムに私のバーに座っていた。彼の背後にあるグループは手ごわかったが、私は彼に黙ってこのまま帰れと伝えた。ランチが終わり、私は2日間のストレスから倒れそうだった。ハッタリを撃退してやった。

地下のオフィスに入り、誰かの肩に寄りかかって泣きたい気持ちでいると、電話が鳴った。電話に出ると、相手はメジャーリーグ・ベースボールの薬物関連調査員だと名乗り、その日の午後に彼のオフィスに来るよう指示された。

私は車に乗り、伝えられたニューヨーク市の住所に猛スピードで向かった。オフィスに入ると、彼は潜入捜査官から日付と場所、そこで起きた会話と共に受け取ったという黄色いノートを読み始めた。そこでは、潜入捜査官が私にコカインを1オンス調達できるかと聞き、私は「もちろんだ。必要ならもっと手に入れる」と答えたことになっていた。その後も言いがかりは永遠に続いたが、話が終わったところでその内容の元になったテープを聞きたいと要求した。彼はイエスと言い、カセットプレーヤーにテープを入れた。再生された声は、私の声とは全く違っていた。彼はすぐに誤認だったことに気づき、迷惑をかけたと謝罪した。

ニューヨークから車で帰りながら、頭がクラクラした。あの日バーにやってきたのは、2015年にガンビーノ一家（ニューヨークの五大マフィアのひとつ）の副首領として死んだトニー・〝ザ・ブレーン〟だったが、彼がどうやってMLBが調査していることを知ったのか、未だにわかっていない。

＊

フランク・ハワード監督の下1983年シーズンが終わると、冬の間にフランク・キャシェンが1984年シーズンの監督としてデイビー・ジョンソンを採用した。デイビーはボルティモア・オリオールズでプレーしていた元選手で、フランク・キャシェン一派のひとりだった。

バージニア州タイドウォーターでメッツの3Aチームの監督をしていたデイビーは、単なる野球選手ではなかった。知性が高く、オーランドで不動産の売買をしていた。策士でもあり、タイドウォーターで監督をしていたときは、メッツの次期監督は彼だと誰もが思っていた。

デイビーが監督となり、フランク・ハワードはコーチとして残った。メル・ストットルマイヤーがビル・モンブケットから投手コーチの座を継いだ。メルは世の中の鑑で、地球上に存在した最高の人物のひとりであり、とても優秀な投手コーチだった。メルと私は、デイビーとチームのつなぎ役だった。

デイビーは1984年メッツのメディアガイドの表紙に、自分の前に置いたコンピューターと共に写っていた！　彼は最先端を走っていた。

その1年前、私はセントピータースバーグのタイロン・スクエア・モールで列に並び、本屋の開店を待っていた。お目当ては『ザ・ビル・ジェームズ・ベースボール・アブストラクト』〔訳注：セイバーメトリクスの先駆者、ビル・ジェームズの著書〕だった。私はジェームズの本をバスの中で読み、彼の分析について他のコーチと話してみたが、コーチ陣は私がラテン語か中国語を話しているかと思ったほどちんぷんかんぷんだった。

監督となったデイビーは、私が言っていることを理解していた。彼はアール・ウィーバーの下でプレーし、スリーランホームランを重んじる一方、バントは嫌っていた。走塁については、すべて私に任せてくれた。ジョージ・バムバーガーとフランク・ハワードが監督だったとき、彼らは私に何をすべきかを常に伝えてきた。デイビーは私を信頼してくれたので、私はランナーが投手のタイミングをつかんでいるのを見て良いスタートが切れそうだったら、ゴーサインを出した。デイビーは私を信用し、私は彼に忠実だった。良いコンビだった。ただ、私はジム・フレイの手を叩くサインは使い続けていた。

デイビーは、監督に就任したとき、タイドウォーターで活躍していた選手をたくさん昇格させた。アツい内野手のウォーリー・バックマンがいたし、19歳の投手ドワイト・グッデンもメジャーに上げる決心をした。

彼のモチベーションのひとつは、フランク・キャシェンと競うことだった。彼らはよくある監督とGMの関係を保っていたが、デイビーは比較対象になりたがることがかなりしょっちゅうあった。小さなことでもそうだったし、大きなこともあった。

デイビーは忍耐強さと〝ユニフォームの切り札〟を使うことでフランクとの議論で多くの勝利を挙げていた。デイビーは最終段階で「我々はユニフォーム組だ。何が起きているかを理解しているんだ」と言い、フランクは多くのケースで降参した。

デイビーとフランクのビジョンはチームを組織内のメンバーで組み立てることで、基本はマイナーリーグにいるタレントを使い、不足している部分をいくつか外部から補強するというものだった。生え抜きのグループに追加するため、メッツはハワード・ジョンソンを獲得した。ハワードはスイッチヒッターで、デイビーは打線に柔軟性（右打ち・左打ちの混在）を持たせることが好きだった。キース・ヘルナンデスはゴールドグラブ賞受賞の守備力と緊急に必要だった打線の中軸を担う打撃力をもたらした。デイビーが必要とした最後のピースは、１９８４年シーズン後にやってきた。キャシェンがモントリオール・エクスポズとのトレードをまとめ、オールスター選出キャッチャー、ゲイリー・カーターを獲得した。

１９８４年シーズン最終戦を迎えたとき、すでに順位は確定していて、我々は成績を上げたもののプレーオフ進出は叶わなかった。あとひとり、打てるバッターが必要だった。デイビーは最終戦で指揮を執らない決断をし、スタメン表を私に託した。私の監督としてのデビューだった。順位には何の関係もなかったが、私には重要なことだった。

試合中、相手のエクスポズは走者二、三塁として打席にゲイリー・カーターを迎えた。ゲイリーはそのとき打点部門でマイク・シュミットと並ぶ首位に立っていた。だが私は彼を敬遠し、試合後聞いたところによるとゲイリーはひどく怒っていたそうだが、その後我々はトレードで彼を獲得した。結局打点王は、2人が分け合った。私は不安な気持ちで彼の到着を待った。到着したときに私はクラブハウスで挨拶をし、最終戦は個人的な感情は一切なくただ勝利を目指しただけだったと説明した。彼は得意の大きなスマイルを見せ、ベアハグのような強烈なハグで応えてくれた。その後何年も彼との親友関係は続いている。

オフシーズンに入り、スタンフォードとミルフォードの間にあるコネティカット州ノーウォークに3軒目のレストランをオープンした。ノーウォークでは、フランク・ランペンとトム・ケリーがマネージャーを務めてくれた。レストランは3カ所ともインターステート（ハイウェイ）95号線から近く、私は1日で3軒とも回ることができた。冬の間はそうしたし、シーズン中は1軒でランチタイムの仕事をし、試合後に他の2軒に行った。

私はコーチとして3万5000ドルの報酬をもらっていたが、コネティカット州のレストランビジネスではもっと多くを稼げればと思っていた。運良く、友人のポール・プポを説得してシアトルから東海岸に移ってもらい、3軒の運営を手伝ってもらった。当時私は34歳で、最高の友人たちと多くの仕事のおかげでとても良い時間を過ごしていた。

1985年5月16日、メッツはヒューストンで試合をし、私は三塁ベースコーチだった。その日トム・グリーブが電話をかけてきた。トムとは、私がメッツの控え選手としてベンチを温めていたとき、短い間ルームメートだった。彼は引退後、テキサス・レンジャーズのGMになっていた。トムはワシントン・セネターズのドラフト1巡指名選手で、チームはその後テキサスに移転し、彼はキャリアの間ずっとアーリントンに住んでいた。引退後にチャンスをつかみ、レンジャーズは彼をチケットセールスマンとして雇用した。

「トム・グリーブは知られた名前だから、チケットをたくさん売ってくれるだろう」とレンジャーズ幹部は考えたのだ。

チームのオーナーはブラッド・コーベットで、ブラッドはトムと知り合い、彼を気に入った。トムはマイナーリーグのコーチとなり、そしてスカウティング・ディレクター、さらにジョー・クラインの下でアシスタントGMとなった。エディ・チャイルズがチームを買収し、自身のウェスタン・カンパニーからマイク・ストーンを呼び寄せてレンジャーズの運営を任せると、彼はメンバーを刷新した。マイク・ストーンはミシガン大学出身で、トム・グリーブは同窓生だったのでレンジャーズのGMとなった。トムは電話で、レンジャーズがダグ・レイダー監督を解任すると私に伝えてきた。

「エディ・チャイルズとマイク・ストーンが、そちらに行って君とレンジャーズの次期監督職について面談をしたがっているんだ」とトムは言った。

「うん、すごいな」と私は答えた。

「誰にも言わないでくれ」と彼は続けた。

私がいたヒューストンに、ダラスから3人がエディ・チャイルズのプライベート機で来て、ホビー空港に到着した。エディはほとんどの国よりも多く飛行機を所有していた。彼が持っていた飛行機は20機を超え、18輪のトレーラートラックを300台以上所有して、彼が販売するプラスティック製パイプを輸送していた。エディは一代で築いた億万長者で、フラタニティのブラザーたちのシャツにアイロンをかけながら大学を出て自らの道を切り開いた。彼が所有していたウェスタン・カンパニーは油田掘削サービス会社だった。原油価格は下がっていたが、彼はまだ裕福だった。

飛行機はホビー空港のハンガーに入った。私が乗ったタクシーは空港の外を回りながら、行くべき場所を探していた。正しい入口を見つけて中に入り、車を降りて巨大なビルに入ると、トム、エディ、そしてマイクがそこにいた。彼らはオフィスで私と面接してくれた。

私はあまりにも興奮していたので、多くを覚えていない。再びタクシーに乗ってホテルへ帰り、球場行きのバスに乗る前にトム・グリーブがまた電話をしてきた。

「シカゴ行きのチケットを用意する」と彼は言った。

14 テキサス

私は雇用されることを黙っていなければならなかったものの、『ザ・スタンフォード・アドボケート』紙の運動部主任、フレディ・ウィリズにはその可能性だけでも伝える義務があるかと思い簡単に話したが、それはマリー・チャスやマーティ・ノーブルらニューヨークの記者たちを怒らせた。また、ダラスの記者たちも快く思わなかった。すべて私が監督に就任する前の出来事だった。

その夜、私はアストロドームでの試合でメッツの三塁ベースコーチをし、ゲイリーとキース、そしてメル・ストットルマイヤーに話した。試合後フランク・キャシェンに電話をして感謝を述べ、チームを去ると伝えた。すべてがあっという間に進んでいた。

レンジャーズ幹部団と会ったとき、彼らについて私は何も知らなかった。私は1979年にシアトルでプレーした後はアメリカンリーグについて何も見聞きしていなかったのだ。アーリントンの思い出と言えば、とても暑かったことと、座席の案内係の女性が短いカウガールスカートを履いていたことだけだった。完全に新しい世界だった。

監督就任を受諾する前、トミー・ラソーダにアドバイスをもらった。

「受けるべきだ」と彼は言った。最高の仕事ではないが、「35歳で監督になるチャンスがあるなら、受けなければダメだ」と言ってくれた。

私はドジャースかメッツの監督をしたかったが、トミーがドジャースの監督になり、他に移ることはない。デイビー・ジョンソンがメッツの監督になり、空きはない。私は他に多くのコネを持っていなかった。テキサスの監督職を受け入れ、彼らに会いにシカゴに向かった。

私はそれ以前に一度監督になる機会があったが、タイミングが悪く断っていた。1980年、スタンフォードのレストランを開こうというとき、ヤンキースのGMゲイブ・ポールが私に会いに来た。

「ジョージ（・スタインブレナー・オーナー）が君にルーキーリーグの監督を任せたいと言っている」とゲイブは言った。

私は、レストランビジネスにヒザまでどっぷりとつかり、あり得ないほど忙しくしていると言い、「1日考えて明日電話してもいいですか？」と訊いた。

「もちろん。だが、ザ・ボスを失望させないように」と彼は言った。

私は都合をつけることができなかった。ルーキーリーグはニューヨーク州北部で行われており、私はレストランを離れられなかった。

「できません」とゲイブに返事をした。その後何年も、ジョージ・スタインブレナーは私に会うたび、仕事の依頼を断ったことでからかってきた。

ついに私は、自分でチームを指揮することとなった。レンジャーズは9勝23敗と開幕からスロースタートを切っており、トム・グリーブはダグ・レイダーをスタンフォード出身の35歳の若造と交代させた。

エディ・チャイルズはポーカーでブラッド・コーベットからレンジャーズを買うことになったと聞い

た。チャイルズはオイルビジネスで富を築き、PVCパイプを製造・販売している。ブラッドは東部に移住してきた男で、派手で集団を好み、エディとは正反対だった。

「エディ、君はあれだけの数の飛行機やトラックを持ち、莫大な金も持っているが、ひとつ持っていないものがあるな」とポーカーテーブルでブラッドが言った。

「それは何だい？」

「野球チームさ」

「なんと、本当だ。どうやったら手に入る？」

「カードゲームが終わったら、ひとつ売ってやるよ」とコーベットは言った。

エディ・チャイルズが持っていた野球に関する知識は、それぐらいだった。

すべてがめまぐるしく展開し、私は選手を知ろうとすると同時に、変わりつつあった指揮スタイルを取り入れようとした。伝統的な野球の指導法は、世界最高のチームである軍隊をモデルに作られていた。そのシステムでは、監督がボスで、チームが進む道は監督が決め、それは絶対だった。監督は選手たちを「son（息子）」と呼んだ。だが、物事は変化しつつあった。トミー・ラソーダが監督になったとき、シンシナティのビッグ・レッド・マシーンを率いた昔気質の監督、スパーキー・アンダーソンは「トミーのことは長く知っている。彼がどんなことをするか見たし、監督としてどうやっているかも聞いた。だが、メジャーリーグで選手にハグをすることはないだろう」とコメントした。

スパーキーは完全に間違っていた。トミーは選手をハグしただけでなく、選手の妻や子供たちのファーストネームを覚え、パーティーを開き、選手たちを自宅のディナーに招いた。メジャーリーグの監督が何をすべきか、どのように振る舞うべきかを書いた本はゴミに出した。私がレンジャーズの監督に任命されるまでに経験した監督は4人が殿堂入りしている――ウォルター・オルストン、ディック・ウィリアムズ、ジョー・トーリ、そしてトミー・ラソーダ。私はこの中でトミーのスタイルが一番好きだった。

1985年、私は指揮を執るならトミーのスタイルだと思い、チーム全員の名前を覚え、彼らの妻の名前を覚え、シーズンの残りの時間は選手と自分自身を理解するために費やした。オフの日やオールスター休みには、車でオクラホマシティに行き3Aチームの試合を見たし、タルサにも行って2A《ダブル》チームの試合も見た。組織内のことを、できるだけ多く知りたかった。

同時期に、新たにGMとなったトム・グリーブはチームの再建に努めていて、私たちは同じ考えを共有していた。レンジャーズの球団社長はエディがオイルビジネスの世界から連れてきた、野球のことは深く知らないマイク・ストーン。彼は常に私たちと行動を共にしてくれた。トムとマイクは、従来の型にはまらないことをしようとしていた。彼らはセイバーメトリクス（統計を基にした野球の分析）に長けているクレイグ・ライトを雇い、今日ではスタンダードとなっているチームを数字で評価する方法を取り入れた。クレイグは選手を評価するだけでなく、試合の評価も行った。さらには盗塁や打線、投手起用、バントなどについての優れたエッセイを書いた。

私も、型にはまらないことを考えるのが好きだった。1979年に最初のレストランをオープンしたとき、私はESPNでコネティカット大対メイン大の野球の試合を解説した。そのとき衛星放送を受信するパラボラアンテナのことを知り、宇宙を経由してニュースなどを受信できる直径4・5mのアンテナを実際に買うことができると知った。レストランを開業したときに、パラボラアンテナをひとつ設置してネットワーク局では放送されていないスポーツイベントをレストラン内で見られるようにした。レンジャーズの監督になったとき、エディ・チャイルズに最初に依頼したのは、すべてのアメリカンリーグの試合を録画するためのパラボラアンテナを買う資金だった。

ランチの席で、エディは私に選択肢を示した。「いいかい、君はパラボラアンテナを使って他チームの情報を得ると言ったが、我々は君のために他チームを調査する若者を雇っているんだ。彼に調査させるより、自分でやると言うのかね?」エディは資金がどのように使われているかを記した帳簿を見ていた。

「先乗りスカウトと衛星アンテナであれば、私は衛星アンテナを選びます」と私が言うと、チャイルズは「オーケー。衛星アンテナを買ってもいいだろう。ただし、スカウトは君が解雇しろ」と言った。

先乗りスカウトはとても良い人間で、野球に一生を捧げていたが、私は彼を解雇した。偶然にも、私が後にメッツの監督になったとき、彼はそこで先乗りスカウトをしていたが、私がやってくると彼はメッツを辞めていった。

私は衛星アンテナを設置し、VHSレコーダーを2台持っているカール・ハミルトンという男に時給を支払って雇った。彼の仕事は、できるだけ多くの試合を録画することだった。私はVCR(ビデオ・カセット・レコーダー)を遠征先に持って行き、自分の部屋で試合を見た。他の誰も持っていない試合を録画することができたのだ。

*

私が監督として迎えた最初の試練は、ダグ・レイダーの下にいたコーチたちを残留させるかどうかだった。その年のコーチ陣は、マーブ・レッテンマンド、ディック・サッチ、ウェイン・ターウィリガー、リッチ・ドネリー、グレン・イゼールだった。

　1985年、ESPNは身近なチャンネルとなった。みんな午前1時にテレビを付け、最新の結果を知ろうした。新聞記者は、アメリカのスポーツに関する情報を提供するのが自分たちだけではなくなったことを受け入れがたく思っていた。

　もうひとつの変化は、ラジオのスポーツトーク番組が増えたことだった。『ダラス・モーニングニュース』紙のコラムニストリーダー、ランディ・ギャロウェイは、ダラスのラジオ番組で激烈なホストとして知られるランディ・ギャロウェイになりつつあった。ラジオ局はランディにカウボーイハットをかぶせ、ファンからの電話も受け付け、ランディは毒を吐いてダラスのスポーツシーンをメッタ斬りにした。このとき、スポーツ界の象徴という存在だったトム・ランドリー（プロアメフトリーグ、NFLの人気チーム、ダラス・カウボーイズのヘッドコーチ）は、だんだん影が薄くなり始めていた。その理由のひとつが、ランディだった。実際にスポーツが行われていない場で、スポーツを語り物議を醸すことができるというコンセプトに、ランディは飛び乗ったのだった。

　私は外部から来た若いヤンキー（ニューイングランド地方出身者）で、外国語を話していた。その外国語とは、英語だった。私はまだテキサス語を習得していなかった。

　ダグ・レイダーとランディ・ギャロウェイは飲み友達だった。彼らは面白く、賢く、声が大きかった。というか、ランディの声はとにかく大きかった。私は、マスコミとの間で物議を醸した経験は、そのときが初めてだった。過去には、すべてのマスコミが私について良い記事を書こうとしてくれた。メッツでコーチだったときは、マスコミに対して情報をたっぷりと伝えた。走者をホームに送る三塁ベースコーチからは見出しになるような情報が出てこなかったが、意見を述べられるときは、惜しみなく意見を言った。短いジョークは快く受け止められるか、印刷されないかのどちらかだった。

だが、テキサスは違った。アーリントンは、完全に正反対の2都市、ダラスとフォートワースのちょうど真ん中にあった。新聞は3紙あり、ランディ・ギャロウェイが働いていた『ダラス・モーニングニュース』と、ジム・リーブズが寄稿していた『フォートワース・スターテレグラム』、そしてスキップ・ベイレスが働いていた『ダラス・タイムズ・ヘラルド』だった。監督就任から間もなく、ベイレスが、まるで私たちが一緒に育ったのかと思わせるような記事を書いた。スキップによると、私は1日に3度下着を履き替えたそうで、さらに私はイタリア系でトミー・ラソーダの友人であることから、レンジャーズ球団を完全に破壊し、24時間以内に街から追いやられるだろうということだった。スキップは腹に一物ある男だった。というのも、自分がLAのスポーツマスコミ界から去ったのをトミーのせいにしていたからだ。ベイレスと、ジェリー・フレイリーという名の2人の記者は、私がテキサスにいた間、真の敵だった。ほぼ4年間、フレイリーはとても支援してくれていたが、ある日試合前に話していたら、「母親がぼくに、もっと君のようになれと言うんだ」というようなことを言ってきた。この日から、状況が変わったようだった。以後は、私は何をやっても彼との関係を修復できなかった。ジェリーは私を彼の人生から消し去ろうと、私が絶対に成功しないようにするための記事を書き続けた。かつてランディ・ギャロウェイが私をとても気に入ってくれた時期があったが、私が大嫌いになった時期もあった。私がすることに同調するか、私がすることが大嫌いかのどちらかだった。スポーツ記者は、ただ試合について記事を書くだけではなく、物議を醸す必要性が生まれていた。

私は監督として2週間が過ぎていたが、ダラスとフォートワースのスポーツ記者、特にランディ・

ギャロウェイは、なぜ私がコーチ陣を残留させているのかという記事を書いていたので、私は傷ついた。私のスタンフォードでのゴッドファーザー、アンディ・ロバステーリが1950年代にニューヨーク・ジャイアンツでトム・ランドリーとプレーして以来親友となっていたことから、ランドリーが私を訪問してくれた。1950年代の私はまだ無邪気だった。アンディはランドリー・コーチに電話をかけ、私を訪問して気持ちを落ち着かせてほしいと頼んでくれたのだ。

私は早くレンジャーズのクラブハウスに着いていたが、クラブハウス担当のジョー・マッコーがやってきて、「コーチが来てますよ」と言った。

「誰？」

「トム・ランドリーが来てるんです。あなたに会いたいって」

私は面食らった。ランドリー・コーチと言えば、神だ。思わず直立した。彼は監督室に入ると帽子を取り、イスに腰掛けた。彼は穏やかな口調でダラスとフォートワースについて語り、いかにここのコミュニティが閉鎖的であるかも話してくれた。しかし、「君が彼らのことを気にかけているところを見せれば、彼らは両手を広げて迎え入れてくれる。全力で努力する人は、ダラスのコミュニティではいつでも受け入れてもらえる」とも教えてくれた。

「どうもありがとうございます」と私は答えた。

私たちはその他の話もして、彼が帰ろうと帽子をかぶったとき、「少しアドバイスをしてもいいかな？」と言ってくれた。

もちろん私は、「コーチ、あなたのアドバイスが頂けたら光栄です。お願いします」と答えた。

「君のコーチたちが、確実に君と同じ言葉を話すようにしなさい」

彼はダグ・レイダーのコーチをはずし、自分が選んだメンバーを入れろと言っているのだと確信した。それから間もなく、わたしは投手コーチと打撃コーチを入れ替えた。マーブ・レッテンマンドは知った顔だったし人間として好きだったが、打撃理論は私と違っていた。投手コーチのディック・サッチは、とてもいい人だった。だが、タイガース戦の8回、重要な場面で左腕のマイク・メイソンが巨体の右打者アレハンドロ・サンチェスと対したとき、私の横にいたディックが私をガッカリさせた。

「マイクは限界かな?」と私はディックに聞いた。

ハッキリした返事がなかったので、私はマウンドに行きマイクにハッパをかけた。そうするのが正しいと思ったからだ。ベンチに戻り、グラウンドの方を向くやいなや、カーン! サンチェスのバットから飛び出したボールが、二階席に飛び込んだ。このホームランで試合に負け、試合後の会見で記者のひとりが聞いてきた。「前回の対戦で、サンチェスがメイソンからホームランを2本打っていたのは知らなかったのですか?」

「知らなかった。だが、今は知っている!」

必要な情報をもらえなかったことに、私は動揺した。そのとき、変化が必要だと理解できたので、トム・グリーブに新しい投手コーチが欲しいと伝えた。

トム・ハウスがディック・サッチに代わり、打撃コーチはマーブ・レッテンマンドに代えてアート・ハウを採用した。ハウスはセイバーメトリシャンのクレイグ・ライトと共に業務に就いていた人物で、グリーブが推薦した。トムによると彼は投球フォームの分析を専門にしていた。高速撮影したビデオを駆使し、ピッチャーの動きをスローモーションで再生して、一コマずつ見せた。ハウスが見ているものは、他が見ているものとは違ったので、私はとても気に入った。彼は、ストレートかカーブのどちらを投げるかという配球には興味がなかった。それは私が決めることだった。彼は物理の法則がピッチングにどう応用されるかを研究していた。

「ボールの投げ方には、ひとつしか正しい方法がないのです。それがどの形なのかを見出すことが必要です」とハウスは言った。

とても気に入った。私はスイングの物理と打球の関連性を見出そうと、遠征に出るたびその街の大学図書館に行っていた。トムはすでに投球の物理学についてリサーチを終えていたので、彼を採用することは完璧なマッチングだった。彼はUSCの卒業生でもあったし、アトランタのブルペンでハンク・アーロンの715号ホームランボールをキャッチした人物でもあった。それ以外のコーチは、チームに残ってもらった。

ほとんどの選手が、私を楽しませてくれた。ドン・スロート、ピート・オブライエン、トビー・ハラー、カート・ウィルカーソン、バディ・ベル、ゲイリー・ウォード、オディビー・マクダウル、ラリー・パリッシュ、クリフ・ジョンソン。

だが、問題も常につきものだった。ひとつ目の問題は、非常にいいバッターのクリフ・ジョンソンだった。彼は37歳で、新監督から学ぶようなことは何もなかったのは間違いない。ボルティモアで試合が行われていたが、夏のボルティモアと言えば、気温100度、湿度100%かと思えるような気候だ。クリフはDHだった。ボルティモアではダッグアウトにトイレがなく、試合中用を足したくなった私はクラブハウスに駆け込んだ。エアコンが効いた部屋の中でクリスがリクライニングチェアに身体を預け、隣にはビールが半分入った大きなタンブラーがあった。

「クリフ、そんなにあからさまにしてはダメだ」と私はベンチに戻りながら言った。思ったことは言うタイプだから。特に暑い日は、試合の最中にビールを飲む選手は多かった。喉を通るときの刺激が増すよう、飲む前に缶を振る者もいた。試合前に飲んだアンフェタミンの主要成分を活性化させると思う選手もいた。アルコールとアンフェタミンは、相互作用がある。だが、そんなことは私だって知っている。経験があるのだから。

クリフは打席を終えるとクラブハウスに戻っていった。コーチのひとりに見に行かせると、クリフはまたビールを手に持ってそこに座っていた。私は、誰かが手綱を締めなければいけないと思った。1年目の監督として、私は権威があるところを見せなければならないと感じ、トム・グリーブに彼をトレードするよう依頼した。8月28日、クリフは3人の選手との交換でブルージェイズに移籍した。

そして、バディ・ベルの問題もあった。レンジャーズにいた最高の若手選手のひとりが、スタンフォード大でジョン・エルウェイ（後のNFLデンバー・ブロンコスのスタークオーターバック）のルームメートだったスティーブ・ブシェールだった。スティーブは三塁を守り、マイナーで打ちまくっていた。バディはチームの長老で、毎試合後ロッカーで彼を慕う者たちに囲まれていた。トムと私は、バディのチーム内での居場所について話し合った。彼をキャプテンにしてこのままいさせるのか、DHにしてブシェールを三塁に据えるのか。これはDHだったクリフ・ジョンソンの一件の前のことだった。さらに、ヒザに装具を着けてはいるがとんでもないパワーを持っていたラリー・パリッシュ［訳注：後にヤクルト、阪神でプレー］もいた。我々はラリーがDHで安定した成績を出すだろうと感じていた。

トムはあちこちに電話をかけ、シンシナティがバディ・ベルに興味を持っていることを突き止めた。バディの父、ガス・ベルはシンシナティでスター選手だった人で、問題なくバディをブシェールと入れ替える方法があるとしたら、シンシナティにバディをトレードするのは最善策と思われた。我々はオープン戦でシンシナティのジェフ・ラッセルが投げるところを見て良い印象を持っていたし、クレイグ・ライトはマイナーの左打ち外野手デュエイン・ウォーカーを高く評価していた。この2人とのトレードが成立した。

だが、問題はまだ山積していた。1985年シーズンは62勝99敗で終えた。私の成績は53勝78敗だった。すぐにチームを向上させなければならない。

トム・グリーブと私は、チームを向上させるために若手を起用するプランを立てた。当時の一般的な考え方は、メジャーに上げるまで選手は数年マイナーで過ごさなければならないというものだったが、我々は賛成していなかった。我々の考えは、「どれだけの数を早くメジャーリーグに上げられるか、やってみよう」というものだった。私は自分の指導法に自信を持っていて、トムはそれを信頼してくれた。1年の間に我々は登録メンバーの50％を入れ替えた。中心選手で残したのは、トビー・ハラー、ラリー・パリッシュ、ピート・オブライエン、チャーリー・ハフだった。彼らは、チームの将来を共にしてもらう。その他の選手は、トレードやマイナーリーグからの昇格でチームをアップグレードするまでいてもらう選手だった。

トビーとトムは親友で、一緒にプレーした経験もあった。トビーは、メジャーの歴史上最も過小評価を受けた選手と言えるかもしれない。彼はセイバーメトリクスに詳しく、クレイグ・ライトの贔屓の選手だった。彼はストライクゾーンを完璧に把握し、パワーもあり、堅固な守備を見せ、三振より四球の方が多かった。また、送球の正確さは図抜けていて、ボールさばきもうまかった。トビー・ハラーは真の才能の持ち主で、絶対に手放せない選手だった。監督就任初日から、トムは「君は彼のことを気に入るよ」と言っていた。そして、気に入った。トビーについて当初唯一問題だと感じたことは、彼とバディ・ベルが親しかったことだ。バディをトレードに出した日は、トビーにとって辛い1日となった。だが、トビーはプロの野球選手であり、事情は理解していた。面白いことに、私がテキサスをクビになったとき、後を継いだのはトビーだった。

15

トムと私が立てたプラン

1986年は、私がフルシーズンで指揮を執った最初の年だった。スプリングトレーニングを行ったフロリダ州ポンパノビーチには、キャンプ地の数ある欠点を埋め合わせることがひとつだけあった——ドッグレース場だ。地元の70％ぐらいの住民はギャンブラーで、そこに集まってはビールを飲みながら犬に賭けていた。我々が使った市営球場は嘆かわしい場所だった。翌年のスプリングトレーニングにはフロリダ州西海岸のポート・シャーロットに移ることを決めていたので、我々はリースの更新はしないことをポンパノビーチ側には伝えてあった。

私は、トム・グリーブとマイク・ストーン、そして建築技師たちと共に、新施設のプランニングと建設計画の遂行に加わっていた。さらには、ポンパノ市が用意した作業員はグラウンドの手入れをほとんどしていなかったので、ポンパノ球場のグラウンド整備に関しても、ある意味私が責任者となっていた。私は選手たちが到着する前にキャンプ地入りし、打撃練習用の通称鳥かごにネットが張られていないことに気がついた。私は海岸沿いに車を走らせてようやく見つけた漁港でいくつかの倉庫を訪ね、ネットを売ってくれる人を探した。最終的に年配の男性が、私が運べる限りの大量のネットを50ドルで売ってくれた。それをグラウンドに接して建てられていた数本のポールにくくりつけた。スプリングトレーニング開始の前夜、私はハシゴに乗ってネット張りをしていたのだ。

オープン戦開幕の前日に雨が降り、グラウンドはグチャグチャになった。水溜まりから水をかき出し、延長コードを使って扇風機を回してなんとかグラウンドを乾かそうと試みた。試合が始まる直前、ほぼ体裁が整ったところで一塁塁審が作業を止めさせた。「試合はできない。一塁から走者がリードするところのぬかるみがひどい」と彼は言った。

「ちょっと待て」と私は叫んだ。すぐに赤土が積まれているところに行き、ヒザをついて両手と両腕でたっぷりとすくい上げて一塁へ向かった。客席では100人ほどの観客が見ていた。大股で歩いていた私は、突然両手を頭上に放り投げるようにして赤土をまき散らし、金切り声を上げた。持っていたのは、土ではなく大量のヒアリだった。

オクラホマステート大出身のドラフト全体1位指名選手、ピート・インカビリア（インキー）がキャンプに現れた。ピートはあらゆる記録を更新し、2000年にはカレッジの「プレーヤー・オブ・ザ・センチュリー」に選ばれた。彼を指名したのはモントリオール・エクスポズだったが、指名が発表された瞬間、彼と彼の代理人はカナダではプレーしないのでエクスポズとの契約は交わさないと発表した。フリーエージェント制度が導入されてから10年が経っており、選手は全員が代理人を抱えていて、インカビリアの代理人はダラス在住のバッキー・ウォイだった。ウォイは、契約しなかった主な理由は、為替レートと露出の低さだったと説明した。彼の顧客であるオクラホマ出身のこのお人好しは、外国で埋もれてはいけない存在だった。

私はアーリントンに住居を構え、家族を呼び寄せた。冬の間は毎日球場に行き、その地域に住んでいるレンジャーズの選手全員を相手に打撃投手を務めた。ある日、トム・グリーブが電話をかけてきて、

「インカビリアをチームに加えるのを、どう思う？」と聞いてきた。私は、選手の映像を撮影しているスカウトから聞いたこと以外、彼については何も知らなかった。トムは、何か急進的なことをする前に、マイク・ストーンとオーナーのエディ・チャイルズの許可を取りたがっていた。トムは若いGMで、トミー・ラソーダのように若手選手をチームに入れたがっていたので、インカビリアはうってつけだと信じていた。

私は熱心なラケットボールプレーヤーだった。空港の隣にあるラス・コリナスという新開発地域には、最高のコートがいくつかあった。当時、ラケットボールは大流行していた。私は勝ち抜きトーナメントにエントリーし、勝てば残り、負けたらそこまでという試合を繰り返して決勝に残り、実にタフな相手と戦った。試合後は2人とも疲れ果て、汗を拭きながら床に座っていると、隣に座っていた対戦相手が手を差し伸べてきて、バッキー・ウォイだと自己紹介した。私にとっては、全く何の意味も持たない名前だった。完全に。

「私は、モントリオール・エクスポズに全体1位指名を受けたピート・インカビリアの代理人です」と彼は言った。「また、ボブ・ホーナーの代理人もしています」

ボブもやはりドラフト全体1位指名選手で、アリゾナステート大出身の優秀なバッターだった。後の革命的な交渉で、バッキーは全盛期を迎えていたボブ・ホーナーに高額の複数年契約を結ばせて日本へ送った。

「興味深いですね。ピートは契約するんですか？」と私は聞いた。

「彼がモントリオールと契約しないだけでなく、私はあらゆる手段を使って彼をレンジャーズと契約させるつもりです」とウォイは答えた。

全く思いがけない出会いに見えたが、仕組まれた話だとしか考えられなかった。もちろん、そのためには、ウォイは私と決勝で戦うまでに5試合勝ち抜かなければならなかったのだが。

「本気なら」と私は返した。「トム・グリーブにメッセージを伝えておくよ」

1週間と経たないうちに、我々はトレードを成立させ、とても良いカーブを投げるボブ・セブラとショートのジム・アンダーソンをモントリオールに送り、その後インキーと高額の契約を結んだ。ピートは、全体1位でドラフトされながらそのチームで1イニングもプレーしないままトレードされたメジャーリーグ史上唯一の選手となった。彼がポンパノビーチに着いたとき、レンジャーズと野球界の大きな話題となった。

老朽化し、朽ちかけた大きなベニヤ板が張られた外野フェンスに囲まれたグラウンドでの打撃練習で、ピートが出てくると、とんでもない数の取材陣が彼に注目した。彼はパワーを惜しげもなく発揮し、左中間フェンスを突き抜ける当たりを放った。このシーンは、地元ダラスのテレビ局だけでなく全米放送でもトップで扱われた。

ピートは大きかった。ハーモン・キルブルーのような巨体だった。大きな肩に背中、そして分厚い胸。Tシャツからも毛が生えているような感じで、1日2回剃らなければいけなさそうなヒゲの濃さだった。まるでポール・バニヤン（伝説上の巨人）。レンジャーズファンが、将来を楽しみに想像するために必要だった選手そのものだった。

バッキー・ウォイがピートをレンジャーズに入れたかった理由は、我々が前年にアリゾナステート大からドラフトされた後マイナーリーグで1ヶ月しかプレーしていなかったオディビー・マクダウルを昇格していたからだった。オディビーは1年目ながらレンジャーズで100試合に出場したが、これは異例のことであった。ピートをメジャーに昇格させることは、バッキーが描いた夢の中で大きな部分を占めていて、我々はその実現に一部貢献した。我々はまた、20歳だった外野手ルーベン・シエラと19歳のピッチャー、エドウィン・コレアも昇格させた。

私がチーム作りでモデルにしたのは、デイビー・ジョンソンのポリシーだった。彼と共に過ごした3年間で、デイビーは「我々は内部のメンバーでチームを作る。彼らはとても才能があるのだから、若い選手を昇格させる。そうすれば、ファンもワクワクしてくれる」と話していた。

テキサス・レンジャーズでの監督業が私にとって非常に特別なものになった理由は、親しかったトミー・パチョレック、そしてチャーリー・ハフの監督になれたことにある。私の下でプレーする中に、どの環境でも必要なことだが、年長の実力者がいただけでなく、コーチ陣以外にも打ち解けて付き合える人がいたのだから。

1985年シーズン終了時、私はチーム内を刷新することを決めた。前監督が残したコーチはひとりも残留させなかった。必要だったのは、スプリングトレーニングをまとめ上げられる人だった。このことをトム・グリーブに話したら、彼は「ああ、ロビー（トム・ロブソン）なら、スプリングトレーニングも君がまとめたいと思うこともすべてきちんと整理して準備してくれるよ」と教えてくれた。私は、チームをまとめ上げる点で手助けがどうしても必要だった。スプリングトレーニングでは、いなければいけない場所に、いるべき時間に選手たちをいさせなければならなかった。トム・グリーブは、ロブソンがそれをマイナーリーグのプログラムで実践していたと言う。

トム・ハウスを投手コーチに、トム・ロブソンを打撃コーチに据えた私は、完璧な投球と完璧なスイングという聖杯を探す旅に出発した。トム・ロブソンは私たちが推奨する新しいテッド・ウィリアムズ・スタイルのアッパーカットスイングを教えるために必要なビデオ収集と分析を真っ先に手伝ってくれた。ロブソンは野球界の中で最も真価を認められていない打撃コーチだった。ボールに向かって下に向かうスイングをしろという、我々が教わった通りの打ち方を踏襲したい否定派は、糾弾の矛先を一気に私に向けていたから、トム・ロブソンは私の救いの神だった。

1986年、私が率いるテキサス・レンジャーズは87勝を挙げ、私はUPI（United Press International）マネージャー・オブ・ザ・イヤーを受賞した。どんなもんだ！　だが、環境はあまりにも速く変わりすぎていた。我々は様々なことを変えたが、変化というのは、ほとんどの人間が一番嫌うことなのだ。

レンジャーズは、人々に少しずつ認知されるようになっていた。ダラス・カウボーイズが下降線を辿り始めていたときで、チームは若手を採用していたし、私自身が若手監督だった。私はすべてのキワニスクラブのランチョンに出かけ、すべてのロータリークラブのディナーに出席し、街のロデオにはすべて足を運んだ。私は必死に自分たちの進む道を整備し、マイナーリーグのスタジアムを改修して使っていたにも関わらず、選手たちはファンに期待できる未来を思い描かせ始めていた。アーリントンでは、それまで見られなかったことだった。

このコミュニティは、それまで野球に興味を示したことがなかった。プロアメフトリーグのカウボーイズがオフの間に、スポーツを愛するテキサス人が野球の試合を見に来る程度だった。我々はあくまでもカウボーイズに次ぐ存在だったが、少しながら勢いがついていた。ランディ・ギャロウェイのような記者が、我々について記事を書き、ラジオで語った。我々の問題はエディ・チャイルズが財政面で落ち込み始めたことだった。億万長者にカードゲーム中に買われたチームが、質素な運営を強要されるチームになっていた。最低限のラインでやらなければならなかったが、それは一向に構わなかった。私はチームの足並みを揃えて仕事をすることに何ら問題はなかった。

1986年、我がチームにはインキー、ラリー・パリッシュ、ルーベン・シエラ、ピート・オブライエンと、将来チームのリーダー的存在になれるスラッガーが揃っていた。ピート・オブライエンは傘下のマイナーリーグシステムから上がってきた堅実なプレーヤーで、誰からも高く評価されていた。彼は左打ちで粗暴なところがなく、見た目もきちっとしていた。彼は、テキサスのファンが求めていたクールで落ち着きがあり、物事に動じないキャプテンのイメージにピッタリだったが、キャプテンを務めたことはなかった。ただ、周囲は彼をそう見ていた。

1987年、我々はさらに一歩前進するはずだったのだが、実際は半歩後退した。その主な理由は、いやランディ・ギャロウェイの言葉を使えば「言い訳」だが、好投手にケガが続出したことだった。1987年シーズン、我々は75勝87敗の成績に終わった。エドウィン・コレアとホセ・グーズマンのプエルトリコ出身の2人の非凡な投手がケガを負った。コレアは彼の初めてのヤンキー・スタジアムでの登板で、ヤンキース打線を2安打に抑える好投で完投したが、その直後のブルペンでの投球練習で、ヒジと肩の間の上腕骨を骨折してしまった。翌年復帰したものの、以前と同じ活躍はできなかった。

我々はケガに悩まされ、エディ・チャイルズは徐々に資金を失っていった。原油価格が下がり、彼の会社は傾き始め、彼のメンタルヘルスも状態が悪くなって何度も同じことをくどくどと言うようになった。

私たちはランチをしょっちゅう共にした。シーズン後半戦では、食事をするたびに彼は同じことを言った。鉛筆を手に取り、ナプキンを裏返して「若者たちよ」とマイク・ストーンの方を見ながら私とトム・グリーブに話しかけ、「君たちのプランに問題があると思う。私は大学のとき、自分が今どこにいて、これからどこに行きたいかがわかっていて、そこに行くためのプランを持っている人に成功が訪れるのだということを学んだ。今の我々には、良いプランがないと思う」と続けた。そして、ナプキンにシカゴとダラスの街を描き、それが我々のプランであるかのように、それらを結ぶ線を引いた。私たちは、ダラスからシカゴまで直線で向かおうとしていた。そこに彼は雲を1つか2つ描き、こう言った。「シカゴに行こうとしたとき、同じルートを使えないときがある。飛行機が離陸したときに良いプランを立ててあれば、嵐を避けてシカゴに時間通りに着けるのだ」

優しく、親切に心配してくれて、プロフェッショナルで、破産しそうな老人であるエディは、正しかった。素晴らしい教訓をもらった。自分がどこにいて、どこに行きたいかがわかっているのなら、すでに難しい部分は解決している。後は、そこに辿り着く手段を見つけ出し、分岐点に立ったときの準備をしておくことだ。道の途中でプランを変更しなければならなくなる。そうしなければ、雷雨の中立ち往生し、雷に打たれることになるかもしれない。

「今より良くなるためには、何をすべきか？」トム・グリーブと私が答えを探さなければいけなかった。我々はベテラン打者たちとチャーリー・ハフを大黒柱とした若手投手陣でチームを作ってきた。エディとの最初のランチの後、トムと私は次のランチョンに向けて準備をしなくてはいけないと考えた。

エディは「では君たち、投手陣にケガをさせないためには、どうするつもりだ？」と聞かれた。

1986年にトム・ハウスを採用したとき、我々はメジャーリーグ・ベースボールでは初の本格的なウェイトトレーニングルームを取り入れた。卓球台を撤去したことには、多くの選手から反発を受けた。普段から使っていたようだ。私の2年目までにウェイトトレーニングルームは完成したが、そのときは選手たち、特にピッチャーにウェイトトレーニングをさせるべきかどうかという議論が全米で巻き起こっていた。トム・ハウスは適切なプログラムを導入した。我々は、それまでと「違う」ことをやろうとしていた。

ハウスは、ピッチャーに外野でアメフトのボールを使ってのキャッチボールをさせた。ピッチャーにアメフトのボールを投げさせれば、保守派からの反対を確実に受ける。冒涜行為なのだ。だが、我々はそれを取り入れ、ほんのわずかだが嬉しくなったのは、2000年に私が指揮をしたメッツとワールドシリーズで戦ったヤンキースのロジャー・クレメンスが、ウォームアップしているときにアメフトのボールを投げているのを見たときだった。ハウスは、ピッチャーがボールをリリースしたとき、腕が完全に伸びきって回内《かいない》（掌が下を向くように回転させること）したときに手が止まるのを見せてくれた。アメフトのボールを投げるクオーターバックも同じ動きをする。物理の法則は、何を投げても同じなのだ——野球のボール、アメフトのボール、槍投げの槍。選手たちは全員、この理論に納得した。

私は、エディの「今より良くなるためには、何をすべきか?」という質問に対する答えはシンプルだと考えた——選手たちにケガをさせないこと。

その年、ルーベン・シエラは、ホームラン30本、109打点と堂々たる成績を収めた。ラリー・パリッシュはホームラン32本、100打点、オブライエンとインキーも良いバッティングをした。我々のスイングの教えが浸透し始め、ものすごいスピードで選手たちを変えるようになっていた。我々が決断を悩んだことのひとつに、スティーブ・ハウという力のあるリリーフ投手と契約するかどうかという一件があった。ハウは5度コカイン使用で捕まり、メジャーから出場停止処分を受けていた。ドジャース時代は良いピッチングをしてトミーに気に入られていた。私の元チームメートで、レンジャーズでコーチをしてくれたジョー・ファーガソンは、ドジャースでハウを指導した経験があった。私がとても気に入っていてリスペクトもしていたジョーは、彼と契約すべきだと考えていた。ハウは新人王に輝いたシーズンでルーキー記録の17セーブを挙げた経験があり、翌1981年はドジャースがワールドシリーズでヤンキースを下すのに貢献した。難点は、もしハウがまたコカインで捕まった場合、コミッショナーがレンジャーズに25万ドルの罰金を科すとしたことだった。

それでも、ラソーダとファーガソンの推薦があり、才能ある選手を得るには代償がつきものなので、我々は彼と契約した。あとは、彼を間違った道に進ませないことだけだった。私はコカインについては散々見聞きしてきたし、ジョーもいた。そして、アルコール依存症を克服したサム・マクダウェルを、チームの薬物およびアルコール対策プログラムの運用責任者として雇用したばかりだった。すべて必要な物は揃ったと思っていた。1987年、スティーブ・ハウは圧巻の投球を披露してメジャーリーグ屈指の左腕となった。早く球場入りし、就寝時の在宅チェックも受け、正しい管理を受けてすべてが順調に運んでいた。

＊

我々は非常に多くの若手選手をメジャー昇格させていたため、私にとっては兄弟のようなトム・パチョレックを解雇しなければならなくなった。ウィンピーと私がルーキーリーグで一緒にプレーしていたとき、トミーがクラブハウスでまた心に残る言葉をかけてくれた。「お前たち、グラウンドに出てファウルラインをまたぎ、ゲームを始める準備ができたときは、その試合が人生でプレーする最後の試合だと思って臨んでもらいたい」その日以来、試合前にはトムか私のどちらかが必ず「よし、これが、俺たちがプレーする最後の試合だと思ってやろう」と言っていた。

シーズンが始まって1ヶ月が過ぎたシアトルでの試合だった。相手の先発マーク・ラングストンと対戦するスタメンにトムは入っていた。試合前の練習中、トムは外野で打球を捕っていた。私は普段どおり、外野を歩いて試合前のリラックスした雰囲気の中、選手たちの様子を見ていた。トミーがいるところで止まり、彼の様子を聞いてみた。

「大丈夫だよ。君はどう、ボビー?」と彼は言った。

「いい感じだよ、ウィンピー。だが、ひとつ頼みがあるんだ」と私は言った。

彼は走りながら打球を追い、捕っては内野に返球していたが、私のところに来て「何をすればいい、ボビー?」と聞いた。

「ウィンプ。今日の試合は、君がプレーする最後の試合だと思ってプレーしてほしいんだ」

彼は次の打球を追ってボールをつかむと、怪訝そうな表情で戻ってきた。

「なぜ?」

「うん……。これが、君がプレーする最後の試合になるからだよ」

ウィンピーは20年選手だった。終わりが近づいていることはわかっていた。

「今日が?」

「そう。今日なんだ」

お互いに涙がこみ上げてきた。彼はファウルラインに向かい、私はセンターに向かって歩き出した。

トムはラングストンからホームランと二塁打を放ち、我々は勝利した。試合後、レンジャーズは彼を解雇した。

翌日。球場に来るときに、あれほど感覚が違うとは想像できなかった。喪失感。それまでとは全く異なっていて、違和感があり、そして寂しかった。

シーズン最後の2週間で、私は選手とシーズンを振り返る面接を行う慣行を作った。そのシーズンで成長できたこと、私が彼らに期待し、今後望むことについて話し合った。ピート・オブライエンと面接をしたとき、話し終わった後彼は立ち上がって「監督、ひとこと言ってもいいですか？　不快に思ってほしくないんですが……」と言ってきた。

「もちろんだ、ピート。何でも言ってくれ」その頃までに、私は選手全員の妻の名前を覚えていたし、彼らの子供がいつ生まれたか、子供の名前は何というかを知っていた。「ラソーダの教え」を発展させ、それまでと違うタイプの監督になろうとしていた。

「監督、あなたは勝つことを考えすぎだと思うんです」とピートは言った。

まるで、鋭利なもので両目を突き刺されたような感じだった。「オーケー、ピート。それについては少し考えさせてくれないか」

まず、私は動揺した。「このチームのリーダーになってほしいと思っているヤツが、どういうわけで俺は勝つことを考えすぎだと言うんだ？　それ以外の何を考えろって言うんだ？」私は心が折れ、落胆した。個人的な恨みによる侮辱だと思った。

マイク・ストーンとトム・グリーブとのランチの最中、私はひらめいた。そして彼らに言った。

「なぜ私が勝つことに固執しすぎていると言ってくれなかったんですか？」

私は、細かいプロセスに十分気を配っていなかった。結果を考えるあまり、自分の考えを強調しすぎてしまい、すべてが終わった後に起こることに気を取られすぎていた。そうすべきではなかったのだ。これは、大きな気づきだった。

未来へのプランは、シーズンが終了した日に始まった。私は必要以上にオフシーズンの打撃投手を務め、トムとマイクには定期的に会ってMLBウィンターミーティングに備えた。

余暇があるときに、私は厩舎と馬に乗るスペースが十分ある家を買った。メアリーは乗馬に堪能だった。また、レストランを建てられる土地を2カ所買う交渉をし、レストランは「ボビー・バレンタインズ・スポーツ・ギャラリー」と名づけることにした。両親を呼ぶ口実ができたし、父にレストランの建物を作る手助けもしてもらえた。

1987年シーズン終了後、トム・グリーブとマイク・ストーンと多くのスカウトが12月のウィンターミーティングに出席した。ある朝私がホテルでコーヒーを飲んでいると、隣のブースから特徴のある声が聞こえてきた。シカゴ・カブスのGMになったジム・フレイだった。フレイとカブスのドン・ジマー（ジム）監督は、ラファエル（ラフィー）・パルメイロの打者としての姿勢に散々愚痴を漏らしていた。ジムは、カブスが優勝争いをしている最中の最後の2試合で、ランナーが一塁にいるのにラファエルが引っ張って決勝ホームランを狙わず、自分の首位打者を確定するために流し打ちでヒットを狙ったと不満をぶちまけていた。それを聞いた私は、立ち上がって彼らのところに行った。

「ヘイ、ジム。俺がパルメイロを拾ってやるよ。そんなにあんたたちをイラつかせるなんて、とんでもない。これ以上血圧を上げちゃいけないよ。何か手を考えようじゃないか？」

「お前のところのブルペンにいる、イカレた左投げを取ってやるよ」と、ジマーが言った。イカレた左投げとは、ミッチ・ウィリアムズのことだった。

「メッセージを伝えてくるよ」と私は答えた。

私はトム・グリーブを探しに行った。私がたくさん録画したビデオの中には、各バッターがとても良い形でスイングしている場面があり、他の選手に教えるのに適していると思いいくつか編集してあった。私はほとんど連絡を取ったことがなかったが、ラファエル・パルメイロのスイングは好例のひとつだった。

シーズン終了間際に、私はジェフ・ラッセルを先発ローテーションからブルペンに移していた。ジェフはものすごいアスリートだった。アメフトではパントを60ヤード蹴れたし、投げれば80ヤードを飛ばせた。バスケットボールもできて野球の守備もこなし、打撃もうまかった。私の考えでは、ジェフはクローザーを務められる投手のひとりだったので、ミッチ・ウィリアムズが余剰人員となった。

ミッチは私の下でプレーした最高に驚かされる投手だった。ボールの回転数という概念が生まれる前から、ものすごい回転数で投げていた。どの投手よりも忙しくアグレッシブなフォームで剛速球を投げ、あまりの荒れ球に打席に入る打者は落ち着いていられなかった。事実、ヘビースモーカーだったアール・ウィーバーは「ミッチ・ウィリアムズは喫煙よりも選手の健康に危険を及ぼす」と一度私に言ったことがある。しかもそう言いながら、タバコを手から離すことはなかった。

「彼らは、ミッチとならラフィーを交換すると言っている」と私はトムに伝えた。「このトレードは成立させよう。させなきゃダメだ」

時々、私はピート・オブライエンのコメントが気になっていた。だが、ウィンターミーティングが始まる頃には、明かりが差して彼の意図することがわかっていた。そのウィンターミーティングがやってくる頃、こう考え始めていた。

「オブライエンは今が選手としてピークなのかもしれない。だとすれば、彼のポジションをさらに良くすることができるかもしれない」

パルメイロを獲得すれば、そのポジションが強化される。トム・グリーブはジム・フレイと会い、パルメイロとウィリアムズを交換した。

レンジャーズで私の師となった人たちには、フロントオフィスにいたボビー・ブレイガンとシニア・ベースボール・アドバイザーのポール・リチャーズがいた。ブレイガンはブランチ・リッキー［訳注：1881-1965。マイナー組織の改革などMLB界に大きく貢献。1967年に殿堂入り］の教え子で、リッキーからバトンを受けた人物だ。リチャーズはリッキーの系譜には載っていなかったが、ブランチ・リッキーと同じく野球に身を捧げた人だった。トム・グリーブとトム・ハウス、そして私が投手陣のケガを防ぐ方法を考えていたとき、リチャーズが「球数制限をやってみたらどうだ？　私はボルティモアにいたときマイナーリーグで21才未満の選手に取り入れてみたが、全員が育成段階を問題なくクリアしたよ」と教えてくれた。

また明かりが灯った。「最高に素晴らしい」と私は思った。ジム・アンドルーズ医師とトム・ハウスが、先発投手は135球までで制限するというオリジナルプランを打ち立てた。1イニングあたり15球だ。リリーフ投手の場合は、15球に満たずに登板を終えたら、翌日も投げられる。15球を超えて投げ、30球未満だったら1日休養が必要になる。30球に達したら、2日休養を与える。翌年のスプリングトレーニングからシーズンを通して、我々はメジャーリーグで初の球数制限を導入した。

1988年1月、我々は投手の冬期間用プログラムを取り入れた。投手を集合させ、正しく走っているか、2マイル（約3・2キロ）を適切な時間内に走っているか、ダッシュをしているかを確認し、トレーナーは回復に要する時間をチェックした。また、新しい球種を習得するためにブルペンでの投球練習もさせた。1月に与えたこれら冬の宿題は、スプリングトレーニング開始前にチェックされた。このプログラムに参加した中には、チームに加入して半年活躍したスティーブ・ハウも含まれていた。スティーブは上々のワークアウトをこなしていた。指示された時間内に2マイルを走り、初日のテストは見事に合格した。だが、翌日は来なかった。

我々は全米に指名手配する勢いで彼を探した。警察署の友人に連絡してみると、かつてビリー・マーティンがケンカに巻き込まれ、翌日ボコボコの包帯姿で球場に現れた逸話が残る悪名高いストリップクラブ、「レイス」にスティーブがいたことがわかった。彼はそこで働いてる女性ひとりと共に店を出たそうで、我々は女性の名前を突き止め、翌朝ワコ［訳注：テキサス州の都市］の彼女の自宅に電話をかけると、スティーブがそこにいた。球場の隣にあるマリオット・ホテルにすぐに来るよう伝えた。電話を切りホテルの部屋から外を見ていると、2時間ほどして女性がオープンカーを運転してやってきた。スティーブは助手席に座り、上半身裸でマリファナを吸っていた。

トム・グリーブ、マイク・ストーン、そして私は、激怒していた。私の面目が丸つぶれになっただけでなく、レンジャーズは25万ドルの罰金を支払わなければならない。すべてがうまくいっていたのに。ピート・インカビリアは1年目で27本のホームランを打った。エディ・チャイルズは私たちが作成した投手用プログラムをたいそう気に入ってくれ、他にも多くの小さな事柄が順調に進んでいたのに、この悲劇に直面しなければならないとは。

マイク・ストーンがドアを開けると、ズタズタになったシャツを着たハウがどんよりとした目で薄ら笑いを浮かべながら入ってきた。

「しばらく尿検査は受けさせないでくれ」とスティーブは言った。

私がやや短気だということはすでに述べたかもしれない。私は文字通りソファから飛び出し、彼のTシャツをつかんでバルコニーに出る引き戸のガラスドアに身体を押しつけた。ガラスを突き破りそうになったが、私はそこで部屋を出た。あまりにも腹立たしかった。ろくでもない言い訳は、一切聞きたくなかった。何が起きたかはわかっていた。ああいう姿は、以前も見た。これで終わりだった。

ハウの姿は、私の生涯の友で元リポワム高の共同キャプテン、ダレル・アタベリーを1971年の冬に麻薬常習者のたまり場の床で見つけたときと同じだった。ダレルは回復に向かっていたところで、私のドジャースでのルーキーシーズンにロキシーと私と一緒に暮らしていた。彼はマクドナルドに就職し、1年はうまくいっていた。南カリフォルニアでは初の、マクドナルドの黒人アシスタントマネージャーとなった。だが、私が遠征から帰ると、家の中が空っぽになっていた。ダレルは至福の世界、あるいはとんでもない地獄に戻っていくのに、私のテレビや洋服、とにかくすべてが必要だったのだ。残されたのはテレビ1台だけと、カーテン、そして車の鍵だった。ドラッグが、どれだけ深く人の一生を蝕むものなのか、よくわかった。過去の経験から教訓を得ておくべきだった。メジャーリーグの監督として、私は手痛い過ちを犯してしまった。

スティーブ・ハウに関しては、私は自分自身に腹が立っていた。経験があったから、もっとよくわかっているつもりだった。ダレルの件で大やけどを負い、その状況は理解したと思っていた。だが、周囲の誰もが「やめておけ」と言っていたのにも関わらず、最も馬鹿げた過ちを犯してしまった。自分ならなんとかできると思っていた。誰かが対処できるのであれば、自分にもできると。

スティーブ・ハウはもう一度チャンスを得て、ジョージ・スタインブレナーが所有するヤンキースでプレーしたが、そこでもダメだった。その後、2006年4月28日早朝、カリフォルニア州の砂漠を走っていたピックアップトラックが自損事故を起こし、運転手が即死した。スティーブ・ハウは48歳でこの世を去った。

1988年、レンジャーズの成績は70勝91敗だった。この年で私の記憶に一番残っているのは、ミネソタが強くなり始め、オークランドは変わらずにパワフルだったということ。私は選手の身体を大きく、より強化したかったので、ストレンクス・アンド・コンディショニング・コーチ（選手の身体の強化とメンテナンスを担うコーチ）を雇っていた。だが、オークランドに行くたびに感じたのは、彼らの一塁ベースコーチ、デイブ・マケイのユニフォーム姿が、我々の選手の誰よりもしっかりして見えたことだ。なぜ彼らは大きく、強くなっているのに、私たちはそうでないのか、理解に苦しんだ。

16

ジョージ・W・ブッシュ

1988年の冬、エディ・チャイルズはトム・グリーブと私に、チームの向上を現実のものとするよう命じた。チームを強くするための最善策のひとつは、アマチュアドラフトで獲得できる中から正しい選手を選択することだが、我々は6月のドラフトで全体6位の指名権を持っていた。オクラホマステート大出身のスラッガー、ピート・インカビリアで幸運を得ていたことから、1巡目の指名では同じ大学の右打ち遊撃手、モンティ・ファリスに的を絞っていた。私たちから4つ後の全体10位で、ホワイトソックスがモンティのチームの三塁手、ロビン・ベンチュラを指名した。我々はウィンターミーティングでも積極的に動くと決めていた。パルメイロを獲得した最初のトレード後、我々はピート・オブライエン、オディビー・マクダウル、ジェリー・ブラウンをインディアンズに送り、フリオ・フランコを得ていた。

フランコは、私が見た中で誰よりも強い当たりを安定して打てる選手だった。フリオはいつも足が外に向く顕著な外股で歩いていた。身体全体の作りは誰よりも大きく、ウェストは細く胸は厚く、常にウェイトトレーニングルームにいた。彼がどんな性格の人物なのか、様々な憶測が飛んでいた。

1988年シーズン終盤のある日、当時クリーブランドに所属してたフリオが、アーリントンのクラブハウスにいた。我々のウェイトトレーニングルームは、駐車場の出口のすぐ隣にあった。インディアンズとの試合が終わった後で、夜中の12時近かったのにまだ暑く、気温は華氏１００度（摂氏38度）近くあった。私が帰ろうとしたとき、重りが床に落ちる大きな音が聞こえた。中に入るとフリオがいて、見たこともない量の重りをバーに付けてトレーニングをしていた。ビジター用のクラブハウスにはウェイトトレーニングルームがなかったが、ビジターチームの選手は、レンジャーズの選手が帰った後であれば我々のウェイト器具を使うことができた。私は彼がいることに驚いたが、座ってトレーニングの様子を見ることにした。彼はまさに鋼鉄の男で、汗だくだった。話し始めると、彼のすごさがよくわかった。彼は自分の身体について、そしてその身体がなぜ貴重であるか、トレーニングをしないと次の試合で一歩遅れを取ってしまうかもしれないことなどについて話してくれた。彼のプログラムは緻密に組まれており、汗をかきながらそれをこなしていた。とても感心した。

ウィンターミーティングに向かった当初は、フリオをターゲットにしていなかったが、徐々に彼の名前が現れるようになった。私はトム・グリーブに彼と会ったことを伝えた。

「我々には、若いラテン系プレーヤーの師となり、物事を正しく判断できるベテランのラテン系プレーヤーが必要だ」と私は言った。それにはフリオが適任だと思い、トムはどうすればうまく事が運ぶかを考えた。左打ちの一塁手が２人いたので、ピート・オブライエンとフリオとのトレードを素早く成立させた。

翌日、我々はノーラン・ライアンと契約した。その冬はライアンの獲得競争が繰り広げられていて、我々は最高額を提示できないと知っていながらも、トムと私は彼を取りにいった。トム・グリーブとマイク・ストーンは複数のプランを立てていたが、ノーラン側がどう動いているかはわからなかった。

マービン・ミラーの弁護士、ディック・モスがノーランの代理人だった。ノーランは１９８７年に少しケガをしたが、シーズン終了時に断裂した靱帯にトミー・ジョン手術を受けることを拒んでとにかく懸命にトレーニングを積んで痛みを消した。１９８８年、彼はヒューストンで12勝11敗、防御率３・５２の成績を収めており、身体に問題はなかった。

ディック・モスが交渉のスケジュールを組み、我々は彼に会うためホテルのスイートルームに向かった。各チームとも最高の条件を提示するというのがプロセスだった。「最初のオファーは冗談だったんだ」と言って条件を再提示することはできなかった。我々との交渉はプロセスの序盤に予定されていたが、テキサス州のチームで競争に加わっているのは我々だけだったので、マイク・ストーンは最後にしてもらえないかとディックに頼んだ。ノーランはテキサスの宝で、最後にプレゼンをしたかったからだ。ディックは望みを受け入れてくれ、我々は満を持してスイートルームに上がっていった。ノーランとディック、そしてトム・グリーブとマイク・ストーンがひとつの部屋にいて、私は隣の部屋でノーランの妻ルースと一緒にいた。私は、ノーランとエンジェルズでチームメートだった１９７３年からルースを知っていて、彼女を尊敬していたし、良き友人だった。

「あなたはクラブハウスに子供が入るのを許可するの？」とルースが聞いてきた。

その頃、アストロズの監督ハル・レイニアは子供を連れてきてはいけないというポリシーを持っていた。ノーランは42歳でほとんどの選手より年上だったこともあり、彼の子供たちはみな他の選手の子供たちよりも年長だった。そのとき私は38歳だった。

ルースが質問してすぐ、私はこう答えた。「許す？　子供たちが望むなら、打撃練習をしたっていいですよ。毎日来たって構わない。監督室を使いたかったら使えばいい。私は別のオフィスをもらうから」彼女は部屋中を明るくするほどの笑顔を見せた。ノーランは記者会見でなぜレンジャーズと契約したのかと聞かれたとき、私の答えを語っていた。我々が最後にオファーしたのも功を奏した。後でわかったことだが、ホワイトソックスは我々より高額なオファーをしていたそうだ。ライアンのスイートルームを出て、マイク・ストーンの部屋に行くと、マイクはノーランが我々のオファーを受け入れたと教えてくれた。彼と2人でホテルの廊下を早足で歩いたとき、私たちは喜びで飛び上がり、天井に頭をぶつけるのではないかというほど高くジャンプしていた。

1989年1月、我々はフリーエージェントのリック・リーチと契約した。トムとマイクはミシガン大学出身だったので、ミシガン大アメフト部の有名なコーチであるボー・シェンベックラーをポート・シャーロットにある我々の新たなスプリングトレーニング施設に招待した。ボーは、夏の間過ごす家があるボカ・グランデという島に私たちを招待してくれた。ディナーとカクテルを共にし、デッキに座ってうちのチームの話をしていたとき、クラブハウスにおけるリーダーシップについての話題が出た。ボーはそれが必要だと信じていて、「私にはかつて4年間すべての試合に出場し、毎年ボウルゲーム（アメリカの大学レベルのアメフトで、シーズン終了後に各地域で優秀な成績をあげた大学を招いて行う試合）に出場した選手がいた。彼はクオーターバックで、世の中に彼より優れたリーダーはいなかった。今、その彼を手に入れられるんだ。彼の名前はリック・リーチといい、デトロイト・タイガースの左打者だよ」と話してくれた。

私が率いたレンジャーズには、興味深いキャラクターが揃っていた。ホアン・ゴンザレスやスコット・クールボーなど台頭してきた若手がいたし、うちのチームが例えば中部地区などアメリカンリーグ西部地区以外に所属していたら、もっと成功を収められただろうと感じていた。西部地区にはオークランドのモンスターチームが君臨していたからだ。彼らはマーク・マグワイアやホセ・カンセコというボディービルダーたちを擁していた。我々にはストレンクス・アンド・コンディショニングのマスター、トム・ハウスがいて、実際にストレンクス・アンド・コンディショニング・コーチも存在してウェイトトレーニングルームでの指導をしてくれていたが、オークランドの選手たちやミネソタのケント・ハーベック、カービー・パケットのような大きい身体には、全くなれなかった。

１９８９年序盤、トム・グリーブと私がエディ・チャイルズと何度か共にしたランチの席で、エディは深刻な財政難を迎えていることを明かしてくれた。ある日のランチで彼は、「私のプランはこうだ。私は常に自分の立ち位置を把握している。そして、どの方向に進みたいかもわかっている。原油の価格の現状を見ると、私は方向性を変えなければならない」と言った。

１９８９年4月21日、エディ・チャイルズはジョージ・Ｗ・ブッシュ率いる裕福なビジネスマンのグループにレンジャーズを８０００万ドルで売却した。

エディは身体的にも財政的にも下り坂を辿っていた。私たちは彼を心から愛していたし、彼にとってすべてが良い方向に進んでほしかったから、最善策はチームを売却することだと思っていた。エディは共和党に寄付をしていた。１９８８年11月に大統領に選ばれたジョージ・Ｈ・Ｗ・ブッシュは石油業界にいて、彼の息子ジョージ・Ｗもそうだった。一家でシンシナティ・レッズを所有していたビリー・デウィットはジョージと共にビジネスをしており、ジョージのオイルビジネスを買収した。任期の終わりが近づいていたＭＬＢコミッショナー、ピーター・ユベロスは、テキサスのチームに適切なオーナーがいないまま退きたくないと思っていた。

メジャーリーグチームが、自らが籍を置く都市に脅しをかけるときに使われたのが、タンパだった。

セントピーターズバーグに奇妙で巨大な建物サンコースト・ドームが建てられ、その後名前がサンダー・ドームからトロピカーナ・フィールドと変えられた。シカゴ・ホワイトソックスはシカゴを離れてタンパベイに移転すると言って脅しをかけた。サンフランシスコ・ジャイアンツも同じことをした。トムと私は、アーリントン市に新しく美しい球場を作る資金を支払わせるため、レンジャーズも同じ手を使えるのではないかと考えた。

ジョージ・W・ブッシュのグループがチームを買収したとき、アーリントン市から必要な資金を得られなかった場合はタンパへの移転を考えていると発表された。チームの買収が承認される前、ユベロス・コミッショナーはアーリントンにチームを残すためには地元のオーナーを増やさなければならないと明言していた。アーリントン市長のリチャード・グリーンは地元の政治家でCBSジャーナリスト、ボブ・シーファーの弟トム・シーファーをジョージに紹介し、彼らはフォートワースのリチャード・レインウォーターとつながった。レインウォーターはハント兄弟が世界の銀市場独占を企てたときの首謀者だった。ブッシュはダラスで企業買収を得意としたラスティ・ローズと共にレインウォーターを引き込んだ。ジョージ・Wはイエール大時代のルームメートで当時ディズニーに資金提供していたローランド・ベッツに連絡を取り、ベッツのパートナーで現在スタンフォードとマンハッタンにチェルシー・ピアーズを所有しているトム・バーンスタインと共に仲間に加えた。多額の投資をして多額の利益を得ている裕福な人々の集まりだった。

エディにとっては、とても良い結果だったと思う。ポーカーで手に入れたものをジャックポットに変えた。ジョージ・Wにとっては、最高の買い物だった。支払う額を抑えられたからではなく、野球を愛していたからだ。ジョージは、とにかく野球界に関わりを持ちたかったのだ。彼はきっと、野球界のコミッショナーになる大志を抱いていたのだと思う。ほぼ毎日、ジョージは監督室にいた。なぜなら、彼はジョギングが好きで、彼のオフィスは通りの先にあったが、夏のアーリントンで道路の上を走ったらスニーカーの底が溶けてしまうので、アーリントン・スタジアムのウォーニングゾーンを走っていたからだ。彼は私が球場に行く前に日課の5マイル（約8キロ）のジョギングを終え、私が球場入りする午後1時半か2時には監督室の私のデスクに座っていた。球場で一番いいシャワーが監督室にあったからだ。彼はそこで私を迎えると、トレードやマイナーリーグ、前夜の試合、今日の対戦相手など、野球のあらゆることについて話をした。彼は本当に野球を愛していた。

彼は、私と選手のやりとりには一切干渉しなかったが、必要なときはいつでも助けてくれた。毎試合、彼はダッグアウトのすぐ隣にある最前列の席に座っていたが、私の采配に疑問を挟んだことは一度もなかった。彼はファンとして、妻のローラと一緒に座っていた。彼がオーナーでいてくれて我々は幸運だった。

＊

トレードするときは、いつもリスクがついて回る。適正な評価をし、すべてを整えて獲得に臨むが、それでも期待外れのトレードに終わることがある。ハロルド・ベインズがその一例だった。彼はシカゴ・ホワイトソックスの顔として活躍し、２０１９年にはホワイトソックスの元メンバーとして殿堂入りした。我々はシーズン半ば、トレード期限の２日前の7月29日に彼を獲得したが、彼はシカゴを離れることにガッカリしていた。

ベインズの交換要員として、ホワイトソックスはサミー・ソーサかホアン・ゴンザレスを要求した。2人はまだメジャーリーガーとしては完成されていなかったが、どちらもメジャーリーグ級の才能は持っていた。パルメイロとスイッチヒッターのルーベン・シエラを補うだろうと、左打ちの打点量産マシーン、ベインズの交換相手はソーサの方が良いと、私は思っていた。右打ちはブシェール、フリオ、インキーがいたので、もうひとり打点を稼げる左打者が必要だと我々は感じていた。我々はソーサとショートのスコット・フレッチャー、ピッチャーのウィルソン・アルバレスを送り、ベインズとフレッド・マンリキを獲得した。この補強でうちのチームは抜きん出た存在になると思ったので、素晴らしいトレードができたと感じていた。だが、ハロルドはハロルドではなかった。彼はとても物静かな男だったが、あまりにも静かで怖いほどだった。打点を量産するマシーンになってもらうためテキサスに呼んだが、全くダメだった。トレードで心が折れたのだと思う。テキサスに来たとき、彼の心はシカゴからついてこなかった。

1989年9月には、またドラッグ関連の問題が起きた。ニューヨークでの日曜午後の試合で、ヤンキースとの連戦最終戦のことだった。我々は、マンハッタンにあるグランドセントラルステーション近くのグランド・ハイアットに泊まっていた。ヤンキー・スタジアムへの移動は、バスに乗るとマコームズ・ダム橋を超える手前のハーレムで渋滞にはまることが多かったので、ほとんどの選手はグランドセントラルからヤンキー・スタジアムまで地下鉄を利用していた。リック・リーチは地下鉄を使っていた選手のひとりだった。日曜日は試合後に移動があるので、球場での打撃練習に向かう前に荷物をまとめてロビーに下ろさなければならなかった。だが、その日曜、リックの姿はそこになかった。午前中に彼を見た者がいるか尋ねて回ったが、いなかった。

試合開始1時間前になっても彼は現れず、私たちはパニックし始めた。寝坊したかと考え、ホテルに部屋をチェックしてもらったが、彼の姿はなく荷物だけが残されていた。不安が深まった。自治体に連絡すると、広域手配をしてくれた。誘拐や殺人などの事件に巻き込まれていないかと恐れたため、ポートオーソリティ、ニューヨーク市警、コミッショナー事務局にも連絡を入れた。試合が始まったが、リックはまだ現れなかった。試合が終わり、チームがミルウォーキーへの飛行機に乗る時間がやってきた。翌日はオフだったので、私はニューヨークに残り自治体が彼についての情報を得た場合の連絡を待った。彼のために、そこにいてやりたいと思っていた。午前4時頃になって、ニューヨーク市警から私の部屋に電話が来た。リックは公園のベンチで見つかり、ボロボロの格好で二日酔いどころではない状態だった。

スティーブ・ハウの一件があって以来、レンジャーズは二度とそのようなことが起きないようにすると厳しい態度で臨んでいた。リックの件についてミルウォーキーのクラブハウスでは緊急のミーティングが開かれた。私は動揺していたし、どうすればいいかわからず苛立っていた。オーナー陣がやってきて、私とコーチ陣を一掃する様子を想像した。

「私は全員と親しくなろうと努めてきた。君たちを自分の子供のように愛している。だが、裏切られたとき、そして君たちがドラッグで裏切ったときは、本当に心が痛む。これから先、」——私は全く容赦しない指針は示さなかったが、意味合いは同じだった——「もしドラッグに関わる何かを君たちの中に見つけたら、それが最後だと思え」

振り返ると、私があのようなことを言ったのは奇妙なことだった。ドラッグのカルチャーの中で育ってきたからだ。私の周りにはドラッグがあったし、ドラッグに関わってきたし、人生の中で必ずあるものだった。多くの選手は、そんな経験をしてきた私が偽善者になっていると感じただろうし、そうでなければ「新たなドラッグ捜査官がやってきたと言いふらそう」と思ったことだろう。

1989年と1990年は、選手がステロイドに巻き込まれた時期だった。私は悪い警官となり、その肩書きはついて回った。本来の私の姿ではなかったので、そういう状況になったことは後悔しているが、当時の私は、レンジャーズがドラッグを乱用する選手がいる常道を外れたチームとならないよう、超えてはならない一線を示す男として認知された。リックは後悔の念を示し、謝罪していた。一晩だけのバカ騒ぎで間違った道に一歩足を踏み入れたが、ユニフォームを脱ぐことはなかった。シーズンが終わると、我々は彼を解雇した。

レンジャーズは、1989年シーズンを83勝79敗で終えた。ノーラン・ライアンとトム・ハウスは完璧なマッチだった。球数制限ルールとトムのストレンクス・アンド・コンディショニング・プログラム、さらに投球フォームの解析が、ノーランの輝かしいキャリアをさらに長く続かせた。42歳ながら、16勝10敗、リーグ最多の奪三振301個をマークして見せたのだ！　ルーベン・シエラもまた、目を見張る活躍だった。イカした男で、背番号21をつけたスイッチヒッターのロベルト・クレメンテという感じだった。プエルトリコ出身でライトを守り、強肩を誇り、パワーある打撃を披露し、最高のスマイルを見せてくれた。ルーベンは誰もが欲しがるものをすべて兼ね備えていたが、チームのラテン系選手の中でも特にシエラに対して厳しかったテキサスの記者たちに、重箱の隅をつつかれるような批判を受けていた。

彼とマスコミとの関係を良くするために、私がもっと何かできていたらと思う。その年のMVP投票に違いを生んだかもしれないからだ。MVP争いは、シーズン最終戦まで激烈だった。ルーベンは打率

3割6厘、ホームラン29本、119打点。ミルウォーキーのロビン・ヨーントは打率3割1分8厘、ホームラン21本、103打点だった。

うちのチームにはラテン系選手がいて、チームが籍を置いていたのは、多文化に対して、決して寛大ではないテキサスだった。メジャーリーグ自体が、多文化に優しく接していなかった。ラテン系スポーツライターは、ひとりも存在していなかったと思う。それがはっきりと表れたと言えるのが、ミルウォーキーの白人ロビン・ヨーントがテキサスのラテン系スターを破ってアメリカンリーグMVPに輝いたことだった。それでも、シーズンが終わると、私はチームの成長ぶりと登録枠に新たに加えた選手について、とても満足していた。

17 この仕事が大変な理由

1980年代から1990年代にかけて、ステロイド使用はブームになっていた。オークランド・アスレティックスははるかに大きく筋肉隆々の選手たちがいたのにうちの選手が彼らのようになっていなかった理由を、無知だった私はストレンクス・アンド・コンディショニング・コーチのせいだと思い込み、彼を解雇していた。

メイン州出身の上院議員ジョージ・ミッチェルは、ボストン・レッドソックスのディレクターになろうとしていたときに不誠実な調査を行った。送られてきた情報はすべて極秘扱いをすると約束して情報収集をしておきながら、彼の報告書には90人の選手が実名で書かれていたのだ。MLB選手会は、匿名を条件に検査の実施に同意していたが、陽性反応を示した検査結果はミッチェルのところに送られ、公にされてしまった。

この調査の大嘘のひとつは、サンディエゴ・パドレスのGMだったサンディ・オルダーソンの告白だ。サンディは当時球界のオーナー陣の間で何が行われているか「全く知らなかった」と証言した。サンディがオークランドでGMをしていたとき、彼は毎日出勤時にBALCO（検査で検出されない運動能力向上薬物をアスリートに提供していたとされる栄養補助食品会社――2005年に創業者が実刑判決を受けた）のオフィスの前を通っていた。2Aの打撃練習で使われているボールの数まで知っていた彼が、ホセ・カンセコがひと冬で体重を15kg近く増やして身体の強さもスピードも増していたことや、毎日打撃練習のときにカンセコやマーク・マグワイアと一緒にいたヤツらがステロイドをたっぷり使ってブルートやポパイのようになっていたことに気づかなかったというのか？　オルダーソンはダートマス大出身で、おまけに従軍もした。隅々まで手を抜かない仕事をしていたサンディが、「知らなかった」というのか？

コミッショナーからも、オーナー陣からもリーダーシップを持った行動は為されなかった。誰かがステロイドを使用していることがわかったとき、何を以て判断すればいいかについて、私は誰からも一切の指示や指導を受けなかった。バリー・ボンズが筋肉隆々になってシーズン73本のホームランを打ったとき、ボンズがプレーしていたジャイアンツのオーナーやGMからは何のコメントも出なかった。1998年にマグワイアとサミー・ソーサがシーズン最多ホームラン記録を争ったとき、マグワイアの指揮官トニー・ラルーサやソーサが所属していたカブスのGMは何も言わなかった。ラルーサとオルダーソンは、2人とも法律の学位を持っているのだが。

ステロイドの大流行が始まったとき、私はそれが何か知らなかった。うちの選手たちがミキサーで何かを調合しているのは知っていたが、何を入れていたかは知らなかった。だが、そのミキサーにバナナやグレープフルーツと一緒に入っていたものが、彼らをより大きく、より強くして、回復を早める手助けをしていたのだ。長い間、それは違反行為ではなかった。まるっきりオープンに使われていたので、マグワイアはロッカーの一番見えやすいところに置いていた。そのあたりから、一線が曖昧になり始めていた。マグワイアは問題ないと思っていたが、問題はあった。

全員が責められるべきだと、私は思う。もしステロイドが問題だったのであれば、私自身を責める。私のチームも、トレーナーも、GM連中も、オーナー陣も、コミッショナー事務局にも非があると思う。我々が知っておくべきだったのに知らなかったのであれば、それは私たちの責任だ。もし私たちが知っていたのに知らなかったふりをしたのなら、それも当然我々の責任だ。

バリー・ボンズは、ステロイドを使ったから殿堂に入れられない？　本当にそれでいいのか？　私が知る中で、彼は最高の打者だ。

1970年代、多くの選手がアンフェタミンを摂っていた。後に殿堂入りした相手チームの選手が、我々のダッグアウトの前を通った。彼は舌を出して見せ、そこには緑のハート型の錠剤が6、7個乗っていた。それぞれが5mgだった。ほとんどの選手は2錠飲んでいたが、彼の舌は錠剤で埋まっていた。私は控えでベンチに座っているとき、退屈しないようにアンフェタミンを飲んだ。燃料タンクにしっかりと燃料が入っていると、会話も普段よりエキサイティングになった。そんな時代を経た者が、今は偽善者となってステロイド使用者を糾弾している。昔の状況となんら変わっていないのに。

ステロイドを使用していた人たちは、この時代までには死んでしまっているだろうと我々は考えていた。私は、自分より年上の選手たちは70歳まで生きないだろうと思っていた。当時言われていたのは、ステロイドを使うと50歳で死ぬということだった。だが彼らは死ななかった。アメフト選手は野球選手の10倍の量のステロイドを使い、体中をそれで一杯にしていたが、決して咎められなかった。吊し上げられたのは、野球選手だけだった。「なるほど、俺たちが悪者なんだな。だけれど、体重145kgで40ヤードを4・4秒で走り、270kgのベンチプレスを挙げられるアメフト選手は、ステロイドを使ってないということか？」と私はよく言っていた。我々は、アメフト選手とバスケットボール選手は、薬の助けを借りずに自然なままだと意図的に信じ込まされてきた。勘弁してくれ。野球界の、この事態の取り扱い方はひどかった。自らを犯罪者にしてしまった。私には全く理解できなかった。

私はミッチェルの公聴会を見て、インチキだと思った。当時私は日本で監督をしていた。２０１２年、レッドソックスの監督としてクラブボックスで紹介されたとき、チームのディレクターだったジョージ・ミッチェルも同席していた。ああ、あなたがミスター・ミッチェルか。私はやり玉に挙げられた選手たちを気の毒に思っていたが、中でも一番同情したのは、我々の時代で最も偉大な打者のひとりであるラファエル・パルメイロだった。パルメイロは我々のチームにやってきて、驚くほどフィットした。我々はただヒットを打とうとするのではなく、どのようにボールを飛ばすべきかを考えるため、生化学的研究にどっぷりハマっていたが、それを取り入れることに彼は大賛成だった。彼は視覚とバット、そして手とバットの芯の協調関係が優れていた。バットの芯でボールの真ん中を捉えるスキルが、非常に高かった。彼こそ、真のバッターだった。それが、彼が公聴会で言った戯言のせいで、彼が打ったヒットはホンモノではないと人々は言い出した。冗談だろう？　最近ではボブ・ドール（長く上院議員を務めたアメリカの政治家）がバイアグラのＣＭに出演していた。これも運動能力向上薬物だ。上院の男性は、全員が能力を向上させようとしているようだ。

＊

１９９０年、ルーベン・シエラはスプリングトレーニングへの到着が遅れた。契約交渉がもつれたからだ。私はスプリングトレーニング３日目か４日目の朝早くに監督室のイスに腰掛け、窓の外を見ていた。ひとりの選手が歩道を歩いていて、それが私の知っている選手だと気づくのに時間がかかった。自分が知っている選手であることを確認するため、外に出てみると、ルーベンだった。冬の間に彼はすべて筋肉で体重を11kg増やしていた。彼は、デイゴTシャツ（私たちはそう呼んでいた）を着て、ゴールドの首飾りをジャラジャラとさせていた。かつてなめらかな毛並みをしたアスリート界のサラブレッドで、最も優雅な走り方をする、現代のロベルト・クレメンテだった彼が、ボディービルダーのような身体になっていた。4ヶ月で、私が簡単には気づかないほどに変わっていた。理由を把握しているべきだった。周囲はその話をしていたが、私は聞く耳を持っていなかった。これがステロイドの結果だということを、きちんと理解できていなかった。ルーベンが非常に熟達したウェイトトレーナーを見つけた結果だと思っていた。

打撃練習で、彼のスイングは遅く、不格好だった。スティーブ・ハウの一件があったため、我々は投手陣に対してオフの間の過ごし方を記したマニュアルを用意していたが、打者のマニュアルを作らなかったことを、すごく後悔した。とても心配させられたことだったが、何よりも心をかき乱されたのは、私自身が、何が起きているかを把握できていなかったことだ。その大きな理由は、数年の間に起きたスティーブ・ハウや他のドラッグ関連の出来事だった。私はスティーブ獲得という危ない橋を渡り、オーナーに25万ドルを費やさせた。そしてリック・リーチの一件で面目を失っていた。チームを安定させるべく、私が連れてきた選手だった。私は、ドラッグに関わるすべてのことから自分を遠ざけていた。私がドラッグ捜査官になった、ドラッグを使っているのを見つけたら誰でも容赦なく捕まえる男になったと、誰もが思っていた。そして私は、かつてほど選手との距離を縮められなくなっていた。何が起きているか知りたくなかったのだ。何も知りたくなかった！

点と点を結ぶべきだった日を私は覚えている。フリオ・フランコとルーベン・シエラは他のラテン系選手2人と一緒にドミノをプレーしていた。各自がドミノのタイルを打ち付け、フリオが勝った。ルーベンが「あんた、ドミノのことなんて、全然知らないな」と言うと、フリオは「ドミノのことは全くわかってないかもしれないが、確実にわかっていることはある。年を取ったら、ハゲてデブになるってことさ」と答えた。

「はぁ?」という瞬間だった。フリオは、それがステロイドを使った選手に定められたことだとわかっていた。バリー・ボンズのように髪が抜けるケースが多かったし、筋肉は贅肉に変わった。だが、そのときの私はピンとこなかった。私が参加していない内輪のジョークだと思っていた。

1991年は、わずかながら1990年の成績を上回った。選手たち、そしてマスコミには特に不評だった選手異動があったが、85勝77敗の成績だった。3月、我々は、1990年シーズンに24本のホームランを打ち85打点を挙げたピート・インカビリアを解雇した。彼の打率は2割3分3厘で、三振は146個もあった。解雇の理由は金銭面が一部で、別の一部は彼の後を継ぐ20歳のホアン・ゴンザレスが質の高い選手だったからだ。

その冬、ピートはレンジャーズと年俸調停を行い、希望額が与えられていた。1990年は80万ドルの報酬だったが、彼はさらに高額を求めた。私はピートが好きだった。彼が来た当初から共に時間を過ごし、他のどの選手よりも多く彼の打撃投手を務めたし、ランチやディナーも一緒にとった。彼の子供の名づけ親にはならなかったが、とても親しくした。彼はメジャー4年目ぐらいで、安定した時期に入った。ピート・インカビリアの名はリーグ内で認知されたが、本来するべきだったアジャストを、彼は打撃練習の中でもしなかった。私はオーナー陣とミーティングを持った。インキーは3年契約を望んでいたが、チームはチーム側が主張する額での6ヶ月契約を希望した。レンジャーズの評価は、不変だった。トム・グリーブと私はいつも選手の進化と彼らの能力レベル、ピークを迎える時期について話していた。推測ゲームだった。

選手の評価は楽しく、エキサイティングだったが、1991年、私が下した最悪の選手評価は、ジェイミー・モイヤーだった。彼は先発をしたがっていたので17度先発させた年があったが、強い球を投げる投手ではなかったので、その理由で私は彼を手放したくなり、トレードか解雇を考えた。

「彼はメジャーリーグで3番手の先発投手になれると思うか?」とトムが聞いてきた。

「持ち球の中で最高の球種がチェンジアップという投手は、先発3番手にはなれないと思う」と私は答えた。「ぼくが知っている中で、それができたであろう投手はアル・ダウニングだけだったな」

だがダウニングは球速145キロのストレートとなかなかいいカーブも持っていた。ジェイミーの持ち球には、それらはなかった。彼はあのチェンジアップしか持っていなかった。そして、彼にはチェンジアップのチェンジアップがあった。

ジェイミー・モイヤーをピッチングスタッフに加えなかったのは間違いだった。彼の義理の父はノートルダム大バスケットボール部コーチのディガー・フェルプスで、マーチ・マッドネス（全米レベルの大学バスケットボールトーナメント）が終了するやいなや、球場に立ち寄ってくれた。私はディガーが好きだったし、ディガーはジェイミーが好きだった。しかし、私はナックルボーラーのチャーリー・ハフとチェンジアップピッチャーのジェイミー・モイヤーが同じローテーションに入って優勝に突き進む形がどうしても想像できなかった。失敗だった。本当に大失敗だった。ジェイミーはその後25年現役を続け、通算269勝を挙げた。

我々はインキーとの契約交渉では、チーム側に有利な1年契約での締結を試みたが、ピートの代理人トニー・アタナシオが強気に出て年俸調停となった。1990年代序盤は、年俸調停に持ち込むのはかなりの度胸がいった。聴聞会ではネガティブで傷つくことをたくさん言われることから、選手と代理人は年俸調停を恐れていた。オーナー陣は選手に向けてネガティブな個人攻撃を仕掛けてくるので、それによって受けた多くの心の傷は一生残ることがあった。我々はスプリングトレーニング中に年俸調停に入り、ピートはノーラン・ライアンの年俸より少しだけ低い167万5000ドルを手にした。調停に入る前、我々は市場調査をしてピートのトレード先があるか探ったが、受け入れ先がなかった。他球団のGMたちは、私と同じ見方をしていた。ピートはドラフト全体1位指名選手で、マイナーリーグでのプレー経験が全くなく、1年目に30本のホームランを打った。6年が経ち、彼のホームラン数は24本。彼が求めている金額に見合う成績ではなかった。

彼が年俸調停で勝利した後、我々には3つの選択肢があった――そのまま彼を起用する、トレードに出す、解雇する。規則では、スプリングトレーニング終了前に選手を解雇した場合、年俸の一部しか支払わなくて良いことになっていた。我々は、スプリングトレーニング終了前に彼を解雇した。これにより、彼に支払う額は41万5000ドルで済むと我々は思っていた。インキーの代理人は再確認し、我々も年俸調停で勝った選手にはその規則が当てはまらないことを少ししてから気づき、結局167万5000ドル全額を支払わなければならなかった。

私は、スティーブ・ハウのときのようにチームに不必要な出費をさせてしまったという心の傷を、まだ癒やしている途中だった。ピートを解雇することは、チームの支出をいくらか抑える方法に見えた。また、ホアン・ゴンザレスのメジャー昇格の準備が整うまで、ジャック・ドアティとケビン・ライマーを交代で起用して穴を埋められると考えていた。ドアティは前年良いシーズンを送っており、ライマーはいいパワーを持っていた。ホアンがレフト守備の面でやや劣る部分があるのだったら、センターにゲイリー・ペティスを起用して補えると思った。そして、ライトにはルーベン・シエラがいた。ピートを放出することは、私が下した最悪の決断ではなかったものの、あまり好評ではなく、特にマスコミ界で最も声高なランディ・ギャロウェイには受け入れられなかった。

ランディは南西部およびカウボーイ贔屓だった。インキーはまさに南西部のテキサスカウボーイ的なキャラだった。また、存在感のあるテキサス・レンジャーズのヒーローとしての位置づけを確立していた。彼の解雇はランディとすべての野球記者を驚かせた。ランディの情報ソースが十分機能していなかった、彼の直感がきちんと働いていなかったことを意味したからだ。記者は、驚かされたときは怒りを覚える。ランディは取り乱していた。監督室にやってきて、わめき、叫びながら私の知識と見識を疑うと言った。

「そんな決断を独断で決めるとは信じられない。球団の上層部になぜ相談しなかった？　自分の意見に同意するかどうか、なぜ他の人間に訊かなかったんだ？」

私はもちろん、他の球団幹部と話し合った。何人かのベテラン選手にも話してみた。誰と話したかは言わずにこのことをギャロウェイに伝えた。私はノーラン・ライアンとも話し、彼はインキーの力がかつてほどではないということには同意したが、支出を抑えるためだけに彼を解雇するのは反対だった。

ランディは2つか3つ記事を書いた後、誠実さについて疑問を唱えるようになっていた。私はインキー以外の選手たちと話してはいたが、彼らを裏切ることはしなかった。ギャロウェイが選手たちに話を聞きに行くのは間違いなかったので、私は彼らに先に言っておいた。

「正しいと思ったことをしろ。決断を下すのは、君ではなく私だ。私が君に話を聞いたかどうかは、関係ない。いずれにしろ私は決断を下すことになったのだから。マスコミが君のところに来たら、答えたいように答えてくれ」

ランディはベテラン選手たちに話を聞きに行ったが、彼らは「いや、ボビーはぼくには話しに来なかった」と言った。私は彼らと話したと言ったが、彼らは話していないと言った。本当に大混乱になり、ものすごいストレスとなった。私がこう言っていれば、混乱など生まれていなかった。

「彼を残して彼と一緒に進んでいこう」

なぜならピートは、トム・パチョレック以外では私が一番親しくなった人物だったし、私が彼を裏切ったような形になっていたからだ。

これも言っておくが、ホアン・ゴンザレスがホームラン27本、102打点を挙げたとは言え、あまり英語を話さない若くて洗練されたラテン系プレーヤーがピートの代わりになるというのは、クラブハウスでもコミュニティでも受け入れられることではなかった。クラブハウスやコミュニティの悪口を言っているのではない。それが1990年代のテキサス、そしてリーグ全体、そして国全体の情勢だったのだ。だから私は、評価の低い方、あるいは英語を話さない選手たちを贔屓目に見たのかもしれない。私自身がハンティングもフィッシングもせず、イタリア系だったため、どこかこのエリアの本流から外れているときがあったからだ。

1991年シーズンは、44歳のノーラン・ライアンにとって途方もなく良い年となった。5月1日、彼は7度目のノーヒットノーランを達成した。ノーランは、他のほとんどの選手と同じく、登板のときには必ず「儀式」を行った。ウォームアップをしてからダッグアウトに入ると、帽子を取って髪をタオルで拭き、グラウンドに背中を向けて帽子をかぶり直す。帽子をきちんとかぶったら、ステップを登ってスタンディングオベーションの中マウンドに向かった。ノーランがグラウンドに出るのは野手が守備位置についた後なので、観客の声援を独り占めすることになる。彼が現役を過ごした時代では特筆すべき選手だったので、観客はいつもスタンディングオベーションを送っていた。

この日、彼は髪をタオルで拭き、帽子をかぶろうとしたところでダッグアウトの逆の端にいた私を見てこう言った。「誰か準備させておいた方がいい。これで終わりかもしれない」言い終わると彼はきびすを返し、小走りにマウンドへ向かった。それを聞いた私は、ブルペンで彼を見ていた投手コーチのトム・ハウスを見た。トムはまるで幽霊を見たかのような表情をしていた。

「どういうことだ?」

「ボールがホームベースに届かないんです」

ノーランのウォームアップ投球を見ると、本当にホームベース手前でボールがバウンドしている。私はすぐにブルペンに電話をかけ、デイル・モホーシック（ホース）を準備させるよう伝えた。

「ホースに準備をさせろ」

ノーランはウォームアップ最後の1球でようやくホームベースに届き、キャッチャーが二塁へボールを送った。最後にノーランにボールが戻ると、彼はまた儀式を始め、打者に向かって歩き、マウンドとホームベースの間に落ちている小石やヒマワリの種を拾って投げ捨て、マウンドに戻った。

初球、球速154キロのボールでストライクを取ると、次に気づいたときにはブルージェイズのロベルト・アロマーからこの日16個目の三振を奪い、通算7度目のノーヒットノーランを達成していた。

ノーランは史上最年長でのノーヒットノーラン達成選手となった。恐怖を感じていた私は、一気に高揚した。

ノーランと私は、とても親しかった。私は1973年に彼と同じチームでプレーし、その後彼の監督となった。私は、彼が特別扱いを受けて当然だと思ったので、彼には個別のルールを適用した。選手は文句を言ったが、私はその非難を受け止めた。後に、カル・リプケンがサインを求めるファンに囲まれたくなかったため他のオリオールズ選手たちとは違うホテルに宿泊したが、チームの一体感という神話のような考えがあったことから、当時のオリオールズ監督は非難を受けた。だが、私はノーランに個別の移動を許し、独自のトレーニングプログラムを続けさせることはチームに大きく影響しないと考えた。グース・ゴセージは同意せず、不満をぶちまけていた。私はノーランには単独で移動し、彼独自のトレーニングをすることを許可したが、グースはそれが正しいとは思わなかった。私の中では、他と完全に違う優れた選手を、周りと同じように扱うことの方が何よりもアンフェアだと確信していた。全員に共通する行動規範はあるが、20年のベテラン選手は20歳のルーキーとは違う扱いを受けて当然だ。

グースが私と意見が合わなかったのは、そのときが初めてではなかった。シーズン途中のコミスキーパークでのホワイトソックス戦で、ホワイトソックスがうちのキャッチャーのサインを盗み、スコアボードのランプの一部を点滅させて打者に知らせているのを感じ取った。私は選手を集合させて「いいか、サインを変えなければいけない。とにかくシンプルにしよう。打者の背番号が偶数なら、最初のサイン。奇数なら2番目のサインにする」と伝えた。後に殿堂入りしたグースは、馬鹿げていると感じた。キャリアでずっと同じサインでやってきた彼は、一切変える気がなかった。その日彼は登板し、ロビン・ベンチュラが彼から満塁ホームランを放った。グースはすっかり動転し、サインが変更されたことに不平を漏らし、それがどれだけ馬鹿らしいことかと言い続けていた。我々はシカゴからオークランドに移動し、彼を含めた数人の選手がバーで話をしているとき、私が通りかかった。私を見つけた彼は他の選手に聞こえるようにこう言った。

「俺はビリー・マーティンの下でプレーしたことがあるが、あんたはビリー・マーティンには全く及ばないな」

まともに相手をしてはいけない場だったので、私は選手たちがいるところに歩いて行ってゴセージに向かって静かに言った。「明日、しらふのときに監督室に来てもらえないか？」

グースは翌日やってきた。私はドアを閉め、選手たち全員に聞こえるよう、思い切り声を張り上げて怒鳴りつけた。

「目の前にビールがあると、ずいぶんと大口を叩くんだな。今、俺に言いたいことを言うチャンスをやるぞ」

彼は何も言わずに部屋を出て行った。それで終わりだった。

＊

1991年の春、ジョージ・W・ブッシュと私はスカウトの現状について話し合った。私は「サンディ・ジョンソンとその他のスカウトが、選手を評価する集団としてうちのチームが必要なメンバーかどうか定かではない」と彼に言った。ジョージは球団全体をできる限り優れた存在にしたがっていた。ユニフォーム組とスカウト陣、フロントオフィスの数人は、必ずしも常に同じ方向を向いていなかった。疑問に思うドラフト指名もあった。私はレンジャーズがトップクラスのスカウトチームを擁することを望んだが、意思決定権は持っていなかったので、意見を述べるしかできなかった。

1989年のドラフトが開かれる前に、スカウトのひとりが彼のオフィスでオーバーン大の大型選手フランク・トーマスのビデオを見せてくれた。トーマスはアメフトではプロレベルのディフェンシブエンドで、野球選手としてはホームランバッターとして活躍していた。スカウトが用意したテープでは彼がホームランを左右に打ち込んでいる姿が見られたが、それ以外はあまりなかった。いい映像ではなかったが、ボールがフェンスを越えるのは確認できた。私はトーマスを1巡で指名したいと思い、それは打撃コーチのトム・ロブソンも同じだった。ロブソン自身も、身長194㎝、体重113㎏の巨人だった。

「フェンス越えの当たりを飛ばす、あの大型選手はどうするんだ?」とロブソンがサンディ・ジョンソンに聞いた。ジョンソンは、トーマスが守るポジションがないと答えた。私が、DHがあると言うと、全員がDHはピート・インカビリアがやるべきだと言った。トーマスは我々のリストに載っていなかった。

トーマスの代わりに、スカウト陣はテキサステック大学の外野手ドナルド・ハリスが気に入っていた。ハリスはうちの球場に来て打撃練習をし、スカウトたちは彼が強い当たりを打ったときにとても興奮している様子だった。打球は、実際なまぬるかった。見た目はいいアスリートだった。テキサステック大ではアメフトでディフェンスバックをプレーしていたが、大学で野球はプレーしていなかった。彼に目をつけているチームは他になかったので、我々のプランは彼をドラフトで素早く指名し、契約することとなった。私は彼についてネガティブな意見を述べてやや面倒なことになったが、そんなことは気にしなかったし、そもそも私の意見は関係なかった。我々はハリスを1巡で指名し、ホワイトソックスがトーマスを指名した。ハリスは3年プレーして姿を消し、フランク・トーマスは19年プレーして521本のホームランを放ち、殿堂入りした。

私はスカウト陣と不仲のようになったが、楽観主義者であった。トム・グリーブは大好きだった。私は自分を信じすぎていたが、組織的問題を人目にさらすのは自分の仕事ではないと考えた。私の失敗は、得意の大口を閉ざしていたことだった。

我々はラテンアメリカでのスカウトは非常に成功し、ルーベン・シエラ、ホアン・ゴンザレス、パッジ（イバン）・ロドリゲス、サミー・ソーサと契約していた。ジョージはチーム内の不和に気づき、すべての部署が集まってミーティングをすることを決めた。

「全員でメキシコ沖の島に行こう。我々だけで隔離されるので、そこでオーナー陣、スカウトグループ、マイナーリーグのディレクター陣、メジャーリーグのメンバーが一緒になり、物事を考えよう」と言ってくれた。

我々はプライベート機に乗ってメキシコに行った。アヤトラ・ホメイニ師がファトワ（宗教令）をブッシュ一家に対して発出していたため、ジョージ・Wの周りには常に6人のシークレットサービスが付いていた。小さな島には素晴らしいカバナ（小屋）やテニスコートがあった。我々はハンモックに乗り、カードゲームをし、3時間おきにグループセッションをして、その都度結束を強めた。太陽の下、とにかく最高の3日間を過ごした。私はジョージ・Wへの感謝を深めて帰国した。彼はリーダーとして優れていると感じた。それでも、私はジョージ・Wや他の人の助けは必要ないと思っていた。だが、実際は必要だった。

次に私が選手との間で問題を抱えたのは、1991年8月、トレード期限の前だった。スティーブ・

ブシェール（ブー）は私のお気に入りのひとりだった。バディ・ベルをトレードに出して、ブーがサードを守れるようにした。彼はそのポジションをうまくこなし、私は彼を信頼した。ブーは若手の中で私の秘蔵っ子でもあり、インカビリアやジーノ・ペトラーリ同様に私の好きな選手だった。インカビリアとペトラーリはアーリントンに住んでいて、私の考えを広めてくれていた。自分のことをケアしてくれる人の下でプレーすることがどんな意味を持つか、私は知っていたので、彼らに私の下で成功してほしかった。私の妻メアリーとスティーブの妻ナンシーは仲が良かった。スティーブは子だくさんで、彼とナンシーは7年ほどで5人の子を儲けた。冬の間は、私は彼の打撃投手を務めたし、良い付き合いを続けていた。

ブーはレンジャーズで5年プレーし、フリーエージェントとなる時期が近づいていた。トムは彼をトレードに出す案を出した。数週間にわたり、自分はトレードされるのかとブーは私に聞いてきたが、わからなかったので私はその質問を避けていた。彼の名前が挙がっていたのは知っていた。また、我々は投手陣の強化が必要で、ピッツバーグに欲しい投手が2人いたので、彼らとのトレードをまとめたい気持ちがあった。我々はウィルソン・アルバレスを手放してベインズを獲得していたので、蓄えを補充したかった。8月31日までにトレードで獲得した選手は、プレーオフの登録メンバーに入れることができる。期限が迫り、噂が飛び交っていた。

8月30日、スティーブが電話をしてきて「試合前にランチに行きましょう」と言ってきた。彼と彼の妻が、アーリントン・スタジアムの向かいにある私のレストランにやってきた。レストランのマネージャーでいつも素晴らしい仕事をしてくれていたピート・ムーアも加わってランチをしていると、店の電話が鳴った。トム・グリーブ（タグ）だった。

「タグ、今日は今後のことを伝える日だ。スティーブとナンシーがここに来ている。彼らに何て言えばいい？　彼は大切な人間で、何も伝えないわけにはいかないんだ。彼をトレードするならそう言ってくれ。彼と彼の妻に直接話しができれば、私は正しいことをしたと今後も思えるようになるから」と私は言った。

「ピッツバーグは、ブーとの交換で我々が必要としている2人の投手のトレードを拒否してきた。我々は彼をトレードさせない。何も心配しなくていい」と彼は言った。

我々がランチをとっていたバーの外にある丸いブースに戻り、彼に伝えた。「ブー、我々がとても良いと思った投手が2人いて、君と交換で取れるなら交渉をまとめるつもりだった。だが、君はトレードされないと、今タグが言ってきた。君はここに残り、我々の大事な一員となってもらう」

我々はランチを終え、ハグをした。ナンシーは、うれしさのあまり涙を流していた。そこから打撃練習に向かった。ブーはスタメンに入り、試合が始まった。

4回の途中、トム・グリーブが再び電話をしてきて「ブーを試合から外してくれ。今ピッツバーグへのトレードが決まった」と言った。

守備から戻ってきたブーに、「ブー、今ピッツバーグにトレードが決まった」と伝えた。欲しかった投手2人が手に入るのなら、私は賛成だった。ピッツバーグはカート・ミラーをうちに送り、1週間後にヘクター・ファハードが加入した。

試合前、スティーブはチームメート数人に「ボビーが、俺はトレードされないと教えてくれた。これからも君たちと一緒にやるよ」と伝えていた。

私の心が張り裂けんばかりになっただけでなく、私の信用が失墜した。私がまとっていた信頼という鎧に最初に傷をつけたのはインキーの件で、今度はブーだった。

間違いなく、最悪な日だった。

1991年までに私は19度退場処分を受けていた。頭痛の種をまき、審判に抗議し、退場させられていたのだ。アメリカンリーグのボビー・ブラウン会長がそのことを聞きつけ、トム・グリーブに連絡してきた。その後私が激昂することについて、私と直接話をすることになった。1991年が終わる頃、私は多くのことを学んでいたが、素早く学び切れていなかったのかもしれない。

18
解任

1992年シーズンが始まったとき、私はレンジャーズで永遠に監督をすると本気で信じていた。この年は、本当にすべて必要なことが揃い始めていると感じていた。シーズン半分が終わった時点で勝率は5割を超えていて、一時期は「貯金」が6つあった。20歳のパッジ・ロドリゲスが正捕手で、ラファエル・パルメイロ、ホアン・ゴンザレス、ルーベン・シエラは第一線で活躍する準備ができていたし、ケビン・ブラウン、チャーリー・ハフ、ノーラン・ライアンは皆、良いピッチングを披露していた。しかし、これらのメンバーはチームとして真に結束しているとは言えなかった。

1991年、我々は85勝77敗の成績で終わり、アメリカンリーグ西部地区首位のミネソタ・ツインズとは10ゲームの差があった。もちろん、それ以上に成績が伸びなかったことに私は失望し、ストレスの多い状況になり始めていた。私は絶対に他のメンバーのストレスの原因にはなりたくなかったし、彼らのストレスを緩和する存在でいたかったが、テキサスで何年か過ごした中でそのようにはならなかった。

ダラス・フォートワースという土地では、記者は私につくか私を敵に回すかのどちらかだった。メディアの発信は激増し、皆が違う角度からの切り口を探していた。ESPNが地位を確立し、スポーツラジオ番組は成長を続けた。すべての発信者がネタを必要とし、ボビー・V（バレンタイン）に関する出来事は常に話題に上り、多くの場合で物議の源となった。

我々のスカウティングチームは、自分たちの評価が正しいと主張するためだけに、ドラフト指名候補に挙げた選手を高い順位で指名し続け、私は本当に辟易《へきえき》としていた。指名候補を決めるグループの一員に私を含めなかったことも、気に入らなかった。1990年のドラフト当日、私は監督室にいた。そこでフォートワース・スターテレグラム紙の記者T・R・サリバンが私に聞いた。「ドラフト1巡で指名する選手をどう思いますか？」

「うん、彼はなかなかいいと思ったよ」と私は答えた。

「彼をいつ見たんですか？」

「昨夜テレビでやっていたスタンフォード大の試合を見たよ」

「本当に？」と彼は笑いながら言った。「レンジャーズがドラフトしたのはその選手じゃありませんよ」

「冗談だろう？」

「テレビには映りませんでしたから」

「私が見たのは誰だ？」

「たぶん、あなたが見たのは、あなたが欲しがっていたマイク・ムッシーナでしょう。レンジャーズは彼ではなくダン（ダニエル）・スミスを指名しましたよ」

スタンフォード大とクレイトン大はカレッジ・ワールドシリーズで対戦していた。ムッシーナはスタンフォード大のスターピッチャーで、クレイトンには野球とホッケーの両方をプレーし、マウンドでガッツのあるピッチングを見せていた左腕ダニエル・スミスがいた。

我々のスカウトたち、ダグ・ギャストウェイとブライアン・ラムは、ムッシーナがカレッジ・ワールドシリーズの5回に4失点するのを見て、ハートが弱いと判断していた。そのため、私はムッシーナを指名すると聞かされていたにも関わらず、彼らは実際にはダン・スミスを指名した。

私は怒り、恥をかかされたと思った。

ドラフト1巡で指名した選手を私が好きでないことは、誰の目にも明らかだった。チーム内で何でも言いふらす人間に話したこともあったし、私のコメントがラジオで取り上げられたり新聞に載ったりすることもあった。

私は自分の意見を言い、スカウトたちと距離を置いた。彼らはどうでも良かった。解雇されるべき人間たちだった。

1992年7月8日、私が解雇される前日、私は試合前のダッグアウトにいた。ダッグアウトの逆の端で、ダラス・モーニング・ニュースで記事を書いていたジェリー・フレイリーがレンジャーズのトム・シーファー球団社長と話しているのが見えた。私は、トムが私と同じ考えでいるのかどうか、ずっと確信できていなかった。

レンジャーズは、私の手助けのおかげで、新球場建設案可決の知らせを受けた。それには0.5%の税率引き上げが含まれていた。チームは「貯金」6としたが、その後クリーブランド・インディアンズに連敗を喫し、その日の試合で私はジョン・キャンジェロッシをセンターで起用することにしていた。鼻っ柱の強いスイッチヒッターで、ダイビングプレーや盗塁を得意としていた。ドラフト1巡で指名したドナルド・ハリスは、3Aがあるオクラホマシティにいた。フランク・トーマスを指名しなかったことに私はまだ怒りを覚えていて、ハリスは大した選手ではないと思っていた。

フレイリーはトム・シーファーと話し終えると、私のところにやってきて、これからセンターはどうするのかと聞いてきた。そのときはホアン・ゴンザレスとジョン・キャンジェロッシが交代でセンターを守っていた。フレイリーは私をイラつかせる男で、センターを誰が守るのかと聞かれたとき、私は「うまくマッチする方法を探すんだ。ひとりは攻撃力が高く、キャンジェロッシは守りがうまい」と答えた。

「ドナルド・ハリスをなぜ昇格させないんですか?」と彼は尋ねた。

私は無愛想に言った。「すでに彼でドラフト指名権を無駄にしている。彼を起用して私の時間を無駄にするようなことはしない」

そこでフレイリーはトム・シーファーのところに行って話し、この内容をすべて記事にした。翌朝、私は最後の電話を受けた。

チームの成績は45勝41敗で、そこから良くなる確信があった。人類史上最も素晴らしい人物であるトム・グリーブに会ったとき、私への解雇通知は彼の決断でないことはわかったし、私が頼めば彼も一緒に辞めただろうが、私は自分を制した。

「そんなこと、考えもしなくていい。君はここに残って、我々が始めたことをやり遂げてくれ」

私は頭の中を整理する必要があったので電話の回線を外し、アーリントン郊外にあった私の牧場で数週間肉体労働をした。擁壁を作り、長さ2・4m、厚さ15cmの枕木を買って大型ハンマーを使いながら犬釘で固定した。それをしていないときは、私の2件のレストランにランチとディナーを食べに行った。レンジャーズの試合をラジオで聞いたりテレビで見たりして、私の後任監督となったトビー・ハラーが率いたチームの全員を応援した。

トム・グリーブとレンジャーズ球団は、私に最高の機会を与えてくれた。私は毎日1秒も欠かさず、チームのためにすべてを捧げた。レンジャーズが新しい球場でプレーできるようにするため、新球場建設案が議会で可決するよう、人間がなし得ることをすべてやってみた。メトロプレックス（ダラス・フォートワース地区の別称）の人々は、私を地元出身者のように扱ってくれた。ピートとジェフリー、ポール、その他の人々がレストランを支えてくれ、30年もの間守ってくれた。メアリーとボビーJr.と私は、生涯の友を作ることができた。

苦い思い出は残っていなかった。潮時だった。

19

日本での1年

1993年のスプリングトレーニングが残り2週間となったとき、シンシナティ・レッズのGMジム・ボウデンが電話をかけてきた。私はそれまでにレストランを6軒オープンして、それなりに忙しくしていた――コネティカット州スタンフォード、ノーウォーク、ミルフォード、ロードアイランド州ミドルトン、そしてアーリントンに2軒。

ボウデンは、私にレッズの先乗りスカウトをしないかと持ちかけてきた。

「今まで一度もやったことがないよ」と私は答えた。

「スプリングトレーニングで2週間ほど過ごしてみてくれませんか。スカウトの報告書を見せますから。簡単ですよ。あなたに、うちの組織に入ってもらいたいんです」

私はやってみようと言い、レッズがキャンプを張るフロリダ州プラントシティに向かった。ボウデンは何をしてほしいかを私に伝え、私は早速レッズが対戦する相手チームの調査を始めた。先乗りスカウトはチームより先に移動し、次のカードで対戦するチームの誰が好調で誰が不調か、ケガ人はいるか、登板しそうな投手は誰か、などを調べて報告する。当時、情報はなかなか手に入らない時代だった。皮肉だったのは、テキサスで監督をしていたときは、衛星アンテナを手に入れるために先乗りスカウトを廃止していたことだ！

仕事は結構簡単だった。シーズンが始まると、次の対戦相手を1カード見る。レッズがそこにやってくる場合は、報告書をホテルに預ける。対面でのコンタクトはなかった。私は次にレッズがプレーする街に一足早く乗り込み、相手チームを調査する。ジム・ボウデンは、私が知っている限りでは、有用な情報を集めた最初の人物だった。彼は全米の友人から地元の新聞記事を送ってもらっていた。それらの新聞に載っていたケガに関するすべてのコメントを集めるスタッフを抱えていた。彼はこれらの情報を集めた後も状況を追い続け、トレードをするときの選手評価システムに取り入れた。当時は医療記録を手に入れられなかったので、獲得した側がリスクを負わなければならなかったのだ。

私はコロラド・ロッキーズの調査をしていた。ロッキーズはシンシナティを訪れる直前だった。手順としては、チームを調査して報告書を作り、キンコーズに行ってそれをレッズにファックスで送るというものだった。時には日曜日のダブルヘッダーがあり、時には試合が遅くまで終わらず、キンコーズに着いた頃にはすでに閉店時間が過ぎていたこともあった。そうなると翌朝まで報告書を送ることができなかった。それも大問題ではなかったのだが、シンシナティのトニー・ペレス監督が解任されたときは別だった。私の報告書の到着が遅かったのが、彼が解任された一因だと聞いたからだ。ボウデンはデイビー・ジョンソンをペレスの後任に任命し、デイビーが私に電話をしてきた。

「その仕事をやめて、また私の三塁ベースコーチをやってくれないか？」

行ってみると、居心地の悪い環境だった。トニー・ペレスはシンシナティで誰からも愛される存在だった。彼はビッグ・レッド・マシーン［訳注：1970年代、MLBにおいて圧倒的強さ、人気を誇ったシンシナティ・レッズの愛称］の中心選手のひとりだったが、監督職は6週間で解かれてしまい、ファンは大騒ぎをしていた。そんな状況にいるのはありがたくなかった。

クレイジーなことはたくさんあった。レッズの選手たちは、楽しいことが大好きな連中だった。シカゴのリグリー・フィールドを訪れたとき、試合中にピッチャーのトム・ブラウニングが私に話しかけてきた。

「三塁ベースに行ったら、周りをしっかり見てみてください」

私はライトフェンスの上を見た。リグリー・フィールドの外にあるビルの屋上で、トム・ブラウニングがシンシナティのユニフォームを着たまま、たくさんのカブスファンと一緒にジャンピングジャック（ジャンプしながら両手両足の開閉を交互に繰り返すエクササイズ）をしていた。デイビーには言わなかったし、デイビーは気づかなかった。本当にクレイジーな集団だった。

もうひとりのピッチャーで球速が161キロに達していたロブ・ディブルも、変わり者だった。クリス・セイボーは面白いキャッチャーだった。1年を通して、彼がコーチ陣の誰かに発した言葉は二桁未満だっただろう。コーチのひとりだったレイ・ナイトは監督職に就きたがっていた。レイは勘ぐるのが好きで、デイビーはそれをわかっていた。デイビーは全身全霊で臨み、ニューヨークでやったことをすべてやってみせる覚悟だった。レッズは、1994年は66勝48敗で終わったが、翌シーズンにデイビーがレッズを85勝59敗の成績に導いた。「良いチームにする唯一の方法は、良い選手を揃えることだ。良い選手を揃える方法は、彼らにプレーさせるだけだ」と彼はいつも言っていた。

これが彼のスキルだった。選手たちとは決して衝突せず、衝突するならフロントオフィスとだった。デイビーは、すでに下された決断について対立することをいとわず、最終的に自分の意見が通るのだと強く主張し、実際にそうしていた。それも解任されるまで。フロントオフィス側がデイビーに対して意見を通し切ったときに発する言葉は、「グッバイ」だった。

その年は混乱のシーズンだった。レッズのオーナーはマージ・ショット。彼女は球界唯一の女性オーナーで、他のどのオーナーとも違っていた。彼女が家を出るときは、体重90kgのセントバーナード、ショッツィーがいつも横にいた。

このシーズンで唯一年間を通して楽しめたのは、バリー・ラーキンのプレーだった。デイビーはレッズの系譜を継いでおらず、レッズの伝統の一部ではなかった。長く指揮を執ったスパーキー・アンダーソンは、街じゅうから深く愛されていた。そして、レッズの一塁手でスパーキーの後を継いだトニー・ペレスも愛されていた。そこに、どこからともなくレッズはよそ者を監督に雇った。生粋のレッズの申し子、ドン・ガレットが投手コーチだった。ベンチコーチのデイブ・マイリーはレッズのマイナーでずっと過ごし、2人ともその伝統に完全に漬かっていた。デイビーはその伝統に直面しなければならず、彼には厳しい環境だった。

私はそのギャップを埋めるよう全力を尽くしたが、難しい立場に立たされていた。私は8年の監督経験があり、もう一度指揮を執る機会を探していた。さらに、レストランビジネスからも離れ、オハイオ州シンシナティにいた。すべてを投げ打って臨むのが難しかった。デイビーは体制に逆らおうとしていたので、シーズンが終わる頃には、私はシンシナティに残る気が全くなくなっていた。シーズン終了まで過ごし、私はデイビーとジム・ボウデンに機会を提供してくれたことへの感謝の念を伝えた。

1993年の冬、私は、弁護士を務めるフィル・ハーシュの家で夕食を摂っていた。テーブルには、ニューヨーク・メッツのGMジョー・マキルベインもいた。メッツは傘下のノーフォーク・タイズ（タイドウォーター）で監督をしていたクリント・ハードルを解任していて、ジョーは私に3Aの監督職に興味があるかと聞いてきた。私はメッツのマイナーリーグ・ディレクター、ジャック・ズレンシックと面接をし、彼は監督職をオファーしてくれた。

私はノーフォークに行ってタイズの監督をすることになった。タイズのオーナーはとても愛想のいいケン・ヤングで、デイブ・ローゼンフィールド（ロージー）はGM職に一生を捧げ、共同オーナーでもあった。ロージーは野球にのみ関わっていて、実際以上に素晴らしく見える人物だった。130kgを超える巨体を揺らしながら、陽気で賢く、私と選手たちに気を配ってくれた。マイナーリーグに生涯を捧げる人はほとんどいない。大抵は、上のレベルに向かう途中か、下に落ちていく途中なのだ。

私は再び毎日24時間を監督職に捧げることとなり、全力で成長しようとする若い選手たちと時を共にした。彼らは私が行う打撃練習を楽しみにしてくれた。外野でサッカーボールを蹴りながら遊んだこともあった。ワールドカップが行われていたときで、私はゴールキーパーになり、打撃練習中に選手たちは私の横をすり抜けてゴールを決めようと必死になり、私たちは大笑いしながら楽しく過ごした。当時いた選手は、ブッチ・ハスキー、アーロン・レデズマ、ジェロミー・バーニッツ、キルビオ・ベラスなどだった。1994年、我々は67勝75敗の成績で終えた。

私は知らなかったが、そのとき、日本のパシフィックリーグに所属する千葉ロッテマリーンズのGMが、日本人以外の監督を見つけるという明確な目標を持ってアメリカを訪れていた。彼の名は広岡達朗と言い、セントラルリーグで伝統ある読売ジャイアンツのスター遊撃手として活躍した後、セントラルリーグとパシフィックリーグの両方で監督として優勝を経験した。現役時代は、王貞治さん、長嶋茂雄さんと共にプレーした経験も持っていた。

ロッテは莫大な資産を誇る創業者一族経営の会社で、アジアでチョコレートやキャンディ、ガムなどを販売していた。創業者の息子のひとり、重光昭夫さんが野球チームの運営を任されていて、彼はアメリカで教育を受けた経験があった。彼のチームは1992年に日本の川崎市から現在の千葉市に移転した。東京からは45分のところにある新しく開発された街で、成田国際空港と東京のちょうど真ん中に位置している。東京ディズニーランドからも至近距離にある千葉市美浜区の街は、埋め立て地に作られていた。東京湾には、第二次世界大戦後に生じた瓦礫で埋め立てられた土地が多くある。埋め立てから20年が経つと、地盤が安定して建築物が建てられるようになった。新たな街が作られ、それはとても美しかった。20階建てのオフィスビルや広い通り、美しく点灯された広告。東京湾に面しており、富士山と東京の街の輪郭を臨む素晴らしい景色が見えた。

だが、千葉ロッテ球団は行き詰まっていた。川崎から移転後、リーグ6チーム中5位より上になったことがなかった。広岡さんは、球団史上初の日本人ではない監督を探す命を受け、アメリカを訪れていた。

私が広岡さんと初めて会ったのは、1986年だった。当時、彼は私が球数制限をしていると知り、詳しく話を聞きたいと言ってくれた。私は日本の野球コーチの前で、私がレンジャーズでしていたことを話す場に招待された。そのとき私は、日本のオールスターチームと対戦するアメリカのオールスターチームで監督を務めたデイビー・ジョンソンと共にコーチとして日本を訪れていた。我々のチームには、トニー・グウィン、デイル・マーフィー、ホセ・カンセコ、オジー・スミスなどMLBのスター選手がいた。私は子供相手の野球クリニックにも参加した。私は、1977年にメジャーリーグのアメリカ人選手として初めてミズノのグローブを使ったが、日本球界の中にはそのことで私を知っている人もいた。

私は広岡さんに注目されていた。広岡さんは私がタイドウォーターで指揮を執った各地での試合に15試合ほど訪れて私を細かく調べていた。彼は信じられないほどの量のノートを取り、夕食を共にしたときには試合中に私が下した采配の根拠を細かく聞いてきた。トミー・ラソーダ以外で、私が知っている中では広岡さんが最も博識な野球人だった。彼の身体はジョー・ディマジオのようで、服の着こなしもジョーのように非の打ち所がなかった。ファッションショーのランウェイから降りてきたばかりのような出で立ちの広岡さんは、一流の人だった。

タイドウォーターのシーズンが終わる直前に広岡さんと共にしたディナーの席で、彼はこう言った。

「私は今年の夏160試合を見て、たくさんの人と面接をした。今私は、君が我がチームで初の、日本人以外の監督となるのに最もふさわしい人物だと確信している。仕事を引き受けてもらえるだろうか?」

報酬のことも口にせず、条件も聞かず、私はイエスと言った。同意の握手をしたときに私が知らなかったのは、日本では秋季キャンプと呼ばれるものがあるため、あまり長く家にいられないことだった。10月に自宅で休んだ後、私は日本に飛んで5、6週間過ごし、浦和市（現さいたま市）のロッテの工場の隣にある小さな球場で仕事をすることになった。ボビーJr.がまだ小さかったので、メアリーには大変な思いをさせた。私はひとりで日本に滞在した。メアリーは1週間だけ来て、少しショッピングをして帰国した。

自宅から何千マイルも離れていること以外、日本での生活はすべて楽しんだ。伯母のドリスが絶対に許さない、麺のすすり方も学んだ。ドリスはガムをかむときに音を立てることも激しく嫌ったし、食事のときは静かに食べるよう、私は強く注意されていた。

秋季キャンプ中は、ピクニック用のテーブルが並べられている暖房が効いた大きな部屋で100人ほどの人、うち80人は選手、が食事をした。ほとんどがラーメンを食べていて、会話をする者はおらず、全員麺をすすっていた。私は恐ろしかったが、慣れていった。麺のすすり方を覚え、彼らの輪に加わった。

秋季キャンプが終わると、広岡さんは私が居心地良く指揮が執れるように、春季キャンプの前半3週間をアメリカで行うようオーナーに提案してくれた。彼はサンディエゴ・パドレスと交渉し、パドレスがアリゾナ州ピオリアに新しく建てた施設を使う段取りを付けてくれた。100人の人間を東京からアリゾナへ移動させ、すべての用具と相当量の米を一緒に運ぶのは、容易なことではなかった。日本人が食にこだわることを知るまでは、米まで運ぶなんてとんでもないことだと思っていた。我々はアリゾナ州のどこだかわからない場所にあるモーテルを借り切った。一切開発されていない土地だったが、我々はキャンプを行った。日中はグラウンドで練習し、夜間練習にはホテルのプールエリアや駐車場を使い、3週間かけて身体作りをした。

私は秋季キャンプで伊良部秀輝という投手を見ていたので、彼を見てもらうためノーラン・ライアンとトム・ハウスをアリゾナに呼んだ。日本のメディアが注目する中、ノーランは「世界で最高の肩を持つ投手のひとりだ」と伊良部を評した。

伊良部は、球速100マイル（約161キロ）を投げられる世界でも数少ない投手のひとりだった。彼が投げるといつもどよめきが上がっていたが、何もかもが日本的なGMの広岡さんにはいつも眉をひそめられていた。伊良部は規律や真面目さからはかけ離れた男だった。誰よりも身体が大きく、父は日本人ではなくアメリカの軍人だった。伊良部はオーバーウェイトでもあったし、ダッシュでは全力で走らず、ビールが大好きだった。

ピオリアには、トム・ハウスと打撃コーチのトム・ロブソンが一緒にいてくれた。朝からの練習と夜間練習の間に夕食の時間があり、さらにコーチ全員とGMと共にミーティングを開き、今日あったことを確認し合った。さらには、開幕後最初に対戦するオリックス・ブルーウェーブについても話し合いを始めた。最初の1時間半で相手の投手と野手全員を分析し、5分の休憩後、さらに1時間をかけてひとりの選手、鈴木一朗について話し合った。入団当初彼のユニフォームの名前は「SUZUKI」だった。オリックスは1994年に仰木彬さんを監督に迎えていた。仰木さんは革命的で、日本人にとってはやや過激だった。彼は鈴木のユニフォームの名前を「ICHIRO」に変えた。完璧なタイミングだった。私は、イチローにしても鈴木にしても、ほとんど聞いたことのない名前だった。「鈴木を見るまで待て」と言われ、鈴木のあれこれを教わり、さらに前年の彼のビデオを見た。その年彼は3割8分5厘の打率を残した。20歳だったシーズンで。彼の成績が、私の目に強烈に飛び込んできた。彼の挙げた数字のひとつは、シーズン210安打だった。私は20歳のときにシーズン211本のヒットを打っている。彼の盗塁数は29個。私は20歳のとき、29盗塁をマークした。彼が80打点をマークしたのは21歳のとき。私は20歳で80打点をあげた。彼はこれらの数字をNPBのパシフィックリーグで達成し、私はアメリカのパシフィックコースト・リーグでこの成績を残した。

大きなホワイトボードと小さなテレビモニターの前でコーチのひとりが通訳を従え、何日もかけて鈴木のパフォーマンスについて日本語で語っているのは、とても奇妙な光景だった。彼らは鈴木がどの球種を打ち、どの方向に打球を飛ばしたかをすべて表にまとめていた。誰もが、あっという間に彼に魅力を感じていた。イチローは二軍を2年経験しただけで、翌年には一軍で首位打者になっている。天性の非凡さを持った選手だった。日本では、下積みを十分経験しなければ一軍でプレーすることは許されないので、彼はそれほどまでに他とは違う選手だったのだ。完全に違っていた！

イチロー擁するオリックスと戦ったとき、我々はあらゆる手を尽くしてイチローを抑えようとした。私は伊良部を先発させた。彼は球速１００マイル（約１６１キロ）を投げる。イチローはメジャーリーグにもっと早く行くべきだったが、彼の元監督は彼のバッティングスタイルがあまりにも異端すぎると考えていた。だが、彼を生で見たとき、私は夢中になった。ある試合でイチローがフリオ・フランコへの二塁ゴロを打った。平凡なゴロだったが、イチローは内野安打にした。私はランナーの走る速度を測るためストップウォッチを使っていたが、それを見るとイチローは3・4秒で一塁に到達していた。これは、かつてミッキー・マントル（１９５０～60年代に活躍したスイッチヒッター）がヤンキースに初めて昇格したときに出したと聞かされたスピードと同じだった。

イチローを止めることはできなかった。私のチームには、私がアメリカから連れてきた身長２１１cmの左腕エリック・ヒルマンという投手がいた。前年、彼はノーフォークで私の下でプレーしていた。これだけの高身長であれば、少なくとも他の投手との違いを感じるだろうと思っていた。だが、イチローは彼も打った。私は驚嘆した。彼は誰が相手でも打った。

オリックスは優勝を果たし、我々は2位だった。その年は、プレーオフがなかった。

浦和での秋季キャンプで、私は広岡さんにヒルマンを残留させ、フリオ・フランコは二塁ＤＨで使いたいと申し出た。彼は同意した。フリオは打率でリーグ3位につけていた。広岡さんは右のパワーヒッターも求めていた。

「テキサスにいいのがいたな」と彼は言った。「ホームランを30本打った彼だ。しかも獲得が可能だ」

彼は、ピート・インカビリアのことを言っていた。広岡さんは、センターやライトにホームランを打てるアメリカ人の右打者に心を奪われていた。日本人のほとんどが引っ張っていたからだ。

「うまく行かないと思います。インキーと私は、良い関係で終わっていないので」

だが広岡さんは、ピートをトライアウトに呼ぶと言って聞かなかった。ピートの代理人は、私の代理人でもあるトニー・アタナシオだったので、連絡は簡単に取れた。結果、インキーはトライアウトにやってきた。ロッテは最高の元投手を打撃投手に使い、彼が投げた初球をインキーはセンターフェンス越えのホームランにした。広岡さんは目を見開き、笑顔になった。インキーこそ、今必要な男だと確信したようだった。契約が成立し、私はクリスマス休暇で自宅に戻った。

1995年1月17日、私は成田空港に到着し、千葉ロッテ監督就任記者会見を開いた。会見には40人のマスコミが取材に来た。私は飛行機から降りると、良き友人で弁護士のフィル・ハーシュと共に会見場に連れて行かれた。会見の模様は日本全国で放送された。

会見の最中、その日の早朝に、マグニチュード7・3の地震が神戸で起きたと聞かされた。高速道路が崩壊し、街全体が被害を受けたという。甚大な被害だった。偶然にも、我々の最初の試合は、イチローが所属するチームを相手に、被災地神戸で予定されていた。私は現地に向かい、被害の状況を目撃した。山の頂上から見下ろすと、見える範囲すべてに崩壊の後があった。木が車の上に倒れ、道路は通行できなくなっていて、トラックが道路の脇に横倒しになっていた。球場は丘の上に建てられていて最小限のダメージで済んだようだったが、球場につながるインフラはすべて遮断されていた。そのときは、わずか3ヶ月後にシーズンが開幕する頃には、球場に車で向かうどころか歩いて行くことすらできないだろうと想像していた。

奇跡的に、そして驚異的に、この小さな国はインフラを再建し、我々は野球の試合を行うことができた。彼らは道路を補修し、球場を修復していた。どうやってこれだけのことをこんな短期間にやれたのか、私にはわからない。我々の最初の試合に向けて、バスで球場に向かった。すべてが再建されていただけでなく、高速道路はきれいに補修され、歩道も完全に元通りになっていて、私たちは神戸で開幕を迎えることができた。

アリゾナで1ヶ月を過ごした後、我々は日本の南に位置する鹿児島で春季キャンプを完結した。鹿児島の球場は、いつも噴煙を上げている活火山の桜島が見えるところにあった。桜島火山は、インキーのホームランボールが火口に届くのではないかと思われるほど近かった。

我々のシーズンはスムーズに進んだ。NPBのパシフィックリーグには6つのチームがあった。その6チームは2つの評価を受ける。シーズン終了時に上位につけた3チームはAクラス、4位、5位、6位の下位3チームはBクラスと称される。千葉ロッテは9年連続でBクラスだった。

1995年シーズン、我々はAクラスに復帰した。イチロー擁するオリックス・ブルーウェーブに次ぐ2位だった。我がチームの打撃陣のスターはサードの初芝清で、ホームラン25本、打点80をマークした。セカンドの堀幸一は、打率3割9厘でリーグ2位、ホームラン11本、67打点、そしてフリオ・フランコは打率3割6厘、ホームラン10本、58打点、11盗塁の成績だった。投手陣では、私が指揮したノーフォークでプレーしたエリック・ヒルマンが12勝9敗、防御率2・87、伊良部秀輝が11勝11敗、防御率2・53、29歳のベテラン小宮山悟が11勝4敗、防御率2・60と先発投手陣の中で輝かしい活躍をしてくれた。さらにブルペンでは、成本年秀が9勝3敗、防御率2・00、21セーブと抜群の成績を挙げてくれた。

1995年、私は自由にインターネットが使えると思い、AOLディスクを日本に持ち込んだ。あの日本で、インターネットが使えないはずがないだろう？　私の友人のひとりがパソコン企業のコンパックを紹介してくれ、私はこの会社のテレビコマーシャルと雑誌の広告に出演した。テーマは「世界を変える」だった。これには2つの意味があり、コンパック社は世界を変え、私は日本の野球界を変えるというものだった。コンパックは私のAOLディスクも使えるダイアルアップのメカニズムを搭載した大型デスクトップコンピューターを提供してくれたが、日本とアメリカの技術専門家たちは1年かけてインターネットへの接続を試み続け、成功に至らなかった。彼らはハイテク業界にいたのだが……。コンピューターは日本では一般的な機械ではなかった。なぜなら、日本語の文字は漢字、カタカナ、ひらがなと数千に及んでいて、それらを扱えるキーボードは存在しなかったからだ。文字が3種類もあるのだ！　英語はアルファベットが26だけ。日本語は数千。彼らはコンピューターを作っていたが、私のコンピューターを機能させることはできなかった。

2つの異なる社会を千葉ロッテの野球チームで融合させようという試みも、分断を生んだ。私はあくまでもアメリカ人で、成功を収めたのにも関わらず、日本人のGMにとって私のやり方にはいくつか理解しがたいものがあった。広岡さんは、ピート・インカビリアのパワーを打撃練習で見て、彼と契約した。だが、ピートは醜いアメリカ人のイメージを具現化してしまった。彼は、日本が彼に合わせてくることを望んだが、それは実現しなかった。71試合の出場で74個の三振を喫し、四球は23個しか選ばなかった。彼のスイングの弱点を、相手投手たちは攻めてきた。速い球を内角に、緩い球を外角に投げ、彼のバランスを完全に崩した。彼の成績は打率1割8分1厘、ホームラン10本、31打点で終わった。ピートは後半戦でほとんど出場がなく、広岡さんは球団が彼に250万ドルを費やしていたので、彼を起用しない私に怒り心頭だった。

広岡さんは非凡な人だったが、日本的な物事、日本の野球だけを支持していた。アメリカ人を監督に迎えることに、自分のすべてを注ぎ込んではいなかった。私が成功することは構わなかったが、彼が整えた状況下でという条件付きだった。彼は保守派のひとりだった。私は2年契約を交わしていたが、1年目のシーズンの終盤、広岡さんと私は選手を休ませることについて意見が合わなくなっていた。暑い夏の間、オフがほとんどない状況で試合をこなす日が続いていた。途方もない暑さで、ようやくオフが来る直前に、私は「明日のオフ日は練習をしない」とチーム全員に伝えた。

チーム内の年長選手に意見を訊いてみると、いいのではないかと同調してくれた。数人の選手はありがたがっていた。翌日の「オフ日」、私は自転車を取りに球場へ行った。そこで広岡さんが主導してチーム全員がグラウンドにいるのを見て愕然とした。私はそこからの2時間、練習が続く中グラウンドの端、フェンス沿いを自転車で走り続け、一言も口にしなかった。選手に1日休みを与えるという私の選択は、マスコミを騒がせることとなった。私は日本文化の〝侍〟的な考え方に挑んでいた。大概の見方は、これが東洋と西洋の分裂の始まりだというものだった。選手に1日オフを与えるという私の残念な試みは、二度とされるべきではないという意見だった。

非難と不和がありながらも、千葉ロッテマリーンズは力強くシーズンを終えた。69勝58敗でリーグ2位となり、次の目標はあと一歩上に行くことだった。私のアメリカ的なやり方についての論争は、哲学についての様々な議論へとつながり、かなりストレスがたまるものになった。同時に、私はニューヨーク・メッツのジョー・マキルベインGMのアシスタント、カーメン（カーム）・フスコから電話を受けた。

「今の契約を解除できますか？」

「2年契約なんだ。あと1年残っている」

「ええ。でも、ジョーが、契約解除できないかどうか知りたがっているんです。ダラス・グリーンを解任するので、あなたにメッツの指揮を執ってほしいと言っているんです」

こんなことになっているとは、信じられなかった。

「この日本での試験的期間は終わらせた方がいいのかもしれない。地元に戻ってメッツの監督をした方がいいのかも」と私は考えていた。

「考えさせてくれ」と私は答えた。

20　どこの監督になれって?

道義的に言って、メッツは私にコンタクトしてくるべきではなかった。我々のやり取りは、してはならないことだった。他のチームから監督を引き抜くことは、日本でもアメリカでも不法行為《タンパリング》と捉えられるからだ。彼らには現職の監督がいて、私は契約下にあった。

私は、今回の日本でのアメリカ人監督採用実験はうまく行かなかったと思うように自らに言い聞かせ、広岡さんにその旨を伝えた。彼も同意し、マスコミに対しては、私は契約2年目に日本に戻らない、辞任でも解任でもなく、私は戻ってこないということを発表した。

その後3週間で、マリーンズのファンは私を残留させるため2万人分の署名を集めた。たった1年で、ファンと私の間には深いつながりができていた。私は選手たちに、ファンが親しみやすくなる存在になれと伝え、それが深く浸透した。このことは日本を去る決断を難しくした。私は何か大切なものを置いて去るような気がしたし、2年契約を全うしたい気持ちもあった。だが、私は地元に戻ってニューヨーク・メッツの監督となることにした。

JFK空港に到着後すぐに、指示を仰ぐためカーメンに電話したがつながらず、メッセージを残した。自宅に戻り、必要だった睡眠を取った。翌朝メッツから電話があり、シェイ・スタジアムに来るように言われた。行ってみるとジョー・マキルベインはそこにおらず、マイナーリーグディレクターのスティーブ・フィリップスと話すように言われた。スティーブは3Aノーフォーク・タイズの監督職をオファーしてきた。私は面食らった。いや、面食らう以上だった。手に持ったバッグを下ろすことすら忘れていた。

「このクソ野郎、お前、一体ここで何やってんだ！」とは言えなかった。言っていたら、メッツの仕事は一生もらえなくなっていた。3A監督職の面接をしたとき、私は心の中で考えた。「私は将来のメッツ監督候補になるって、本当か？　6万ドルのために、60万ドルの仕事を蹴ってしまった。ああ、ハメられたか！」

スプリングトレーニングでは、3Aの監督はメジャーリーグのスプリングトレーニングに参加するという球界の通例どおり、メジャーリーグのスプリングトレーニングを訪れたものの、私は機嫌よく過ごしてはいなかった。何が起きたかを口外したら、自分が馬鹿なヤツに見えるだろうし、メジャーでもマイナーでも今後仕事を手にすることができなくなるかもしれなかったので、私は口を開くのを我慢してノーフォークに向かった。

メッツがテキサス州アーリントンに遠征し、最新のアーリントン・スタジアム初のエキシビションゲームを行ったとき、私は少しだけ救われた。私はチームに帯同して一塁ベースコーチを任されていた。私はスタジアムのデザインや、新球場建設費用を捻出する増税にアーリントン市民を同意させるための説得に一役買ったので、オープニングセレモニーには出席したかった。また、テキサスの私のレストランを訪問し、友人たちに会いたかった。

その後フロリダに戻り、3A監督の仕事を再開した。チームはとても順調で、中でもマット・フランコは打率3割2分3厘、81打点、ロベルト・ペタジーニ［訳注：後にヤクルトなどでプレー。NPBで本塁打王を2度獲得する］は打率3割1分8厘、ホームラン12本、65打点と活躍した。だが、私が選手のキャリアに最も良い影響を与えたと誇りに思ったのは、ベニー・アグバヤニとリック・リードの2人だった。

スプリングトレーニング中、我々は毎日オープン戦を行った。ある日、マイナーリーグの施設で試合が始まろうというときに、ベニーがクラブハウスから帰ろうとしているのが見えた。彼はスキルがあり、ユニフォームを着ると他の選手とは違って太って見え、動きが遅かったが、私は彼に興味を持っていた。ベニーは2Aのビンガムトンのチームに所属していた。私が率いる3Aチームにはケガ人が数人いて、何人かはメジャーのオープン戦へ送っていて手薄だった。私は大きな声でベニーに何をしているのか尋ねた。

「解雇されたんです」とベニーは言った。

私は外野手がもうひとり必要だったので、ユニフォームを着てここの試合に出るように伝えた。ベニーは出場し、良い内容を見せた。その夜私はマイナーリーグのミーティングに参加し、スプリングトレーニングが終わるまでベニーを置いておくよう依頼した。私のチームに入れる力があるかどうか見たかった。首脳陣は懐疑的だったが、私は何とか聞き入れてもらい、ベニーは3Aチームに入ることになった。彼が入ってくれて、私はうれしかった。ベニーが解雇された理由のひとつは、1994年の選手のストライキにあったかもしれない。各チームが選手を集めていたとき、マイナーリーグの何人かの選手がストをやめてチームに入り、メジャーリーガーがいない間に出場しようとした。ストをするのをやめた選手たちはクズ呼ばわりされ、スト破りと罵られていて、ベニーもそのひとりだったが、私の決断には関係のないことだった。

これは、私がとても良い投手だと見たリック・リードにとっても同じ状況だった。リックはウェストバージニア州ハンティントンに住んでいて、家族が困窮していたため、ストをやめることで家族を助けられると判断した。リックがメジャーリーグに1週間昇格したとき、当時シェイ・スタジアムを共有していたNFLのニューヨーク・ジェッツのロッカールームで着替えなければならなかったことがあると聞かされたのを覚えている。ストライキが終了した後、他の選手たちが彼に同じロッカーを使わせなかったのだ。

私は1996年8月26日にニューヨーク・メッツの監督に昇格した。我々がペンシルベニア州スクラントン・ウィルクスバリーでの試合を終えたときに、ジョー・マキルベインからの電話が鳴った。

「ボビー、君に大リーグの監督になってもらいたい」と彼は言った。

「それは素晴らしいニュースだね。ジョー」

「だが、マスコミがこの件で騒いでいるので、今夜は来ないでくれ。明日来てほしいんだ」

「どうすればいいですか？　タイズは今夜スクラントン・ウィルクスバリーを離れて、ポータケットに向かうんです」

「ポータケット行きのバスに乗ってくれ。そして明日の朝、レンタカーを借りてシェイ・スタジアムまで来てくれ。正午に記者会見を開くから」

奇妙な状況になったので、私は自分の選手たちに何も言えなかった。タイズで投手コーチをやっていたボブ・アポダカを一緒に連れて行く許可はもらった。その夜ポータケットに着いたときにようやく、翌朝ニューヨークに一緒に行き、2人ともメッツの首脳陣になるのだとボブに伝えることができた。

ニューヨークに近づくと、私は「ラジオで何と言っているか聞いてみよう」と言い、スイッチを入れた。ニューヨークではラジオのトーク番組が盛んだった。マイク・フランセサとクリストファー・ルッソの『マイク・アンド・ザ・マッドドッグ』は全米で最も人気のあるスポーツトークショーだったので、そこにチューニングを合わせた。ニューヨーク市が近づき、次期監督が誰になるかという憶測が聞こえてきた。ダラス・グリーンは解任されたが、後継者はまだ発表されていなかった。電話で参加したリスナーのうち数人が私だと言い、他の数人はもっと経験がある人がいいと言っていた。それ以上は聞いていられなかったので、ラジオを消した。

シェイ・スタジアムに着き、記者会見を開いた。ノーフォークではブルース・ベネディクトが私の後を継いでタイズの監督となり、ヤンキース傘下の3Aチーム、コロンバス・クリッパーズと対戦するプレーオフに進出していた。

ブルースはノーフォークで私のコーチだった。アトランタ・ブレーブスでキャッチャーとして11年のキャリアを過ごし、ユーモアのセンスは最高だった。私がメッツの監督になると、ブルースは毎晩タイズの試合報告をしてくれた。タイズは地区優勝を果たし、クリッパーズとリーグ優勝をかけて3回戦制のプレーオフを戦った。最初の2試合は星を分け、私はブルースの最終戦の報告を待った。メッツの組織内でも最速のスピードを誇るひとり、外野手のケビン・フローラはシーズン最終週に手首を骨折していた。だが、代走が必要なときのためにプレーオフ登録メンバーに入れていた。

最終第3戦が終わった後、ブルースが試合報告の電話を入れてくれ、最終回の様子を実況中継で留守番電話に残してくれた。「同点の場面、打席はショーン・ギルバートです。カウントは2－2。ギルバートの打球は右中間を破り、コロンバスの外野手が追います。代走のケビン・フローラが一塁から走り、二塁を回ります。ボールが内野に返ってくる。フローラは三塁も蹴った。送球は間に合いそうもない。タイズの優勝は目前です。あっと！　フローラが転んだ！　ヒザをついています。起き上がったが、また転んだ。ボールが中継され、ホームへ。ケビンは地面を這いながらホームへ向かうが、アウトだ！　次の回に相手チームに初球をホームランされ、うちは負けました‼」

チームメートはダッグアウトを飛び出して、ホームベースでケビンを祝福する用意ができていた。全員が飛び跳ねていた。だがそこで彼は転び、這いながら進もうとした。両手両足で進みたかったが、ギブスをしていたので片手両足だった。選手たちは、本当にいい人間たちだったから、それを思うとすごく辛くなった。ただ、彼らの多くが9月にメッツに昇格し、翌年は大リーグでプレーしていた。

私がダラス・グリーンの後を継いだとき、成績は59勝72敗だった。ダラスは昔気質で、自分のやり方を押しつけるタイプだった。ドレスアップすると白髪によく映えてとても粋だったが、私はダラス・グリーンの野球スタイルは持ち込まなかった。彼の声はとても低く、よく響いたが、言っていることはでたらめだった。スプリングトレーニングで彼と一緒にいたとき、選手がいるグラウンドで彼のすることを見ていたが、何ひとつ感心することはなかった。だから彼の後を継ぐことに何の心配もしていなかったが、チーム内には彼に忠実なコーチやスタッフがいたので、彼らと付き合わなければならない覚悟はしていた。

監督初日、それぞれの担当部門について知るために私は各コーチと個別に話をした。打撃コーチはトム・マクローだった。トムとはカリフォルニアで一緒にプレーしたことがあり、少しよそよそしいところがあったが、問題はなかった。一塁ベースコーチはフランク・ハワード、三塁ベースコーチはチャック・コティアー。とても人柄が良いボビー・ワインはダラスの右腕で、２人はいつも一緒にいた。ワインはベンチコーチ兼内野守備コーチで、物事を正しく評価できる人だった。マイク・カベージは盟友になる人物ではなかった。彼はデイビー・ジョンソンが監督だったときに3Aで監督を務めていたので、自分が監督に就くべきだと考えていた。それだけの時間を費やしてきたという自負があったのだろう。

フランク・ハワードと私は1980年代に一緒にコーチをしていた。私は彼の熱意やスタイル、野球の洞察力が大好きだったが、彼が私の下でコーチになることはあり得なかった。彼は初日に担当部門の報告をし、2日後にダラスへの義理から辞任した。

その他のコーチは留任させ、我々はともに良い仕事ができた。私はあまり多くの作戦を用いなかった。8月の残りと9月は、チームの評価をすることに時間を費やした。監督就任から3週間後の9月半ば、若くて野心があり、やり手で新聞記者界のストリートファイター的なジョエル・シャーマンがプライベートな時間に監督室を訪ねてきた。

「監督を引き継いでからあなたを見ていますが、何もやっていませんね。あなたがやるべきことが何であれ、何のアクションも見えません」

「これは取材か。それとも、私の墓碑に刻む言葉か？」

「記事を書きます」

「その記事に、今自分が何を言っているか全くわかっていないことも書いておけよ。なぜなら、私はここに来てからかなりのことをやっている。情報を集め、それらを評価し、このチームを、この組織全体を、すべてのメッツファンが誇りに思うものにするため、プランを練っているところだ」

そのときは、ここまで言わないと気が済まなかった。今日、ジョエルと私は良い友人関係にあり、彼はいつもこのときのことを思い出しては、しきりに語っている。

私は、毎日3人ずつ選手と面談した。時に打撃練習を見ずに、この面談に時間を割いた。私は彼らの意見を聞きたかった。彼らの中に、少人数だったがクラブハウスでの喫煙について憤慨している選手がいることに、私は驚いた。リリーフ投手のひとりで癌を克服した経験を持つジェリー・ディポトは、毎日クラブハウスの中で彼の右か左にいる誰かがタバコを吸い続けていることに不満を感じていると漏らした。

「喫煙者と禁煙者を分けないのなら、ぼくは別の場所で着替えたいです。このクラブハウスには、絶対いたくない」とジェリーは言った。

他の選手が漏らした不満の中には、チームメートの何人かが、自分たちの身体のケアを十分にしていないというものがあった。と言うのも、試合後はクラブハウス内でビールや他のアルコール飲料が提供されていて、真夜中になるとまるで大学のフラタニティハウスのようになっていたからだ。私は選手と一緒にビールを飲むことはあったが、クラブハウスでの飲み会に加わることはなかった。私は自分のレストランの閉店時を監督するためスタンフォードに車で帰っていたので、真夜中にクラブハウスにいることはなかったのだ。また、私は誰よりもタバコの煙を嫌っていたので、この意見が出たことで冬の間にフロントオフィスと話し合いを持った。幹部の数人は、選手がクラブハウスで飲酒をした後、サインを求める連中がいる駐車場に出て、何かトラブルが起きた場合に生じる責任を心配していた。

「飲酒について、何かすべきではないかと思う」とフロントオフィスの誰かが言った。

「ちょっと聞いてください。それは、私の仕事の範疇ではない。私から選手たちに、タバコを吸うな、酒を飲むなとは言いませんよ。以前監督をしていたときに、それで問題に巻き込まれたので。私はそれには関わりたくありません」と私は釘を刺した。

私には看板制作業界にいるパートナーがいた。彼はプラスティックから美しい広告サインを作る旋盤を持っていた。それを使って「ニューヨーク市の条例により、公共の建物内での喫煙は禁じられています」と書かれたサインを作ってもらった。私はそれをジョー・マキルベインのオフィスに持って行き、チームがスプリングトレーニングからシェイ・スタジアムに戻ってきたときにはそのサインが複数クラブハウスに掲げられていた。不平を漏らす選手には「いやなら市役所に行って文句を言え」と伝えた。

クラブハウスの隣には、ユニフォームとタオルを洗う洗濯機とドライヤーが設置されたランドリールームがあった。喫煙者と飲酒をする者は、メインのクラブハウスからは隔離されたこの小さなエリアに行かせることにした。問題の根本的解決にはなっていなかったが、多少は安全なクラブハウスの環境ができた。あのサインを掲げたのが大きかった。それに対する怒りは、私が受け止める。今回もまた、私は道徳警察としてやり玉に挙げられたが、その価値はあった。

１９９６年のメッツは強力打線の選手たちを擁していた。キャッチャーのトッド・ハンドリーはホームランを41本打ち、１１２打点を挙げた。バーナード・ギルキーはホームラン30本、１１７打点。ランス・ジョンソンは69打点。皆打ちまくっていた。私は打撃コーチにトム・ロブソンを迎え、彼は新しい打撃スタイルを取り入れた。選手たちはそれを受け入れ、打ちまくっていたが、ナショナルリーグで頭角を現すようなチームにはなっていないと私は思っていた。我々は、96勝66敗の成績でナショナルリーグ東部地区首位となったアトランタ・ブレーブスと戦っていた。モントリオールは88勝74敗で、フロリダ・マーリンズですら80勝82敗で我々より上だった。１９９６年シーズンの我々の成績は71勝91敗だった。

我々には変化が必要だった。恐ろしくひどかったブルペンは、特にそうだった。攻撃陣は良かったが、すでに円熟期を迎え、やや年令が高かった。投手陣は若く将来が期待でき、高い評価を受けていた。うちのチームには、将来が嘱望される3人の若手投手ビル・パルシファー、ポール・ウィルソン、ジェイソン・イズリングハウゼン（イジー）がいた。彼らは、メッツを強豪チームに押し上げる三本柱になると言われていた。だが、彼らについての報告を読んだり聞いたりしたところ、我々がチーム作りをしていく中で必要な、高い質を持ち合わせた投手たちではなかったので、チームを上昇させるために彼らに頼ることは、絶対にできなかった。チームの中には彼らに投資した人たちもいたし、彼らをシーバー、クーズマン、ゲイリー・ジェントリーと比べたり、グッデン、ロン・ダーリング、シド・フェルナンデスの再来だと熱く語ったりする記者がたくさんいたことは、とても大きな問題だった。

私は1969年のメッツ投手陣と対戦し、1985年のメッツ投手陣がいたときにコーチをしていたからわかるが、彼らに当時の投手たちに並ぶ力は見えなかった。だが、彼らを先発ローテーションから外す理由を見つけるのは難しかった。しばらく時間はかかったが、私はフロントオフィスに私が正しかったことを納得させた。ウィルソンはケガをし、左腕のパルシファーは多少もがき、イジーはものすごい肩を持っていたが遅咲きで成長しきっていなかった。翌年は、全員先発させず終いだった。

メッツは1997年に大きく飛躍し、88勝74敗でシーズンを終えた。ジョー・マキルベインはよそよそしい感じだった。テキサスでは、トム・グリーブと私は常に連絡を取り合っていた。一緒にランチをしたし、彼は試合後監督室に来たし、厳しい負けを喫した後はいつも「頑張ろう」と声をかけてくれた。ジョーはいい人間だったが、姿を現さなかった。基本的に私にはやりたいようにさせてくれていて、1997年シーズンが終わった後のオフには「どうしたらいいと思う?」と聞いてきた。

「ブルペンをかなりテコ入れしないといけない」と私は答えた。

「同じ球を投げない投手がいないとダメだ。違う球種を投げる投手を入れて、相手に与える印象を変えないと」そして、我々はブルペンを総入れ替えした。

ジョー・クロフォードは私が指揮を執ったノーフォークで投げていた。彼はいいチェンジアップを持っていて、私は彼をジェイミー・モイヤーのように使うつもりでいた。十分に活用できるスライダーを持っているリッキー・トリリチェックも昇格させた。そして、トレードでターク・ウェンデルを獲得した。

ジョン・フランコとは、うまくやっていかなければならなかった。ジョンは最初ダラスのお気に入りだった。それは当然だろう。とてもタフで、言われたときに登板し、セーブを挙げた。彼に試合の最後を任せるのは楽しかったし、彼はダラスのお気に入りからスムーズに私のお気に入りになっていった。他に9回を任せた投手はいなかった。毎日、彼が投げられるか直接確認すると、常にイエスの返事が返ってきた。

攻撃陣で私が気に入っていたひとりがカール・エベレットだった。今日に至るまで、過去にユニフォームを着たことがあるすべての選手の中で、最も才能に溢れた選手だったと思う。スイッチヒッターでどちらの打席でもパワーがあり、とんでもない強肩の持ち主だった。センターでゲイリー・マドックスのように浅く守りながら、打球が頭上を越えたことは一度もなかった。バントもうまく、盗塁もできた。彼のレパートリーの中で、平均を超えてできないことはひとつもなかっただろう。だが彼は変わっていて、孤独で酒もタバコもやらなかった。彼の存在理由は、家族のためだけだった。私は全面的に彼の味方になったが、それを気に入らない選手もいた。ランス・ジョンソンは優れた経歴の持ち主だったが、カールにセンターを守らせたかったのでトレードに出した。

チーム最大のスターはトッド・ハンドリーだった。私は彼の父ランディ(元MLB選手)と良い友達だった。トッドは１９９７年にホームラン30本、打点86をマークしたが、深刻なアルコールの問題を抱えていた。すでに一度リハビリプログラムを経験しており、二度とタバコも酒もやってはいけない身だった。シーズン中、特にナイトゲーム明けのデーゲームのとき、前夜に十分睡眠を取っていなかった彼を、起用しなかったことがあった。とてもいい人間だったが、問題があった。１９９７年、私はニューヨーク・スポーツライターズ・ディナーに出席した。スポーツライターはランディとトッド・ハンドリーの親子にファーザー・アンド・サン（父子）賞を授与した。ランディと私は控え室にいて、そこからステージに上がり、メインテーブルに着いた。正装で出席する会で、トッドはとても嬉しそうにしていた。

彼の父が私のところに来てこう言った。「息子の件で、父親にはどうにもできないことがある。トッドは睡眠を取るのにすごく苦労しているんだ。何か彼を助けてやれる手を知っているかい？」

「もちろん。できることをやってみます」と私は答えたが、これはお互いに負け組になる一件だと私にはわかっていた。

トッドを起用しなかったあるデーゲームの後、マスコミが私に「なぜトッドをスタメンで使わなかったんですか？」と聞いてきた。

「彼は夜よく眠れないことがあって、デーゲームは苦手なんだ」

それが見出しになり、マスコミがトッドのところに話を聞きに行くと、彼は「とんでもない。眠るのに問題なんてない。毎日プレーできるさ」と言った。翌日の『ザ・ニューヨーク・ポスト』（ザ・ポスト）紙の裏表紙の見出しは「俺は眠くない、酔ってるだけ」だった。

『ザ・ポスト』紙の裏表紙と言えば、この話を思い出す。私が最初に監督に就任したとき、メッツのオーナー、フレッド・ウィルポンとミーティングをした。
「君にやってもらわなければならないことのひとつは、1年中仕事をすることだ」と彼は言った。
「フレッド、もちろんやりますよ。心配しないでください。冬はオフにしませんから」と私は答えた。監督の多くは、冬の間連絡が取れなくなる。彼らは釣りに出かけたりゴルフをしていたりして、チームが監督に病院訪問やキワニスクラブのランチョン出席を望んでも、彼らはつかまらなかった。フレッドは、監督が高額の報酬を受けるのなら、1年12ヶ月働くべきだと考えていた。私には全く異論がなかった。

フレッドはまた、「我々は裏表紙も独占しなければならない。裏表紙はいつもヤンキースだからね」とも言った。

我々のチームのリーダーはトッド・ハンドリーだった。彼にはファンクラブがあり、最高のスマイルで打撃はすごかった。すべての良い面を持っていた。彼こそがチームが求めていた選手だったが、ヒジを痛めて、1997年シーズンの終わりに手術をした。

チームには、もうひとりのリーダー、ホームラン22本、102打点のジョン・オルルッドがいた。私が知り合った中でも最高の性格を持ったひとりで、私は彼を中心に打線を組み、チーム作りをしようと試みた。背が高く、運動能力が非常に高く守備範囲の広い一塁手だった。

実に優れた選手がそろった内野陣で、たまに送球がやや逸れたとしても、ファーストのジョンがいつも華麗にさばいてくれた。我々は、現在ではシフトと呼ばれる変わった形の守備隊形を用いていた。ピッチャーが投球するのに合わせて内野手がシフトした。私が左投手に対する相手の走者の盗塁を防ぐのに有効だと考えた方法を、ジョンは身につけていた。ジョンがファーストを守っていた数年間、うちのチームの左腕投手はケニー・ロジャースを除き、皆一塁けん制がうまくなかった。そして、簡単に盗塁を許していた。アル・ライターはほとんど一塁けん制をしなかった。ジョン・フランコはホームへのクイックはうまかったが、一塁けん制の動きは上手ではなかった。マイク・ハンプトンはまずまずのけん制だったが、グレンドン・ラッシュはダメだった。デニス・クックもダメだった。そこで私はオルルッドを一塁ベースから離すことで補おうと考えた。走者のリードを小さくしようとベースに着くのではなく、ジョンは走者の少し前で走者と平行に立った。ここでのジョンのタイミングは完璧だった。投手がモーションに入って右脚を上げたとき、ジョンはベースに着くかのようにやや一塁側に動いた。すると走者は投手が一塁に投げてくるかと思い、スタートを切れなくなった。これによって盗塁を試みる数は大幅に減ったが、議論の的にもなった。審判の中には、ルール違反だと言う人がいた。相手の監督も抗議をしてきたが、完全にルールに則っていたプレーで、とても効果的だった。

オルルッドの攻撃スタイルも、当時私が広めようとしていた考え方そのものだった。私は三振と同じぐらい四球を選ぶ選手を打線に起用したかった。当時、四球を選ぶことはあまり歓迎されていなかったが、私は大切なことだと思っていた。セイバーメトリックスに長けたクレイグ・ライトと過ごしたときにその大切さを教わっていたのだ。オルルッドは1997年シーズンに85個の四球を選んだ。彼は打者の模範だった。私は彼がアメリカンリーグでプレーしていたときから知っていたし、このときは自分の下でプレーしてくれていたので、絶対に手放したくなかった。彼が私のアドバイスに反してチームを去ったときは、胸をえぐられるような苦痛を感じた。

ショートはレイ・オルドニェスだった。キューバからの亡命選手でパズルを完成させるもうひとつのピースだった。彼はアメリカでトーナメントに出場していたときにフェンスを跳び越え、メジャーリーグでプレーするためキューバからアメリカに亡命した。彼は、普通のプレーを難しそうにこなし、難しいプレーを当たり前のように好プレーにしてしまう点で、面白い選手だった。内野に背を向けてフライを捕る能力は、ショートとしてはデレック・ジーターと同じぐらい超人的なものを持っていた。だが、打撃が問題だった。どんなボールにも手を出し、四球を選ぶことは考えていなかったし、サインは自分に出されているのではないと思っていた。彼は変わっていたが、私はそれを問題にしなかった。ただ、チームとしてのコンセプトを理解しなかったことは容認できなかったが、彼のバックグラウンドを考えて容赦した。彼は家族全員をキューバに残し、亡命して以降誰とも会っていなかった。そして、英語も覚えなければならなかった。

チームにはもうひとりのキューバ人、地球上で最高の模範的市民、アレックス・オチョアがいた。アレックスはレイの師であり、ジョー・マキルベインのお気に入りの選手でもあった。トレードでボルティモアから獲得したとき、ジョーは彼をキリストの再来だ、走攻守すべてを兼ね備えた次代のスター選手だと褒めちぎっていた。アレックスは遅咲きの選手で、花開いたのは日本（中日でプレー）でだった。彼はメジャーリーグのメッツでプレーしているときに、その遅い全盛期に近づいていた。

1997年は、クレイジーな出来事が次々に起きた年だった。7月16日、ジョー・マキルベインがメッツのGM職を離れ、スティーブ・フィリップスが後任となった。マキルベインがチームを去った件に関して私が知っていたのは、ある日フレッド・ウィルポンが監督室にやってきて、「ジョーはもうGMではない。スティーブ・フィリップスが後を引き継ぐ」と言ったことだけだった。それほど突然の出来事だった。マスコミの間では、私がジョーを排除したという噂が流れていたが、それは事実とはかけ離れていた。私は、日本にいたときに、カーメン・フスコがメッツの監督をしたいかと訊いてきたのに、日本の仕事をやめた後はメッツではなくノーフォークの監督になったのは、一体どういうことだったのかと、ジョーにずっと聞きたかった。だが、ジョーは解雇された。今でも、その答えを私は知らない。

2ヶ月後の9月、カール・エベレットがいよいよ本領を発揮し始めているとき、私は新たな「問題」に直面した。カールはその頃、3番か5番の打順を打っていた。ある日の試合で我々が9回裏の攻撃を迎えたとき、カールは打席に入る準備をしていた。そこに、クラブハウス担当で、あらゆることに首を突っ込みすべてのことを知っていたチャーリー・サミュエルズが私のところにやってきて、私のユニフォームを引っ張りながら「ボビー、問題が起きました」と言ってきた。私は、相手チームがちょうど投入したばかりのリリーフ投手のことを言っているのかと思い、「いや、あいつなら打てる」と答えた。

「問題が起きたんです、ボビー。カールをジェッツのロッカールームに連れて行ってください。警察が、彼の子供を奥さんから引き離したんです」

「なんだって？」

「大変なんですよ」

カールはバットケースに向かって歩いていた。私はカールと親しくなるために相当な努力が必要だったが、何とか彼と近づけていた。彼を捕まえて「ヘイ、カール。このイニングで君は打席に立たないんだ」と言った。彼は私が代打を送ろうとしていると思い、信じられない面持ちで私を見た。「違うんだ、カール。対処しなければならない個人的な問題が起きているんだ」

チャーリーが私に何を言っているのか、私にはさっぱり意味がわからなかった。私には、彼の困った表情しか見えなかった。私は、カールが彼の妻と子供たちをどれほど大切にしていたかを知っていたので、スタメン表をトム・ロブソンに渡してカールと共に廊下を走り、コンクリートのトンネルを抜けてジェッツのロッカールームに入った。私がドアを開けてカールと一緒に中に入ると、部屋の奥には制服を着てミラーサングラスをかけたニューヨーク市警の警官が、両脇に2人ずつ警官を従えて立っていた。彼はカールの2人の子供を両腕で抱えていた。彼の妻は泣き叫びながら、福祉局の女性職員に抑えられていた。我々はこの恐ろしい場面に向かって歩き始めると、カールは彼らの方向に突然走り出した。彼はNFLでランニングバックになれただろう。太もものサイズはアール・キャンベル（NFL史上最も優れたパワーランニングバックのひとり）のようで、体重98kgの身体は筋肉の塊だった。その彼が全力で突っ込んでいったが、彼の子供を抱える警官のところに到達する前に、4人のニューヨーク市警の警官にタックルされ、床に押さえつけられた。

外では9回裏が始まっていて、叫び声や怒鳴り声が聞こえていた。部屋の中では泣き叫ぶ声が耳をつんざき、私の頭の中は完全に混乱していた。私はカールを落ち着かせた。彼の顔から5cmの距離に近づき、彼に抱きつき、彼の身体を抑えた。

「カール、俺だ。大丈夫だから。カール、落ち着け。俺たちが何とかする。カール、大丈夫だ。カール、大丈夫だよ」

数秒、あるいは数分、もしかしたら数時間が経ったのかと思えた時間の後、カールは落ち着き、彼を抑えている警官は2人だけになり、残る警官のひとりが状況を説明してくれた。

「どうすればいいんですか？」と私は尋ねた。「これから、どうなるんですか？」

「子供たちを病院に連れていき、検査をしなくてはなりません。福祉局が認めるまで彼らはカールの保護下には置けません」と彼は言った。

簡単に飲み込める状況ではなかった。カールの妻が私たちのところに来た。

「カール。あの人たちが、子供たちの腕にあざを見つけたの」

福祉局に子供たちを預かるよう伝えたのは、バーナード・ギルキーの妻だということだった。警官は、子供たちを連れていく病院を教えてくれたので、カールと私はロッカールームに行って着替え、私の車で病院に向かった。私たちは待合室に行き、子供たちの検査をする医師が呼ばれるのを待つ間隣の部屋にいたが、そこの大理石の床で眠ってしまっていた。そこにいる間、私はカールと話をした。

私は、彼の父のように、または兄のように「子供に手を上げるのか？」と彼に聞いた。「どうしたんだ。娘さんは大丈夫か？」

カールはあまり話さなかった。子供たちをすごく愛しているとだけ言っていた。彼の小さな息子は何度か遠征に同行したことがあった。移動の飛行機の中で、息子は通路を駆け回っていた。男の子は活発だが、カールのしつけ方は、彼の父がそうしたように、身体をゆすることだった。彼は息子の腕をつかみ、言うことを聞かせるためにその腕を振っていた。そして、子供の腕にあざができた。カールは家族のための休暇を取り、12月にアストロズへトレードされた。私は、とても気分が悪くなった。次にカールに会ったとき、彼はレッドソックスのユニフォームを着ていた。選手の駐車場で見かけたので、彼に思い切りハグをした。うまくやっているかと尋ねたら、やっているとの返事だった。元のいい選手に戻ってくれていた。

カールのときのように、私は必要以上に深く関わってしまい、自ら面目をつぶし責任を負ってしまいながらも、理由を散々説明して何とか終わるという状況に陥ることが何度かあった。深く関わりすぎたのかもしれないが、私はやるべきことをやっただけのつもりでいた。トッド・ハンドリーの場合は、自分で関わらないと宣言しておきながら、危機が迫っていることはわかっていた。彼は自分の許容範囲以上のことをやっていて、潰れる寸前まで行っていたので、私はメッツの共同オーナー、フレッド・ウィルポンのところに行って状況を報告し、フレッドは自らが解決に乗り出すべきだとの決断を下した。彼はトッドのことが大好きだと私に言い、事態の解決法を見つけると言ってくれた。

数日後、フレッドは「状況を解決」したと話してくれた。どのようになったかを彼に尋ねると、トッドと彼の妻を自宅に招待したと答えた。彼はトッドに、生活態度を改めて善良な市民になる努力をすると約束するのなら、彼に対する愛情を示すために1986年のワールドシリーズ優勝リングを指にはめさせてあげようと伝えたそうだ。トッドは同意し、フレッドが所有する高級ワインを2本開けて祝福したと聞かされた。私はその状況に関わることは終わりにしたかったので、「いいですね」とは言ったが、自分ならもっと良い形で事を収めていたと思っていた。フレッドの言葉が問題だったのではない。トッドはアルコール依存症なのだ。「彼は約束したから」とフレッドは言った。

フレッドの責任ではなかった。メッツは、こういった事態を解決するために、依存症を専門とする精神科医のアラン・ランス医師を雇っていた。私だって、全く関わるべきではなかったのだ。私は真面目な新人警官ではないし、誰よりも賢いわけでもなかったが、いつも他人のことを気にかけていた。常に正しいことをやろうとしていた。間違った理由のために何かをしたことは一度もなかった。コインを投げる賭けに出てみただけだ。だが、表でも裏でも、結果は負けだったのだ。

21

マイク・ピアッツァ獲得

1998年、我々は真に名の知れた投手を獲得し始めていた。フロリダ・マーリンズは選手の投げ売りを始めていた。彼らは好選手を手放し、若い選手を揃える意向だった。2月6日、スティーブ・フィリップスは好機をつかみ、アル・ライターを獲得した。アルはすでに高評価を受けていた投手で、リック・リード、ボビー・ジョーンズ、吉井理人がいるローテーションにすんなりと加わった。ライターは私にとっては天の恵みで、実際にそう見える投手だった。常に気持ちを入れて試合に臨み、知力が高く、当時流行し始めていた打ちづらいカットボールを駆使して、球界屈指の投手となっていた。

さらには、評判だけで契約した吉井理人。私は日本にいたとき吉井を知らなかった。別のリーグの投手だったからだが、良い評価は聞いていた。私が残念だったのは、上原浩治と契約できなかったこと。私の日本での経験を活用して、優れた日本人選手を獲得したいと思っていたのだが、叶わなかった。韓国人のソ・ジェウンは優れた投手だった。剛速球を投げ、抜群のキレがあるスライダーを使い、いいスプリットも持っていた。彼とは契約するつもりだった。もうひとり契約したかったのが上原で、私は彼が大学卒業と同時に契約したいと考えていた。

我々は、ソは50万ドルの価値があると思っていた。韓国に飛び、彼の監督や父、兄など全員と良い関係を築く手助けをした。我々は口頭で契約に合意し、さらに有望株ではないが彼の兄弟とも契約することに合意した。ソがマイナーでプレーする間も韓国語を話す選手と一緒にいられるし、食事を共にし、時間を共有する相手にもなるからだ。当時は、パク・チャンホがドジャースで台頭してきたところだった。後にソとパクは、2006年のワールド・ベースボール・クラシック（WBC）で韓国代表の主力としてともにプレーしている。我々は彼をニューヨークに連れてきて、クリスマス休暇中に契約し会見を開いた。彼は家族と高校時代の監督、大学時代の監督、通訳、韓国メディアの総勢12人を引き連れてきた。

シェイ・スタジアムでクリスマスパーティーが行われたため契約を1日延期したが、私の知らないところでスティーブ・フィリップスが、記者会見の前に肩の検査をしなければならないとソに伝えていた。会見は午後4時開始予定で、私は皆が来るのを待っていた。到着した彼らを出迎えると、記者会見の前にプライベートなミーティングを行った。ミーティング中、スティーブが「ところで、MRI検査の結果が芳しくなかったので、お伝えした額で契約はできません。あなたは肩に支障を抱えることになるのではないかと、我々は危惧しています」と言い出した。

現実に起きていることとは思えなかった。スティーブは提示額から0をひとつ削った。ソのグループには、英語を話す人物がひとり、彼の代理人で代表チーム時代のトレーナーがいた。ソは彼ら全員を連れてきており、契約を交わさずにこの場を離れるわけにはいかなかった。

「スティーブ、あんな馬鹿げたことをするなんて信じられないな」と部屋を出る前に私は言った。

ソは契約書にサインした。彼はその年セントルーシーで投げ、ヤンキースのファームチームとのプレーオフではノーヒットノーランにあと一歩のところまで行った。我々は、彼が冬に韓国で行われるナショナルトーナメントに参加することを容認していた。金メダルを獲得すれば、彼と彼のチームメートたちは徴兵を免れることになっていた。結局彼はケガをし、ＭＲＩ検査で危惧されたケガではなかったが、それほどの投手ではなくなってしまった。

翌年、我々のスカウト大慈彌功《おおじみいさお》が、上原浩治を大学卒業時に契約すべきだと説得してきた。大慈彌は契約書を持って彼の家族に会いに行く予定だったが、両親の家に着く寸前にまたもやスティーブが提示額から0をひとつ削ったのだ。大慈彌は家に上がらずに帰り、上原は読売ジャイアンツとドラフト1位指名選手として契約金1億円でサインした。そしてルーキーイヤーに20勝4敗の成績を挙げてみせた。

私は上原と契約できなかったことで激怒していたが、１９９８年5月22日、スティーブは奇跡的な契約を交わして補った。ジェフ・ゴーツ、プレストン・ウィルソン、そしてエド・ヤーナルとの交換で、マイク・ピアッツァをフロリダ・マーリンズから獲得したのだ。ピアッツァはマーリンズに1週間しかいなかった。マーリンズはボビー・ボニーヤ、ジム・アイゼンライク、マニュエル・バリオスとの交換で、ピアッツァとトッド・ジールをドジャースから獲得していた。ドジャースがマイクを手放したのは、マイクの父のような存在だったトミー・ラソーダが心臓発作を起こし、１９９８年は指揮を執っていなかったからだった。

ラソーダはマイクの父ビンス・ピアッツァと親友だった。私がレンジャーズの監督1年目だったとき、トミーが電話をしてきて「俺の友人の息子がマイアミ・デイド・ジュニアカレッジで野球をやっている。スカウトを送って見てみるといい。彼をトライアウトさせてみろ」と言ってくれたのを覚えている。トミーが何かしろと言ったときは、私は必ずその通りにしていた。マイクと彼の父がポンパノのキャンプ地にやってきた。スカウト全員に、彼がゴロを捕るところと打つところを見せた。スイッチヒッターだったが、ひどかった。打撃練習でバットを折り、ゴロを捕ることができなかった。マイクは学校でもう1年過ごし、トミーはドジャースに頼み込んで彼をドラフト62巡で指名した後契約した。その後のことは言うまでもない。ピアッツァは16年プレーし、通算打率は3割8厘、ホームランを427本打った。

1998年、ドジャースで私からショートのポジションを奪ったあのビル・ラッセルが、トミーの後継者となりチームを預かった。そして、マイクはトレードされた。マイクはマーリンズに「ここではプレーしたくない」と言っていた。スティーブ・フィリップスが私にピアッツァのことをどう思うかと聞いてきたとき、我々はドジャースとのトレードを考えていた。私は、オールスター選出キャッチャーのトッド・ハンドリーがうちのチームにいると思ったが、彼は腕の手術を受けた後リハビリ中だった。トッドはケガを治して完璧な形で復帰する見込みだったが、私は「ピアッツァ？　本当に？　ピアッツァはすごくいいぞ。ピアッツァを嫌いなヤツなんているか？」と考えていた。

「獲得できるんじゃないかと思う」とスティーブが言った。

「幸運を祈るよ」

その後ドジャースはピアッツァのトレードを白紙に戻したと聞いたので、マーリンズにトレードされたときは驚いた。スティーブが監督室に入ってきたとき、私は併設されているトイレにいた。

「急いで、すぐにトイレを流してくれ。ピアッツァを獲得したんだ」

マーリンズは我々が提示した交換要員を気に入ったが、ピアッツァの年俸が高く交渉は成立しなさそうだった。そこに共同オーナーのネルソン・ダブルデーが「この男を取れるなら、金が理由で断念はしない」と言った。それより前、ネルソンが打撃練習のバッティングケージで私と一緒にいたとき、「ピアッツァは本当に助けになるのか?」と訊いてきた。ネルソン・ダブルデーが野球のことについて私と話したのは、このときだけだった。

「はい」と私は自信を持って答えたが、トッド・ハンドリーととんでもない騒動を繰り広げることになるのはわかっていた。

トイレから出て最初にスティーブに訊いたのは「トッドはどうするつもりなんだ?」だった。

「レフトを守らせよう」と彼は言った。

トッドはいろいろな強みを持った選手だったが、キャッチャーでありながらフライを捕るのがうまくなかった。彼がピアッツァ獲得を受け入れるとは思えなかったが、その通りだった。トッドは当惑し、混乱した。腕のケガから回復の途中の彼が監督室にやってきて、レフトに転向するなんてあり得ないと言ってきた。

「ヒジが良くなって復帰したら、彼と1日ずつ交代で使ってください。1ヶ月したら、ポジションを取ってみせるから」

私はスティーブに会いに行き、話をした。「マイク・ピアッツァは1日おきに出場させるために獲得したんじゃない。トッドがいるからと言って1日おきの出場になったら、大問題だぞ」

結果、トッドは12月にトレードされ、私が非難を受けることになった。彼のファンクラブが私の車のタイヤに穴を開けないか、あるいはもっとひどいことを起こさないか、心配だった。彼らは本気で私を批判し、手製のサインを掲げ、すべて私の考えたことだと非難した。私は、このトレードの功績を認められたいところだったが、残念ながら全く関与していなかった。マイク・ピアッツァはチーム全体を大きく変えたので、むしろトレードに関与していたかった。

トッドについて、彼の父ランディ・ハンドリーが心配していた内容を、私はフレッド・ウィルポンとアラン・ランズ医師に伝え、ウィルポンの答えは彼が課外活動を控えるならワールドシリーズのリングをつけさせてやるというものだった。私はウィルポンが本当に必要な援助をトッドに与えてくれることを願ったが、実際はトッドと彼の代理人たちは私がしたことに対して猛烈に腹を立てることとなった。言わば、私は彼のことをオーナー陣とチーム組織に密告したということだ。彼の代理人を務めたサムとセスのレビンソン兄弟はロングアイランドの弁護士だった。2人はACESという事務所を設立し、多くのトップアスリートたちの代理人となった。本来、トッドの面倒を見るのは彼らであるにもかかわらず、私がしたことは無責任な行為だったと考えていた。

スティーブ・フィリップスは、1998年12月1日、アーノルド・グーチと共にトッド・ハンドリーをドジャースにトレードし、交換でロジャー・セデーニョとチャールズ・ジョンソンを獲得、ジョンソンはすぐにアーマンド・ベニテスとの交換でボルティモアに送られた。レビンソン兄弟は私を憎んでいて、私のキャリアを潰すためにあらゆる手を尽くそうとした。この話はやや複雑になるが、我慢して付き合ってもらいたい。

＊

私がメッツの監督に就任したとき、チームには古代のビデオシステムしかなく、小さな部屋にメッツの試合を録画するビデオレコーダーが1台あるだけだった。選手は時々その部屋に入り、前夜の試合映像を見ていた。初めてそれを見たとき、私は思わず「お話にならない」と言ってしまった。オフシーズンの間、私のレストランにあるようなビデオシステムを導入するプランを立てた。クラブハウスに6台のテレビを置き、3つは打者側から投手を、別の3つは投手側から打者を映す映像が見られるようにした。クラブハウスの片側に投手が見えるテレビ3台を設置し、逆側に打者が見える3台を置く。投手には相手打者を、打者には相手投手を見てもらうためだ。それらの映像はすべて1つの部屋から操作する。

スティーブは、その予算は全くないと言った。「使える金が全くない。組合と契約している労働者は高すぎるし、組合の電気技師も高すぎて予算の範囲内に収まらない」

「時間外に私がやるのはどうだ？」と私は聞いた。

「私が知らないことになるのだったら、何も心配はしない」

私は、ノーウォークにあるレストランの顧客、ラリー・ストールを電気技師として雇った。ラリーはレストランの衛星アンテナやテレビの調子が悪くなったときにいつも直してくれた男だった。彼は冬の間、午後9時にメッツのクラブハウスにやってきて、6台のテレビと衛星アンテナ、録画システム、そしてカメラを2台設置してくれた。カメラはそれぞれのダッグアウト横に設置され、選手たちはテレビの映像だけでなく、より良い角度から自分たちの姿が見えるようになった。三塁ベースコーチが何をしているかを見たければ、カメラを動かして彼を見ることもできた。相手チームの監督がどんなサインを出しているのかも見ることができた。さらに私はポケットマネーを使い、大きなソニー製のプリンターを買い、1秒ずつずらした16コマの画像を1枚の紙に印刷した。打者も投手も、自分たちの姿が静止画像で見られるので、とても役に立った。

ラリーはしばしば来てくれて、カメラを微調整したりテレビのセッティングを直したりしてくれた。何しろ、すべてがどうつながっているかを知っているのは、彼だけだったから。シーズン中もラリーは時々来てくれたが、まだビールがあるときだったので、選手も何人かクラブハウスに残っていた。そしてラリーは、トッド・ハンドリーと親しくなった。話をトッドがトレードされた後の冬に早送りする。トッドがフロリダにいる間、ラリーはロングアイランドにあったトッドの家の留守を預かっていた。そこにいる間、ラリーはカーク・ラドムスキーの兄弟と共に衛星アンテナを売るビジネスを始めていた。カーク・ラドムスキーは、私が監督に就いたときにクラブハウスで働いていた。私がクラブハウス職員のチャーリー・サミュエルズに、彼は何をしているのか聞いたところ、チャーリーは「選手たちが何か必要になったとき、必要な物をすべて揃えるんです」と答えた。

後の2007年、ラドムスキーは地方裁判所で、マネーローンダリングとヒト成長ホルモンのアナボリック・ステロイドおよびアンフェタミンの違法提供について有罪を認めた。こういう形で終わって良かった。

「彼を解雇しろ。クラブハウスにいてもらいたくない」と私は命じた。

私が連れてきたラリーとカークの兄弟が何をきっかけに組んだのかを想像するのは簡単だ。2人が始めたビジネスは、小さな衛星アンテナを売る仕事だった。当時衛星アンテナは新しく世に出た製品で、特にカナダでは簡単に手に入るものではなかった。ラリーはカナダ人と手を組み、100基のアンテナを売った。購入者は代金を送ったが、ラリーはアンテナを送らなかった。同時に、ラリーはレビンソン兄弟のひとりの家に精巧なスピーカーシステムを設置していた。彼はすべての部屋にステレオスピーカーを付けるよう依頼されたが、スピーカーを付ける代わりに、天井に穴を開け、スピーカーのように見えるキャップを取り付けただけだった。彼はレビンソン兄弟も欺いていたのだ。なぜそんなことをしたのか？　彼は詐欺アーティストで、詐欺アーティストはバカで屈折しているからだ。カナダの購入者は代金の返金を求めるため、私立探偵を雇ってラリーとラドムスキーを探させた。探偵は彼らの居所を突き止め、警察に引き渡して彼らは逮捕された。その探偵は、私とスタンフォードの高校に一緒に通った男だった。

スタンフォードの連邦裁判所でのラリーの罪状認否で、彼は私のバーの常連客によって保釈され、彼はスタンフォードの弁護士ミッキー・シャーマンを弁護人として雇った。ミッキーは1980年代に大きく報道されたコネティカット州でのマイケル・スケイクルの裁判で弁護人を務めた。この絡み合った蜘蛛の巣は、私の知らないところで張られていた。レビンソン兄弟は『ニューズデー』紙の番記者マーティ・ノーブルに連絡を取った。このときまでに、マーティはアンチ・バレンタインになっていた。『ザ・スタンフォード・アドボケート』と『ニューズデー』は同じオーナー企業が発行していた。マーティは、ラリーがカナダ人の購入者を欺した一件で資金援助し、彼の保釈金1万ドルを支払ったのは私だという内容の情報をレビンソン兄弟から受け取り、それを基に記事を書いた。

「私は職を失う」と思った。「地元での面目は丸つぶれになる。何よりも最悪なのは、父と母が恥ずかしい思いをすることだ!」

ひどいどころの話ではなかった。そしてこれは1998年のシーズン中に起きた。スタンフォードの新聞に記事が載り、父はそれを読んだ。父は毎朝私のレストランの開店に立ち会い、清掃業者がきちんと掃除しているかを確認してくれていた。ラリーは朝から電気系統の修理によく来ていたので、父はラリーを知っていたが、彼をとても嫌っていた。父はラリーが私のレストランに一切関わるべきではないと直感していたが、ラリーはうまく立ち回る方法を心得ていた。

この謀略が新聞に載ったとき、友人たちからこれはレビンソン兄弟の仕業だと聞いた。ある日の試合後、レビンソン兄弟のひとりがクラブハウスの外のロビーにいると聞き、私はそこにいって彼の胸ぐらをつかみ、壁に押しつけた。彼はあまり大きな男ではなかった。私は彼を床から持ち上げ、侮辱の言葉を投げかけた。殴りはしなかったが、殴っておけば良かった。それ以来、私は彼の顔を見たくなかった。嫌いという気持ちをはるかに超えていた。私の人生から永遠に消えてほしかった。問題は、彼が選手の代理人で、私のチームの選手も何人か担当していたことだ。彼が代理人を務める選手全員のリストを手に入れ、私は自分の身を守ることにした。最後になって私はこう思った。「私はこのようなことに関わるには存在が大きすぎる。これは代理人と私の問題ではない。私と選手の間の問題なのだから、選手たちのために正しい形で収めなければいけない」それにしても、何と足を引っ張ってくれた一件だったことか！

ラリーとラドムスキー兄弟は服役した。裁判が行われ、有罪答弁が為された。最終的に、私は事件とは一切の関わりがないことが証明された。ラリーのことは知っていたし、私が彼を雇って機材を設置したのは事実だった。私はマスコミに対してそのことを認めたが、警察の取り調べを受けることはなかった。私が事件の首謀者だというのは作り話であり、元を辿れば、私とトッド・ハンドリー、レビンソン兄弟との関わりから始まったことだった。

22

スティーブに処分

1998年シーズンを我々は88勝74敗で終えたが、私の職を安泰にするものではなかった。その年の冬に起きたことが、私の監督としての立場をさらに不安定にした。

始まりは、スティーブ・フィリップスが11月に休暇を取らなければならなくなったことだ。彼が結婚していたことと、ある女性が彼をセクハラで訴えたこと以外、新聞は何が起きたかを明確に報じていなかった。この一件が起きたのは、たくさんのトレード交渉が成立して各チームが再建を進めるウィンターミーティングが、フロリダ州ネイプルズで開かれようとしていたときだった。そのミーティングにスティーブは出席できなくなった。良い兆候ではなかった。

ボビーJr.が大学進学を控えていて、私たちは何校か訪問をすることにしていた。私の妻の母校があるノースカロライナ州チャペルヒルにいたとき、フレッド・ウィルポンから電話がかかってきた。彼はその晩に私をピックアップし、GMミーティングに行きたいと言った。

「困りましたね、カジュアルな服装しか持ってきてないんですよ」と私は言った。

「ジャケットを見つけておいてくれ。ウィンストン・セーラムでピックアップするから」

私はジャケットを買い、空港に向かった。オーナーのプライベート機でピックアップされ、飛行機に乗るとスティーブが個人的な問題を抱えているため、機内にいる全員が力を合わせて必要なことをやると言われた。そこには球団幹部全員が集合していたかのようだった。搭乗していたのは、球団副社長のデイブ・ハワード、アシスタントGMのジム・デュケット、アシスタントGMのオマー・ミナヤ、もうひとりのアシスタント、カーメン・フスコ、スカウティングディレクターのゲイリー・ラロック、抜群の能力を持つPRディレクターで、私がメッツの監督をしていた間に出会った最高の人物、ジェイ・ホーウィッツ、そしてチームの精神科医アラン・ランス医師だった。

ホテルに到着したとき、フレッド・ウィルポンはチームの特別シニアアドバイザー、フランク・キャシェンが合流すると我々に伝えた。私はメッツの監督をしたそれまでの2年半で、フランクに会ったのはスプリングトレーニングでの2度だけだった。彼はほとんどチームに関わっていなかった。我々はスティーブのファイルとノートに加え、いくつか収集途中の情報を持っていたので、通常通り仕事を進める準備はできていた。状況は通常通りではなかったが。フランクが現れると、フレッドは彼を全員に紹介した。

フレッドは「フランクがミーティングを主導してくれる」と言うと、すぐにその場を去ってニューヨークへ戻っていった。

「ひとつだけ再確認しておく。カクテルアワーは5時からだ」とフランクが言った。

我々の任務は、各自がよそのチームとのミーティングをセッティングし、そのチームのニーズは何か、誰をトレードに出したがっているか、逆に誰に興味を持っているかなどの情報を得ることだった。我々は毎朝ミーティングを開いてフランクに情報を伝えることにした。我々のミッションのひとつは吉井理人と契約することで、その契約にはこぎ着けたが、2年契約を交わすこととなった。吉井は1年でも契約する心づもりだったのに。だがそれよりも、我々はメル・ロハスとボビー・ボニーヤ（ボビー・ボー）のトレードについて、ドジャースと話さなければならなかった。

1998年シーズンの終盤、そのときドジャースのGMを務めていたトミー・ラソーダが、チームに帯同してニューヨークでの連戦にやってきた。試合後彼は「なぜここのファンはメル・ロハスに満足していないんだ？」と聞いてきた。

「1997年のサブウェイシリーズで、ポール・オニールに大きいのを打たれたからです。ファンはそれを忘れていない」と私は答えた。

トミーは「ボニーヤが打席に入るたび、うちのファンはブーイングをしているよ。交換することを考えてもいいかもしれないな。彼の年俸はいくらだ？」と言った。

「5万ドルです」

「ロハスも大体5万ドルだぞ」

私は球場に行き、この話をスティーブにすると、スティーブとトミーは話の続きをウィンターミーティングでしようと約束した。そのメモをフランクは受け取り、興奮していた。彼がメッツのGMだった1992年、彼はボニーヤと2900万ドルの契約を交わしていた。その後ボニーヤは何度かトレードされて年も取っていたが、フランクは彼を呼び戻すのを良いアイディアだと思っていた。我々はドジャースとミーティングを行ったが、トミーはもうGMではなくなっていて、ケビン・マローンがドジャースの交渉を担っていた。フランクとカーム・フスコ、そして私がマローンと共に席に着き、求愛ダンスが始まった。

「この冬はどう過ごしてますか？」

「チームはどうですか？」

「健康状態はどうです？」

「オーナーはいかがですか？」

「ところで、何かしっくりくる話はありますか？」

「ボニーヤとロハスを交換する可能性はどのくらいありそうですかね」とフランクが尋ねた。

「可能性は十分にあります」とマローン。

「契約の内容を教えてもらえますか？」と私。

「ええ、ボニーヤの年俸は500万ドルです」とマローン。

「2年契約ですよね？」と私は確認した。

「そうです」

私はトミーとの会話の中で、ロハスとの契約は1年しかしていないことを伝えてあった。

（いいか、このトレードを成立させた後、彼が気に入らなかったら、私がドジャースを説得して彼を呼び戻すか金を返すかさせるよ）

トミーの提案は素晴らしい名案だった。

スティーブはこれを了承していたが、その交渉ではフランク・キャシェンが主導権を握っていたので、私はそのことを伝えると、彼は「それは関係ない」と言った。

「フランク、いや、それは大いに関係ありますよ」私は感情的になっていた。「トミーに聞いてください。トミーが1年契約で合意したんです。そして、我々が彼を気に入らなかったら、ドジャースが2年目の支払いを負担することになっているんです」

そのときはケビンがGMになっていたから、トミーが何を言っていても関係なかった。ミーティングはやや熱を帯び、一旦休憩を入れ、この議題は翌日に持ち越すことで全員が同意した。我々は外に出てコーヒーを取りに廊下を歩いた。私は改めてフランクに経緯を説明したが、フランクもまた、それは関係ないと考えていることを改めて言ってきた。

翌朝、フランクは私抜きでミーティングに向かい、トレードを成立させた。我々は2年契約を結んでいるボニーヤを1年契約のメル・ロハスとの交換で獲得した。1999年シーズン終了後、ボニーヤは解雇された。ボビー・ボーの友人だったジェフ・ウィルポンは、2年目の契約を見直し、その後20年チームが彼に支払い続ける内容に変更した。ボニーヤは今でも報酬を得ている。

ボニーヤは打率1割6分、ホームラン4本、18打点の成績だった。多くの選手と同様、自身のキャリアがすでに終わっていることを悟ったのは彼が最後だった。そして多くの選手と同様、チームにとって最悪な頭痛の種となった。ボビーは他のほとんどの選手より身体が大きかったが、抱えている問題も他のほとんどの選手より大きかった。

我々はFAでロビン・ベンチュラと契約したため、エドガード・〝フォンジー〟・アルフォンソをセカンドにコンバートした。ロビンの代理人ジョン・ボッグズはラソーダやトミー・パチョレック、私と近しかったので、ロビンはメッツにフィットすると考えた。そして、フィットした。ロビンも左打ちだったので、ジョン・オルルッドと共に打線のバランスを整えた。ロビンは史上最も偉大なカレッジプレーヤーのひとりだった。オクラホマステート大では歴代トップの連続試合安打記録を樹立し、20世紀のベストカレッジプレーヤーの中ではピート・インカビリアに次ぐ2位にランクされた。ロビンの実力は折り紙付きで、1999年のメッツはリーグ優勝争いに加わる力があると信じることができた。

補強はそれで終わりではなかった。リッキー・ヘンダーソンとFA契約を結んだのだ。私が指導者として接した選手の中でリッキーは最高のオールラウンドプレーヤーだったが、キャリアの晩年を迎えていたのも事実だった。私がアメリカンリーグで彼と対戦したころは、私がグラウンド上で見た中で最も圧倒的な力を持った選手がリッキーだった。メッツでも、その片鱗は見せてくれた。

チームには、スイッチヒッターのリードオフマン、ロジャー・セデーニョもいた。ロジャーは俊足で、盗塁も得意だった。彼とリッキーは、合計50個以上の盗塁を記録した。リッキーは全試合にスタメン出場はしなかったが、1999年シーズンではチームの大切な主要メンバーだった。だが、望んだ形の選手ではないことも時々あった。

その冬にはオーレル・ハーシャイザーも獲得した。我々は内部のメンバーでチーム作りを試みていたが、ベテラン選手を獲得することで穴を埋められるのであれば、それもチームを強くする可能性があると考えた。ただ若手を揃えただけでは、ブレーブスに対抗するのは不可能だった。ベテランは大事な部分を担ってくれた。

オーレルは野球を愛していて、コーチ的存在にもなってくれた。彼はピッチングをしていないときに野球について語るのが大好きだった。常に考える選手で、打者が何を考えているのか、投手は何を考えているべきなのかについて、どんなときも献身的に取り組んでいた。

その年、メルビン・モーラが打者として覚醒した。彼はユーティリティプレーヤーとして起用したが、シーズンが進むにつれ出場機会はどんどん増えていった。ベニー・アグバヤニも同じで、シーズン終盤にはレギュラーになっていた。ベニーは控えの出場がありながらも、打率2割8分6厘、ホームラン14本、42打点の成績を残した。ジェイ・ペイトンの貢献度も高かった。様々な要素が、チームに揃ってきていると感じられた。

その日最大の疑問、そしてミーティングをするたびに挙がった疑問が、「スティーブはどうなるのだろう？」だった。「誰が彼の代わりにＧＭになるのか？」「どうやってシーズンを乗り切ればいいのか？」「フランクがＧＭになるのか？」

フランクはミーティングを主導するだけだと、私は明確に伝えられていた。私はそれ以外の情報を持っておらず、他のメンバーも同様だった。すべてフレッド・ウィルポンの手に委ねられていた。ある日のミーティングが終わったとき、誰がＧＭになるのかという話が尽きない中、私は一人ひとりに、自分がその職に就く資質を持っていると思うかと尋ねてみた。若いマイナーリーグのディレクターで、素晴らしい人物でもあるゲイリー・ラロックは、後にセントルイス・カーディナルズで長年成功を収めたが、そのときは「いいえ、まだ私は学ぶべきことがたくさんありますから」と答えた。しかし他の全員が、「ああ、私がやってもいい。私ならＧＭの仕事をこなせる」と言った。私には、これが問題だと思えた。

私は全員に、「みなさん、我々がしなければならないのは、ウィンターミーティングを無事に終えることです。しっかりと仕事を完了すること以外、考えている場合ではありません。さもなければ、絶好の機会を逃してしまいます」と言った。

私以外の全員が、ＧＭになりたがっているようだった。幹部たちが何人か私のところにやってきて、「私がネルソンとフレッドにＧＭをやらせてほしいと願い出たら、私の支援をしてくれるか？」と聞いてきたことがある。

「どうなるか、様子を見ましょう」と私は答えていた。

その日の夜、私はカーム・フスコとオマー・ミナヤと一緒にホテルのプールサイドを歩きながら、なぜ情報の一部がフランクに届いていないのだろうと訊いてみた。2人のうちどちらかがインディアンズと話し合うことになっていたが、クリーブランドについての情報は渡されていなかった。彼らの話題はもっぱらスティーブのことで、彼が復職するのかどうかだけが話されていた。

「いいか。スティーブのことは忘れろ。ここでやることをやらなければ、あいつの話どころじゃなくなるんだぞ」

1999年にメッツが成功を収めなければ、私はチームに残るつもりはなかったし、他の多くの人間もチームを去るつもりでいただろう。私はGMの状況も心配だったので、ある晩の真夜中12時ごろにヤンキースのブライアン・キャッシュマンGMの部屋をノックした。彼はオーナーのジョージ・スタインブレナーと自らの契約についてもめていたので、私は聞いてみた。「スティーブが帰ってこないようなことになったら、うちのオーナー陣に君の名前を出してもいいか?」

「明日の朝食まで答えを待ってくれないか。朝食で会おう」と彼は言った。

翌朝彼に会うと、ブライアンは「ありがたい話だったがヤンキースに残る」と言った。私は他に2人のGMと遭遇した。オークランドのビリー・ビーンとシカゴ・カブスのエド・リンチだった。ビリーがメッツのマイナーリーグでプレーしていたとき、私はそこでコーチをしていた。エドとは、メッツで一緒にプレーをした。そんなことから私は2人をよく知っていた。オークランドとカブスとのミーティングをセッティングすると、彼らはスティーブのことを聞いてきたので、私は「状況がわからないんだ」と答えた。

ウィンターミーティングが終わるとスティーブは復職し、私は心から良かったと思った。

フレッド・ウィルポンが電話で「スティーブが復職したことを知らせておく。彼と一緒に力を合わせてやってもらいたい」と言った。

「素晴らしい」と私は答えた。

ウィンターミーティングを、相当に良い結果を得て終えられたのは、奇跡的だと思った。2つのトレードを成立させ、目玉のFA選手も複数獲得できた。シェイ・スタジアムに行ってフレッドに会い、その足でスティーブに会いに行った。気分良く、彼を歓迎する気持ちで部屋に入ると、彼はデスクのイスに腰掛けていて、私に会うことが嬉しそうでないのは明らかだった。私は座り、「大丈夫か？　何か必要なことがあれば言ってくれ」と声をかけた。すると彼は「ウィンターミーティングで、あなたはGMのように振る舞って私の仕事を奪おうとしたそうですね」と言ってきた。

私は侮辱され、傷ついた。ゲイリー・ラロックがGMにはなりたくないと言ったあのミーティングで、ゲイリーが話した後に私は「念のために言っておきますが、私もGMにはなりたくありません」と全員に言ってあった。私は人生の中で一度たりとも自分がGMになりたいと思ったり、GMになる姿を想像したりしたことはない。一体どこからそんな話が出たのか？　スティーブは、私が「スティーブは忘れろ」と言ったと聞いたそうだから、フスコかミナヤのどちらかに違いなかった。

その日から、私たちの関係は悪化した。マスコミは私が好きな記者とそうでなかった記者とに分かれていたと書いたが、このときからはスティーブ派と私派に分かれることとなった。ストレスを感じる状況となったが、何人かの記者はそれが生きがいだった。彼らは火に油を注ぐことを楽しんだ。その年のシーズンでは、さらなるドラマが待っていた。

23 コーチ陣の解任

どのシーズンでも波はあるが、私が過ごした1999年シーズンはブッシュガーデンズのジェットコースターのような激しさだった。6月上旬、我々はインターリーグ（交流戦）のヤンキースとの3連戦を戦っていた。一時「貯金」が6つあったが、ヤンキースとの2試合目までで7連敗し、「借金」1に後退していた。試合後の会見を終え、我々はバスでヤンキー・スタジアムを後にし、警察はバスが途中で止まらないよう交通規制を敷いていた。

シェイ・スタジアムに着き、私はすぐさまシャワーを浴びた。シャワーから出ると、まだユニフォーム姿のままの3人のコーチ、トム・ロブソン、ボブ・アポダカ、ランディ・ニーマンが座って私を待っていた。

「明日勝とう」と私は言った。

「あなたは、明日勝たないといけない」とトムが言った。

「どういう意味だ？」

「我々は、今解雇されたところだ」とランディが言った。

「誰が言った？」と私は聞いた。

「スティーブ」

私はスティーブのオフィスに電話をしたが、彼はいなかった。彼らは私の腹心だった。私たちは、それから何時間も監督室にいたままだった。

「みんなが望むなら、私も一緒に辞める」と私は言った。

「ダメだ。指揮を執り続けて、シーズンが終わったときに我々がボーナスをもらえるようにしてくれ」とロブソンが答えた。

トムは、私の監督人生のほとんどで一緒にいてくれた。スタメン表を書いてくれたのは彼だし、私の野球人生をしっかりとまとめてくれていた人だった。彼は非常に優れた人間で、彼の教える打撃哲学には、100%同感していた。ボブ・アポダカはマイナーリーグのノーフォークで私の投手コーチだった。

翌日の日曜日、ウェストチェスター・カントリークラブで、私は良き友人ボビー・カストリガーノとインターネットビジネスを始めるアイディアを話し合う予定を立てていたので、睡眠を取らないまま、打ちひしがれた気持ちでボビーや他の投資家たちと会った。投資家たちが到着する前に、チームを辞めようという私の考えすべてを、ボビーは必死になって消し去ろうとしてくれた。私はアンソニー・スカラムーチ、グレン・ファーマン、ダグ・ロマーノの3人にプレゼンし、25万ドルの資金を得た。ランチの後、私は日曜夜の試合のためにヤンキー・スタジアムへ向かった。

私は試合前の記者会見に向かうところでスティーブと会った。「これはどういうことだ？　君がやっていることには賛成できないな」と彼に言った。彼と一緒にニューヨークの記者陣の前に座り、スティーブは私のコーチたちを解雇したことを説明し、私は黙ったままでいた。

記者会見が終了してステージを降りようとしたとき、私の天敵となっていた『ニューヨーク・タイムズ』紙のマリー・チャスが「あなたのコーチたちがそれほど良い人間ならば、彼らとの義理を果たして一緒に辞めなかったのはなぜですか？」と質問してきた。

「それも考えたが、彼らは私にここに残って状況を変えてほしいと言った」

「そうですか。ここまで55試合を消化しています。9月になるまでに次の55試合がありますが、その間にチームを立て直せるんですか？」

私はステップを降りながら肩越しに「ああ、40勝15敗で行く」と答えた。

「それができなかったら？」とチャスは聞いた。

「辞任する」と答えてやった。こいつは、どこまで性根の悪いクソ野郎なのか。

我々はその日のヤンキース戦で勝利した。数日後、私は新しいコーチを得た――ドジャースの投手コーチを務めた経験があるデイブ・ウォレス、メッツのマイナーリーグ・バッティングコーディネーターのミッキー・ブラントリー、そしてアル・ジャクソン。デイブはコネティカット州出身でトミー・ラソーダのお気に入りのひとりだった。フレッド・ウィルポンの高校時代からの友人、サンディ・コーファックスはデイブを強く支援していた。フレッドとサンディはラファイエット高校野球部のチームメート同士で、フレッドは自分がナンバーワンの先発投手だったといつも主張していた。ミッキーとはスプリングトレーニングで知り合っていたし、トム・ロブソンは自身の打撃哲学をミッキーと共有していた。生涯メッツで過ごし、球界で最高のナイスガイのひとりに挙げられるアルは、ランディ・ニーマンに代わってブルペンコーチとなった。

これらのコーチが採用された背景を私は知らなかった。彼らはスティーブに通じているのか？　私がクビになるよう仕向けに来たのか？　あるいは、ただのコーチなのか？　様々な憶測が頭の中を駆け巡っていた。私は礼儀正しく振る舞ったが、置かれた状況には満足していなかった。

コーチ陣解任直後は、日曜夜のヤンキース戦でマイク・ピアッツァがロジャー・クレメンスからホームランを打つなどして勝利し、幸先良いスタートとなった。続くトロントとの2試合は連勝し、私はこれからの55試合での40勝に向かっていることを期待していた。

6月9日の4試合目、ブルージェイズの先発デイビッド・ウェルズは3点リードで9回裏を迎えた。ロビン・ベンチュラが貴重なヒットを放ち、同点に追いついて試合を延長に持ち込んだ。12回表、走者がいた状況で、私は相手の盗塁を阻止しようとピッチアウトのサインを送った。ピアッツァがボールを捕りに行くと球審のランディ・マーシュが両手を大きく振った。しかし、構わずピアッツァは二塁へ送球していた。私は、誰かがタイムをかけたのかと思った。マイクが球審に抗議し始めたので、私はダッグアウトから飛び出し、判定が何だったのかがわからないまま、マイクが退場処分にならないよう2人の間に割って入った。私は球審に何が起きたのかを聞いた。

「捕手ボークだ」と彼は言った。

シャーキー・ローリアーノからアドバイスを受けた私は、15歳のときから年に2回はルールブックを読んでいる。捕手ボークについても読んだことはあったが、実際に見たことはなかった。曖昧な判定であり、私はメジャーリーグのキャリアを通してその判定が下されたところを一度も見たことがなかった。だから、それが起きていたのが信じられなかった。走者は進塁が許され、打者は出塁が許された。私は取り乱していた。数日間十分に睡眠が取れていなかったが、スポットライトは私に当たっていたので、できるだけ冷静に振る舞おうとした。何か過激なこと、例えば審判の顎を殴るなどしたら、メッツに私を解雇する理由を与えてしまうのはわかっていた。ピアッツァを落ち着かせると、私は球審のランディに、今、自分が頭の中で思っていることが退場処分の対象になるかと尋ねた。

「いいえ」と彼は答えた。

そして私は、思っていたことを彼に伝えた。今のはクソみたいな判定だ、そしてその判定を下したお前は最低なクソ野郎だと言った。それ以上言う必要はなく、私は退場させられた。

ここで私は、誰に試合を任せるかというジレンマに陥った。私の代わりに、誰かに指揮を執らせなければいけない。新しいコーチ3人に対する信頼と彼らに関する知識は限られていた。私はスタメン表をデイブ・ウォレスに渡した。私は勢いよくクラブハウスに戻り、イスをつかんで投げ飛ばすと、イライラのあまり何ごとか叫んでいた。偶然そこにロビン・ベンチュラがいた。私は彼に代走を送っていた。なぜなら、様々な優れたスキルを持つロビンだったが、片方の足を素早くもう一方の足の前に出す能力は持ち合わせていなかったからだ。

「一体、ここで何をしているんですか?」とロビンは訝しげだった。

「退場させられたんだ」

オーレル・ハーシャイザーがクラブハウスに駆け込んできて「ぼくがランナー（伝令）になります」と言った。

彼は通路を走ってダッグアウトに向かい、私の指示をウォレスに伝えてくれると言うのだ。

「いや、放っておけ。彼らにやりたいようにやらせておけ」と私は言った。

「いえ。彼らはブルペンのメンバーを知りません」とオーレルは言った。

確かに、彼らはオーレルほどブルペンの構成メンバーに詳しくはなかった。

「ダッグアウトに行ったらどうです?」とロビンが言った。

「そんなことをしたら、球界から追放されてしまう」と私は答えた。

「そうですけど、ユニフォームを脱いで、このサングラスをかければいいですよ」とサングラスを放ってきた。

「帽子を深くかぶってサングラスをかけて、あっちに戻りましょう。ユニフォームは着ていないんだから」とオーレル。

私はトレーナー室に行き、鏡を見てどんな風に見えるか確認した。鏡の下のテーブルには、デーゲームで太陽光の反射を和らげるため目の下に貼る黒いテープがあった。ひとつ手に取って鼻の下のヒゲが生えるところの右半分に貼り、もうひとつを左側に貼ってみた。鏡で確認した後、オーレルとロビンの方に顔を向けると、2人は声を揃えて「絶対わかりません」と言った。

このときのプランは、ダッグアウトに続く階段にオーレルを立たせ、私はその後ろに立って審判からの死角に入ることだった。いいプランだったが、内野の三塁側にあったテレビカメラからは、私の姿が丸見えだった。延長13回、私はテレビに映っていた。中継していた元選手のアナウンサー、フラン・ヒーリーはユーモアのセンスがすばらしく、私の変装を楽しんでいた。

「おー。ボビー・バレンタインが戻ってきたようです」

ダッグアウトに行ったとき、私は正しいことをしたと思った。選手たちが私を見て、大笑いしていたからだ。ストイックなジョン・オルルッドでさえ、笑顔がはじけていた。ジョンがあれほど気持ちを表情に出すのは、珍しいことだった。

「ああ、これはうまいことをやったぞ」と私は思っていた。「これでみんな肩の力が抜けるだろう」

14回裏、レイ・オルドニェスがサヨナラヒットを放った。全員がグラウンドに飛び出し、私も変装したままグラウンドに出た。審判団がグラウンドを後にする中、2人が私を見た。彼らは笑顔を見せて親指を立てた。だが、あのマリー・チャスだけは違っていた。彼は、この行為はこれまでに野球場で見られた最も卑劣で最も無礼な行為だったとして、翌日の彼のコラムで胸の内を思い切りぶちまけた。リーグ事務局は対処せざるを得なかった。

私は〝校長室〟に呼び出された。ナショナルリーグの会長レナード・コールマンは私にファックスを送り、罰金1万ドル、指揮停止3日間の処分を通達してきた。私は義父のラルフ・ブランカと共にレナードに会いに行った。ラルフはジャッキー・ロビンソン基金［訳注：ジャッキー・ロビンソンの死後、1973年にレイチェル夫人によって創設された高等教育支援］でつながりがあることから、私よりもよくレナードを知っていた。30分の話し合いを終え、レナードは「処分は軽くするが、取り消すことはできない」と言い、罰金を5000ドル、指揮停止処分を2日間に減らしてくれた。

「お願いがあります」と私は切り出した。「ロードで指揮停止処分を受けるようにしてもらえませんか。他の人間が監督をしていると、チーム全体に亀裂が入るかもしれません。処分を2つの都市に分けてもいいですか？」会長は合意してくれた。

私の変装は数人の記者のツボにはまったようで、彼らはシーズンが終わるまで「なぜそこまで野球を冒涜できるのか？」と聞いてきた。私は、張り詰めた状況だったので、気持ちを軽くしてやりたかったからだと答えていた。

私は処分を受け入れ、シンシナティで1試合、セントルイスで1試合を欠場した。打撃練習を見ることは許されたが、練習が終わるとすぐに私服に着替えて姿を消さなければならなかったので、試合は球場のスイートルームで見た。処分を終え、6月20日にホームに戻ったときのシーズン成績は39勝31敗だった。約束の55試合での目標40勝15敗に向け、その時点で12勝3敗だった。

次のホーム連戦で、ロビン・ベンチュラに休養日が必要となり、他に三塁手として唯一登録メンバーに載っていたボビー・ボニーヤを起用することにした。打撃練習後、私とボビー・ボーが一緒にダッグアウトに向かって歩き始めると、彼はプレーしたくないと言い出した。私は、ケガをしていなくてサードを守れるのは君しかいないと彼に言った。国歌演奏の数分前のことだったので、チームには君が必要だ、もしプレーしないのなら自分で先発投手に伝えろと続けて彼に言った。

「ノー。ぼくはプレーしない」とボビーは言った。

国歌が流れる間、私たちはダッグアウトのステップの最上段に立っていた。そして、私は新しいスタメン表を取ってくるようスタッフに頼んだ。私の隣には屈強なコーチ、ジョン・スターンズがいた。ボニーヤは私から数人の選手を挟んだ向こう側に立っていた。私はカッカしていたし、ボニーヤもそうだった。私は小声でスターンズに聞いた。「なあ、教えてくれ。俺が先に手を出したら、あいつは倒れるかな?」

長く間があいた。ジョンは私を見てこう言った。「倒れないと思うよ、ボビー。でも心配するな。俺がついてる」

私は、国歌が終わると同時にボニーヤと殴り合うことになると確信していたが、その日はシェイ・スタジアムのコリア・デーで、最初に韓国国歌が流れていた。それが終わるとボニーヤは飛ぶようにクラブハウスへと消えていった。クラブハウス担当のチャーリー・サミュエルズによると、ボニーヤはイスをつかんで怒りの表情を浮かべながら監督室のドアに向かって投げつけたそうだ。その日からシェイ・スタジアムが解体されるときまで、監督室のドアには大きなへこみが残っていた。へこみのすぐ上には、「Manager’s Office（監督室）」と書かれていた。

メルビン・モーラがサードをプレーする姿は一度も見たことがなかったが、私は彼をサードで起用した。問題が起きていると感じたので、スティーブ・フィリップスに不満を伝えたが、彼はシーズン終了までボニーヤを解雇しないと言った。

「来年は心配しなくていいですよ」と彼は言った。

ということは、と私は考えた。「それはボニーヤを切るからか、私を切るからか？」

24

あと一歩

1999年はオールスターゲームの時点で我々の成績は50勝39敗だった。オールスターゲームの直前にはまたヤンキースと3連戦を戦った。この連戦の後、1999年にもう一度ヤンキースと対戦する可能性は、ワールドシリーズしかなかった。それを可能にするためには、アトランタ・ブレーブスを倒す必要があった。

ブレーブスは信じられないほど強いチームだった。後に殿堂入りする先発投手3人――トム・グラビン、グレッグ・マダックス、ジョン・スモルツを擁していたし、リリーフ陣にも、殿堂入りに値する活躍をしたジョン・ロッカーがいた。オフェンスも全体がまとまっており、打撃陣のリーダーは生涯メッツキラーだったラリー・〝チッパー〟・ジョーンズだった。ブレーブスはナショナルリーグ東部地区4連覇を果たしており、その後連続地区優勝は11年まで伸びた。

我々は激しいライバル関係にあり、争いの種となったひとつが、ブレーブスがバッターボックスに施した細工だった。試合開始時にブレーブスのキャッチャーがグラウンドに出てくると、彼は真っ先にバッターボックスのラインを消した。毎試合そうしていた。うちの選手たちは、凡退してダッグアウトに戻ってくると、ストライクと判定されたボールは入っていなかったと不満を漏らしていた。すべて外角に外れていたのだ。マイク・ピアッツァは、トム・グラビンが投げたストライクのうちいくつかは、あまりにも遠すぎてバットは絶対届かなかったとまで言っていた。ビデオを見れば、それがわかった。

不満を漏らしていたのは、我々だけではなかった。以前から他チームも指摘していたことだった。もしかしたら、その中でも私はやかましく言っていた方かもしれない。もしかしたら、ダッグアウトから大声で文句を言い、審判の気を引こうとしていたかもしれない。だが現実は、我々が敵地アトランタでブレーブスと戦うと、全く勝てなかった。とにかく腹立たしかったし、我々は不仲だった。

ブレーブスのボビー・コックス監督は、審判を畏縮させる環境を作る名人だった。私はストライク・ボールの判定に抗議して退場させられたことはほとんどなかった。キャリアの序盤、コーチをしていた頃、ストライク・ボールの判定に不満を漏らすと、状況がますます悪くなる気がした。私は声が大きかったが、投球が低いと文句をつけると、次のボールはさらに低く来て、それでも球審はストライクとコールしていた。審判員も人間なのだから、ミスは犯すのだということがわかった。だから私が抗議をしたのは、判定が変わる可能性があるか、あるいは理にかなったことを言って次の判定が自分たちに有利になる可能性がある場合だけだった。

一方のボビー・コックスは、試合の初球からストライク・ボールの判定に対して審判団に容赦なくヤジを飛ばした。ストライクゾーンが彼の思う形になるよう導いていき、退場処分の回数は他のどの監督よりも4、5回多く、そのほとんどがストライク・ボールの判定への抗議によるものだった。実際、私はそれに驚嘆し、それをやっていけた彼に嫉妬を感じていた。彼はストライクゾーンをコントロールし、彼の投手たちがその恩恵を受けていたのだから。

ジョン・スモルツは、そもそも抜群のコントロールがあったので、それほどその恩恵は受けていなかった。彼は登板すると圧巻の投球を見せていたが、マダックス、グラビン、デニー・ネイグル、マイク・レムリンジャーは、そのシステムを最大限に生かした、とても素晴らしい投手たちだった。セイバーメトリクスでは、カウント1－1からの投球が打席の中で最も重要だとされている。カウントが1－1になると、ブレーブスのキャッチャーは数インチ外角に外れたところにミットを構えた。マダックス、グラビンなどは、キャッチャーが構えたところに投げる驚くべき能力を備えていた。ボビーが散々そこに投げられた投球をボールと判定されたことに文句を言ってきたおかげで、ブレーブスはストライクをもらえるようになっていた。カウントは、2ボール1ストライクとなる代わりに、1ボール2ストライクとなった。アトランタが有利になったのだ。これはゲームの中のゲームで、ブレーブスはそのゲームに勝利していた。私はその戦いができなかったことを悔いている。

私の将来を決める重要な55試合に話を戻す。8月4日のブレーブスとの一戦に勝利した我々は、シーズン66勝43敗の成績となり、直近の54試合では39勝15敗となった。私は、次の試合、負けたら辞任すると宣言していた試合は、奇しくもドジャースが相手だった。「貯金」は23もあったが、マリー・チャスの挑発に乗っていた私は、負けたら辞任するつもりだった。ピアッツァとオルルッドが二者連続ホームランを放ち、ルーキーのオクテイビオ・ドーテルが先発して好投し、アーマンド・ベニテスが試合を締めくくってくれ、2－1のスコアで勝利を挙げて、宣言通りの40勝15敗を達成した。非常に心地良い勝利であった。

9月に入り、残るは12試合となってディビジョン優勝が視野に入っていた。残る12試合中6試合がアトランタと、3試合がフィラデルフィアと、3試合がピッツバーグとの対戦だった。アトランタは我々より2勝多い92勝、我々とワイルドカードを争っていたシンシナティは2勝少なかった。その後我々は

7連敗を喫し、うち3敗はアトランタに付けられた。これで我々に残された望みはワイルドカードだけとなった。9月29日、我々は「沈みつつある船」と言われていた。アトランタとの3連戦で2勝した後、シーズン残り3試合となった時点で、ディビジョン優勝の望みは消えており、ワイルドカード争いでもシンシナティに2ゲーム差を付けられていた。最後の3試合は、ホームでのピッツバーグ戦。シンシナティはセントルイスと対戦していた。プレーオフ進出の望みを残すためには、我々が3連勝し、シンシナティには少なくとも2敗してもらう必要があった。それぞれ3連戦の2試合を終えて、我々は2勝0敗、シンシナティは1勝1敗となり、シーズン最終戦を迎えた。我々が勝ち、彼らが負けるとワイルドカード争いで同率となる。

オーレル・ハーシャイザーが最終戦に先発した。リリーフで登板し、優れたピッチングを披露したのはデニス・クックとパット・マホームズ（息子はNFLでオールプロ選出、スーパーボウル優勝のクオーターバック、パトリック・マホームズ）だった。

パイレーツの先発クリス・ベンソンも、7回⅓を投げて1本のヒットしか許さず、失点1と抜群の投球内容だった。そして同点のまま、9回裏を迎えた。シェイ・スタジアムに詰めかけた5万人のファンが絶叫する中、メルビン・モーラとフォンジーのシングルヒット、ジョン・オルルッド敬遠で満塁のチャンスをつかむと、マイク・ピアッツァが打席に入った。パイレーツはブラッド・クロンツをマウンドに送ると、彼は初球を大きく外に外し、ボールはバックネット裏に転がった。メルビンが決勝のホームを踏んだ。新聞では、マイクの「今季最も重要な打席」として報じられた。マイクはレギュラーシーズンをホームラン40本、124打点の成績で終えた。

我々が勝利を収めた10月3日は、義父のラルフ・ブランカがボビー・トムソンにホームランボールを投げて1951年シーズンのペナントを奪われた日でもあった。彼の試合は勝たなければならなかった試合。我々も勝たなければならなかった試合を戦った。ブランカ一家の歴史の中では、いい日ではなかった。だが、私は自身初のプレーオフに進出する機会を得た試合で、勝利した。我々は96勝66敗でシーズンを終え、シンシナティ・レッズと並んだため、ワイルドカードとしてのポストシーズン進出が懸かった1試合のプレーオフゲームが行われることになった。苦難を乗り越え、バリー・ラーキン、ショーン・ケイシー、グレッグ・ボーンを筆頭にタレント揃いだったレッズとの1試合だけのプレーオフゲームを戦うのだ。我々はコイントスに敗れたため、試合はシンシナティで行われることが決まった。私の監督生活の中で最大の試合であり、初のポストシーズンゲームとなった。

初回、リッキーのタイムリーとフォンジーのホームランで我々は2点を先制した。3回、四球で歩いたフォンジーをオルルッドが二塁打で還した。さらにマイク・ピアッツァとロビンが押し出し四球を選んで2点を加えた。アル・ライターは彼の秀逸なキャリアを象徴するピッチングを披露してレッズ打線を2安打に抑え、我々は5－0の勝利を手にした。メッツが11年ぶりのポストシーズンにコマを進めた。

才能ある左投手が揃うアリゾナ・ダイヤモンドバックスに対して、我々は難題を突きつけられていた。我々の左投手に対する勝敗は「貯金」が4つだけだった。右腕に対しては「30」と、状況は明らかに不利だった。そして、初戦は3日間で3つめの都市での試合となった。ニューヨークからシンシナティを経由し、フェニックスに来てランディ・ジョンソンとの対戦となった。

我々がプレーオフに進出したとき、『ニューヨーク・ポスト』紙のジェル・シャーマンは、アリゾナのバック・ショーウォルター監督は並外れた才能を持っていると考えていた。彼はバックがヤンキースの監督をしていたときに知り合い、永遠にヤンキースの監督を務めるべきだと思っていた。

5回戦制のシリーズで、我々は初戦の先発を吉井理人に任せた。試合は同点のまま9回まで進み、バックはジョンソンを続投させた。これが間違いだった。2本のシングルヒットと四球で満塁となってバックはジョンソンを交代させたが、フォンジーが満塁ホームランを放って試合を決めた。

第2戦はアリゾナが7－1で勝利したが、第3戦はリック・リードが抜群のピッチングを見せ、我々は9－2で大勝した。

マイク・ピアッツァはそれまで数週間親指に負傷を抱えながらプレーしていたので、休養が必要だと考えて第4戦で彼を休ませ、代わりにトッド・プラットをスタメンで起用した。ダイヤモンドバックスの先発はブライアン・アンダーソンという左投手で、我々はアル・ライターを先発させた。試合前、私は「なぜマイクは先発メンバーに入っていないのか？」という質問に10回以上答えなければならなかった。記者たちは、例えマイクが車椅子に乗っていたとしても、健康なトッド・プラットよりも打線の中で価値が高いと考えていた。だがトッドは、マイクの控えをしっかりと果たし、チームのためなら何でもする最高のチームメートだった。自分が与えられた役割に誇りを持って臨み、才能が他より劣るところがあれば強い気持ちで補うプレーヤーだった。

試合は3－3の同点で10回裏を迎え、アリゾナのクローザー、マット・マンタイに対してトッドが打席に入った。トッドは大きな当たりをセンターに放った。アリゾナのセンターを守るのは、難なくフェンスを登って打球をつかむスーパーキャッチの名手、スティーブ・フィンリーだった。フィンリーは全力で背走し、トッドは走りながらボールの行方を見ていた。我々は全員ダッグアウトのステップ最上段に立ち、固唾をのんで見守っていた。フィンリーがフェンス際でボールに向かってジャンプし、グラブを顔の高さに上げたまま着地した。ボールが捕られたのか、フェンスを越えたのか、誰にもわからず、トッドは一塁を回ったところで止まっていた。シェイ・スタジアムは静寂に包まれたが、フィンリーは「なぜ捕れなかったんだ?」と言わんばかりに両手を挙げて悔しそうな表情を見せた。

その瞬間、ホームランだとわかった。我々はナショナルリーグ・チャンピオンシップシリーズ(NLCS)にコマを進め、憎きブレーブスと対戦することになった。メッツ史上最も輝かしい瞬間のひとつに挙げられるシーンだった。ホームランを打ったのがマイク・ピアッツァだったら、恐ろしい相手を倒したと全米で話題になっていただろう。だが、トッド・プラットがやってくれたことで、私にはより感慨深いものとなった。

7回戦制のNLCSは我々が最も嫌うアトランタで始まった。最初の2試合は、マダックスとケビン・ミルウッドが相手で、どちらもエディ・ペレスの決勝打で敗れた。ブレーブスにはスター打者が多くいたが、エディはそのひとりではなかった。だが、この2試合では彼がなぜか打線のスターになった。

連敗してシェイ・スタジアムに戻り、第3戦はトム・グラビンとアル・ライターの投げ合いとなった。ブレーブスが初回、マイク・ピアッツァの送球エラーで1点を先制した。我々は7安打を放ったが、グラビンとクローザーのジョン・ロッカー相手に集中打を見せられず、0－1で敗れた。ライターの出来は素晴らしかった。

アトランタの守護神ジョン・ロッカーは過激な男だった。シーズン中、ニューヨークのホームレスたちは地下鉄に乗ってシェイ・スタジアムに行き、野球観戦をしているというような内容のコメントをして、我々のファンを激怒させた。ファンの感情があまりにも高まっていたため、シェイ・スタジアムではブレーブスのブルペンをカバーするためレフト線に沿ってシートが張られ、ブルペンにいるロッカーに向かってファンが物を投げ入れられないようにするほどだった。

第3戦の9回にロッカーが登板したとき、ファンの中で大騒ぎが生じていた。まずかったのは、我々の打線が完全に抑えられたことだった。ロッカーは実にキレのあるストレートを、とんでもないフォームから投げ込んできた。真上から投げ下ろす大きなカーブは、我々に泡を吹かせた。私は彼を打ち負かしたくて仕方がなかった。そのシーズンで彼が我々の打線を沈黙させたのは7度目だった。シリーズは0勝3敗となり、すべて悔しい敗戦を味わわされていた。3戦とも、ちょっとだけ流れが変わっていたら勝てていた試合だった。だが、第3戦に敗れた後、我々は死んだも同然だった。

第4戦は、7回を終わって1－2とリードされていた。ジョン・ロッカーが8回にまた現れた。だがこのときは、ジョン・オルルッドが二者を帰すタイムリーヒットを放ち、我々は3－2で勝利して望みをつないだ。

第5戦は、私がこれまで指揮を執った中で最も驚嘆した試合だった。どのイニングも激しい場面があり、いつまでも続くのではないかと感じるほどの内容だった。両チームとも非常に優れたリリーフ投手陣を擁し、抜群の守備力も持っていた。

4回に2点のリードを許したが、その後追いつき、延長15回まで均衡が破れない展開が続いた。ブレーブスは15回表に1点を挙げて3－2のリードを取ったが、我々は決して諦めなかった。

裏の攻撃で、先頭ショーン・ダンストン、続くマット・フランコが連続ヒットを放った。エドガード・アルフォンソの送りバントで二、三塁とすると、コックス監督はオルルッドを敬遠した。満塁ホームランを多く打つことにかけては超人的な才能を持つロビン・ベンチュラが、この重要な場面でもその力を発揮し、大きなフライを打った。1アウトだったので、彼が打った瞬間、少なくとも同点になると私は思っていた。だがボールはフェンスを越えた。するとほとんどの選手が、彼をホームベースで待つのではなく一、二塁間に突進して群れになっていた。走者が二人生還した後、トッド・プラットが一塁を回ったロビンにタックルしていた。55000人の観衆が5時間もの試合の間じゅうずっと立ち続けていた。我々はもう1日プレーできることになった。私は記録上でロビンにホームランが与えられるよう、公式記録員のレッド・フォーリーを説得しようと試みたが、ロビンはセカンドベースに達していなかったので、シングルヒットだけが与えられた。彼はタックルを受けて、一、二塁間で止まっていたのだ。だが、一塁ベースを踏んだことは大きかった。もし踏んでいなかったら、アピールでアウトになっていた可能性があったからだ。

7回戦制のシリーズで、我々はアトランタに3勝2敗とリードされていた。第6戦のマウンドに上がったのは、アル・ライター。先発はケニー・ロジャースにする予定だったが、コーチや選手の中にアルに任せた方がいいという意見がいくつかあった。もしここで敗退するのなら、アルに投げてもらおうと腹をくくった。前回の登板では素晴らしい内容だったし、シンシナティでもとても良いピッチングだった。アリゾナでは上々の内容だった。アルは、アトランタがいつも頼りにしているジョン・スモルツと投げ合うのにふさわしい投手だった。

調子はいいとアルは言っていたが、私の監督下では中3日で投げたことはなかったし、私自身、投手は回復するのに一定の時間が必要だと信じていたので、普段は短い間隔で投げさせることに反対だった。中3日では、アルには1日足りない気がしていた。

先発したアルは初回に5点を失った。だがそこから我々は追い上げ、メルビン・モーラのタイムリーでベニー・アグバヤニが生還して奇跡的に逆転し、7回を終わって8－7とリードしていた。パット・マホームズは、またもや素晴らしいピッチングを見せた。ターク・ウェンデル、アーマンド、ジョニーも好救援したが、ブレーブスは8回裏に同点に追いついてきた。試合は延長戦にもつれ込み、我々は10回表にロッカーから1点を勝ち越したが、アトランタはその裏またもや9－9の同点に追いついた。

11回、我々はケニー・ロジャースを投入し、ジェラルド・ウィリアムズに二塁打を許した。打球は三塁ベースの上を通過し、ぎりぎりフェアだった。ウィリアムズは二塁に達し、打線の中軸に回った。ケニーは延長15回の試合でも少し投げただけだったので、休養十分だった。ブルペンにはルーキーのオクテイビオ・ドーテルがいたが、無死二塁の状況は負担が大きかった。私は賭けに出て、内野手の正面にライナーが飛ぶことを祈った。チッパー・ジョーンズに決勝打を打たれるのは絶対避けなければならなかったので、彼を敬遠した。次の打者ブライアン・ジョーダンはとても良い選手だったので、カウントが2ボール0ストライクとなったところで、彼も敬遠で歩かせた。

満塁となって、アンドルー・ジョーンズが登場してきた。ジョーンズはシーズン中700近くの打数で四球は50ぐらいしかなく、球を選ぶのではなく積極的に振ってくるタイプだった。ケニーのチェンジアップかシンカーであれば、ゴロを打たせられるから、奇跡的にピンチを脱することができると確信していた。私はケニーをテキサス時代から知っていた。当時彼はリリーフで、時にクローザーも務めていたので、私は自信があった。彼も自信を持っていた。だが、満塁でカウント3－2から投げたボールは、ジョーンズにスイングさせるところには行かず、フォアボールとなった。得点が入り、試合は終了した。我々のシーズンも終わった。とても強いチームを相手に、我々は精一杯奮闘した。厳しい敗戦、私のキャリアで最も辛い敗戦のひとつとなった。

全体的には、我々はブレーブスと互角に渡り合っていた。もしかしたら彼らを上回っていたかもしれない。必要なときに、十分な点を挙げられなかったのが敗因だった。1999年のワールドシリーズに達するために必要なものが何か欠けていた。各選手のレベルが、ブレーブスよりやや下回っていたかもしれないが、互角に戦える気持ちは十分にあったし、驚くべき経歴を持つ傑出した選手で人柄も素晴らしいマイク・ピアッツァがいた。

マイクは野球の才能がまるでないと思われながらキャリアをスタートさせ、史上最高の打撃力を持つキャッチャーにまで成長した。そこには想像を絶する努力があり、人並み外れた知力も持ち合わせていた。ゲームショーの『ジェパディ！（アメリカのクイズ番組）』も、リハーサルなしで簡単に優勝できただろう。テレビの前に座り、芸術作品の1000ドルの難問にあっさりと答えてしまう。多岐にわたる才能を持っている男なのだ。

彼はまた、周囲が理解してやらなければならない特異性を持っていた。彼は時に激しい怒りを覚えることがあった。他の誰も辿り着くことのできない、内面の感情があった。彼の怒りがどこから来るのか、私にはわからなかった。イタリア系だからかもしれないが、とても激しやすかった。ドラフトでは60巡目に指名されて大したことはないと思われていたから、三振をするたびに「その言葉通りなのかもしれない」と思っていたのかもしれない。彼の怒りの矛先は、決して相手チームや審判に向けられてはいなかった。常に自分自身に対してだった。マイクは怒りでコンクリートの壁を殴ることがあったが、本気のパンチだった。なぜ手や指を骨折しないのかわからなかった。ラソーダがあるとき彼にこう言ったのを覚えている。「壁を叩くなら頭でやれ。頭を骨折しても（手が無事なら）少なくとも打つことはできるからな」

ダッグアウトの天井が低い球場もあったが、彼の腕がダッグアウトの天井を突き破らなくて良かったと思う。

チームのプロモーションで「バック・トゥ・ザ・フューチャー・デー」というのがあり、メッツは未来的なユニフォームを着用した。色はメッツのチームカラーではなく、背中の名前は縦書きだった。その日はニューヨーク・メッツではなくマーキュリー・メッツという名前になっていて、マイクはこのすべてが大嫌いだった。そのユニフォームは着たがらなかったし、一切関わりたがっていなかった。試合はあっという間に終わり、彼には1本のヒットも出なかった。クラブハウスに戻ると、彼はボタンがひとつだけのプルオーバー型ユニフォームを普通には脱がず、襟のところに両手を当てると一気に真ん中から引き裂いた。それをクラブハウスの真ん中に向かって放り投げながら、何があってもこのユニフォームは二度と着ないという内容を、かなりひどい言葉を使って叫んだ。その姿に、クラブハウスにいた全員が魅了されていた。

私はこのチームがとても好きだった。言葉では決して言い表せないほど好きだった。オーレル・ハーシャイザーが私のところに来て言った。

「あいつら、信じられないですよ」

オーレルは史上最高の戦士のひとりだ。今回のシリーズを心から楽しんでいた。キャリアの晩年を迎えていた彼は、選手兼コーチのような存在だった。そのときの私はまだ投手コーチと完全な信頼関係を築けていなかったので、オーレルをいろいろな部分で頼っていた。投手コーチとの関係は悪かったわけではないが、完全な信頼を置けていなかったのだ。

我々は、これでシーズンが終わってしまうかもしれないという試合に臨み、50000人の大観衆を前に接戦を繰り広げた。ピッチャーが投げる1球1球を、全員がステップの最上段に立って見守っていた。クラブハウスでカードゲームをしていたリッキー・ヘンダーソンとボビー・ボニーヤを除いては。

私はクラブハウスに走って行って、ベンチに戻るよう命令しようかと考えた。だがもうひとつの考えは、それを知らないフリをすること、それを知らなければ良かったと思っているように振る舞うことだった。私は後者を選択し、試合に負けた後、クラブハウスでチーム全員に向かって彼らを誇りに思うと伝えた。

「私の長い野球人生で見た中で、最高の努力だったことは疑う余地がない。恥ずべきことは何もなく、すべてのことに誇りを持ってほしい」

グラウンド以外で1999年に私が誇りに思えた出来事は、チャリティ基金を立ち上げたことだった。それはミッキー・リオーニの葬儀のときに発案され、彼の友人グループの中心メンバーたちがすぐに支援してくれた。ミッキーが我々全員をインスパイアしてくれたことをきっかけに、我々は「ミッキー・リオーニJr.・スカラシップファンド・フォー・ユースエクセレンス」を設立した。2003年、我々は「ボビー・バレンタイン・フード&ワイン・エクストラバガンザ」を企画し、毎年恒例のイベントとして開催して、最初の10年間で100万ドルを超える寄付金を募った。また、私が所有しているスポーツ関連の記念グッズコレクションから価値ある品々を寄付し、地元で一番のオークション参加者となる一方で、スタンフォード市のコミュニティとも深いつながりを持つようになった。今日までに、同基金はスタンフォード市内の高校生の少年少女に対し、合計で100万ドル以上の奨学金を提供しており、活動は今もなお継続されている。

25 口は災いのもと

１９９９年、私はメッツで多くの意思決定の場面から外されていたが、２０００年はさらにそれが増えた。メジャーではＧＭの権力が増す傾向にあって、私がテキサスでトム・グリーブと築いたような関係とは違うモデルが作られ始めていたため、それを受け入れるしか仕方のない状況だった。新しいＧＭたちは、他と協力することなく決断を下すことで、オーナーにとってはより重要な存在になり、はるかに多くの収入につながるため、意思決定を独断で行いたがるようになっていた。球界の新しい流れの中での組織図では、監督がＧＭよりも高収入を得るというのはあまり歓迎されない形になっていた。

これは、ビリー・ビーンなどによって入念にプランされたものだった。ビーンとスティーブ・フィリップスはマイナーリーグで一緒にプレーした仲で、今や向上心に燃えるＧＭの仲間に入り、羽を思い切り広げて羽ばたき、時代のリーダーとなろうとしていた。まさにパワープレーだった。今日ではほとんどの球団組織でこの形式が見られる。シオ・エプスティーンは、ビリー・ビーンと共にすべてのＧＭのトップに立つ存在となった。この新しい形を、私は好きになれなかった。変化を好む人間がいるだろうか？　絶対にいない。私には好ましくない変化であり、良くないものだった。

１９９９年シーズンが終了した後の冬、ジョン・オルルッドがフリーエージェントになった。ジョンは金のためにプレーする選手ではなかった。自分がプレーできたからプレーしていたし、自分がそうすることができたから高年俸も受け取っていた。ジョンがシアトルと契約しようと考えていたのは知っていたが、もし私が彼と膝を突き合わせて話すことができたなら、きっとメッツに残留していたと確信できた。

「スティーブ、聞いてくれ。ジョンがシアトルに行くという話を聞いた。彼はあそこの出身で、今もそこに住んでいる。大学もワシントン大出身だし、そこで落ち着きたいのだろう」と言った後、私はそれを容認したくないと続けてスティーブに伝えた。彼は3年後に地元に戻ればいいと思っていた。彼の妻ケリーがニューヨークを気に入っていて、ジョンがメッツでプレーすることも嬉しく思っているのを私は知っていた。また、ジョンはトム・ロブソンが好きで、私のこともとても気に入っていたのを知っていたのだ。「彼が自宅にいるなら会いに行きたいし、電話で話すのも構わない」と私は言った。

「それはできません。この件は、私が手がけていますから、あなたは彼に電話しないでください」

私は許可されなかった。さらに、私はウィンターミーティングにも参加しないと伝えられた。私は、ジム・デュケットやオマー・ミナヤがエージェントや他チームと話をしている間、部屋に残ってやきもきしていた。スティーブはオルルッド抜きでチームを構成した。また、華々しく見えるディフェンダーだがあてにならないと思っていたレイ・オルドニェスと3年契約を交わした。そして私は必要ないと思っていた外野手のデレック・ベルとも契約した。私の教え子は、ロジャー・セデーニョとベニー・アグバヤニの2人だった。ロジャーは脆弱だったが才能があった。スイッチヒッターで足がとても速く、守備力の高い外野手で肩が強かった。正しく扱えば、彼は非常に優れた選手になるところまで来ていると思っていた。ベニーは1999年シーズン後半戦で力強さを発揮していたので、外野のレギュラーになるべきだと考えていた。デレック・ベルの加入でそのアイディアは除外され、リッキー・ヘンダーソンもまだチームに残っていた。

デレックを獲得したと聞いたとき、私はスティーブに尋ねた。

「何のために獲得したんだ?」

シーズンを通して、私はデレックから目を離すことができなかった。デレックはリトルリーグ・ワールドシリーズ出場経験があり、いい血統ではあったが、少々違った人間だった。というか、本当に違っていた。いい意味で違うのか、悪い意味なのかがわからなかった。

スプリングトレーニング初日、デレックは会議中のコーチ室に入ってきた。アディダスのジャンプスーツと美しいスニーカーを身につけていた。

「やあみんな、調子はどうだい?」と彼は言うと、部屋にいた全員に自己紹介をして回った。「俺の格好を見てほしい。何を着ているかを見てくれ。もし俺が同じ服を2回着ているのを見たら、ここにいる全員にブルックス・ブラザーズのスーツをプレゼントするよ」

それ以降、デレックは同じ服をもう1回着ることは絶対なかった。スニーカーも同じものは絶対に履かなかった。毎日毎日、202日の間、彼は違う服を着て球場に現れた。1回着た服は、二度と着なかった。遠征に出るたび、彼は違うスーツを着て、それにマッチする蛇皮の靴かブーツを履いていた。彼はものすごい金額を服に注ぎ込んでいた。ホーム連戦が終わると、彼はすべての服をパッキングして、知り合いやマイナーリーガーに送っていた。彼は面白くクールだったが、奇想天外な男だった。デレックはハドソン川のマリーナに浮かぶハウスボートに住みたいと言い、後に「マー・ベル」と愛情を込めて呼ばれるようになった彼の母と一緒に住んでいた。彼女は我々の応援席で豊かな個性を持つ存在となったが、デレックはいつも何かが少しズレていた。しかし、我々はそれが何か突き止められなかった。私は彼を多くの試合で起用し、彼は時々大事な場面でヒットを打った。シーズン終盤にケガをしたので、私はティモ・ペレスとベニー・アグバヤニをそれまでより多く使うことができた。

ウィンターミーティングで、我々はトッド・ジールと契約した。スティーブのアシスタント、ジム・デュケットが、チームのリサーチルームにいた私に電話をしてきた。そのとき、我々はラップトップを開いていた。

「今、トッド・ジールと契約しました」と彼は言った。

「ああ、だが彼はファーストを守らないよ」

「彼はサードを守れるますし、もちろんファーストもできます」とジムは返した。私には理解できなかった。混乱したまま、私は1日早くウィンターミーティングを離れた。

ロジャー・セデーニョとオクテイビオ・ドーテルとの交換でマイク・ハンプトンを獲得したトレードは、スティーブの手柄だった。このトレードでデレック・ベルが付いてきた。我々は多くの試合で先発したケニー・ロジャースを失っていたので、ハンプトンは必要だった。攻撃にも貢献できる投手を何人か補強したかったので、バッティングの良いマイクは適任だった。彼はバッティングが好きで、走塁もうまかった。フィールディングも良く、マウンド上では相手としっかり渡り合う投手だった。

シーズン開幕時のメッツの先発ローテーションは、ハンプトン、アル・ライター、リック・リード、ボビー・ジョーンズ、グレンドン・ラッシュというメンバーだった。私はグレンドンをチームに入れられたことがとても嬉しかった。彼は素敵な人間で、球質は大したことはなかったが、パフォーマンスは平均以上のものを見せていた。ブルペンには、ターク・ウェンデル、デニス・クック、そして8回の役割に落ち着いたジョニー・フランコがいた。アーマンド・ベニテスはクローザーとして見事な仕事をしていた。ブルペンは良いメンバーが揃っていて、2000年シーズンの開幕を迎えたときは、紙の上では我々は良いチームだった。

シーズン序盤、我々はフィリーズとの試合のためフィラデルフィアに遠征し、4月13日に私はウォートン・スクールで講演を行った。1999年に私はオンラインでチャリティに入札するインターネット会社を設立していて、出資者のひとりがペンシルベニア大とウォートン・スクールを卒業したグレン・ファーマンだった。彼はもうひとりの友人、アンソニー・スカラムーチと共にゴールドマンサックスで働き、後にMSDキャピタルでマイケル・デルの下で仕事をした。グレンは母校とのつながりがあったので、私にウォートンでの講演を依頼してきたのだった。4月13日、私は野球のビジネスについて学生に面白い話をした。講演を終えて建物を出ながら階段を降りていると、ペン大の学生が数人駆け寄ってきた。彼らはメッツのTシャツを着ていた。

「ヘイ、ボビー。元気ですか？　キャンパスに来てくれてありがとう。毎晩応援してますよ。メッツ最高」彼らは、歩いている私に質問を立て続けにしてきた。「今日の先発は誰ですか？」と聞かれたので答えた。「ピアッツァは出ますか？　それとも休養日？」「たぶんスタメンで出るよ」「なぜデレック・ベルと契約したんですか？」

フロントオフィスに対する私の不満をぶちまけるチャンスが訪れた。嫌味な表現が思い浮かび、スティーブに対する毒舌を吐いた。母からはよく「ボビー、お願いだから口を開かないでね」と言われていたが、彼女は間違っていなかったと言わざるを得ない状況が近づきつつあった。

「ベニーにスターになるチャンスを与えたくなかったからだ」と私は言った。

「オルドニェスと複数年契約を交わした理由は？」

「メジャー史上最低の出塁率と長打率を達成した褒美を与えたかったからだ」

「なぜトッド・ジールと契約したんですか？　ジョン・オルルッドはどうなったんですか？」

「ジョンをファーストに置いて4人のゴールドグラブ受賞者を輩出し、優勝するのはあまりにも簡単すぎるから、敢えて自分たちに課題を与えたんだ」

新たなソーシャルメディアの時代で、それまで無名だった人々がブログを通じて名を知られるようになっていたとは、全然考えていなかった。私の横柄な表現が学生のブログに載ることなど想像すらしていなかった。学生の名前はブラッド・ローゼンバーグと言い、ハンドルネームはBrad34だった。その日球場に着いたとき、『ニューヨーク・デイリーニューズ』紙の記者が質問してきた。「今日ウォートン・スクールに行っていました？」

「ああ」

「Brad34って知ってます？」

「Brad34が誰だか、全くわからないよ」

「あなたがウォートン・スクールで話した内容を彼のブログに書いているんです」

「本当か？　私はウォートン・スクールでとてもいい話をしてきたよ」

話はそこまでだった。その夜、記事が飛び交うことになるまでは。

翌朝、スティーブ・フィリップスが電話をしてきて私がウォートンでの講演でそのようなことを言ったのかと聞いてきた。

「違うな、スティーブ。講演でそんなことは一切言わなかった」

「もし言ったのなら、あなたのところに今すぐ行って解雇します。球場に行く前に会いましょう」

おっと。

スティーブはホテルの私の部屋にやってきて、『デイリーニューズ』紙の記事を私に見せた。「これはウォートン・スクールでの講演で私が言ったことではない」と私は言い、「学校に行って教授に会い、テープを見つけるといい。私が野球のビジネスについて話したと教えてくれるだろう」

私はグレン・ファーマンに電話をかけ、質問してきた学生たちのことを伝え、Brad34と私の会話の録音テープが存在するかどうか、確認してほしいと依頼した。

「解雇されそうなんです」と私は付け加えた。

「冗談だろう」と彼は言い、新聞を買ってきて電話をかけ直してくれた。「やばいな。誰よりも早くブラッドを見つけるよ」

そして私は『ニューヨーク・タイムズ』紙のスポーツ記者デイブ・ウォルドスタインから、メッツが人を雇ってBrad34を探していると聞いた。

「彼が誰か知ってるんですか?」とデイブが聞いた。

「いや、知らない。ちなみに、私は講演であういうことは言っていないんだ」

「もちろんそうでしょう、ボビー」

メッツは調査機関を雇い、ウォートン・スクールに行かせて私の講演を録画してあるかどうかを確認した。録画はされていたが、それを他者に見せて良いのかどうかが検討され、時間がかかっていた。その間、Brad34の懸命な捜索は続いていた。その晩、グレンが雇った人物がブラッドを見つけ、ブラッドは私たちの会話を録音していなかったことが判明した。彼は、私がそういうことを言っておらず、彼の考えを書いただけだと言った。グレンが雇った人物に釘を刺されていたブラッドは、記者たちに「参ったな。ぼくはただ、わかりやすく言葉を言い換えただけですよ。書いた内容は、少し自分で作りました」と話した。

ブラッドはすごいヤツだった。私は彼にメールを送らず、その後二度と話すこともなかった。私は針のむしろに座らされていた。2、3日経って、ブラッドの魔女狩りは終了し、そこからはもう何も出てこないことを知らされた。私は、講演ではそういう発言をしていないという姿勢を崩さなかった。「建物から出たときに、そういう発言をしたのですか?」と誰も聞いてこなかったのには救われた。

それから10年後のことだ。この世で最もあり得ないことが起きた。私はMSDキャピタルの顧問弁護士でとても親しい友人のマーク・リスカーとランチを共にしていたとき、彼が「紹介したい人がいるんです」と言った。

そこで彼が私に紹介したのは、MSDが雇用していたブラッド・ローゼンバーグだった。なんということだ!

26 ワールドシリーズか解任か

トッド・ジールの代理人はセスとサムのレビンソン兄弟だった。スティーブ・フィリップスは彼らと特別な関係を築いていたようだった。もしかしたらメッツが必要とした選手の代理人だったのかもしれない。理由はわからないままだったが、いずれにしろ私のチームには彼らが代理人を務める選手が何人かいて、レビンソン兄弟の存在は私とそれらの選手の関係を必要以上に難しくしていた。

ある投手が監督室にやってきて「悪魔の化身の下でプレーするのかと思ってこのチームに来たんですが、あなたはむしろ天使のようだというのがわかりましたよ」と言ったのを覚えている。

これは、私の評判を落とそうと試みたレビンソン兄弟のひとりを壁に押しつけ、襟元を締め上げた後の出来事だった。また、Brad34にトッドの件についていやみをぶちまけた後でもあった。

トッドと契約してから1ヶ月後、我々はファンとの交流を図るウィンター・キャラバンを行っていた。メッツの面々は病気の子供たちに会いに病院を訪れ、様々なイベントに出演してチケットの売り上げを伸ばそうと努力していた。トッドもイベントに参加するためカリフォルニアから来ていた。警察と病院を訪問した後、タイムズスクエアにある「オールスター・カフェ」に行き、ランチをとってラジオ番組『マイク・アンド・ザ・マッドドッグ』の生インタビューに応じた。過去にトッドと対戦したとき、彼は打席でしつこく食らいついてくる泥臭い右バッターで、結果が出せないととことん悔しがるが、落ち着きは保っているという印象を受けていた。私は「オールスター・カフェ」に着くと、各テーブルを回りながら「ハロー、元気ですか？　来てくれてありがとう。ヘイ、元気にしてる？」と来場者に声をかけていた。

奥のハイテーブルには、ムービースターのような男性が座っていた。私は彼のところに行き「ヘイ、元気ですか？　私はボビー・バレンタインです。来てくれてありがとう」と声をかけた。

「ああ、ハーイ、初めまして。ぼくはトッド・ジールです。今年、あなたのところでプレーしますよ」と彼は言った。

「おお、上々の滑り出しじゃないか」と思った。今でも、このときのことは気まずく感じている。

1999年はたくさんの勝利を積み上げられた。プレーオフに進出したし、様々なことが正しい方向に進んでいた。そして私の契約は2000年いっぱいで満了を迎えることになっていた。冬の間、トニー・アタナシオは契約延長をしようとメッツにアプローチしていた。ウォルト・オルストンとトミー・ラソーダ以外のメジャーリーグの監督が1年契約しか交わしていないと、「役立たず」と呼ばれるからだ。契約が1年だけとなったら、誰かがその座を奪いに来るのを待つだけだ。

2000年のスプリングトレーニング初日、フレッド・ウィルポンが現れて定期的に行っている記者会見を開いた。だが、そのときの記者会見は違っていた。彼は会見で、今年チームをワールドシリーズに導けなかったら、私とは新たな契約を結ばないと、断固とした口調で発表した。フレッドは私の采配はとても気に入っていたが、私が時折発するコメントが物議を醸しすぎると感じていたし、スティーブ・フィリップスは彼のお気に入りだった。

スティーブと私は犬猿の仲で、ウィンターミーティングの最中もその関係が改善する見込みはほとんどなかった。そのときまでに、我々の仕事内容はさらに分断されていた。1999年に成功を収めたときの選手はほとんどいなくなっていて、私が最初に連れてきたコーチたちも同様だった。私をサポートしてくれるスタッフの集団を、また一から作らなければならなかった。私は、監督職にとどまるにはワールドシリーズに達さなければならないというウィルポンの布告を予期していたわけではなかった。だが、自分の心配はさて置き、まずは成功するチームを作り上げることに専念した。

メジャーの登録メンバーは、スプリングトレーニングを通して決められた。この年は、メッツとカブスが史上初めて北米以外の土地での開幕戦を行うことになっていたので、スプリングトレーニングが例年より短かった。他のチームがキャンプを打ち上げる日よりも9日早くフロリダを発つというプランだった。我々は日本に行って日本の一軍チームとエキシビションゲームを3試合行い、その後東京ドームでカブスと開幕の2試合を戦うという予定だった。

25人の登録メンバーの最後のひとりを誰にするかで議論が交わされていた。私はベニー・アグバヤニを推したが、スティーブは投手を多く入れたがっていた。コミッショナーがギリギリになって日本では27人の登録メンバーを許可すると決断したため、ベニーは滑り込みでメンバー入りした。

開幕戦は敗れ、2試合目は1－1の同点の状況で私はベニーを代打に送った。満塁でフルカウントとなったが、ベニーは満塁ホームランを放って走者を一掃した。我々は勝率5割となってアメリカに戻り、パドレスをシェイ・スタジアムに迎えるホーム開幕戦に臨んだ。

シーズン序盤、契約状況に不満を抱いていたのは私だけではなく、リッキー・ヘンダーソンも同様だった。見事な活躍をしたシーズンは物議を醸したクラブハウスのカードゲームで終わったが、報酬アップの提示はされなかった。いよいよという事態が訪れたのは、5月13日の私の誕生日を過ぎたばかりの頃だった。リッキーのメッツでの短いキャリアで3度目となる、ホームランと確信して全力疾走しないという場面に遭遇した。リッキーはホームランを確信すると、スタイリッシュに打席から離れ、一瞬一塁側ベンチに身体を振ってからゆっくりと走り、ユニフォームをつまむ仕草を見せるのがお決まりの流れだった。良いボールを見極めて（つまみ出して）ホームランにしたという意味だ。しかし打球はフェンスに跳ね返り、レフトがセカンドにボールを返したとき、リッキーは一塁ベース上に立っていた。前年のアトランタ戦で同じことをしたとき、彼には警告を出していた。今回は、ダッグアウトで彼と話し、交代させた。

「これでストライク3つ目だ。そして、野球はストライク3つでアウトなんだ」と私は考えていた。試合後、今後についてスティーブと話した。「彼に別のチームを探してやる必要がある」と私は言った。我々はスプリングトレーニング中に彼をトレードしようと試みていた。チームには外野手が多すぎると感じていたからだ。

「いや。彼のことは我慢して使ってもらう。去年のようなプレーができるようにしてもらいます」とスティーブは言った。

「報酬を増やしてやっておけば、彼も気分良くできていただろうけどな」と私は返した。

リッキーに対する我慢の限界は、この後すぐにやってきた。彼は『ニューヨーク・ポスト』紙の若い記者アンドルー・マーチャンドに脅しをかけたのだ。マーチャンドはリッキーになぜ全力で走らなかったのか、次は全力で走るのかと尋ねた。

「俺はホームランを打ったときはあのスピードで走るんだ。そして、あれはホームランだった」とリッキーは答えた。

まず、あれはホームランではなかった。風がボールを押し戻したのだ。彼が打った瞬間、私はホームランだと思ったが、シェイ・スタジアムではとんでもない渦を巻く風が吹く。なので、ホームランだと思われたこの当たりは、シングルヒットとなった。私が監督として心がけていることのひとつに、選手を叱責しなければならない状況になったとき、初めてならば個人的に話し、同じ過ちの2度目が起きたら彼の同僚たちの前で非を咎め、3度目は公にするというのがある。

「決して容認できない振る舞いだ」と私は記者会見で言った。「同じことが繰り返されてしまい、どうやって正せばいいのか途方に暮れている」

リッキーはマーチャンドに「お前がこんなに若くなければ、ぶっ飛ばしてるところだったぞ」とも言っていた。

マーチャンドはそれを記事に書き、他の記者連中も話題にし、翌日リッキーが球場にやってきたときにスティーブは彼を解雇する決心をした。

リッキーに関しては——私は野球の歴史上最高の選手と言えるプレーヤーの監督をしたと思っている。まだやれる力は残っていたが、お互い次に進む時期が来たのだ。彼は優れた才能の一片を見せてくれた。彼自身は寄る年波を感じていて、かつてほど意欲が湧いてこないことを自覚していた。そのことは、彼を解雇する決断を楽にしてくれた。だが、年俸190万ドルを支払わなければならなかったチームにとっては厳しい決断となった。

リッキーと袂を分かった後は順調に進んでいたが、7月にレイ・オルドニェスがケガでシーズン絶望となってしまった。控えのショートは、カート・アボットだった。また、チームには多才なメルビン・

モーラもいた。私はモーラならショートを守る力は十分に持っていると思った。私はメルビンをレギュラーとして起用すると公言したが、その直後に彼はマイク・ボーディックとの交換でボルティモアへトレードされた。私はこのトレードに異議はなかった。マイクはオルドニェスとは正反対だった。安定性があり、守備に信頼が置けて、打撃はレイよりもはるかに上だった。これで、とても良いチームができ上がった。内野は、ボーディックとファーストの守備を覚えながら貴重なヒットを飛ばしていたジールで再建できた。ベンチュラとフォンジーは確実なバッティングを見せ、華麗な守備も披露していた。投手陣ではライター、ハミルトン、グレンドン・ラッシュが、実に頼りがいのある先発左腕トリオとなり、右投手ではボビー・ジョーンズとリック・リードが質の高いピッチングをしていた。ブルペンは左右のコンビネーションが素晴らしく、ジョニー・フランコ、デニス・クックが左腕、アマンド・ベニテスとターク・ウェンデルが右投げで、毎日多様性と質の高いピッチングを試合に注ぎ込むことができていた。パット・マホームズは我がチームで複数の役割を果たせる投手で、前年はリリーフで8勝0敗の成績を挙げた。外野にはスーパースターがいなかったが、チームへの貢献度は高かった。我々は94勝を挙げ、余裕でワイルドカードのスポットを獲得し、5回戦制のプレーオフシリーズでリーグトップの97勝65敗をマークしたジャイアンツとぶつかることになった。もうひとつのカードではカーディナルズとブレーブスが対戦した。

パワフルなジャイアンツはバリー・ボンズとジェフ・ケントを擁し、指揮官はダスティ・ベイカーだった。初戦はサンフランシスコで1-5のスコアで敗れた。ハンプトンは普段のシャープさがなかった。第2戦に勝って1勝1敗としてホームに戻らなければならないことは、全員が理解していた。我々は4-1とリードして9回裏を迎えたが、ジャイアンツの一塁手J・T・スノーがベニテスから大飛球を放ち、打球はライトファウルポールの内側ギリギリをかすめるスリーランホームランとなって同点に追いつかれた。スノーが打った瞬間、私はファウルだと確信したが、打球がフックすることはなかった。通常、打球はフックして「畜生、危ないところだったぜ」と言うのだが、このときは「畜生、スリーランかよ」と言っていた。我々はすでに1敗を喫しており、パシフィック・ベル・パークのジャイアンツファンは狂喜乱舞していた。私は、連敗して、地元に帰る長く辛いフライトに乗る姿を想像していた。

10回表、ダレル・ハミルトンが二塁打を放ち、ジェイ・ペイトンがシングルヒットを打って彼を還した。1点リードして迎えたその裏、シーズンのほとんどをセットアップマンとして過ごしていたジョニー・フランコが、2アウトからバリー・ボンズとの対戦を迎えた。一発が出れば同点だったが、ジョニーはカウントを3－2とした後、緩いボールを内角ギリギリに投げて見逃し三振を奪い、試合が終了した。帰りのフライトは、リラックスした雰囲気に包まれていた。「マジかよ、次はバリーかよ」と思っていた我々は、笑顔を浮かべながら飛行機に乗っていた。

バリー・ボンズは、私が実際にこの目で見た中で最高の打者だった。身体が細かったときも最高の打者だったし、身体の大きさが中くらいになったときも最高の打者で、身体が大きくなっても最高の打者だった。バリーはすべての打者の中でボールを見極める能力が最も優れていた。驚くことに、1シーズンで232個の四球を選んだことがある！　バリーにストライクを投げると、彼はストライクだと認識する。28インチ（約71・1㎝）程度の小さなバットを短く持ち、ストライクであればどのボールでも芯で捉え、他の誰よりも投手にダメージを与えることができた。そしてバリーは見ていて楽しかった。彼が打席に入るたび、結果がどうであれ、私は楽しく見ていた。打席に入ると、人を楽しませる何かを持っている選手が数人いた。ジョージ・ブレットもそのひとりだったし、マイク・ピアッツァもわずかだったが、それを持っていた。我々にとって、バリーを打ち取ることは偉業だった。

第3戦、我々は最も頼りにできる先発投手のひとり、リック・リードをマウンドに送った。相手の先発ラス・オーティズは6回までノーヒット投球を続けていた。7回裏、太もも裏を肉離れしたデレック・ベルに代わってスタメンに入っていたティモ・ペレスが、タイムリーを放ってマイク・ボーディックを還し、1－2と1点差に迫った。8回にはフォンジーのタイムリー二塁打で同点に追いついた。そして延長13回裏、ベニーが、シェイ・スタジアムに詰めかけた超満員のファンが生涯忘れられないサヨナラホームランを放ち、球場全体を揺るがした。大歓声はトライステートエリア全体に轟《とどろ》いていた。私がどれだけ喜んだか想像がつくだろう。チームに残れなかったはずの選手が、5回戦制のプレーオフシリーズで我々に2勝1敗のリードをもたらしたのだ。

第4戦では、誰を先発させるかの決断を下さなければならなかった。ハンプトンを短い間隔で投げさせることもできたし、グレンドン・ラッシュかボビー・ジョーンズも使えた。私はフロントオフィスの全員、ファン、マスコミと、あらゆるところからアドバイスを受けていた。ボビー・ジョーンズを推す声はほとんどなかった。試合前夜に、先発投手の発表を求められた。

「明日まで誰にするかは決めない」と私は言った。これは心理戦の駆け引きと捉えられ、議論が巻き起こった。

「ボビー・Vは先発投手を発表しない。どういうことだ？」

陰険なコメントも受けたが、私は本当に誰を選べばいいのか決められず、一晩考えたかったのだ。試合当日、球場に入ったときも、まだどうしていいかわからなかった。駐車場から地下にあるトンネルを歩き、ゴミ置き場を過ぎ、ネズミの被害を受けていたバッティングケージの横を過ぎ、クラブハウスへと曲がる角に来たとき、ボビー・ジョーンズと彼の妻クリスティに出くわした。彼女が、今日は誰が投げるのかと聞いてくるのはわかっていたが、私は何と答えて良いかわからなかった。

私が口を開く前に、クリスティが「今日はボビーに投げさせてください。人生最高のピッチングをしますから」と語気を強めて言ってきた。彼女はまっすぐに私の目を見ていた。私は彼女にハグをし、頬にキスをした。私はクラブハウスに歩いて行き、ボールバッグから試合球を取り出してボビーのロッカーに置いた。

ボビーがスナックルームから食べ物を持って部屋に入ってきたとき、私は「ボールは君のロッカーに置いた。やってくれ。人生最高のピッチングを見せてくれ」と言った。

ボビーは1安打完封勝利を挙げた。ポストシーズンでメッツの投手が投げた最高の試合だったかもしれない。クリスティはそれを予言していた。

我々はジャイアンツを下した。試合後、私が数人の友人たちと監督室にいると、非の打ち所がないグリーンのスーツと同じ色のネクタイに身を包んだボンズがやってきて、私を祝福してくれた。私はずっとバリーが好きだったが、その理由がハッキリとわかった瞬間だった。シリーズを迎える前、我々が立てた作戦はバリーの前に走者を出さないことだった。私の論理は、殿堂入りする偉大な打者をどうやって打ち取ろうかと考える無駄な時間を過ごすのはやめよう、だってそんなに打ち取れる打者ではないのだから、というものだった。彼の前を打つ打者たちを打ち取ろう、そうすれば走者無しの状況で打席に入るバリーは気持ちをくじかれるだろうから。そのシリーズで、バリーはいくつかストライクゾーンを外れた球に手を出すほどだった。私は彼のそんな姿を見たことがなかった。彼は、自分にできる以上のことをやらなければと感じていたのだ。

次の相手は、ナショナルリーグのディフェンディングチャンピオン、ブレーブスを3ゲームの全勝《スウィープ》で下した、トニー・ラルーサ監督率いるパワフルなセントルイス・カーディナルズだった。ラルーサは、私が監督デビューを果たした試合で、相手のホワイトソックスを率いていた監督だった。その当時私は35歳、今は50歳になっていた。私がレンジャーズの監督をしていた間、トニーはアスレティックスの監督として私と何度も何度も対戦した。そして、ナショナルリーグ優勝を懸けて7回戦制のシリーズで顔を合わせている。私は常に時代を先取りしようと努め、一方でトニーは常にグループの中で最も賢く他の全員が彼にひれ伏していた。私はいつも彼と対戦すると、絶対に勝ってやろうという強い気持ちが湧き上がっていた。彼に対する強い敵愾心があった。

カーディナルズのスター選手マーク・マグワイアはケガをしていてスタメンから外れた。トニーは彼を究極のおとりとして使うつもりだった。私に、マークが代打に出てくるという不安を常に持たせようとしたのだ。だが、彼のその作戦にはひとつ問題があった。私はマグワイアのクリプトナイト［訳注：『スーパーマン』の弱点］、タークウェンデルを持っていたのだ。タークはマグワイアから意のままに三振を取ることができるのかと思えるほど、彼との相性が良かった。だが我々には幸運なことに、マグワイアはこのシリーズで打席に立つことがなかった。

我々はシーズン中、左投手をとても苦手としたが、カーディナルズには剛速球を投げる左腕、リック・アンキールがいた。私は彼をとても警戒していた。彼らの他の先発投手は全員が右投げで、我々は右投手に対してはとても強かった。セントルイスでの第1戦で、我々は右投手ダリル・カイルを打ち、6－2で勝利した。この試合のマイク・ハンプトンはシャープだった。第2戦、カーディナルズはアンキールを先発させたが、驚いたことにアンキールは信じられないほど球が荒れていた。被安打1、与四球3，暴投2と乱れ、初回にアウト2つを取っただけで2点を失い、早々に降板した。その後はシーソーゲームの展開になったが、我々の右打者たちが相手に十分なダメージを与え、9回にジェイ・ペイトンの決勝タイムリーヒットが飛び出して6－5で勝利した。

アンキールは、我々が心配していたような重要な存在ではなかったものの、まだ先は長かった。我々は2勝0敗のリードを奪って、続く3試合が行われる地元ニューヨークに戻った。第3戦はカーディナルズが8－2で勝利したが、第4戦で我々が10点を奪って勝ち、第5戦は7－0でマイク・ハンプトンが完封勝利を挙げ、リーグ優勝を果たした。試合前、マイクは「人生最高のピッチング」をすると言い、その言葉通りの快投を見せた。彼は完投し、許したヒット3本、与えた四球1で8個の三振を奪った。ハンプトンは使命感を持って臨み、アメフト選手のようにアグレッシブに、感情をむき出しにして戦っていた。強い球を投げるときはなりふり構わず声を上げ、打席では全力でバットを振った。自分の世界にハマると、なかなかそこから出てこないタイプだったが、この日の彼は、完全に自分の世界にハマっていた。めざましい活躍を見せたハンプトンは、ナショナルリーグ・チャンピオンシップシリーズのMVPに選ばれた。

フォンジーも打ち続けていた。フォンジーとロビンはプレーオフで打ちまくっていて、ティモ・ペレスは最多得点の記録を塗り替えた。グラウンドに目をやると、常に彼が塁に出ていたような感じだった。ティモはライトの守備でも一流で、チームを活性化してくれた。打線に入るようになってから、彼は試合の流れを変える存在になった。前のイニングに頭部へ死球を受けたジェイ・ペイトンに代わってセンターの守備についていたティモが、試合の最後のアウトとなるフライをキャッチした。我々のワールドシリーズ進出が決まった。

試合が終わると、マイク・ピアッツァが音頭を取ってチーム全員が嬉しそうにゆっくりと走りながらスタジアムを一周した。外野席の一番奥に座っていたファンにも、一番高額な席に座ったファンと同じように接したかったのだ。全力で支えてくれたファンに、感謝の気持ちを伝えたかった。

試合に勝った時点で、我々の対戦相手がヤンキースになるかマリナーズになるかわからなかった。ヤンキースはワールドシリーズ連覇中で、いずれも4勝0敗のスウィープで決めていたが、レギュラーシーズンの最後はよろめきながらのフィニッシュだったので、脆弱な感じがした。

27 ワールドシリーズ

メッツは1986年以来のワールドシリーズ進出を果たした。このときは何をしてもエキサイティングだったし、どこに行っても興奮が止まなかった。街の至る所でワールドシリーズが話題に上り、街全体が独特の雰囲気に包まれていた。1999年と2000年に、私はアッパー・イーストサイドの2番街と73丁目が交わるところに住んでいた。息子のボビーはニューヨーク大学進学も考えていたので、大学周辺を歩いて雰囲気を感じる夏が2年続いた。そして2000年秋、街の全員がサブウェイシリーズモードに入っていた。まるで10日間マルディグラが続いているようだった。ウェイター、ドアマン、タクシー運転手、トラックドライバー、ホステスなど街の誰もが、同じことに関心を注ぎ、とても刺激的だった。サブウェイワールドシリーズが行われたのは、ヤンキースとブルックリン・ドジャースが対戦した1956年以来のことだった。

ニューヨークでは、監督は常に忙しくしているが、ワールドシリーズでニューヨークのチームの指揮を執るというのは、本当に格別な素晴らしさがあった。想像を絶する数のインタビューを受け、考えをまとめる時間などまるでなかった。気がつけば、直近4年間の3度のワールドシリーズで12連勝を収めていたニューヨーク・ヤンキースとのバトルが始まっていた。

私は選手としてジョー・トーリの下でプレーし、彼の対戦相手となり、監督として彼と戦ったことがあった。第1戦開始前、我々はホームベースで顔を合わせたが、あれほど不安げな彼を見たことはなかった。ワールドシリーズを連覇していたというのに、彼はその年もワールドシリーズ優勝を果たさないと、オーナーのジョージ・スタインブレナーがとんでもないことを、例えばチームを解体させるとか、彼を解雇させるとか、しでかすのを心配しているように見えた。

「この場を楽しんでいないみたいだね、ジョー」

「一体、何を楽しめっていうんだ?」

そうか。彼はスタインブレナーの下で働いていたんだった。

1997年にインターリーグが始まっていたので、彼らと対戦するときに周囲が大騒ぎする環境には慣れていた。だが、これはワールドシリーズだ。そして、最初の2試合はヤンキー・スタジアムで行われた。

第1戦はアル・ライターが先発し、相手の先発はアンディ・ペティットだった。我々はペティットを知り尽くしていた。走塁の指導は、一塁ベースコーチのムーキー・ウィルソンが担当していた。彼は選手たちに、ペティットはけん制がとてもうまいから、彼が投げているときはただベースの上に立っているよう伝えていた。彼の動きは、そのぐらいわかりづらかった。それだけ言ってあったにも関わらず、マイク・ピアッツァはけん制でアウトになり、その後カート・アボットもけん制球に刺された。ヤンキースにアウトを2つも献上するなんて、とんでもないことだった。さらにこんなプレーもあった。トッド・ジールが打った弱いゴロが三塁線に転がり、ファウルになりそうだった。スコット・ブローシャスは立ったままボールが転がるのを見ていた。トッドは打席から出て行かなかった。だがボールはフェアとなり、ブローシャスが拾ってトッドをアウトにした。彼らにプレゼントした3つ目のアウトだ。そして、忌まわしいあの6回だ。トッドが打ったボールは、誰もがホームランになると思った。ヤンキー・スタジアムを訪れていたメッツファンは歓声を上げ、ヤンキースファンは沈黙したまま立っていた。この前の2つのシリーズで大活躍をしたことでスタメンに入っていたティモは、トッドが打ったとき一塁走者だった。彼は二塁を回ったところでホームランになると思い、スピードを緩めた。だが、ボールは外野フェンスの上端部分に当たった。ボールが外野に落ちると、一瞬すべてが止まったかのようだった。レフトを守っていたデイビッド・ジャスティスが素早く拾って内野に返球した。やはりホームランだと思っていたデレック・ジーターは、中継スポットに入るのが遅れ、三塁線に向かって走りながら送球を受け、ホームのホルへ・ポサーダにストライクの返球をした。ティモがスライディングをする。ポサーダが高い位置でタッチし、アウト。今でも思うが、もしティモがサードで止まっているか得点しているかすれば、ジョー・トーリはヤンキースの弱点であるリリーフを投入していただろう。我々はマリアーノ・リベラの前に出てくるセットアップマンならば、打てると思っていた。

試合は両チーム無得点のまま6回裏に入り、先頭の厄介なホセ・ビスカイーノがヒットで出た。チャック・ノブロックが四球を選んだ後、左打者デイビッド・ジャスティスが左中間を破る二塁打を放ち、走者を2人とも還した。ヤンキー・スタジアムは爆発した。我々は0－2とリードされて、残るは3イニングとなった。

我々はワールドシリーズに進出するだけの力を持っているチームで、シーズンを通して難局に対処してきた。私はそのシリーズで初めて控え選手を起用し、ババ・トラメルがアグバヤニとペイトンを還して同点に追いついた。またもや我々は打ちのめされそうな状況から立ち直り、7回表に3点を奪ってリードを取った。スコアは3－2と我々の1点リードのまま9回裏を迎え、アーマンドがマウンドに上がって、簡単に諦めない偉大な打者ポール・オニールと対戦した。アーマンドは打てそうにないボールを続けて投げ、オニールはなんとか弱いスイングでファウルにした。そこまでの何球かはインプレーになっていれば弱いゴロのアウトだったはずだ。しかしオニールは四球を選んで反撃のきっかけを作り、ヤンキースは同点に追いついて望みをつないだ。私たちは、ワールドシリーズ初戦でヤンキースにアウトを4つプレゼントしていた。それでも、試合は接戦となっていた。延長12回、満塁の場面でホセ・ビスカイーノがタークの初球スライダーをレフト前ヒットとし、我々は3－4のサヨナラ負けを喫した。

ヤンキースは第2戦で私たちを6－5で下した。ヤンキー・スタジアムでのこの試合、ヤンキースの先発はロジャー・クレメンスだった。ロジャーは、私が近くで見たことがあり個人的に知っていた最高の投手だった。7度もサイヤング賞を受賞したロジャーが、どうしても打ち取れなかったのがマイク・ピアッツァだった。やはり徹底的に勝負にこだわるマイクは、ロジャーとの多くの対戦で勝っていた。ロジャーはマイクに対して内角のストレートを良いところに投げられず、カウントを悪くして痛打を浴びていた。

レギュラーシーズンでのインターリーグシリーズで対戦したとき、ロジャーはマイクの内角に思い切り投げ込めない自分にフラストレーションがたまり、ストレートをマイクの頭にぶつけた。ものすごい音がしてマイクは倒れた。たぶん脳しんとうを起こしたのだと思ったが、当時は脳しんとうのプロトコル（脳しんとうを起こした可能性のある選手に必要な検査などを施す手順）がなかった。ベンチから選手たちが飛び出しそうになったが、騒動は起きず、中傷合戦にもならなかった。ロジャーはこの後落ち着きを取り戻し、我々の打者はまた頭にぶつけられるのではないかという不安が残ったこともあり、完全に封じ込まれた。

ワールドシリーズ第2戦でロジャーは8回まで2安打無失点の内容で、9つの三振を奪い、四球は出さなかった。だがこの試合で誰もが覚えているのは、初回のピアッツァの打席だった。ピアッツァがロジャーと対戦するのは、レギュラーシーズンで頭にぶつけられて以来だった。ロジャーはかなりマイクの身体寄りの内角にストレートを投げ、マイクはスイングしたがバットを真っ二つに折られた。バットのヘッド部分が回転しながらマウンド近くに飛んだ。打球はファウルとなった。ロジャーがボールを取るかのようにバットの太い部分を拾い上げ、地面をバウンドさせて遠ざけるつもりで放り投げたところ、バットはマイクの方向に跳ね、マイクから3歩ぐらいのところに落ちた。あたかも、ロジャーがマイクに向けてバットを投げたかのように見えた。2人がやり合うと誰もが思ったが、特段何も起こらなかった。しかし、我々のダッグアウトでは全員が相手のダッグアウトに向かって怒鳴り散らしていた。

ワールドシリーズが始まる前、バド・シーリグ・コミッショナーはそれぞれのチームのクラブハウスを訪れ、こう告げていた。

「これはニューヨーク対ニューヨークの対戦。野球界の全員が注目している。我々にとって非常に重要なことなので、全選手は品行方正に振る舞ってもらいたい。君たちがライバル関係にあるのはわかっているし、怒りが爆発することもあるだろう、ボビー・V。だが、審判員に対しては寛大になってほしい。そして、退場にならないでくれ。見た目に良くないから」彼は、最後には私に向かって話していた。

メッツのメンバーは全員少し笑っていた。コミッショナーはクレメンスとのことで警告したのだ。主要なチーム同士の試合が、レスリングマッチにならないことを望んでいた。ところが、クレメンスがマイクに向かってバットを投げたのだ。全員が「これにどう反応したらいい?」と思っていた。

私は審判団に穏やかな口調でクレメンスを退場させるよう話した。「あれは凶器で、ロジャーはマイクに向かって投げたんだ」と私は言った。個人的には、騒ぎ立てるようなことではないと思っていた。彼は500グラムちょっとの木を我々のダッグアウトに向けて投げただけだったが、それがたまたまマイクの目の前の芝生に着地した。我々が彼を退場させる試みに失敗した後、ロジャーは気持ちを整理してエネルギーを取り戻し、我々の打者をなぎ倒していった。

第2戦の9回、ヤンキースは6－0とリードしていて、マリアーノ・リベラがマウンドに上がり、ジェイ・ペイトンにスリーランホームランを献上した。その後、我々は1点差まで追い上げ、同点に追いつこうという場面になった。1アウトでトッド・プラットが三塁、ババ・トラメルが二塁にいる状況で、打席にはティモが入りコンタクトプレー（ゴロゴー）のサインが出されていた。打球が飛んだ瞬間、プラットがスタートを切ることになっていた。ティモは高いバウンドをリベラの頭上に放ったが、プラットはリベラが捕ると思い、スタートを切らなかった。ティモはファーストでアウトになり、次にピアッツァが控えていた状況でマリアーノはフォンジーから三振を奪い、終了した。

またもやハラハラする見せ場が演じられた。いずれの試合も、最後の最後までわからない展開だった。我々がチャンピオンの戦いの場にふさわしいチームであることに、疑問を挟む余地はなかった。

我々はホームに戻り、第3戦を迎えた。不思議なことに、この日の試合について話している記者は、試合前にひとりもいなかった。選手ですら、試合について語っていなかった。彼らが口にしていた話題は、ジョージ・スタインブレナーがシェイ・スタジアムのビジター側ロッカールームにあった家具を、イスも、テレビを見るためのソファーも、何もかもすべて持ち出して、ヤンキースの家具に入れ替えたことだった。それまで聞いたことすらない話だった。スタインブレナーが許可を求めるような手間をかけていたら、却下されていたかもしれない。「我々の」球場なのだから。ジョージが家具を入れ替えた後で、ビジタークラブハウスのスプリンクラーが作動した。もしかしたら、私がやったのではないかという声が上がっていた。もしかしたら、そうだったかもしれない。よく覚えていない。

それはうまく相手の足を引っ張ってくれ、我々をリラックスさせてくれた。我々はリック・リードとアーマンド・ベニテスの好投で、4－2の勝利を収めることができた。

2勝1敗のリードを許して迎えた第4戦には、前回の登板で人生最高のピッチングを見せてくれたボビー・ジョーンズを先発投手に指名した。彼は自信をつけた様子だった。シリーズ最高の采配が第4戦で見られ、ジョー・トーリはデレック・ジーターをリードオフで起用した。ジーターはそれまでの3試合では2番を打っていた。彼は試合の初球を打つと、打球は左中間フェンスを越えた。勢いを一気に変える一発で、スコアは1－0だったが、我々の士気をくじく一撃だった。デレック・ジーターのワールドシリーズ13試合連続安打となったこの1本は、我々を揺さぶった。

ヤンキースは2回に1点、3回にも1点を加え、我々は3回裏に2点を返した。デニー・ネイグルがヤンキースのリードを守り、5回裏ツーアウト走者なしでマイク・ピアッツァに打席が回った。ネイグルはそこまで4回⅔を投げていて、あとアウトひとつで勝ち投手の権利を得るところだったが、トーリは監督であれば普通すること、続投させることをしなかった。トーリは継投策に出て、デイビッド・コーンを投入してきた。この作戦は理にかなっていた。マイクはこの試合で左腕のネイグルからホームランを打っており、ネイグルはマイクの内角を攻められるボールを持っていなかった。コーンが投げた初球はそれほど速くなく、それほどインサイドにも行かなかったが、マイクはセカンドへの凡フライを打ち上げ、イニングが終了した。我々が信頼を置くバッターが打ち取られた。このシリーズを通してコーンが対戦した打者は、この回のピアッツァだけだった。その登板で、彼は難敵を倒してみせた。我々はこの後打線が封じられ、2－3で敗れた。マリアーノ・リベラは8回と9回を投げ、1安打を許しただけだった。

第5戦で私はババ・トラメルをライトで、カート・アボットをショートでスタメンに入れた。2人とも、開幕時にはスタメン起用されることなど考えられてもいない選手たちだった。トラメルは代打として活躍し、気概のある好選手だった。だが、100人のメッツファンに、ワールドシリーズ第5戦にライトでスタメンに入るのは誰だと質問したら、ババと答えるのは2人いたかどうかも定かでないだろう。

我々には後がなくなり、望みをつなぐためにアル・ライターがマウンドに上がった。2回、ヤンキースのバーニー・ウィリアムズがホームランを放ち、我々はその裏に相手のエラーとベニー・アグバヤニのタイムリーヒットで2点を奪った。すると、あのムカつくジーターがホームランを打って2－2の同点となった。9回、ライターはティノ・マルティネスとポール・オニールから三振を奪い、ポサーダを歩かせた後スコット・ブローシャスにヒットを許した。ライターはそこまで素晴らしい内容のピッチングで、次の打者はルイス・ソーホーだった。本当に？　スタープレーヤーがあまたいるニューヨーク・ヤンキースが、ルイス・ソーホーを打席に送る？　第1戦ではビスカイーノが我々を沈めた。今度はルイス・ソーホーか？

このときを振り返ると、「なぜあのときカート・アボットはルイス・ソーホーに対して引っ張りの守備位置をとったのか？」と不思議に思う。ソーホーは弱いゴロを二塁ベース左側に放ち、カートはダイビングしたが届かなかった。もし彼が真ん中寄りに守っていたら、楽に捕れていただろう。アルはカットボールを持っていたし、我々は右打者に対して引っ張りの守備隊形をとっていたことも多かった。だが、もしもう一度あの場面に戻れるのなら、定位置に近い場所で守らせただろう。

ソーホーのヒットで2人が還り、ヤンキースは4－2とリードして9回裏を迎えた。マリアーノに対し、ワンアウトからベニー・アグバヤニが四球を選んだ。ツーアウトとなって、一発が出れば同点の場面でピアッツァが打席に入った。劇的な場面だった。相手のベスト対我々のベスト。将来殿堂入りする選手同士。期待が高まった。0－1のカウントから、ピアッツァがいい当たりをセンターに飛ばした。快音が響き、行けると思わせた。球場にいたほとんどの人が、同点ホームランだと思った。だが、ボールはフェンスを越えず、バーニー・ウィリアムズがキャッチして試合は終了した。

ワールドシリーズは、こうして終わった。私は選手たちに、彼らを心から誇りに思うと伝え、最高の1年を送れたと言った。それは選手たちも感じていたと思う。我々が対戦した相手は、タイミング良くヒットが出て、幸運な場面もあった。我々は、本来はできたかもしれない場面で、チャンスを十分に生かせなかったのかもしれない。だが、恥じなければならないことは、ひとつもなかった。

2000年シーズンのメッツは、非常に良いチームだった。ナショナルリーグのチャンピオンになったのは、すごいことだ。だが、ワールドシリーズで優勝できていれば、全く違う歴史になっていただろう。どちらにとっても。誰でも必ず努力が報われるわけではない。このときは、ヤンキースが勝つべきときだったのだろう。定かではないが。

28

当惑

フレッド・ウィルポンは、私がメッツの監督として続投する唯一の可能性は、チームをワールドシリーズに導くことだと言った。我々はそれを成し遂げたが、ワールドシリーズ中に私の契約について語ることだけは絶対にしたくなかったので、シリーズ開始前に交渉すれば良いというのは、誰の目にも明らかだった。

「難しいことではないだろう」とトニー・アタナシオは私に言った。

「ワールドシリーズが始まる前に、契約をしてしまわないか?」

「できるのだったら、やってしまおう」と私は答えた。

トニーと私は、どのくらいの額を要求するべきかや、他球団の監督探しの状況などについて話し合った。シーズン中、我々はメールを交換し、時に彼はウィルポンやフィリップスについて侮蔑的な言葉を使っていた。正直に言って、チームが大きく進歩しているのに、私は相応の扱いを受けていないと2人ともに感じていたからだ。

翌日、私はチーム練習を行い、終了間際にスティーブがグラウンドにやってきて「それで、あなたの契約について、どのようにしたいと思っていますか?」と聞いてきた。

「トニーのオファーを受け取らなかったのか?」

「いいえ。トニーからは何も受け取っていません」

「冗談だろ。チェックしてみてくれ。私は記者会見に行かないと」

私はマスコミと話し、契約について聞かれたので、こう答えた。「ワールドシリーズが始まる頃には、契約問題は片づいている。それより、選手について話そう。試合について話そう」

スティーブがまた電話をしてきた。

「トニーからは何も受け取っていません」

私はトニーに電話をした。

「トニー、どうなってるんだ? 契約のオファーを送ると言っていただろう」

「送ったよ。あ、しまった! 今日は代理の職員にやらせたんだった。契約を送るところまで手が回らなかったのかもしれない。今日はブレンダがいないんだ」と彼は言った。ブレンダは彼の秘書で、後に妻となった女性だった。

結局、契約の交渉はワールドシリーズの後まで待たなくてはならなくなった。ワールドシリーズ終了後から私の契約満了まで3日間あった。他チームからは、ドジャースとレッズの2チームが監督職のオファーをしてきていたが、私の心はニューヨークにあったし、最大で5年の長期契約を結ぶつもりでいた。

ワールドシリーズが終わって間もなく、私はフレッド・ウィルポンから電話を受けた。

「ボビー、トニーからのオファーを受け取ったよ。明朝、私の家に来ないか。契約をまとめよう」

「それは素晴らしいですね、フレッド。ですが、トニーがそれには間に合わないんです」

「彼には電話で参加してもらい、スピーカーで話そう。そんなに難しいことではないだろう」素晴らしいアイディアだ。

翌朝、私のレストランビジネスのパートナーの息子で、彼がピーウィーリーグ（様々なスポーツの少年レベルのリーグ）でホッケーをやっていた6歳の頃から知っている、ダグ・ロマーノを「一緒に来ないか？ 車でフレッドのところに行って、終わったら祝福しよう」と誘った。

ダグが私をピックアップし、我々は車でロングアイランド湾にあるフレッドの大邸宅に向かった。ダグは車で待つことにし、私は正面入口に向かった。対応した従者が「ウィルポン様はカバナでお会いになると仰っています」と教えてくれた。フレッドは、湾を見渡せる美しいカバナ（小屋）をプールサイドに持っていた。向かう途中で、彼の馬が見えた。

「何かお飲み物はいかがでしょうか？」従者が私に聞いた。

「フレッドと同じものを」

フレッドはまだ来ていなかった。従者が、白ワインが入ったグラスを2つ持ってきた。部屋の真ん中にある小さなガラスのテーブルを囲んで、イスが何脚かあり、テーブルの真ん中には電話が置いてあった。私が座るとスティーブ・フィリップスが入ってきて、その後にフレッドがやってきた。挨拶を交わすと、フレッドはすぐに本題に入った。

「これは面白い会話になるよ。トニーに電話しよう」とフレッドが言った。

彼がダイヤルし、LAに住むトニーが出てスピーカーがオンになった。

「トニー、そちらの天気はどうだい？ 元気にしているかな」

「おめでとうございます、フレッド。素晴らしかったです。これからも、良いことが起きるでしょう。

早速本題に入ってもいいですか？」とトニーが言った。

「トニー、ぜひそうしよう」とフレッドが返した。

テーブルには30枚ぐらいの紙が乗っていた。フレッドはそれを手に取りながら「だが、始める前に、先日スティーブに、君からかなりの数のメールが送られたそうだね」と言った。

私は、話がどこに向かうのかと、眉をひそめた。

「実際には、35ページ分だ」と彼は続けた。

私には何の話か全く見えなかった。

「契約の話をする前に、トニー、9月18日に君が言った『ナショナルリーグのチャンピオンになったとき、君が支配下に置くあのクソ野郎』とは、誰を指しているのかな？」

私は呼吸が止まっていた。

そして、とフレッドは続けた。「9月23日の『あいつらのタマをつかんで叫ぶまで握りつぶしてやる』とはどういう意味なのか説明してもらえるかな。誰のタマをつぶそうと言うんだい、トニー？」

トニーの代理秘書が契約案を送れと言われて、ハードコピーのファイルを送ってしまったのだと、私は気づいた。スティーブとフレッド・ウィルポンは、どれほどの期間の分かはわからないが、トニーと私がやり取りした「すべての」メールを手にしたのだ！

顔が真っ赤になり、私はカバナから外に出た。車に戻ると、ダグが「マジか！　ずいぶん早かったですね」と驚くように声を上げた。

「ここからずらかろう」と私は言って車を出させた。

ダグが運転する間、私は助手席で最低な気分になり、震えていた。窓を開け、思いつく限りの下品な言葉を叫び続けると、ダグが車を止めた。

「どうしたんですか？　契約してもらえなかったんですか？」

私はなんとか落ち着こうとし、彼に事の顛末を話した。我々は車を降り、私は道路脇に落ちていた石を拾って思い切り遠くに投げた。ダグは何かを叫んでいた。人生で最低の、最も嫌な気分になる日だった。家に帰り、トニーに電話をすると、彼はスティーブとフレッドと電話で話しながら、解決法を探っていたと言っていた。

「解決？　どうやって解決できるって言うんだ？　君と私がメールで交わした言葉を覚えているだろう？」しばらくして、私はまたトニーに電話をかけた。「彼らが持っているメールの内容を教えてくれ。私が言ったことと、君が言ったことのすべてだ」

トニーは完全に防御モードに入っていた。すべてを把握できなかったか、私に知られたくなかったかのどちらかだった。

その後スティーブ・フィリップスに会ったときに、私はこう言った。

「なあ、わかっているだろう。契約に関しては、フェアに対処してくれることを期待しているよ」

どうにかこうにか、私は契約を結んだ。だが、5年ではなく3年だった。金額も、我々が望んでいたものではなかった。

私には交渉材料がなかったし、あのメールがどんな傷を残したかは、誰にもわからない。この一件以降、私はしばらくトニーに対して心底怒りを覚えていた。「もしああしていたら、どうなっていただろう？」と考えてしまう状況だった。私は、それまでに一度も手にしたことがなかったほどのレバレッジを持っていたのに。私を極端に嫌っていた記者連中ですら、フレッドが私に長期契約を提示するだろうと思っていたほどだった。空振りとはこのことだ。または、捉えきれずにファウルだったのかもしれない。いずれにしろ、バットは振っていた。

29

9・11

とてつもないへマをやらかしたにも関わらず、私はまずまずの金額で3年契約を交わした。あれ以来、私はメールについてフレッドとは一度も話さなかったし、彼も二度とその話は持ち出さなかった。我々はナショナルリーグチャンピオンであることを誇りに感じ、私の目標は世界最高のチームを作り上げることだった。そのために、日本でものすごいシーズンを送り、その冬にポスティングされた鈴木一朗と契約するよう、私はスティーブに懇願した。

私が1995年にマリーンズの監督をしたとき、野茂英雄が日本のパシフィックリーグからドジャースに移っていた。日本球界の上層部は、野茂を支持していなかった。彼らは、野茂は裏切り者だと感じていた。彼はポスティングシステムがまだ存在しない時代に、自らの意思で海外に出た初のプレーヤーとなった。彼が日本に背を向けたため、日本の上層部は彼に失敗してほしかったのだ。日本人選手はアメリカでプレーできるほど優れていないから日本に残る方がいいと、彼らは選手たちに信じさせたかった。あるいは、彼らがそう信じていた。だが、野茂は彼らが間違っていることを証明して見せた。彼はメジャーリーグでのデビューシーズンで、オールスターゲームに出場し、ナショナルリーグの新人王にも輝いた。メジャーでは12年プレーし、通算123勝を挙げている。近代野球（1901年以降）の歴史上、メジャーリーグで最初にプレーした日本人選手は、1964年にサンフランシスコ・ジャイアンツに所属した左投手、村上雅則さんだったが、大成功を収めたのは野茂が最初だった。

イチローが2度目のMVPを受賞した年に、私は日本で監督をした。私は彼を見て、スピード、打撃力と守備力を基に「彼は世界で5本の指に入る才能を持っている」と記者団に言った。彼はどの選手よりも足が速く、誰よりもボールを遠くに強く投げていた。我々はワールドシリーズに進出したのだ。もう一歩前進しようというのは当然だろう?

踏み出すべき次の一歩は、工夫を凝らして常識を破り、イチローの争奪戦に勝つことだと私は確信していた。獲得方法はポスティングシステムで、各チームが非公開で入札をした。MLBコミッショナーが封筒を開け、最高額を発表し、落札した球団は72時間以内にイチローと合意に達さなければいけなかった。入札額がいくらになるかを知る前例はなく、スティーブと私やフロントオフィスの面々が会議を開いたとき、私は、1995年にマリーンズがイチローと24試合も対戦したことから、イチローのすごさを肌で感じていたので、彼が欲しいと思う気持ちが強く働いていた。彼が所属していたオリックス・ブルーウェーブは優勝を果たしたこともあり、大一番を経験した彼はすんなりとMLBに溶け込めると思ったので、彼と契約することに何の問題もないと考えていた。私は、イチローには高額を費やす価値があると確信していたので、他球団の入札額をはるかに超える数字を出すことを、強く勧めた。だがスティーブ・フィリップスは、そこまで信じ切れていなかった。

「シングルヒットを打つ選手は、うちの外野には必要ない」と彼は言い切った。

我々の入札額は低く、シアトル・マリナーズがイチローとの交渉権を得た。噂によると、シアトルの入札額は我々より100万ドルしか高くなかったそうだ。そしてイチローは2001年アメリカンリーグのMVPを受賞した。

我々は、他の契約を開始した。マイク・ハンプトンを手放した代わりに、ケビン・エイピアを獲得した。左投手がもうひとり必要だったので、重宝する投手、ブルース・チェンとも契約した。アレックス・ロドリゲス(A・ロッド)がFAとなっていたので、彼にオファーをするかどうか熟慮した。アレックスはシアトル・マリナーズでスター選手になっていた。メジャーリーグ史上、最も完成された遊撃手だったかもしれない。彼は通算で696本のホームランを放ち、通算安打は3000本を超え、通算盗塁は300を超えている。他にこのクラスに入るのは、バリー・ボンズだけだ。

ネルソン・ダブルデーは保有しているチームの所有権を売却する考えを明かし、財産整理を始めていた。メッツはマイク・ピアッツァ獲得に多額の資金を注ぎ込んだが、もう一度同じ動きを見せるかどうかは微妙だったものの、私は期待していた。A・ロッドの代理人、スコット・ボラスが我々にプレゼンをした。ラジオでは、A・ロッドがメッツでプレーする機会を得たら楽しいだろうというコメントをしていて、すべてその方向に進んでいたが、ボラスはA・ロッドの歴史をまとめた50ページの提案書を我々に渡してきた。提案書には、アレックスがメッツで送る将来についてのボラスの予測が書かれていた――彼がいつベーブ・ルースのホームラン記録を抜くのか、いつハンク・アーロンのホームラン記録を抜くのか、A・ロッドをチームに置くことでメッツがどれだけの収入を得るのか、そしてそれがいかにチーム自体の価値を高めるのか、などなど。

非常に良く書かれた、長い提案書だった。A・ロッドの要求のひとつに、メッツのロッカールームの現状を考えると、彼の記者会見が必要になったときのために、スペースが必要だというのがあった。今のロッカールームは薄汚く、使い物にならないという意味だ。また、彼を広告に使う企業が来たときや、A・ロッドの家族や側近が彼と時間を過ごすために、シェイ・スタジアムの老朽化した通路以外の場所が必要だということだった。彼のための完璧な場所があった――メッツのロッカールームの隣にある、以前（1983年まで）ジェッツが使っていたロッカールームだ。私の気持ちはA・ロッド獲得にまっしぐらに進んでいた。

「メッツのロッカールームを拡張するというのは、申し分のないアイディアだ。A・ロッドのためだけでなく、必要であれば他の選手たちにも役に立つ」と思っていたが、フレッドとスティーブ、そして球団側は、逆にそれを彼との契約を交わせない言い訳に使った。

「我々はひとりの選手のためではなく、チーム全体を考えている」……得意の泣き言が飛び出してきた。ジャジャーン！　A・ロッドは、「チーム・オブ・ドリームズ」の一員ではなくなってしまった。アレックスはレンジャーズと契約して2004年まで過ごし、その後街の向こう側、ヤンキースに移ってキャリアの最後までプレーした。ジーターがショートにいたので、彼はサードへのコンバートを受け入れ、自らメジャー史上最高のショートの称号を外した。今日使われている、選手の価値を測る指標のWAR［訳注：Wins Above Replacementの略。セイバーメトリクスによる打撃、走塁、守備、投球を総合的に評価して選手の貢献度を表す指標］で見ると、2001年のアレックスはレイ・オルドニェスより8も高かった。その価値がある選手がいれば、我々は90勝を挙げてナショナルリーグ東部地区優勝を果たしていたはずだ。

残念なことに、ワールドシリーズに進出したチームは、二日酔いに苦しむことがよくあり、我々も例外ではなかった。ワールドシリーズに進むというのは、魔法にかかったようなものなのだ。事がうまく運べば、人間は喜ぶ。我々のチームにはオールスター選出選手が2人いて、メンバーはとても良い集団になっていた。この良い集団が、チームの構成には常にカギになる。

私はチームと一緒にホワイトハウスに行き、ジョージ・W・ブッシュ大統領を訪問した。私の友人ダグ・ロマーノが、我々が試合をしていたマイアミからプライベート機を調達してくれて、オールスターに選ばれた選手やメッツにいたすべてのテキサス出身者など全員を、2001年6月3日にオーバルオフィスに連れて行った。ジョージには、彼の大統領就任式のとき、ザック・ミナシアンと私が連邦議会議事堂の芝生で反対派二人と争った話を楽しく伝えた。皆、その話を楽しそうに聞いてくれた。だが、与えられた時間を過ぎてしまい、ジョージがローズガーデンでのスピーチに遅れてしまうのではないかと心配していたディック・チェイニー副大統領に促されて、ホワイトハウスを後にした。レーガン政権時代に、私がトミー・ラソーダと一緒にホワイトハウスを訪れたときとは、全く違う状況だった。当時、ロナルド・レーガン大統領はルーズベルトルームで私たちとランチを共にし、大統領報道官のラリー・スパイクスに、その日の午後に入っている約束をすべてキャンセルするよう伝えた。

*

2001年シーズンは深刻なケガ人も出た。エドガード・アルフォンソはチームのリーダー格のひとりで、全員から尊敬されていた。好投手から貴重なヒットを奪える選手だったが、このシーズンでは再三ケガに悩まされた。チャンスに強いもうひとり、トッド・ジールは62打点だった。ホームラン36本、94打点をマークしたマイク・ピアッツァ以外にスター選手のクオリティを持ったプレーヤーはいなかったが、実に多くの仕事人たちが必死になって任務をこなしてくれた。ロビン・ベンチュラもケガを抱えながらホームラン21本、61打点を挙げた。ベニー、ジェイ・ペイトン、ティモの外野陣は打撃があまり振るわず、新庄剛志はホームラン10本、56打点とそこそこの働きをした。シーズン成績は82勝80敗に下がり、あまり満足できない1年だった。

2000年のナショナルリーグ優勝を果たした翌年の2001年オールスターゲームでナショナルリーグの監督を務めたのは、その年の私のハイライトだった。チームの構成に最もフェアな監督になりたかったので、出場の価値が十分にある他チームの選手よりも自分のチームの選手を優先的に選ぶようなことはしなかった。私は数字を深く掘り下げて分析し、ナショナルリーグの他の監督全員からアドバイスを受けた。各監督に、それぞれが率いるチームから選ばれるべきだと思う選手を教えてもらい、私の中ではとても良いチームができ上がったと思った。

最大の問題は、メッツからあまり多くの選手を選ばなかったことだ。何人かの選手は、メッツに所属しているのだから選ばれるだろうと思っていたのだ。さらに悪いことに、アメリカンリーグの監督を務めたジョー・トーリは、ヤンキースの選手を7人も選んでいた——ロジャー・クレメンス、ホルヘ・ポサーダ、バーニー・ウィリアムズ、デレック・ジーター、アンディ・ペティット、マイク・スタントン、マリアーノ・リベラ。私が選んだメッツ選手は、マイク・ピアッツァとリック・リードだけだった。そして、リック・リードはスト破りだったことを覚えているだろうか。今日のセイバーメトリシャンが、当時私が選んだ選手を分析したら、全員について、あるいは少なくともほぼ全員について、賛成するだろう。何人かの選手は接戦の末選に漏れたのだが、オールスターゲーム前の日曜日にメンバーを発表し、翌日の月曜日にはフロリダ・マーリンズのクリフ・フロイドが選ばれなかったことで大騒ぎになった。フロイドの代理人で、断じて許せない私の敵、セス・レビンソンは、私がフロイドにオールスターに選んだ旨を伝えたため、フロイドは両親やいとこ、友人3人が乗る1万6000ドル分の飛行機チケットを購入したとマスコミに話した。

「チケットが、その動かぬ証拠だ」とレビンソンは言った。

マスコミからレビンソンのコメントを聞いたとき、私は「クリフ・フロイドの代理人は嘘つきだ。私はフロイドと話したし、彼は私の言葉を理解している。私は、彼が当落線上にいるということを伝えた。私は彼を優れた選手だと思っている」

まさか私の選択が非難を浴びるとは思っていなかった。正しい選択をしたと確信していたから。

私は、誰を先発投手にするかの選択もしなければならなかった。オールスター前まで、いずれもダイヤモンドバックスに所属するランディ・ジョンソンとカート・シリングは、数字的に互角だった。私はアリゾナの監督ボブ・ブレンリーに電話をかけ、誰を先発させるべきか意見を聞いた。私はジョンソンを選んでいたが、彼らの監督が考えるとおりにしたかったので、シリングに決めた。そして、オールスター・ディナーで先発メンバーを発表した。両チームの先発投手が簡単なスピーチをする予定だったが、シリングは10分間独白を続けた。

「最高の栄誉をもらいました。私のキャリアで最も輝く瞬間のひとつです」

しかし、私は、ジョンソンが先発に選ばれなかったことにあれほど腹を立てるとは思ってもいなかった。彼はシアトルでスターになり、オールスターゲームは彼が絶大な人気を誇ったシアトルで開催された。ディナーが終わった後、私は部屋に帰るためエレベーターに乗った。エレベーターの奥にはランディがいた。彼は身長201㎝、私は177㎝。彼は身体を折るようにして私の耳に囁いた。「もしあのいけ好かない野郎が投げられなくても、俺に先発しろなんて言わないでくれよ」

ランディは部屋に帰り、私も自分の部屋に帰った。すぐにオールスターチームの投手コーチで親友のチャーリー・ハフに電話をかけ、「チャーリー、明日シリングが先発しないという話を聞いているか?」と尋ねた。

「いや、監督。何も聞いていないですよ。何か聞いたら、知らせます」とチャーリーは言った。

5分後、部屋の電話が鳴った。

「監督?」

「ああ」

「カートが今電話をしてきて、明日の朝キャッチボールをしてどんな状態か見たいと言ってきたんです」

「調子が悪いのか?」

「投げてみて、肩の様子を見ないとわからないと言っていました」

「これはまずい」と私は思った。

翌朝、シリングはチャーリーとキャッチボールをしに外へ行った。私はホームランダービーを見に球場へ行く支度をしていた。そこにチャーリーがやってきて、「カートは投げられません」と報告してきた。

私はゴクリとつばを飲み込んだ。すでに各投手には、どのイニングで投げるかを確認してあったし、日曜日に投げた投手にはオールスターゲームでは投げないと伝えていた。シリングは最初の3イニングを投げる予定で、次は1イニングしか投げないと言ったランディ・ジョンソンが4回に投げる予定だった。ジョシュ・ベケットが5回、マイク・ハンプトンが6回、ジョン・リーバーが7回、マット・モリスが8回、ジェフ・ショーが9回。控えとしてビリー・ワグナーとベン・シーツ、パク・チャンホを置いてあった。パクは2001年シーズンの前半戦で10勝と、飛び抜けた成績を収めていたが、オールスターゲームでは投げないと伝えてきたときは、問題ないと返事をしてあった。だが、シリングが投げなくなった今、私は3イニングをカバーしなければならなかった。

シーズン前半戦最後の試合で、オールスターに選ばれたナショナルリーグの外野手のひとりがケガをした。こういう状況になった場合、リストの中で次に載っている選手が繰り上げ当選となる。私はクリフ・フロイドに電話をかけ、オールスターゲームに出場するよう要請した。

試合は、1－4で敗れた。ランディ・ジョンソンが先発して最初の2イニングを投げた。私はパク・チャンホに投げてもらうよう頼んだが、彼は実に男らしく「もちろん、試合で投げますよ」と言ってくれた。ウォームアップしたときに腰に張りがあったが、それでも登板し、カル・リプケンに彼のオールスターゲーム最後のヒット、ホームランを献上した。チャンホは腰を傷めた影響で、後半戦はずっと良いピッチングができなかった。ひどい結末だった。

振り返ってみれば、もうひとつ辛いことがあった。それは私がクリス・クアッケンブッシュと一緒にホームランダービーを観戦したことだ。クリスは私が主宰するミッキー・リオーニ基金に2万ドルの寄付をしてくれていた。彼はオークションで、彼の子供たちがオールスターゲームのバットボーイを務める権利を競り落としていた。クリスはワールドトレードセンター最上階にあったサンドラー・オニールの共同経営者だった。このオールスターゲームが、彼が子供たちと一緒に観戦した最後の試合となってしまった。

ホームランダービーの最中、私はバリー・ボンズのところに行き、「バリー、明日は出場してもらうよ。君がたくさんのトロフィーを持っているのは知っているが、オールスターゲームのMVPは受賞してないね。9イニングずっと出場してくれないか。9イニング出れば、君ならMVPを取れるから」と話した。

「素晴らしいアイディアですね、ボビー。感謝しますよ」とバリーは答えた。

話をオールスターゲームの6回まで飛ばそう。我々は反撃機を迎えていて、ジョー・トーリはリリーフにマイク・スタントンを送ってきた。コーチのひとりダスティ・ベイカーが私のところに来て「代打は誰にする?」と聞いた。

私は交代を考えていなかった。

「誰の?」

「バリーだよ」

「バリーはどこだ?」

「彼のプライベート機が早く到着したので、彼はもう帰るんだ」

「オーケー」と私は言い、ギアを切り替えた。「ブラディミール（ブラッド）・ゲレーロに打たせよう」

これが当時のオールスターゲームだった。ピクニックに行く感覚でやっていたが、その後勝利したリーグがワールドシリーズでホームフィールド・アドバンテージ（ホームでの開催試合を多く得る権利）を得るようになった。

もうひとつハプニングがあった――私はトミー・ラソーダをコーチとして招聘することをMLBに願い出た。彼はドジャースでリーグ優勝を4回、ワールドシリーズ制覇を2回達成し、1996年のドジャース勇退後に2000年オリンピックで金メダルを獲得していた。私たちはメジャーリーグで同じユニフォームを着たことがなかったので、そうすることが私の夢だった。コミッショナーは特別許可を出してくれた。6回、トミーが三塁ベースコーチをやらせてくれと言ってきた。「しばらくグラウンドに立っていないでしょう。あそこはとんでもないことが一瞬の間に起きるところです。ぼくと一緒にダッグアウトにいて、試合を楽しみましょうよ」と私は答えた。

それでもトミーはやらせろと言うので、私は折れた。トミーが三塁に向かうと、ファンはスタンディングオベーションで迎えた。最初のバッターは、ボンズの代打ゲレーロ。トミーはコーチャーズボックスで、手を振り回したり両手を叩いたり、ブラッドにヒットを打て！　と大きな声をかけるなど、お決まりの賑やかさだった。ブラッドは、それまで何度もしたように外角低めの変化球を振りに行き、大きなスイングの後左手だけでバットをつかんでいた。しかし、その手からバットが飛び出し、ヘリコプターのプロペラだけが飛ぶような形でトミーの額に向かっていった。トミーは慌てて後ろに向かって跳び、私を含む全員が息を呑んだ。彼は両手で頭を抱えるようにしながら飛び上がり、バットは当たらずに済んだ。会場からはスタンディングオベーションが贈られたが、私は心臓発作を起こしそうだった。

シアトルでの時間は素敵だった。「世界中に響き渡った一発」から50年を記念して、ラルフ・ブランカとボビー・トムソンが名誉キャプテンを務めた。美しい光景だった。元々、オールスターはいつも美しい光景が見られるイベントだが、私の人生で最も楽しい週末のひとつとなるはずだったこの経験が、結構悲惨なものになってしまった。

＊

２００１年８月、チームは快進撃を見せられず、２００１年のメッツもまた改革が必要になり、２歩進むために1歩後退することを考え始めた。そして実際に2、3回選手の入れ替えを試してみたが、前には進まず後退が続いた。

そして、9月11日がやってきた。

我々はピッツバーグで試合をしており、ダウンタンのマリオットに泊まっていた。シーズン中に2回あるファミリー遠征のひとつだったので、メアリーが私と一緒に来ていた。その日私は朝早く起きてルーティーンのエクササイズをし、部屋に戻ってコーヒーを飲みながらテレビを付けてCNNにチャンネルを合わせた。1機目がワールドトレードセンターのノースタワーに突っ込んだばかりだった。電話が鳴り始め、我々は事態の収拾に努めた。窓の外を見ると、黒いセダンの隊列が建物の地下駐車場の出入り口を塞いでいた。下の階に行くと、通りの向かいにFBIの地元拠点があるので、そちら側に面したドアからは外に出ないように言われた。私は遠征マネージャー兼クラブハウス担当のチャーリー・サミュエルズに電話をした。

「ここら辺一帯がターゲットになっているなら、逃げた方がいいと思う。ここを出なければ」

全員が荷物をまとめ、球場に行くはずだったバスに乗った。我々はペンシルベニア州の片田舎にあるロバート・モリス大学の隣のホリデイ・インにチェックインした。全員が混乱し、次に何が起きるのかと恐怖を感じていた。夕方6時のニュースを見て、各自の安全のために翌朝自宅に戻る決断をした。飛行機は一切飛んでいなかったので、我々はバスでピッツバーグからニューヨークへ向かった。

すべて整然と事が運ばれ、混乱したり慌ただしくしたりすることはなかった。パニックも恐怖もなかったが、その晩私は眠れなかった。我々は午前3時に出発し、8時間の道のりを進んだ。ほぼ全員が眠りに落ちていたが、ハドソン川西岸のジャージー・ターンパイクに入ったところで皆目が覚めて、初めてマンハッタンを見ることができた。何が見えるのか、全員が不安ながら見つめていると、コーナーを曲がったところで見えたのは、黒い煙だけだった。摩天楼が見えない。マンハッタン島全体が黒い煙に覆われていた。

そこで少しパニックになった。何人かは涙を流し、ため息をついていて、話をする者はほとんどいなかった。バスのBGMは消されていて、ジョージ・ワシントン橋からシェイ・スタジアムへの道のりは、思い出す限りとても重苦しいものだった。私が最初に考えたのは、軍隊に入ることだった。もしかしたらリーダーシップを発揮できる老兵が必要かもしれないと考えた。そのときは、国に仕えるべきだと感じていた。私は最高司令官、ジョージ・W・ブッシュと良い友人だったし、どんな形でも彼をサポートしたかった。

シェイ・スタジアムに着き、私は選手たちにハグをして電話の近くにいるように、そして安全を確保して家族と一緒にいるように伝えた。私自身もそうした。ウェストチェスターに急いで向かい、義父ラルフ・ブランカの無事を確認してホッとした。彼はあの朝、ジャッキー・ロビンソンの銅像の除幕式をルディ・ジュリアーニ市長と行っていたため、数時間音信不通だった。ラルフは75歳だったが、ローワー・マンハッタンからブルックリン橋を歩いて渡り、タクシーに乗ってウェストチェスターまで戻っていた。

事件直後、救助・復興の活動拠点はチェルシー・ピアーズにあったが、2つ目のタワーが倒壊した後、地面の揺れが激しかったチェルシー・ピアーズは安全でないと判断され、活動拠点がシェイ・スタジアムの駐車場に移された。

メアリーと私はコネティカット州の自宅に車で戻った。家族や友人全員の無事が確認できると、私はその夜再び車に乗ってシェイ・スタジアムに戻った。駐車場は大混乱に陥っていた。そこで必要だったのは、救助活動をしている場で必要な物資を積み上げ、仕分けをしてグラウンド・ゼロの作業員に届けるまでの行程をまとめることだった。球場のオペレーションマネージャー、ケビン・マカーシーと彼のアシスタント、スー・ルッツが、素晴らしい仕事をしてくれて、私も少し力仕事を手伝った。一方、グラウンド・ゼロでは、負傷していない警察官や消防隊員らに加え、何千もの作業員が瓦礫をかき分けながら救助に当たっていた。

物資を探しに来たグラウンド・ゼロの作業員たちは、煤にまみれてまるで炭鉱夫のようだった。我々は、包帯や医療用軟膏、Tシャツ、洗眼液、ゴーグル、手袋、懐中電灯などの物資を用意していた。救助活動2日目、懐中電灯用の電池がなくなったが、翌朝には18輪のトレーラートラックがアトランティックシティから到着し、電池と懐中電灯が何百箱も届いた。我々は疲労困憊し、休息が必要だった。そこに、数十台のオートバイが唸りを上げて駐車場に入ってきて、我々は作業を中断した。私たちはあまりにも疲れていたので、バイクに乗ったギャングたちに、好きな物を持って行かせるつもりだった。だが、それは予期せぬ喜びに変わった。バイクのメンバーのひとりが、「助けが必要だって聞いたぜ」と言ってきたのだ。私は手を大きく振って彼らを招き入れた。男女合わせて40人ほどが、全員手に刃物を持っていて、次々に箱を開けて懐中電灯に電池を入れ、2時間足らずで緊急に必要だった懐中電灯が数百本用意された。作業が終わると、彼らは去って行った。組み立てられた懐中電灯や他の物資は、スペースを最大限に利用するため後部座席が取り外されたパトカー10台ほどに積み込まれ、グラウンド・ゼロに運搬された。

野球は、私の中では最優先事項ではなかった。とにかく必要なことは、行方のわからない家族や友人を探す人たちを助けることだった。私は警察車両でグラウンド・ゼロに向かい、かなりの時間を過ごした。ローワー・マンハッタンはまだくすぶっていて、戦地のように見えた。私が到着したときには、州兵が道路沿いにいくつもテントを張っていた。車には10㎝ぐらいの灰が積もっていた。

4日目までに、複数の葬儀に参列した。それが終わると私は戦争神経症になり、そういった状態の中、車でシェイ・スタジアムに戻ってスティーブ・フィリップスに会った。スティーブは、2日後にピッツバーグでシーズンが再開すると知らせてくれた。

我々は選手を招集して練習を行い、練習後全選手が駐車場に出て物資仕分けの手伝いをした。チームのメンバー8人ほどで警察車両に乗ってグラウンド・ゼロに向かい、メッツの帽子を配って作業員たちを激励した。2人のファーストレスポンダー（災害や事故による負傷者に対して、最初に対応する救助隊・救急隊・消防隊・警察など）がロビン・ベンチュラとトッド・ジールにNYPD（ニューヨーク市警）とNYFD（ニューヨーク消防署）の帽子を渡し、殉職したファーストレスポンダーたちを悼むため、グラウンドでかぶってほしいと伝えた。MLBは帽子メーカーのニュー・エラ社とライセンス契約をしていたため、試合でかぶることはできなかった。

「皆さんがどのような思いをしているか、よくわかります。これまで、このような状況になったことはないのですから」と私は言った。

「それでボビー、あなたはどうやってこの状況の中、過ごしてるんですか？」とアル・ライターが訊いてきた。「恐怖とどう向き合ってるんですか？」

「まず家族が安全を確実に確保できるように全力で努めるし、それができれば自分は最大の勇気を持てる。それでも、空を見上げるたび、飛行機が飛んでくるのではないかという恐怖心が湧いてくる。だが、恐怖は個人で感じるものだが、集団になれば心が強くなれるし、勇気が湧いてくる。結束して立ち向かおうと心に決められれば、我々全員が救われるかもしれない」

スティーブ・フィリップスとフレッド・ウィルポンも来て、フレッドは選手たちを激励するスピーチをして気持ちを締め直し、「我々がいるべき場所、ワールドシリーズに戻ろう」と檄を飛ばした。「奇妙なもんだ」と私は思った。我々はピッツバーグにいる間、その次のブレーブス戦はホームでの試合だったが、ニューヨークを避けてアトランタで行うべきかと考えていたとき、「最高司令官はニューヨークで試合をすることが重要だと考えている」とのメッセージを受けた。

私はアトランタのボビー・コックス監督と電話で話し、試合前に私が彼のところに歩いて行ってお互いの無事を喜び、我々の選手たちもブレーブス選手たちと挨拶を交わすことを決めた。お互いに憎み合うライバル同士だったが、我々は試合前にお互いを想い合う姿勢を見せた。

シーズン再開後最初の試合は9月21日に行われた。国歌演奏のときは、一塁線と三塁線に両チームが並んだ。ライトにあるスコアボードには、全面にアメリカ国旗が映し出され、「私たちは決して忘れない」という文字が書かれていた。恐ろしい出来事からわずか10日後にニューヨークで野球の試合をすることとなり、私にとって野球場で経験した最も感情の高まる日となった。その日の気持ちは、今でもうまく説明ができない。

セブンス・イニング・ストレッチ［訳注：7回表終了時に球場全体で「Take Me Out to the Ballgame」を大合唱する習慣］では、シェイ・スタジアムの音響システムから「ニューヨーク・ニューヨーク」が流れた。ライザ・ミネリの歌声に合わせて、それぞれの制服に身を包んだファーストレスポンダーのメンバーたちが一列に並んでコーラスラインのキックを披露したが、中には泣きながら足を振り上げている人もいた。

試合はメロドラマだった。我々が追いかける展開だったが、我々が得点を挙げても歓声は一瞬だけしか起きなかった。客席にはたくさんの人が詰めかけていた。皆、そこに来たかったのだが、どのように観戦していいかがわからない様子だった。テロ攻撃を受けて数千の命が奪われた直後だったので、声援を送ることは間違った行為のように思われたのだ。

1－2のビハインドで迎えた8回裏、マイク・ピアッツァは野球史で最も思い出に残る1本となるホームランを放ち、憎きブレーブスからリードを奪った。皆の心配そうな表情は一気に明るくなった。恐怖と悲しみの涙が、一瞬だけ喜びの涙に変わった。超特大の当たりは、左中間の放送席に着弾した。それまで静かだった球場は、その一打で周囲に響き渡る歓声に包まれていた。そのときの音は、今でも私の心と頭の中で反響している。

残りの試合をすべて勝ち、またプレーオフに進出してまたワールドシリーズでヤンキースと戦えたら最高だったが、それは叶わなかった。

もうひとつ付け加えておく。9月6日、私はシェイ・スタジアムの駐車場から道を挟んだところにあるホテルにレストランをオープンした。そのホテルは、航空会社のパイロットとクルーを受け入れ、ルームサービスを提供する契約をしていた。だが、最初の1ヶ月はすべてのファーストレスポンダーの家族のために開放した。そして、同時多発テロで被害を受けた人たちのためにクリスマスディナーも提供した。

また、私は子供たちに対しても自分のできることを可能な限りやった。ラルフ・ブランカの友人が雇った男性が、事件発生時に倒壊したタワーで勤務していた。彼には4人の子供がいて、ブルックリンに住んでいた。ラルフは私に、子供たちに会いに行ってほしいと言ってくれた。被害者の名はケビン・コンロイといった。彼の妻ジェットは素晴らしいアイルランド系の女性で、気丈に男の子1人と女の子3人の子供たちを育てた。その子供たちは、私にとってもファミリーのメンバーとなった。4人とも大学を卒業した。長男のマティはノースウェスタン大でクラブチームに入りキャプテンでピッチャーを務め、クラブチームの世界選手権で優勝、その模様はESPNで中継され、私が解説した。マティは私が日本に滞在した6年間毎年来日した。この素敵な家族が私の人生に関わってくれたことは、同時多発テロの悲劇から生まれた希望の光となった。

メッツのPRディレクター、ジェイ・ホーウィッツは「テューズデイズ・チルドレン」と銘打ったプロモーションを開始し、メッツはシーズン終了までの毎週火曜日に、同時多発テロで命を落とした人たちの子供を招待した。このチャリティ活動は今でも続いている。

30

不協和音

2001年シーズンが並の1年で終わり、スティーブはシンクタンクを組織した。目的は、これ以上資金を使わずに攻撃力を高めること。私もいいことだと思った。メッツは常に予算内で補強を続けてきた。我々は予算を与えられ、それでなんとかしなければならなかった。ミーティングの席で、「我々には何ができるのか?」という質問を自らに問いかけた。

「うちのチームの高額な選手を見つけて、他チームの高額な打者とトレードする。投手を出して攻撃力を得よう」と私は言い、年俸が1000万ドルだったケビン・エイピアを候補として挙げた。

「モー・ボーンはどうだろう?」と私は考えた。モーはコネティカットノーウォークで育った選手だ。両親とも教育者で、彼の父はノーウォークのポーナス・リッジ・ミドルスクールの校長だった。

「モーがまだ打てるなら、うってつけのトレードになる」と私は思っていた。

1995年、モーはアメリカンリーグMVPに選ばれ、そのとき所属していたレッドソックスと3年1860万ドルの契約を交わし、その後の2年間はエンジェルズでプレーした。2000年の成績は打率2割7分2厘、ホームラン36本、117打点で、2001年は左腕の腱を断裂してシーズンを丸々棒に振った。その時点で彼の通算成績は打率2割9分8厘、ホームラン299本、977打点だった。スティーブはフロントオフィスのスタッフをマサチューセッツのモーの自宅に送り、打撃を見てくるよう手配した。

我々は彼の自宅近くのバッティング練習場でモーに会った。彼は個人的な打撃コーチをしていたマイク・イーズラーと一緒にいた。イーズラーはパイレーツとレッドソックスでプレーした経験があり［訳注：晩年は日本ハムファイターズでもプレー］、レッドソックスの打撃コーチでもあった。モーは、選手が少しウェイトオーバーになったときに着用するラバースーツを着ていた。重りをつけたバットを振った後、本格的に力を込めて打ち始めた。5回スイングをすると休憩を入れ、またすぐに打ち始めた。おびただしい汗をかきながら大体30球ぐらい打つのを見たところで、一旦終わりにした。スティーブとカーム・フスコはモーと話しに行き、我々の残るメンバーは別の部屋で待機した。1時間後、モーが出てきて我々に手を振り、我々はシェイ・スタジアムから乗ってきた2台の車に分乗した。スティーブは別の車に乗っていた。ジム・デュケットと私は、今日見たことについて話していた。私は、モーは体重オーバーしすぎていて身体ができておらず、契約しても体重は落とせないと思うと言った。

「DHがないからな。彼がどうやってファーストの守備をするんだ?」と私はつぶやいた。

1時間半後、我々は給油のために車を止め、スティーブが私のところに来て「契約内容の合意に至ったようだ」と言った。

それから間もなくして、そのときチームにいた最高の投手ケビン・エイピアを、事実上はモーの年俸との交換でトレードに出した。ボビー・ボニーヤが悲劇の第1章だったなら、モー・ボーンは悲劇の第2章だった。26本のホームランを放ち、72打点を挙げて左打ちのパワーとまずまずの打点の貢献はしてくれたが、守備と走塁は落第点だった。全然動けなかったし、ベースを回るのに苦労していた。好投手は彼を苦にすることはほとんどなく、彼はチームに対して良い影響をもたらす存在でもなかった。報酬は十分もらっていたが、チームに対する献身的な姿勢はほとんど見られなかった。何かチームにとって妨げになることがあると、ニューヨークの人々はその都度モーのせいにした。チームのイメージが悪くなり、彼がチームにフィットすることはなかった。翌年もモーは残留したが、27試合で打率1割9分と低迷したところで解雇となった。

スティーブと私は、ロビン・ベンチュラを残留させるかどうかでも、意見が合わなかった。私は彼の残留に大賛成だった。ウェイトトレーニングルームで彼の姿を見ることはまずなかったが、三塁守備のスキルは高かった。華々しい守備を見せる選手で、メッツに来てプレーする前に足首を痛めていたが、前にチャージしてボールをさばく技術は、ブルックス・ロビンソンを除いては誰にも負けなかった。スランプに陥ることもあったが、逆に打ちまくることもあり、大事な場面でヒットをたくさん放ってくれた。2001年シーズンが終わったとき、ロビンが冬の間に一生懸命トレーニングに取り組み、もう少し身体を作り上げられるのだろうかという懸念があった。彼にはストレングス・アンド・コンディショニング・コーチがプログラムを用意していて、スティーブはそれをちゃんとこなしているかどうかを知りたがった。冬の間にスティーブと私はグリニッチで朝食を共にしていた。スティーブはロビンがどんな様子か知りたがっていた。

「ロビンとはずっと話している。彼は必死にやっているよ。何も心配いらない。すべてうまくいっている」と私は伝えた。

我々はロビンに会いに行き、トレーニングプログラムはどのように進んでいるか尋ねた。

「とても順調です。キックボクシングのクラスはとても楽しんでやっていますよ」とロビンは答えた。

私はそれが彼の足首を強くすると思っていた。「良かったよ。それなら最高だ」と私は言った。ロビンは車で去っていき、私はスティーブに言った。「話を聞けて良かったよ。キックボクシングは、とても激しいトレーニングだからな」

「彼がそんなトレーニングをしていると聞くとは思わなかった」とスティーブは言った。

2日後、ロビンはトレードされた。しかも、私がロビンに「スティーブは私と話して、君が身体を作っていることに安心している」と伝えた直後だった。

2002年にメッツが獲得した選手の中で私が興奮を覚えたのは、ロベルト・アロマーだった。スティーブから彼をトレードで獲得すると聞いたときは、ゾクゾクした。

「誰と交換したにせよ、よくやった」と私は言った。

クリーブランドへの交換要員は、マット・ロートンとアレックス・エスコバーだった。だが、数年前にカルロス・バエーガを獲得したときと同じことが、ロベルトに起きた。2人ともアメリカンリーグではものすごい選手だった。2人ともスイッチヒッターで長打力もあり、人柄も最高だった。カルロスの方がより外交的で、誰からも愛されていた。ロベルトは物静かだったが、周囲から好かれ、尊敬されていた。私がエンジェルズでプレーしていたとき、彼の父と二遊間コンビを組んでいて、そのときロベルトはまだ赤ちゃんだった。カルロス、ロベルトともに優れた人物ではあったが、ニューヨークでは選手として使い物にならなかった。ロベルトは、カルロスもそうだったが、打撃練習でホームランを打てないことが数週間続くことがあった。数日間ではなく、数週間だ。私には理解しがたかった。

「何が足りていないのかを、やがて見つけるだろう。そして、明日がその日になるはずだ」と私は信じ続けていた。

2人ともニューヨークに来る前はとにかく優れた選手だったから、不可解だった。私はカルロスが大好きで、カルロスも私を気に入ってくれていた。そしてロベルトがむなしさを感じるたび、彼同様に私も心が痛んだ。彼が打てないと死んだような気持ちになった。2人とも、キャリアの中でモーターがオイル切れになったところでメッツに来て、そのモーターを再び回転させることができなかったのかもしれない。

また、グラウンドの外でもチームの足を引っ張る出来事が起こった。

スティーブ・アイゼンバーグは『スタンフォード・アドボケート』紙の元発行人で、後に『ニューズデー』紙の発行人となり、さらに『L・A・タイムズ』紙のエグゼクティブ・バイス・プレジデントになった。彼がスタンフォードに住んでいた頃から、我々は友人だった。私がレンジャーズで監督をしていたとき、彼は当時幼かった息子のクリストファーをスプリングトレーニングに連れてきて、私はクリストファーにオープン戦数試合でバットボーイを任せた。話を2002年に戻すと、クリストファーはニューヨーク大学のジャーナリズム学科を卒業し、ニューヨーク市のビレッジ地区にある小さな週刊誌で仕事をしていた。

スティーブが電話で、「クリストファーがあなたにいくつか質問をするインタビューをさせてもらえませんか?」と聞いてきた。

「喜んで」と私は答えた。

クリストファーはシェイ・スタジアムにやってきて、ダッグアウトに2人で座った。周りには誰もおらず、簡潔な質問に答えた。「DHについて、どう思いますか?」「リーグ優勝できる可能性は?」「シェイ・スタジアムの観客はいかがですか?」などの質問だった。その中で、「メジャーリーグでゲイであることを公にしてプレーする選手がいても良い時代だと思いますか?」というのがあった。私はこれに答えることがそんなに大したことではないと思ったので、「もちろん、球界にゲイであることを公言する選手がいても良い時代だ。なぜいけない? 社会全体が、それは完全に受け入れられることだと理解している」と答えた。

1週間後に、その雑誌が発売された。マスコミの間で出た憶測は、私が、マイク・ピアッツァがゲイであることを暴露しようとしていたから、ゲイの存在があっても構わないと言ったのだろうというものだった。なぜそういう推測に結びつくのか、私には見当が付かなかった。噂が飛び交っていたが、私は無視していたので、噂を否定もしなかった。正直言って、あの質問に対してあれ以外に答えようがあるのかどうかもわからなかった。だが、彼らの受け止め方は、マイクがチームにいるから私がそういう発言をしたとなっていたので、スティーブ・フィリップスとアラン・ランズ医師は試合前に記者会見を開いて事態を説明する必要があると判断した。

一方、マイクの代理人ダニー・ロザーノが、この一件でマイクがいくつかの広告契約を得られなくなっていると苦情を伝えてきて、訴訟の可能性もあると言ってきた。ロザーノは飛行機でニューヨークに来て記者会見に同席し、マイクもその席に着いて「ぼくはゲイじゃない」と言わなければならなくなった。

私は愕然とした。私の周りで起きていることが信じられなかった。結局、またしても私が非難の集中攻撃を受けた。決してありがたいことではなかったが、火に油を注ぐことはしたくなかったので、沈静化を待った。だが、事態はすでに取り返しのつかないことになっていた。すでに傷跡が残っていた。馬鹿げた話だが。こういうことで、監督はクビになるのだ。監督は、選手の足を引っ張ることを「遠ざけよう」とするのだが、ニューヨークには物事が必ず弧を描いて戻ってくる法則があり、遠ざけたはずのものが戻ってきて選手の足を引っ張ることがしょっちゅうある。

私は取材に応じたが、記者は私のコメントを選手に伝える。そして意図的に私の発言を誤って引用し、選手に反応させる。記者はその選手の反応を私のところに持ってくる。話を引っ掻き回すにはこの上ない方法だ。私と友人関係にある記者たちは、他の記者連中が練っている陰謀を教えてくれたことがしばしばある。選手が試合に出なかったときは「休養」とは決して捉えられず「罰則」だといつも言われる。マイク・ピアッツァが欠場したときは、危機が来たと報じられる。記者もファンも「休養」が成功への基本原則だということを知らないようだった。毎日同じスターティングメンバーを起用する監督が数人いる。リオ・ドゥローシャーが1969年（シカゴ・カブス監督時代）にそれをやってしまい、先発メンバーたちは全員が一気に疲弊して満足なパフォーマンスができなくなり、優勝を逃している。

毎日プレーするキャッチャーは多くないし、私はマイクをいつも守ろうとした。ナイトゲームの翌日のデーゲームは、マイクに休養を与えるのにピッタリの機会だった。マスコミやファンには受け入れられていないことかもしれないが、マイクのためには一番良いことだった。デーゲームは日曜日に行われることが多く、日曜日は父親が息子の好きな選手を見せようと、親子で球場に来るが、その好きな選手が試合に出ていない。家に帰る途中父親はWFAN〔訳注：ニューヨークのラジオ局〕に電話をかけ、「マイク・ピアッツァを見るために、あれだけの金を使って息子を連れて行ったのに、あのどうしようもない馬鹿者のバレンタインは彼を出場させないって、どういうことだ?」と文句を言うだろう。それを聞いてラジオの男は「そう、ヤツはどうしようもない馬鹿だ。なぜマイクがスタメンに入っていないんだ?」と言うのだろう。

我々は2002年シーズンを75勝86敗で終えた。マイク・ピアッツァは例年通りとてつもない活躍で、ホームラン33本、98打点をマークした。モー・ボーンは72打点を挙げた。だが、その他の打者は平均的な数字で、ケビン・エイピアが抜けた投手陣も同じだった。アル・ライターはエースとして13勝13敗、アーマンドは33セーブを挙げた。

2002年8月、ネルソン・ダブルデーは所有していたメッツの株の半分を1億3500万ドルでフレッド・ウィルポンに売却した。売買が完了する前に、ダブルデーはチームの低い査定額で搾取されたと主張しており、バド・シーリグ・コミッショナーが仲裁に入って論争を解決し、ようやく決着に辿り着いていた。2002年シーズンが終了し、22年間オーナーを務めていたダブルデーが去り、チームの所有者はウィルポンひとりとなった。2002年シーズンは、9月にホームで12連敗を喫するなどよろめきながらのフィニッシュとなった。しかし、フレッドは私が最終年まで契約を全うするよう、チームに残ると明言していた。

シーズン終了の1週間ほど前、ウィルポンとスティーブ・フィリップス、私の3人は、誤った船の針路をどう修正するかについて話し合いを持った。会話の中で、私は再建に必要な若手有望株を得るため、ピアッツァをトレードすることを考えるべきだと提案した。マイクと言えば絶大な人気を誇るチームの顔で、私は危険な申し出をしていた。だが、私はアル・キャンパニスとトミー・ラソーダの下、ドジャースの組織で育ってきたし、特にラソーダからは、スーパースターは1年か2年遅くではなく、1年か2年早くトレードに出すべきなのだという、ブランチ・リッキーの言葉を教えられていた。マイクとの交換ならば、本当に価値の高い選手を得られるはずだし、マイクがDHで出られるアメリカンリーグのチームを優先に探してみるのが良いと思うと伝えた。どういうわけか、私の提案は外部に漏れ、マイクの耳に届くこととなった。さらに大変なことに、試合前にいつも監督室にいる私を訪ねてきては、彼の息子の話をしていたマイクの父、ビンスにもこの話が伝わっていた。シーズン最後のホーム連戦中、ビンスが監督室に来て話している中で、ジョニー・フランコが私に代わって監督になる可能性について言及した。

「彼なら息子に対して誠実でいてくれる」とビンスは言った。

私は、悪いアイディアではないと思うと言った。代わられる監督は私だったが。「なぜ彼はそんなことを言うのだろう?」と私は不思議だった。この会話をする前まで、ビンスはいつも私を家族のように扱ってくれていた。私は誰がビンスに伝えたのかを探ろうとしたが、時間が足りなかった。

私がマイクをトレードすることを議題に出したミーティングには、トム・ロブソンとフレッドの息子ジェフも参加していた。フレッドはミーティングの前に、ジェフが参加しても良いかと私に尋ねていた。「彼は、そこに座って君から学びたいだけなんだ。その後彼は2年間一切口を利かないから」とフレッドは言った。

私はフレッドに、ジェフが参加するのは全然問題ないと伝えた。何度同じ話を繰り返したかわからないほど、トムはチームの幹部を相手にスイングの物理学をとうとうと説いていた。ボールに対して下から上へスイングしホームランを打つのか、下に向かってスイングしてコンタクトするのかという論争が球界で起きていたときだった。トムは根拠がハッキリとわかる説明をし、全員が理解できた。我々は、この考えをチームの組織内すべてで一貫して教えたかった。すると部屋の端に座っていたジェフ・ウィルポンが話に割り込んできて、全米各地でゴルフのレッスンを受けてきたが、ゴルフのプロは全員が違うスイングを教えるので、トムのセオリーには同意しないと言った。

「野球でも同じではないんですか?」とジェフは尋ねた。

「我々が話しているのは、スタンスや見た目ではない。実際のスイングの物理学について話しているんだ」とトムが答えた。

「おいおい、ジェフ。君は2年間口を開かないんじゃなかったのか」と私は言った。

部屋には沈黙が訪れ、間もなくしてミーティングは終了となった。これがフレッドの考えを変え、私を解雇する決断に弾みをつけたのだと、私は確信している。翌日の10月1日、私は予期しなかった電話をフレッドから受け、彼に会いに来るよう言われ、そのときに2003年シーズンにメッツの監督として続投しないということを知った。そんなものだった。

メッツでは厳しい日々だった。新たな契約を結ぼうとしていたときには、私の代理人と私がフレッドとスティーブ・フィリップスを痛烈に嘲っていたメールの内容を彼らに読まれてしまった。ワールドシリーズでは敗退した。9・11を体験し、そのとき私の心はどこか別のところにあった。9・11の大災害は、私にとってもこれまでで最も辛いものであった。なぜなら、私があの週にシェイ・スタジアムの駐車場にいたとき、そして葬儀に参列したり家族に会ったりしたとき、私は世界を癒す手助けをするのだと思っていたし、メッツはそれに感謝するだろうと考えていた。だが明らかに傷はものすごく深く、私が何をしようと完全に足りてはいなかった。私があいう形で解雇されたとき、私は落胆したが、同時にもう十分だったかなという気持ちもあった。

私は自宅に戻り、数ヶ月間世間から距離を置いたが、その間父と一緒に私の家の裏にデッキを作った。天分に恵まれた大工であった父は、だいぶ技術が落ちていて昔ほどシャープではなかったが、私は彼と3ヶ月間共に作業をした。ひとりだけでドリルを使い、すべてを組み立てたが、それが自分をリセットする方法だった。

アート・ハウが部屋に入ってきたとき、フレッドは私の後任として適任な人物を見つけたと言っていた。「ほう、そうだろうか」というのが私の反応だった。フレッドが、アートは「監督にうってつけの男」と言ったとき、間違っていると思った。アートは私の下でコーチをしたことがあり、私は彼をよく知っていた。良い野球人で、ユニフォームを着ていることが大好きだったが、ニューヨークは彼にとってピッタリくる場所ではなかった。ニューヨークでは、仕事量がはるかに多くなる。記者会見の数が多く、質問も批判も多い。常に何かが飛んでくるのだ。もちろん、楽しみも多い。1勝の喜びも大きいし、1敗の悔しさも大きい。指導する若い選手の存在も大きく、プレースタイルが気に入らないベテラン選手も、その存在をより大きく感じる。GMもそう。そして多くの場合、報酬も高い。ニューヨークで監督をしたければ、相当な面の皮の厚さが必要なのだ。

私はメッツの監督としての通算成績は、536勝467敗だった。悪い時間よりも、良かった時間の方がはるかに多かった気がする。選手やコーチ、フロントオフィススタッフ、その他のメッツ従業員など、偉大なチームのメンバーと一緒にいられたこと、そしてもちろん、最高のファンとマスコミ。ニューヨークは、私にとっても良くしてくれた。就任したときよりも去ったときの方が、シェイ・スタジアムが良い場所であったと思いたい。

31 再び日本へ

私は『ベースボール・トゥナイト』の解説者およびコメンテーターとして、2003年はESPNの仕事をして過ごした。ノービー・ウィリアムソンはじめ上層部は皆優れた人々だった。エグゼクティブ・ディレクターのジョン・ウォルシュはとてもやりやすいスケジュールを提供してくれて、私も良い仕事ができたと自負している。ただ、人々が野球について間違ったことを言っているのは許せなかったので、時に少々理屈っぽくなったり対抗するような姿勢になったりしたことはあったが。打者は下に向けてスイングする方がいいとか、投手はボールの上に指を置いたまま投げるべきだとか言っているのを聞くと、我慢ならなかったのだ。

2003年、私はそれ以外に慈善活動をしたりチャリティ・オークションを開催したりすることに多くの時間を割いた。シアトルでのオールスターゲームで私と共に過ごしたサンドラー・オニール社の職員クリス・クアッケンブッシュは、9・11の犠牲となった。11月に、サンドラー・オニール社が3番街にあるバンク・オブ・アメリカのビルに移転したとき、クリスのパートナー、ジミー・ダンが、新しいオフィスでコンピューターやパーテションを設置している社員を励ますために立ち寄ってもらいたいと、私に依頼してきた。私は友人のボビー・カストリガーノとランチをする予定があったので、ランチの前に2人でコーヒーを持ってにこやかに新しいオフィスへ向かった。ボビーは、マンハッタンのおしゃれなフォーシーズンズでランチをご馳走したいと言ってくれていた。私はそこに行ったことがなかったが、2人で素晴らしいランチを楽しむことができた。ランチを終えようとしていたとき、ひとりの男性がこちらに来て「同じレストランで昼食をしていたとは、何という偶然でしょう」と話しかけてきた。

その男性は、ロッテ社創業者の息子、重光昭夫さんだった。ロッテ社は、私が10年ほど前に指揮を執った千葉ロッテマリーンズを所有していた。

「ニュースを聞いたので、あなたに連絡しようと思っていたのです」と昭夫さんは言った。「もう一度、マリーンズの監督になることを考えていただけませんか？」

「ぜひやりたいです。ここで握手するのはいかがですか？」

我々は握手をした。1ヶ月後、私は日本行きの飛行機に乗り、2003年11月3日に新監督として紹介された。

日本に戻ることは、私の人生に起きた最もエキサイティングな出来事のひとつだった。私は空港で数千人の千葉ロッテファンに迎えられ、最高の歓迎を受けた。私は、数人のコーチを一緒に連れて行くことができた――フランク・ランペン、トム・ロブソン、ポール・プポ。そして、数人の選手も――投手のダン・セラフィニ、外野手のベニー・アグバヤニとマット（マティ）・フランコの2人。

セラフィニは面白かった。彼は身体のあちこちにタトゥーを入れていたが、彼が直面した難題は、ほとんどの日本人はタトゥーをヤクザと関連づけて見てしまうことだった。日本ではタトゥーがあると入れない場所があり、温泉もそのひとつだが、温泉はとても良い効果を身体にもたらしてくれる。ダンは

2、3度温泉に入ろうと試みたが、残念な結果となり、心外極まりなかった。パンチが飛ぶようなことはなかったが、入れてもらえなかったのは彼にとっては納得のいかないことだった。

私はベニーを毎日プレーさせた。ニューヨークではできなかったことだ。そして、私が思っていたようなレギュラー選手になってくれた。フランコはアメリカでは私の下でマイナーとメジャーの両方でプレー経験があったが、彼を毎日球場で見られたのも嬉しい光景だった。

そこには、9年前若手だった選手がたくさんいた。経験が浅いながらも優れた才能を垣間見せる選手だった彼らが、今は鍛錬された主力となり、両手を広げて私を歓迎してくれた。そのうちのひとりが、流れるように美しいスイングをする一塁手、福浦和也（フキ）だった。また、9年前にトム・ロブソンと私が持ち込んだ哲学を受け入れてくれた、当時若手の二塁手だった堀幸一は、非常に質の高い野球選手となっていた。小宮山悟もチームに復帰した。彼は私が指揮を執った1995年の開幕投手だった。2001年にメッツが彼と契約したとき、彼にかつてほどの力はないことは、私はわかっていた。しかし、彼の契約に関して私は一切相談を受けていなかった。すると彼の入団発表会見で、スティーブ・フィリップスは小宮山がまだ全盛期の真っ最中にあるかのような物言いをし、メッツでリリーフとして投げることになると話し、彼が挙げた数々のセーブについても語っていた。そのとき、スティーブは成績のデータを誤って読んでいたのだ。「GS」はセーブ数（Games Saved）ではなく、先発試合数（Games Started）だった。小宮山は、たぶんリリーフ登板は10試合ちょっとしか経験したことがないはずだったが、そんな彼が我々のブルペンを助けてくれるというのか？

2003年、小宮山はセントラルリーグでプレーし、シーズン終了後にFAとなったので私は彼を秘蔵っ子として取り戻すため契約した。洗練された選手であり、チームを安定させる影響力も持っていた。また、韓国人の李承燁（イ・スンヨプ）とも契約した。彼はとても良い選手だったが、日本の投手にアジャストする必要があった。

シーズン開幕時、私は今江敏晃をはじめ、二軍から4人の選手を昇格させた。若い選手が上がってきてポジションを脅かされたときのベテラン選手は、扱うのが難しくなる。今江は三塁手で、サードを守っていた初芝清は私が1995年に監督をしたときは基本的にチームのキャプテン的存在だった。彼は今やベテランとなり、鍛錬を積み技術も身につけていたが、守備のスキルは衰え始めていた。突然誰かに取って代わられることは受け入れ難かったので、私は今江を徐々に起用していった。

同じことが、華麗な守備を見せるリードオフマン、ショートの小坂誠にも起きていた。私は若手の西岡剛を正遊撃手にすることを視野に入れていたが、当初しばらくは少々やりづらさはあったものの、我々は集団として機能し、選手たちは私を信頼してくれた。良いチームワークと良いチームプレーという最高の結果が生まれた。

秋季キャンプに到着したとき、マーケティングのポジションに空きが出ていたので、スポーツライターのラリー・ロッカを呼んでそのポジションにつかせた。ラリーはユーモアのあるジャーナリスト、モー・ロッカの弟で、『ニューズデー』紙や『ニューアーク・スターレッジャー』紙で仕事をした経験があった。私はチームから、これまでと違う方法でマーケティングを行い、アメリカのスタイルを導入したいと言われていた。私はラリーに仕事を紹介し、彼は熱心に取り組んだ。仕事に全力を注いだ彼は、ハートフォード社［訳注：アメリカの保険会社］や他の多くの多国籍企業にスポンサー契約を売り込んだ。またチームのマスコットのひとつにもなり、セブンス・イニング・ストレッチではグラウンドに飛び出し、ファンと徒競走を行った。ラリーはチアリーダーグループ「Mスプラッシュ」の総括にも一役買った。Mはマリーンズの M、スプラッシュは、スタジアムが海岸に建っていたことから付けられた。ラリーのニックネームは「Mクラッシュ」。金のスーツにレインボーカラーのカツラをかぶり、奇怪なアクションをしていた。

私は、今日では多くのメジャーリーグチームが導入している解析システムを、ロッテに導入した。まず、データスタジアムというデータ収集企業と契約を交わした。我々はすべての投球をプログラムに取り込む方法を考案し、どの球速の投球がいつ、どこに投げられるのかをコンピューターが表示した。また、どこに投げられたボールが打たれたか、バットから飛び出した打球の速さはどの程度か、飛距離はどのくらいだったか、どの方向に飛んだかを表示するプログラムも考案した。

私のレストランを25年近く運営していたポール・プポは、データをインターフェースさせることがとても得意だった。彼は点と点を結ぶことができ、我々はいつも野球の話をしていたので、彼はデータプロセッシング部門の責任者となった。アメリカのスカウト陣を含めた調査団が来たときは、ポールと話をさせた。多くのGMがアメリカに戻ってポールと私がやっていたことを真似し始めた。

日本の野球コミュニティは、接し方が非常に難しい。私が最初に日本に来たとき、コンパック社のコンピューターを宣伝するテレビCMに出演し、世界を変える、野球を変えると言った。私はアメリカ式のやり方を見せるための新たなアイディアを持ち込んだ。そのアイディアはものすごく強い抵抗に遭った。

1995年に日本で過ごしたときにひとつ学んだのは、私が行く前に彼らがやっていたことは、かなり優れていたということだ。私が見出さなければいけなかったのは、それらをいかに微調整してより洗練されたものにするか、それらの良さをさらに高められるように、どうやって個別にアプローチすべきかということだった。それを踏まえ、2004年に戻ったときには、そこを課題にした。これをしろと強制するのではなく、彼らが成功するためにはどうすれば一番良いかという、折り合える点を見つけることを試みた。

日本人コーチの中には気難しく、忠実でない人物もいた。だが、日本の野球界と日本社会そのものと比べたら、どうということはなかった。彼らが何よりも望まなかったのは、私が成功することだった。日本はずっと閉鎖された社会だった。野球と相撲は彼らにとって聖なるスポーツで、私はその世界にズカズカと足を踏み入れていたのだ。マイノリティは私の方だった。誰も目立つことがない社会で、私は目立つ存在だった。1995年当時、私は強制的に教え込みたいことがたくさんあった。私が知っていることを全員が確実に知るようにしたかった。だがやがて、彼らは私が知っていることなどどうでもいいこと、私が知っていることなどクソ食らえと思っていることに私は気づいた。その頃には彼らも、私がチームのため、野球のコミュニティのため、さらには日本の社会のために役立ちたいから日本に来たのだと、気づいてくれた。

2004年は、その方向で行くことにした。私に忠実でなかったコーチには、なぜ私がこうしたいのかを伝える努力をした。シーズン終了後、私はポケットマネーを使ってコーチたちをアメリカに呼んで地元のホテルに泊まってもらい、数日間一緒に過ごして地域の野球コーチが集まる大規模なイベントに参加し、ニューヨークやカジノにも行った。そこでは、我々がやっているすべてのことは「私」のためにではなく、「我々」のためにやっているということだと伝えようとした。時間をかけてそれは浸透していったが、簡単なことではなかった。

1年目の成績は65勝65敗だった。それまでの年よりも良い成績になり、2005年は、はるかに上の域に達した。オーナーは私に球団を託してくれて、スムーズに事が運んだ。

ファンが再び球場に足を運んでくれるようになり、観客動員記録を更新した。私はユニフォームのデザインを少し変え、黒いビジター用ユニフォームに色を加えて帽子をクリエイティブなデザインにした。1995年に日本を離れたとき、2万人のファンが私の残留を求めて署名をしてくれていたから、彼らのために何かしたかった。署名活動を始めてくれたのは、ライトスタンドで組織だった応援をする「応援団」だった。彼らはオリジナルの応援歌を歌い、全員がまとまって各選手に送る応援は試合開始から終了までずっと続いた。マリーンズの打者全員の応援ソングがあり、スコアに関係なく打席が終わるまで歌い、選手の名前を呼び続けた。また、良いプレーをした選手に送る別の声援もあった。試合開始時に守備につく選手一人ひとりの名前を呼び、選手は帽子を取ってそれに応えた。アメリカでもヤンキースが同様のことをやっている。ファンが「デレック・ジーター」と名前をリズミカルに呼ぶと、彼は帽子を取って応えていた。あのやり取りは、応援団から来たものだった。日本のファンは試合にどっぷりと参加している。私は日本から離れていた10年の間、彼らの情熱と試合への参加意欲によって大きな刺激を受けていたから、私の日本球界復帰にも、彼らは深く関わっていた。スタンドには「ボビーを戻せ」のサインが見えた。オーナーもそれを見たに違いない。

私はユニフォームデザインを変えたことに加え、ファンが26番目の選手であるという意味を込め、広報部の助けも借りて背番号26を欠番にした。

2004年以降、私は我々の試合を視察に来るメジャーリーグのスカウトたち、インターナショナルスカウトとたくさん知り合いになり、オーストラリア在住のジョン・ディーブルと親しくなった。私は春季キャンプをオーストラリアで開催する可能性を模索した。ディーブルと私のスカウトのひとり大慈彌功が、オーストラリアのジーロングに複数のグラウンドを持つ見事な施設を見つけた。私はオーナーと話し、オーストラリア南東部の美しい地域の、メルボルンからビクトリア湖を挟んだ逆側に位置するその街に、ボーイング747型機を借りきってチーム全員で行くことを説得した。選手が特別な存在であることを見せるには最適な方法だと思ったからだ。

日本野球界の考え方は、野球選手であることは仕事だということ。選手たちは球場に「仕事に行く」のだ。日中はたくさんの時間を費やして鍛錬し、相当な時間と年数を費やすと、もしかしたらスター選手になれるかもしれない。私は選手たちに、自信を持ち、視野を広げ、世の中には別の世界が存在することを知ってほしかった。オーストラリアへの10時間のフライトはその価値があると考えた。2006年にこのプランは実現し、我々はジーロングで春季キャンプを行った。4つ星のシェラトンホテルに泊まり、練習に使うボールと防護用のネット、そして米と水をふんだんに持って行った。当地に行くまで知らなかったのだが、オーストラリアは干ばつに見舞われていた最中で、水不足だった。

2005年の開幕戦は3月26日、相手は東北楽天ゴールデンイーグルスだった。後にメジャーリーグでプレーした岩隈久志相手に接戦の末1－3で敗れた。2試合目で新たなデザインのユニフォームを披露した。楽天はチーム創設1年目で、チーム史上初の試合での勝利に歓喜していたが、2試合目は我々が26－0で圧勝した。ファンを象徴し、ダッグアウトに掲げられていた背番号26のユニフォームに、新たな意味が加わった。その年のシーズン最後の試合は10月26日だった。数字を重視するこの国ではより重要なこととなった。ファンにも感じてもらえたと思う――「私たちは勝利に参加している」と。開幕戦を落としたものの、その後は快進撃が続いた。

私は、ファンのためにもっと何かしたかった。我々の球場は郊外に建つ3万席弱の小さなスタジアムだった。大都市にあるほとんどの球場のように徒歩ではアクセスできず、そこに行くことを目的にしなければならない孤立したスタジアムだったので、試合の前後にファンが楽しめることを始めた。それまでは行われていなかった、子供たちがベースを一周できるイベントを開いた。両親も一緒にグラウンドに降り、選手と一緒に写真を撮り、サインももらえる企画も立てた。これも初めての試みだった。アメリカでは球場の外のフードコートが人気となり広まっていたが、我々も食べ物の屋台をスタジアムの外周に沿って並べた。球場の外にステージを作り、試合の前後で歌のイベントなどができるようにした。試合後には選手が特別出演し、ファンと一緒に歌うこともあった。試合後のグラウンドではヒーローインタビューと呼ばれる選手へのインタビューも行われた。試合が終了すると、その試合のスター選手がお立ち台に上がり、テレビ局のリポーターからインタビューを受けた。バックスクリーンの大型ビジョンにはその模様が映し出されていた。

日本では内野席にもネットが張られているが、私はその一部を取り外し、ファンと選手の距離を縮めてみた。また、私は才能ある若手選手を一軍で育てるという、日本らしくない手段を講じた。西岡剛はまだ21歳だった。彼はスイッチヒッターの遊撃手で、三塁手の今江敏晃と共に、我がチームでいつも笑顔で全力プレーをする若手選手の代表格となった。西岡は酒を飲まなかったが外交的で、いいタイミングで様々な場所で姿が目撃されていた。各テレビ局が彼を出演させたがった。日本では、一軍選手の駐車場はまるでウォール街関係者の集会のようだ。高級なメルセデス、最高クラスのBMW、見栄えのするレクサス。西岡はシートに「TSUYOSHI 7」の刺繍を入れ、25インチのホイールをつけたシャンパンゴールドのハマーに乗っていた。質素な物が多い日本で仰々しいものと言えば、それはハマーだった。西岡の車は、この国のほとんどの道で両方の車線にまたがって走っていた。あくまでも冗談ではあるが。

今江はクールな選手で、西岡とは正反対の部類に属していた。彼は10歳年上の元モデルと結婚した。常に時間を守り、常に正しいことをしていた。この姿勢が、彼の妻が出産を間近に控えたプレーオフ中に、幸いをもたらした。今江は監督室に来て、妻が出産時に一緒にいてほしいと言っていると伝えてきた。「出産に立ち会うのに1日チームを離れてもいいでしょうか?」と。私の通訳は、そう言った今江の日本語を即座に訳すことができなかった。日本の野球選手が、子供の出産や葬儀の参列のために試合を欠場することなど、過去に一度もなかった。私はコーチたちに意見を求めたが、日本人コーチは全員、顔が青ざめていた。これは、チームの和を乱すのではないか? こんなことを許せるのか? どよめきが起きていた。私は、今江が妻と一緒にいたいというのは美しいことだと思い、チームを離れる許可を出した。今江は地元に戻り、その後幸せな気分でチームに再合流し、最後は日本シリーズのMVPにも輝いた。以後、我々はずっと幸せな気持ちを持ち続けている。

もちろん日本のマスコミは、私のおかげで賑やかになった。私は日本語を話す勉強はしたが、文字を読むことは学ばなかった。私について悪く書かれている記事があれば読みたくなかったから、それで良かったのだ。私がやることはすべて詮索されたが、それには犠牲バントよりもセーフティバントを好むことも含まれていた。日本のマスコミは、セーフティバントを身勝手なプレーだと感じていた。私は許容範囲を広げ、もしかしたら犠牲バントを使った方が良かったかもしれないと思う場面が何度もあったが、そのサインは出さなかった。

2005年のプレーオフで、1点を追う8回に走者一、二塁のチャンスを得た場面があった。打席には右打ちのキャッチャー、里崎智也が入り、相手投手は投手コーチの助言をマウンドで受けていた。野村克也さんは史上最高の選手のひとりで、南海ホークスなどで26年間スタープレーヤーとして現役時代を過ごし、通算2901安打を放った。後に監督としても大成功を収め、この年はテレビ解説者を務めていた。彼は犠牲バントがなぜ必要な作戦なのかをとうとうと説き続け、私がこの状況で犠牲バントをしなければ、自らの立場を犠牲にすると言っていた。私はバントをしろというプレッシャーを無視した。里崎はフェンス直撃の二塁打を放って走者を2人とも生還させ、我々は3－2で勝利した。

2005年、我々はシーズンを84勝49敗で終えた。そして、千葉ロッテマリーンズとなってから初めてのリーグ優勝を果たした。

その年のエースは真のサブマリン投手、渡辺俊介だった。彼の指はグラウンドからわずか5㎝ほど上を通過していた。球速は132キロほど。彼は大きく曲がるスライダーとチェンジアップも武器としていたので、132キロのストレートは彼のサブマリン投法で投げられると、実際の球速よりもはるかに速く感じられた。俊介はシーズン中大切な試合に何度も先発し、15勝4敗、防御率2・17の堂々たる成績を残した。

彼と共に活躍したのは、彼より1つ年上でリーダータイプの清水直行だった。清水はシーズンを通して八面六臂の活躍をし、10勝11敗の成績を残した。クローザーはかけがえのないシーズンを送った小林雅英（マサ）。9回に登板して相手打線を封じ、チームに勝利をもたらすこと29回と絶対的守護神だった。

チームのもうひとりのスター、大村三郎（登録名：サブロー）は1994年ドラフト1位で指名された選手だった。2005年には強肩のベテラン外野手となっていた。優れた守備を見せ、シーズンのほとんどで4番を務めた。ユニフォームの背中にファーストネームを入れた初期の選手のひとりで、イチローもそうしていた。ファーストネームを使うのはある意味他の選手とは違っていたが、私にはわかりやすく好都合だった。サブローは全試合に出場はしなかったが、打率3割1分3厘、ホームラン14本、50打点の活躍をして見せた。とても堅実な選手だった。

西岡剛は正遊撃手になっていて、２００５年シーズンは48打点、41盗塁をマークした。西岡がフルタイムで出場する中、ショートのポジションを彼と分け合った小坂誠も、非常に良いシーズンを過ごした。26個の盗塁を記録し、ショートでは華麗な守備をいつも見せていた。

二塁手の堀幸一は、初めてアメリカでプレーした野手となるはずの選手だった。私はメッツの監督をしていた１９９８年に来日し、堀にメッツに入るよう説得を試みた。彼はボビー・グリッチタイプの非常に優れた選手で、安定したプレーで厳しい攻めをする投手を打つこともできた。当時は彼の子供が学校に通い始める時期だったことから、堀は単身で渡米しなければならなかったため、彼の妻は堀が野球以外での生活を無事に送れるのかと心配した。こういった事情を踏まえ、堀はアメリカ行きを断念し、かなりの好条件を断ることとなった。イチローが渡米する前の話だった。２００５年、堀は36歳になっていて、まだ厄介な投手を打つことはできたが、腰の状態が思わしくなく出場が限られた。小坂と西岡が定期的にセカンドとショートを守った。

層の厚さは良いチームを作る。何人かの選手は5月半ばまで出場機会がなかったが、選手たちには、勝つためには25人全員が必要だという考え方に同意してもらいたかった。そしてこのチームは、全員がそれを信じてくれた。全試合全イニングに出場する必要はなく、様々な場面で交代が可能で、いつもお互いを補い合える状態でいられた。大塚明は質の高い中堅手で、この年は打率2割9分3厘をマークした。右投手に対してはあまり出場機会がなかったが、左投手との相性は良く、左打ちのマティ・フランコとの左右コンビで起用した。

右打ちのキャッチャー、里崎はマスクをかぶる機会が多かった。もうひとりのキャッチャー、橋本将は私がレンジャーズで指揮を執ったときのジーノ・ペトラーリのような選手で、毎年チームは放出を試みていた。私は橋本がプレーできる場所を探し続け、その結果優れたキャリアを過ごし、優勝した年も大きく貢献してくれることとなった。ダン・セラフィニは20試合以上に先発し、11勝4敗、防御率2・91の成績で終えた。彼のけん制の動きは秀逸で、とても良いカーブを持っていた。マット・フランコとベニー・アグバヤニは最高の年を過ごした。マットはホームラン21本、78打点、打率は3割。どんな場面でもいいバッターだった。彼はサードの守備は平均以下で、ファーストは素晴らしくはないがまずまずという、アメリカでは中間に位置する選手だった。大リーグでは、これらのポジションに割って入るのは難しい。ファーストには傑出した守備力を誇る福浦がいたが、私はマットをDHかレフトで起用し、福浦に休養が必要なときはファーストを守らせた。マットはほぼレギュラーだった。メジャーでは打席に立つ十分な機会を得ることがなかったが、日本に来てからはチャンスを最大限に生かし、放ったヒットはどれも貴重な一打ばかりだった。

シーズンを通して、私は6人での先発ローテーションを採用した。投手全員がケガのない状態を続けてほしかったので、「今年はプレーオフに出るから、シーズンの最後に力強さを保っていてもらいたい」と彼らに言い続けた。このときのNPBでは週に1日オフだったので、6人の投手が週に1回ずつ登板した。全員身体の状態は良く、ケガが理由で先発を回避する投手はひとりもいなかった。セットアップマンには、左右両方の投手、藤田宗一と藪田安彦がいて、2人が小林雅英の前に投げてくれた。彼らは見事だった。藪田は150キロのストレートとのコンビネーションで使う平均のはるか上を行くチェンジアップを投げた。藤田は左腕からとびきりのスライダーを投げ、カーブも良く、146キロのストレートも投げた。小林は150キロのシュートと142キロのスライダーを武器としていて、どちらも打ち返すのが難しいボールだった。彼は多くのバットをへし折り、ホームランを許すことが少なかった。彼らはどの試合でも登板する準備をしていてくれた。

我々は84勝49敗でシーズンを終え、王貞治監督率いる福岡ソフトバンクホークスとの差は4・5ゲームだった。

32 ボビー・マジック

日本のパシフィックリーグは前年から新しいプレーオフシステムを導入しており、我々は2位で終えたことで、2005年のプレーオフ・ファーストラウンドでのホームフィールド・アドバンテージを得て3位の西武ライオンズを地元に迎えることとなった。このラウンドのすべての試合を我々のスタジアムで戦えた。西武は、伝説的な高校生投手となってからプロ入りし、7年目を迎えていた松坂大輔をはじめ抜群の投手陣を擁していた。松坂は甲子園で行われた夏の全国高校野球選手権で延長17回を投げ切って勝利し、2日後にはノーヒットノーランを達成して優勝を手にした。我々は、その彼を第1戦で倒さなければならなかった。

西武には、とても洗練されたベテラン打者のひとり、和田一浩もいた。2005年、和田は打率3割2分2厘でパシフィックリーグ首位打者に輝き、ホームランも27本打った。第1戦、西武は初回に1点を先制した。5回、我々はランナー一、二塁で若きショート、西岡が打席に入った。日本では、この状況になると犠牲バントという保守的な作戦に出る。私は簡単にアウトを献上するのが大嫌いだったので、セーフティバントのサインを出した。西岡はいいバントをし、松坂がファンブルしてノーアウト満塁のチャンスをつかんだ。

ここで、メジャーに渡った初の日本人野手になっていた可能性があった、とてつもなく素晴らしい打者で36歳になった堀が、満塁ホームランかと思われる当たりを放った。だが、我々の球場は東京湾に面しており、リグリー・フィールドのように強烈な風が吹くことで知られている。この日はレフトからまっすぐに強風が吹き込んでいて、ボールは外野定位置近くでキャッチされて犠牲フライとなり、試合は1－1の同点となった。

8回、ライオンズの伊東勤監督はスター左腕三井浩二を投入し、完璧なスイングで常に打率3割を打っていた左打ちのベテラン3番打者福浦と対戦させた。福浦は二塁打を放ち、さらに三塁に進んだ後タイムリーで勝ち越しのホームを踏んだ。2－1と1点リードの9回、私は小林雅英をマウンドに送った。クローザーのほとんどがそうであるように、マサも走者を出して試合を面白くしてしまうことがあり、激しく中傷されることもあった。彼は、メッツで2年連続40セーブを挙げたアーマンド・ベニテスを思い起こさせた。ベニテスは実績を残していたものの、試合に登板するたびにメッツファンは次に何が起きてしまうのだろうとやきもきしていた。マサがマウンドに上がり、ワンアウトランナー一、二塁のピンチを背負ったものの、次打者をショートへの併殺打に打ち取り、試合を終わらせた。

我々は第2ステージ進出へ王手をかけた。第2戦、西武はもうひとりのエース、西口文也を先発させ、私はもうひとりの〝小林〟、小林宏之を起用した。若い右投げの小林は、時速148キロのストレートと質の高い変化球を武器にしていた。小林は好投し、西武打線を1点に抑えた。この試合、私はベテランで守備が抜群にうまいショートの小坂をスタメンで起用した。正遊撃手の座を西岡に奪われていた小坂だが、先発起用に応えて1回裏に先頭打者として三塁打を放った。その後犠牲フライで生還し、先制点をもたらした。

ベニー・アグバヤニはシーズン終盤に腰の状態が悪くなりスタメンを外れていた。私は一時的に彼を二軍に送ってスイングの調整をさせ、プレーオフでは一軍に復帰させていた。6回の走者二塁のチャンスに打席が回ったベニーは、見事にタイムリーを放って2－0とした。続くパワーヒッター、李承燁の打席でヒット・エンド・ランのサインを出すと、ベニーが走り、李は二塁ベースカバーに入ったショートが開けたスペースに完璧に打球を飛ばしてレフト前へ運び、今江がタイムリーを放って3点目を挙げた。

小林宏之は完投するかと思わせる投球内容だったが、西武の若きパワーヒッター中村剛也がホームランを打ったので、私はここでもマサを起用し試合を締めくくる決断を下した。マサは2人を打ち取ったが、和田と対戦しなければならなかった。我々が深呼吸して見守る中、マサは和田をショートゴロに打ち取った。

西武は敗退し、ロッテが勝ち上がった。総立ちとなった3万人近くのマリーンズファンが熱狂していた。試合が終わり、私が三塁側の西武ベンチを見ると、伊東監督がこちらを見ていた。私はホームベースまで歩いて行き、彼と握手した。伊東監督は、この後も頑張ってと言ってくれた。私は彼に、最高のシリーズとシーズンを共に送れたことを感謝した。我々全員がグラウンドで喜びを分かち合っている間、西武のメンバー全員がダッグアウトに残り、敬意を込めて我々に祝福を送ってくれていた。私は心から感動した。

試合後、先発とクローザーの小林2人がヒーローインタビューを受け、話し終えると私にもスピーチをする栄誉をくれた。私は、ファンがチームの26番目の存在であるから、ファンを讃える意味で開幕したときに背番号26を欠番にしたとコメントした。そして、最後に大きな声で、「皆さんと一緒に福岡に行きましょう！」と言った。福岡は日本の4島で最も南の九州にあり、千葉からは南西へ900キロほど離れており、我々が日本シリーズ進出を懸け、福岡ソフトバンクホークスと2回戦制の第2ステージを戦う場所だった。

我々には本当に素晴らしいファンが後押ししてくれていた。応援団はスコアに関係なくずっと声援を送り続けてくれた。夏の間休暇を取り、チームの遠征に付き合ってくれる多くのファンもいた。私は彼らと深く結びついていたので、彼らの気持ちに報いたかった。私に強さを与え、気持ちを注いでくれるだけでなく、チームに対しても同様にしてくれていたからだ。ビジターチームには5000席しか割り当ててもらえなかったので、彼ら全員が福岡には行けなかった。そこで我々は、本拠地のマリンスタジアムをファンに開放し、外野の大きなスクリーンで一緒に試合を見られるようにした。入場は無料で、球場は満杯となった。5日間続くパーティーのような感じだったので、私もそこに参加したい気持ちになった。

東京から福岡までは新幹線で5時間。マリンスタジアムはシンシナティのリバーフロント・スタジアムやピッツバーグのスリーリバーズ・スタジアムのような雰囲気があるが、福岡のホームスタジアムは開閉式のドーム球場で4万人の収容力がある。ホークスはレギュラーシーズンを1位で終えたので、5回戦制のシリーズはすべての試合がこの球場で行われることとなっていた。

チームの指揮を執るのは史上最高のホームランバッターであり、東京の読売ジャイアンツでプレーし通算868本のホームランを放った王貞治監督だった。彼はジャイアンツの監督も務めたが、このときはホークスで指揮官となっていた。ホークスのオーナーは世界で最も裕福な人物のひとり、孫正義で、彼はコミュニケーションネットワークを提供するソフトバンク社の他、世界中に不動産を持っていた。

我々は、厳しい戦いになることを覚悟していた。ホークスの外国人選手、ホルベルト・カブレラ、トニー・バティスタとフリオ・ズレータは、しっかり対応しなければいけない相手だった。カブレラはコロンビア出身でメジャーではインディアンズ、ドジャース、マリナーズで計7年プレーした経験があり、ソフトバンクでは2005年に打率3割近くを打ち、危険な打者だった。バティスタは2004年にモントリオールでホームラン32本、110打点、14盗塁をマークし、2005年はソフトバンクでホームラン27本、90打点を記録していた。ズレータはとてつもないパワーの持ち主で、打線の中軸を担っていた。さらには左打ちのスーパーヒーローが2人いた。俊足の遊撃手は川﨑宗則といい、一塁手兼DHは松中信彦。ヤンキースでプレーした松井秀喜以外では、日本で最もバリー・ボンズに近い打者だった。2005年、松中は打率3割1分5厘、ホームラン46本、121打点をマークしていた。

スタジアムは4万人のソフトバンクファンで埋まっていた。メディアパスも入場チケットも、1枚も残っていなかった。ベニー・アグバヤニとマット・フランコは、私が指揮を執った2000年のワールドシリーズでそうだったように、チームに安定感をもたらしてくれる存在だった。彼らの助けはあったが、日本のチームのパワーと力強さは、日本人選手の才能とファンのスピリットから生まれていた。

私は外国人ピッチャー、ダン・セラフィニを第1戦の先発に指名した。ダンはメジャーリーグでチームを転々とし、日本で新たなスタートを切ろうとしていた。私はその機会を与え、彼はそれに応えて良いピッチングを続けていた。2回、カブレラが146キロのカットボールをスタンドに運び、ホークスが1－0のリードを取った。だが4回、センターの定位置を分け合う大塚明がホークスのエース左腕杉内俊哉からヒットを放ち、堀がヒット・エンド・ランでセカンドゴロに倒れる間に二塁へ進み、サブローの右中間を破る二塁打で生還、同点に追いついた。

さらに、西武とのシリーズはケガのため欠場していたスター捕手の里崎がこの試合で復帰していて、7回表にホームランを放った。その裏、私が継投策でマウンドに送っていた小野晋吾がカブレラと対戦した。晋吾はシュートが武器だったが、私が望んだ結果にはならず、カブレラは左中間に二塁打を放った。そこから左打者が2人続いたので、私は左のスペシャリスト藤田を投入した。ひとり目はバントで走者を三塁に送った。王貞治監督は代打に右打ちの的場直樹を使い、的場は藤田からタイムリーを放って2－2の同点となった。

8回の我々の攻撃は先頭の堀がヒットで出塁し、次は福浦だった。日本の野球人が私にバントをさせたがる状況がまたやってきた。私はフキに打たせることにして、彼は初球のスライダーを見送ってワンストライクとなった。ここでバントのサインを出したが、福浦は高めに外れるストレートを見送った。王貞治監督は、私がヒット・エンド・ランを使うのが好きなのを知っているので、堀を刺そうとピッチャーに何度かけん制をさせた。そしてピッチャーはピッチアウトに近い高めのストレートを投げ、フキは見送った。カウントが2－1となり、私はバントのサインを取り消した。次のボール、フキはバントの構えを見せてからバットを引き、高めのストレートを右中間に弾き返した。堀は三塁で止まった。私は生還できたと思ったが、私が最初に日本に来たときはセンターを守っていた三塁ベースコーチの西村徳文が、堀を止めていた。

ベニー・アグバヤニが打席に入ると、初球を打って左翼フェンスに書かれたラインにぶつけ、走者を二人とも還した。打球はレフトのカブレラへダイレクトで跳ね返り、ベニーはシングルヒットとなった。我々は4－2のリードを奪い、8回は藤田と藪田が無得点に抑え、9回にはマサを送って最後の3つのアウトを取った。9回の先頭は松中で、いつも彼か川崎のどちらかが重要な場面で打席に登場するが、松中は難しい球を何度かファウルにするなど素晴らしい能力を見せたものの、最後は厳しいシュートに三振に倒れてワンアウトとなった。その瞬間、我々は安堵のため息をついていた。

続いたのは2人の外国人選手だった。バティスタはスタンドに入りそうな当たりを飛ばしたが、ベニーが後ろに下がり高く上がったフライをレフトフェンス手前でキャッチした。ツーアウトとなり、カブレラを迎えたマサはサードゴロを打たせ、マリーンズはホークス相手に1勝0敗とした。

日本中がショックを受けていた。ソフトバンクが勝つはずだったからだ。このチームは、他のどのチームよりも資金を注ぎ込んだのだから。最高のスタジアムでプレーしているのだから。監督は王貞治なんだから。最高の外国人選手が2人もいるんだから。先発投手陣、リリーフ陣、打線、どれをとっても日本のトップなんだから。ギャンブラーだったらソフトバンクがシリーズに勝つとあっさり予想していただろうが、現実は、我々が1勝のリードを得た。

第2戦で、私はエースの清水を先発させた。試合前のミーティングで、我々が主眼を置いたのは川﨑に出塁させないことと松中を打ち取ることだった。彼ら2人が、ホークスの魂だったからだ。

ソフトバンクの先発は、シーズン中我々が打ちあぐんだ右の剛腕投手、斉藤和巳だった。清水は5回に1点を失ったが、6回表、若い遊撃手の西岡が先頭で一塁線を破る二塁打を放った。続く堀は四球を選んだ。

私は次の福浦にバントを命じなかったものの、レフトフライに倒れた。だがサブローが四球で満塁となった。ここで打席に入ったのはマット・フランコだった。この日は指名打者だったマティは、2ストライクと追い込まれながらも、フォークボールを捉えて右中間に運び、二者を還す二塁打とした。マティが打ったヒットの中では、メジャーリーグのインターリーグゲームで、ヤンキースのマリアーノ・

リベラから9回に打った決勝打に肩を並べるほどのシビれる一打となった。

　我々はさらに高いバウンドの内野ゴロの間に追加点を挙げ、6回表を終えて3－1のリードを奪っていた。清水はまだ力強い球を投げていたが、6回裏、先頭の厄介な川﨑に右中間スタンド最前列にホームランを浴びた。簡単に打てるホームランではなかった。グラウンド全体を囲む非常に高いフェンスの上にある最前列席までは、地面から9mの高さがあった。あの小柄な選手がホームランを打ったということは、福岡の神々が降りてきて、我々を封じ込めようとしているのかと考え始めていた。スコアは3－2となり、そのまま9回を迎えた。

　私はここでも小林雅英を送り込んだ。ツーアウトとなって打席に入ったのは、またもやスラッガーの松中だった。3－2のフルカウントから、マサは145キロのシュートを投げ、松中は左中間へ高々と打ち上げた。私たちが息を呑んで見守る中、打球が落ちてきて中堅手のグラブに収まった。我々は3－2で勝利し、2勝0敗とした。

　第3戦が始まる直前、我々のファン全員が「I BELIEVE」と書かれた縦30㎝横1mぐらいのサインを掲げて客席で立ち上がった。マリーンズファンに割り当てられたセクションが、無数のサインで埋め尽くされていた。このとき、我々のファンは心から信じていたのだ。それが、私たちの心に染みこんできた。我々は本当に信じていた。ファンは、私が選手にこう言ったのを聞いていた。「自分を信じて、チームメートを信じろ。自分の思い通りの結果になると信じるんだ。やるべきことへの準備をし、それに向かって全力で努力をしろ。そして、信じろ！」

　絶大な自信を持って、我々は第3戦に臨んだ。選手たちに緊張はなかった。打撃練習はとてもリラックスしていた。マスコミは普段とは違い、敵対してくる感じはなかった。突然、我々に疑問を感じなくなったのだ。彼らもロッテには可能性があると言い始めていた。

第3戦は、サブマリンの渡辺俊介を先発させた。必要なときは容赦なく攻める選手で、周囲から愛される存在だった。我々は3回に2点、8回にも2点を取り、4－0とリードした。俊介は波に乗っていた。これに勝てば、日本シリーズに進出する。

このシリーズが始まる前、私はエースリリーバーのマサに「このシリーズ最後のアウトを取る瞬間に、君がマウンドにいるという場面がやってくるのが待ちきれないよ」と伝えてあった。

そして9回がやってきた。マサは、その状況を迎える機会を得たのだ。先頭のカブレラがヒットで出塁したが、心配はしなかった。マサはいつもこうやって場を盛り上げる。次の打者はセカンドフライに倒れ、私がふとダッグアウトに目をやると、ベンチは人であふれかえっていた。投手全員にコーチも全員、裏方も全員ダッグアウトに入り、グラウンドに飛び出して祝福する用意ができていた。

次のバッターはどん詰まりの弱いゴロを三塁線に打った。マサはマウンドを駆け下りて素手でつかみ、バランスを崩しながら一塁へ投げると、ボールは大きく逸れてライト線へ転がった。ワンアウト1、3塁。客席はうなり声を上げており、内野手がマサを落ち着かせようとマウンドに集まった。ダッグアウトにいるメンバーは、まだ自信を持っていた。4点リードしているのだから。

次の打者がヒットを放ち、スコアは4－1となってなおもランナーは一、二塁。次は厄介な一番バッター、川崎だった。彼が打席に入るたびに良くないことが起きていたが、ここは輪をかけて良くない状況になった。川崎は高いバウンドのゴロを三遊間に放ち、今江がジャンプして捕ろうとしたが届かず、その勢いで三塁に向かっていたランナーの身体にかすってしまった。審判員はそのプレーに指を差し、ランナーは三塁でストップして満塁となった。

次に起きたことは、ハリウッド映画そのものだった。ソフトバンクのダッグアウトから、日本の野球界で最大のリスペクトを受ける王監督がゆっくりと歩いてきて、審判の方に向かった。三塁ベースコーチとランナーは叫ぶのをやめると、審判員が王監督の姿に気づき、彼と話すために近づいていった。王監督との数分の会話の後、他の審判員たちと協議して、ランナーの生還が許された。そのとき、会場は爆弾が落ちたかのように歓喜の叫びが一気に湧き上がった。今度は私が出て行く番だった。王監督がやったように、私もゆっくりと審判員に向かって歩いた。私は審判団全員を集め、審判員がプレーに対して指差したのを見た、すなわちオブストラクションが起きたことを宣言していたと、通訳を介して説明した。そして、私はルールブックに書いてあることを伝えた――審判員がそのようなプレーを認めたときは、プレーは続行されなければならない。プレーが完了した後、審判員はオブストラクションが走者の進塁をどの程度妨害していたかを判断し、次の塁への進塁を認めるかどうかを決める。

「ランナーは、うちのサードが身体に触れた後、ホームに向かわずに三塁でストップした。ホームベースに向かって走り続けていなかった。であれば、生還を許すべきではない」と私は主張した。

日本の慣習にならい、球審がバックネット下のマイクのところに行き、場内に協議の内容を説明した。アメリカでは、審判団が何を協議したのかファンには皆目見当が付かなかったので、ここは大きな違いだった。球審の説明は、当初はランナーに生還が許されたが、ルールを再検討した結果ランナーは三塁に戻らなければならないということだった。王監督は、ダッグアウトで座ったまま、納得したように首を縦に振っていた。ファンはこの判定に不満を爆発させ、50人ほどが外野に物を投げ入れてきた。清掃クルーが出てきて投げ入れられたものを拾うのにさらに5分待たなければならなかった。その間、マサはずっとマウンドに立っていた。1977年、有名なヤンキースとレッドソックスの試合で、バッキー・デントが自打球を脛に当てて痛みを紛らわすために周囲を歩き回っていた間、マイク・トーレスはマウンドに立ったまま何もせずにいた。次の球でデントはホームランを打ち、レッドソックスはリーグ優勝を逃した。私のプレーブックには、タイムがかかっている間は、投手はウォームアップの投球をしなければならないというのがある。この試合以降、何かでプレーが中断した際に私は必ずピッチャーにウォームアップをするよう伝えてきた。私はダッグアウトに戻ると、コーチたちにマサがウォームアップで投げたかどうかを聞いたが、誰も確証のある答えができなかった。そして再開後の初球で、マサは大きく外れるボールを投げた。橋本がダイビングして止めたため、ボールはバックネットに行かずに済んだ。次のボールはシングルヒットにされて2点を奪われた。我々のリードは4－3と1点だけになった。ダッグアウトに溢れていた高揚感は消え、そこにあったのはとてつもなく重苦しい表情だったに違いなかった。私は選手たちの顔を見たいとすら思わなかった。次の打者はゴロでアウトになり、ランナーが二、三塁となって福岡のバリー・ボンズ、松中が打席に入った。松中はこのシリーズでまだヒットが出ていなかったが、彼に決勝打を打たれて、相手チームとここのファンが一気に盛り上がることは避けなければならなかった。私はマサに敬遠のサインを出し、再び満塁とすることを選択した。次はフリオ・ズレータだった。マサはズレータに対して4球投げ、すべてストライクゾーンを外した。押し出し四球で試合は4－4の同点となった。

試合は10回に進み、22セーブを挙げたソフトバンクのクローザー馬原孝浩が我々の打線を抑えた。10回裏、私は小野晋吾を登板させたが、ヒット2本と四球で満塁となった。私は小野に代えて藤田を投入し、一番打者の川崎と対戦させた。だが、当然のごとく彼はヒットを放ち、ソフトバンクが5－4で勝利した。シリーズ勝ち抜けが目前だっただけに、悲惨な敗戦だった。それまでとは、全く違う場所にいる感覚だった。

第4戦、ソフトバンクは和田が先発し、フリオ・ズレータの2本のホームランで3－2とリードして9回を迎えた。そこで驚くような光景が見られた。千葉ロッテファンの代表団である応援団が、立ち上がって「I BELIEVE」のサインを掲げたのだ。本当に全員が立ち上がっていた。1点差を追う我々はワンアウトで今江敏晃が打席に入った。カウントが3－2となり、今江は次のボールにハーフスイングをすると、球審の判定はボールだった。

王監督が、ここでまた存在感を示してきた。ゆっくりとベンチを出て球審に言葉をかけ、一塁塁審に今江がスイングしていたかどうかを確認するよう求めた。一塁塁審は腕を上げ、今江がスイングをしたことを示した。続くフランコも三振に倒れ、試合は終了した。

流れが変わったのが感じ取れた。我々はホークスのホーム、王貞治のホームにいるのだと思い知らされ、ボビー・マジックはその力が尽きたように思われた。福岡のファンは狂喜乱舞していた。我が選手たちの目のうつろさは、監督であれば絶対に見たくないものだった。私は選手たちにダッグアウトから離れないよう告げた。ホークスのファンと選手が大騒ぎをしている中、私は全員を集合させて輪を作るように言った。

「どうも、どうも、どうも（私なりのありがとう、ありがとう、ありがとう、ありがとう）」と私は言った。「私の人生で最高にエキサイティングな時となった。今日負けたことで、我々は第5戦を戦う機会を得た。私が今シーズンずっと楽しみにしてきた試合、誰がパシフィックリーグのチャンピオンになるかを決める試合だ。明日、ここ福岡ドームでこの機会を持てる我々はとてもラッキーだ。私にこの機会を与えてくれて感謝している。みんなも、この瞬間を私と共に楽しむことができる、世界で最もラッキーな人間だと思ってもらいたい」

私の言葉は、通訳によって伝えられた。いくつかの笑顔が見え、彼らが私についてきていると感じた。その夜、眠れた人がいたかどうかわからない。私は眠れなかった。翌日まで待てなかった。待ちきれない思いでいっぱいだった。

私はセラフィニをマウンドに送った。

ソフトバンクは2回に犠飛、3回にタイムリーで2－0とリードを奪った。4回、我々はノーアウトランナー一、二塁で4番のサブローが打席に立った。私は彼にバントをさせず、結果はダブルプレーだった。批評家たちは結果論で批判した――「なぜあの場面でバントをしない？ 併殺は最悪の結果じゃないか」と。確かに現実はそうなった。相手のエース左腕杉内は快投を続けていた。6回先頭の西岡がヒットで出塁した。マウンドには左投手がいるのに、私は本来やってはいけないことをした。西岡に盗塁のサインを送ると、西岡は見事二盗を決めた。ダッグアウトのムードが明るくなったのを感じた。西岡は拳を振りながら立ち上がり、ワンアウト後に福浦が右中間を破る二塁打を放って2－1と詰め寄った。だが、走者二塁の場面でサブローはまたファウルフライに倒れ、里崎も凡退して同点にはできず、1点ビハインドで8回を迎えた。

スター二塁手だった堀が、腰の状態が悪く交代を余儀なくされたので、私はルーキーの早坂圭介を途中から起用していた。8回の攻撃は彼からだったが、1995年は当時チームの中心選手として活躍していながら今は優れたキャリアの最終章を迎えていた三塁手、初芝を代打に送った。初芝が高いバウンドのゴロを三遊間に放つと、サードとショートが2人ともボールに向かって交錯し、一塁への送球が逸れて初芝はセーフとなった。同点のランナーが出て、後に通算2000安打に達した福浦がライト前ヒットで続いた。

ここでサブローに打席が回ってきた。ここもまた送りバントのシチュエーションだったが、私はセーフティバントのサインを出した。彼は初球を見送り、2球目でファウルフライに倒れた。里崎が打席に入り、マウンドにはサブローの打席から登板したソフトバンクの守護神、馬原孝浩がいた。シーズン中、結構点を奪っていた相手だ。里崎は初球を打って左中間フェンスにぶつけた。二塁から初芝が還って同点。一塁ランナーの福浦は打った瞬間にスタートを切り、一気にホームへ駆け込んだ。クロスプレーだったが福浦のスライディングが一瞬早く、判定はセーフ、我々は3－2と逆転し、ダッグアウトはとんでもない騒ぎになった。

8回裏、ホークスはチャンスを生かせず、9回表の我々も得点がなかった。もう一度、マサの時間がやってきた！　試合を締めくくるべく、小林雅英がマウンドに向かった。

レフトスタンドでは、我々の応援団が無数の「I BELIEVE」のサインを掲げていた。掲げながら、ジャンプしていた。マサがベンチからマウンドに行く時間は、10分ぐらいかかったように思えた。そのとき、彼やすべてのファン、すべてのチームメートの頭の中で、どんなことがよぎっていたのか、私は想像することしかできなかった。

私はマサを心から信じていた。彼がベンチを出るとき、彼に向かって「I believe !（信じているぞ！）」と叫んでいた。

9回は7番の打順からだったが、マサは追い込んでからフルカウントとし、6球目もファウルで粘られた。私の脳裏には、2000年ワールドシリーズで、ポール・オニールに対してアーマンド・ベニテスが投げたシーンがフラッシュバックしてきた。オニールは9回の先頭打者で、ファウルを5本打った後四球を選んだ。ホークスの7番打者は7球目でボールを選び、フォアボールで歩いた。次の打者がバントしてくることは確信していたが、打球はキャッチャー後方に上がった。キャッチャーの里崎は一瞬前に出てから後ろに走り、ダイビングキャッチを試みたが、ボールはミットをかすめてファウルグラウンドに転がった。次の球で送りバントを決められ、ランナーは二塁に進んだ。

王監督はタイムを要求し、ゆっくりとした動きでベンチを出て球審に代打を告げた。左打ちのベテランが打席に入ったが、マサは二塁へのフライに仕留めた。我々が1点リードで9回ツーアウト二塁となって、4万人の大観衆が立ち上がり、悲鳴のような歓声を上げる中、一番バッターの川崎が打席に入った。

私は彼を歩かそうかとも考えたが、マサが打ち取れるかどうか定かではなかったものの、決勝のランナーを塁に出すことはしたくなかった。私はコーチのフランク・ランペンを見た。彼は戸惑った表情で私を見ながら「また同じことが？」と聞きたそうだった。

カウントは0－1からの2球目、マサは真ん中低めにストレートを投げたが、川崎は捉えきれず、外野に上がったフライをレフトの井上純がつかみ、千葉ロッテマリーンズはパシフィックリーグチャンピオンとなった。

私は気がつくとグラウンドに駆け出していて、チームの全員がマウンドの向こうで跳びはね、お互いにハグをし合っていた。そして、何が起きているのかわからないまま、10人ぐらいの選手が私の両脚と両肩をつかみ、身体を持ち上げた。日本で優勝をしたときの伝統的な方法で、彼らは私を宙に放り上げ、そしてキャッチした。また投げ上げ、キャッチ。また投げ上げ、キャッチを繰り返した。

象徴を重視するこの国で、この儀式は、優勝をするには2つの要素が必要だと言うことを表している

――信頼とチームワークだ。シーズン中、チームは監督を信じなければならない。そして優勝を成し遂げた後、監督は選手たちが胴上げをするチームワークを持っていることを知っておかなければならない。そして彼は空中に投げられても必ず捕まえてくれるのだと、選手たちを信頼している。私は宙を舞っている間、人生で最もリラックスした状態にあった。大きな笑みをこぼしていた。井上がウィニングボールを渡してくれていたので、私はそれを手につかんだまま、何度も胴上げされた。足を揃え、両手を宙に突き出して。ユニフォームを着ている、いないに関わらず、私がそれまでに経験した最高の感覚だった。

そして、我々はダッグアウトから背番号26のユニフォームを持ち出し、チーム全員で応援団の下へ走って行った。狂喜する我々のファンに見えるよう、背番号26のユニフォームを高く掲げた。感動したのは、ホークスファンがすぐには帰らず、客席に残っていたことだ。我々のファンが飛び跳ね、声を上げ、ハグをして泣いている間、彼らは敬意を持って立ったまま拍手を送ってくれた。

これ以上ない経験ができた夜だった。私は永遠にこの瞬間を大切にするだろう。

33 日本一

阪神タイガースが最後に日本シリーズを制したのは、1985年だった。その年に優勝が決まると、大阪では喜びがあちこちで爆発し、多くのファンが大阪市内を流れる川に飛び込んで栄誉を祝福した。興奮したファンの一部が、近くのケンタッキーフライドチキンからカーネルサンダース（サンダース大佐）像を担ぎ出し、川に投げ込んだ。それから四半世紀近くが経った2009年に像は川から引き上げられているが、1985年を最後に日本一になれていないのは、「カーネルの呪い」だという都市伝説が生まれている。アメリカでも、シカゴ・カブスが似たような呪いを受けていた。「ビリー・ゴート・タバーン〔訳注：シカゴにある飲食チェーン店〕」のオーナー、ウィリアム・シアニスが1945年のワールドシリーズを観戦しようとリグリー・フィールドを訪れたが、山羊を連れていたために断られ、シアニスは、カブスには呪いがかかって今後絶対にワールドシリーズで優勝できないと言い残して去って行った。「ビリー・ゴートの呪い」は71年間続き、カブスは2016年になってようやく優勝を果たした。

1985年より後、タイガースにセントラルリーグ優勝のチャンスが訪れるたび、ファンは川に飛び込んでカーネルサンダース像を探そうとした。我々とのシリーズが始まる前、像の一部が見つかったという噂が流れたが、単なる噂に過ぎなかった。

阪神にはもうひとつカブスと似た点があった。彼らの球場は日本最古で、最も伝統があり、外周にはリグリー・フィールドのように蔦が生えている。阪神は大阪のチームで、彼らのファンは信じられないほどチームに忠義を持ち、荒々しかった。彼らはセントラルリーグの代表として、日本シリーズでパシフィックリーグ代表の我々と戦うことになった。7回戦制のシリーズは、我々のホームで開幕し、マリーンズファンには最高の喜びとなった。我々がパシフィックリーグ優勝を決めた夜は遠征先で地元にいなかったので、日本シリーズ前の激励会には数千のファンが参加してくれた。シリーズ開幕を迎えると、球場は超満員となり、3万人近いマリーンズファンが詰めかけていた。レフトスタンドには相手チームの応援団数千人がいて、皆阪神の黄色いユニフォームを着ていた。この光景は、実に壮観だった。

ロッテ球団が最後に日本シリーズを制したのは1974年だった。当時はロッテオリオンズの名で知られており、川崎と仙台を本拠地としていたが、1992年に千葉に移転し名前をマリーンズに変えた。ロッテファンは、31年間フラストレーションが溜まっていた。千葉県内では、我々が日本シリーズに進出したことで天地がひっくり返っていた。この試合でファンは皆、試合中はほぼずっと立ち上がってタオルを振り回していた。

私は2人の若いスター、西岡と今江を1、2番で起用し、1回に今江のホームランで1点を先制すると、ファンは一気に爆発した。5回に3点を勝ち越し、6回には韓国人スラッガー李承燁がホームランを放って加点し、7回にキャッチャーの里崎がスリーランホームランを打ち込んで8－1とリードを広げた。先発した清水は最高の投球内容だった。4つの球種を使い分け、強い闘争心を持って投げていた。彼が阪神打線を1点に抑えてくれたので、私はリリーフを使わずに済んだ。

タイガースにはベテランの好打者が揃っていて、その中には毎年オールスターに選ばれる金本知憲や、やはりオールスター選出の中堅手赤星憲広がいた。初回、阪神はランナー一、二塁の得点機を作ったが、金本が併殺に倒れ、これが我々には吉兆となった。清水はそこから阪神を寄せつけなかった。

マリンスタジアムは東京湾に面していて、横浜の対岸にある。この夜、試合中では初めて起きたことがあった。6回頃から突然濃い霧が海岸から湧き上がるように発生し、スタジアム全体を包み込んだのだ。ベニーが7回にツーランホームランを放って10－1としたとき、ボールは霧に吸い込まれるように消えていった。外野手は後ろ向きにボールを追ったが、応援団が得点したときの歌を歌い出すまで、ベンチにいた我々には、ホームランかどうかわからなかった。一時中断後に審判団がコールドゲームを宣言し、我々は霧の中で勝利を収めた。

第2戦、この年真価を発揮したサブマリンの渡辺がホームで完投完封し、我々は10－0で勝利した。この試合がホームでの最後の試合になるとは思っていなかった。7回戦制のシリーズで、阪神が優勝なら素早く決まり、我々が優勝する場合は長いシリーズになると予想されていた。

2勝0敗のリードを奪い、ファンは恍惚となり、我々は気分が高揚したまま千葉を離れた。だが、我々が向かった先は聖地甲子園。外壁のレンガが蔦で囲まれ、世界で最も素晴らしいファンを5万5000人収容できるスタジアムだ。甲子園では毎年夏に高校野球選手権が開かれる。全国の4000を超える学校がすべてトーナメント方式で戦い、各都道府県の代表が満員の観客を前に甲子園でプレーする。アメリカで言えばカレッジバスケットボールのマーチ・マッドネスに匹敵する、見応えのある大会だ。

この球場の阪神戦は、7回がものすごい！　5万人の大観衆が立ち上がり、チームの応援歌を歌う。その間、黄色の細長い風船を膨らませ、歌が終わると同時に風船を手放すのだ。それらの風船は、空中を15メートル、いや20メートル以上の高さで飛んでいく。スタジアムの上空を埋め尽くした後、ホイッスルのような音を出しながら地面に落ちていく。

驚くことに、ピッチャーが8球目のウォームアップ投球を終える前に、多数のグラウンド整備員がグラウンド上を駆け回って5万人が飛ばした風船を回収し、試合は中断することなく再開される。

この試合で風船が飛ばされたとき、我々は10－1でリードしていた。阪神ファンの中では、10－1はひっくり返せない点差ではなかった。彼らは贔屓のチームを信じ、想像できる限りの大きな声で声援を送り続けていた。

我々の先発投手、若い小林は上々のピッチングを披露し、打撃陣のスターは福浦だった。7回、リードを4－1に広げた後、フキが満塁ホームランを打って一気に試合を決めた。7回戦制シリーズで我々は一気に3勝0敗とした。

第4戦はセラフィニを先発のマウンドに送った。3－2と追い上げられたところで小野晋吾を投入し、小野はダブルプレーを奪って反撃を断った。7回は藤田が三者凡退に抑え、8回は薮田が2つ三振を奪って無失点で終え、9回最後の打者を小林雅英が三振に仕留めると、ものすごい騒ぎが始まった。我々は、日本野球の聖地甲子園の中央にあるダイヤモンドで、お互いに飛びつき、抱き合っていた。

ものすごい興奮の中で祝福を続けていると、選手たちが私を取り囲んで身体を持ち上げ、全員で宙高く放り上げてくれた。彼らの手から下ろされた私はダッグアウトに向かってファンを象徴する背番号26のユニフォームをつかみ、千葉ロッテのチーム全員を従えて、我々のファンが陣取っていたレフトスタンドに向かった。我々は彼らに感謝し、ファンは大歓声を我々に浴びせてくれた。グラウンドを歩く我々に、阪神ファンが立ち上がって敬意を示してくれた。彼らの前を通りすぎるとき、ほとんどのファンが礼儀正しく声をかけてくれた。

千葉ロッテマリーンズは、日本球界のサプライズチャンピオンとなった。

大がかりな祝福は、クラブハウス内ではなくホテルで行われた。宴会場はビニールで完全に防護され、2時間のパーティーの準備ができていた。シャンパンが260本、瓶ビールが2600本用意され、ほとんど立っていられなくなるまでそれらを飲み、互いにかけ合い、浴びまくっていた。なんと素晴らしい夜だったことか‼

数日のオフを経て、我々はゲームメーカーの名が冠された「KONAMI CUP アジアシリーズ」を戦った。相手は、韓国、台湾、そして現役時代のチームメート、ジミー・ラフィーバーが指揮を執り、ブルース・ハーストがコーチを務めていた中国だった。我々は問題なくこの大会で優勝を飾った。大会の間じゅう、日本一の余韻が残っていたが、特に問題になることはなかった。

この年私は、シーズンが始まる前から、我々は日本のチャンピオンになると得意げに話していた。開幕前、再選されたばかりの千葉県知事が私を知事室に招待してくれていた。私を部屋に迎え入れてくれた知事は、2004年シーズンの功績を讃えてくれ、これから始まるシーズンで何かできることはあるかと尋ねてくれた。

「ええ、パレードのルートを考えてもらえますか」と私は答えた。過去には一度もなかったことだ。これまで必要なかったから。部屋の中には記者がいて、知事がクスッと笑うと記者たちは大声で笑った。だが私は部屋を出ながら、通訳を介して言った。「シーズンが終わるまでに、優勝した我々のためにパレードのルートができていなければならないことは、ご理解ください」

我々が優勝したとき、知事は私に短い手紙を送ってきて、パレードのルートができ上がったと伝えてくれた。スタートは千葉中央公園で、最後はマリンスタジアムまでの道のりだった。住宅街を抜けるメインの通りを中心に27万人のファンが詰めかけ、球団幹部が乗るオープンカーの後に続いた2台のオープンバスに選手たちが乗っていた。スタジアムから5ブロックほど離れた通りには、5～6階建ての集合住宅が両側に並んでいた。ファンは各部屋からも見学していて、2万6000枚の新聞を切って作った紙吹雪が、空と通りを埋め尽くしていた。

私はチームのオーナー、重光昭夫さんと一緒にオープンカーに乗っていた。パレードの2週間前、韓国で小売業を担当する彼の会社が上場し、彼は韓国で3番目に裕福な人物となっていた。ベイタウンの通りをオープンカーの後部座席に座って進む中、彼は私を見て言った。「私の人生で最高の1日です」

「2週間前のことを忘れたんですか?」と私は聞いた。

彼は笑って言った。「いいえ。ですが、これが本当に人生最高の日です」

私にとっても、最高の1日だった!

優勝のご褒美が、チーム組織内の全員に配られた。黒のオニキスと26個のダイヤモンドが飾られた、特別デザインを施してある手製の18金指輪で、横には各自の名前と数字の26が彫られていた。アメリカではチャンピオンチームがリングを製作するのは当たり前になっているが、日本では、プロアスリートが優勝の記念に指輪を受け取ったのは初めてのことだった。さらに日本野球機構が、私に最高の栄誉である正力松太郎賞を授与してくれた――2005年に日本プロ野球界に最も貢献した人物に贈られる賞だ。私は日本人以外でこの賞を受けた初めての人物にもなり、より格別な栄誉となった。また、千葉の名誉市民にもしてもらえたことも、一生光栄に思うだろう。1年後、千葉市は我々がパレードを行ったベイタウンの通りを「バレンタイン通り(Valentine's Way)」と命名すると宣言した。宣言書には、通りの名は今後変更されることはないと書かれていた。

フランク・ランペンは私が日本で監督をした6年間ずっと私のコーチを務めてくれた。また、彼はプロとしての現役生活を終えた後、20年にわたって私のレストランを運営してくれた。彼も、同じ通りの集合住宅に住んでいた。その通りに私の名前が付けられたことは、彼にとってどんな意味を持つかと聞かれたとき、彼はこう答えていた。「そうですね、私は彼の下で25年間仕事をしてきましたが、いつも『バレンタインのやり方（Valentine' s way）』でやってきました。そして今は『バレンタイン通り（Valentine' s Way）』に住んでいるのです」

2006年3月、第1回ワールド・ベースボール・クラシック（WBC）が開催された。前年に日本シリーズを制した千葉ロッテマリーンズは、ホットなチームだった。日本野球機構はWBCの日本代表メンバーにロッテから8人の選手を選んだ。私は、我がチームからそれだけ多くの選手が選ばれたことにとても興奮していた。彼らは代表チームのメンバーとしてカリフォルニアへ飛び、大会で優勝してWBC初代王者となった。とてもエキサイティングだったが、同時に大きな難題にもなった。シーズン開幕は、代表チームが帰国してからわずか数日後で、選手たちは優勝祝いのシャンパンにまだ酔いしれているときだった。チームが成功するために最も必要なのは、チームの「和」だ。我々の「和」は崩れていて、シーズン中長い時間をかけてそれを修復しなければならなかった。

2004年、我々のライバルチームのひとつ、北海道日本ハムファイターズがドラフト1位でダルビッシュ有を指名し、契約した。2006年には東北楽天ゴールデンイーグルスが田中将大を1位指名した。我々は2人とも獲得を試みていたが叶わず、その後数年間は彼らに優勝を阻まれた。特にダルビッシュには2007年にプレーオフで敗れ、2008年も大事な試合で痛めつけられた。

2007年、ESPNは初めてドキュメンタリーを放送してその市場での力試しをすることを決定した。テーマは私と千葉ロッテマリーンズ。撮影クルーは、ニューヨーク大学映像学科の最上級生3人、アンドルー・ムスカート、アンドルー・ジェンクス、ジョナ・ペティグルーだった。我々は1年間共にシーズンを過ごした。シーズン開幕時には日本の北部でスキーをし、その他にも富士山登頂など考えられることはすべてやって、この優れた3人の若者たちが『ザ・ゼン・オブ・ボビーV』を完成するのをサポートした。収録した映像の合計時間は5本の映画を作れるほど大量だったが、彼らは見事に90分にまとめ上げた。作品は、トライベッカ映画祭で2008年5月13日、私の誕生日に初公開された。驚いたことに、彼ら3人のニューヨーク大卒業式は、その翌日にヤンキー・スタジアムで開かれた。この作品で初めてスポーツドキュメンタリーを手がけたESPNは、その後「30フォー30〔訳注：ESPNが2009年に設立30年を迎えたのを記念して制作した30本のスポーツドキュメンタリーシリーズ〕」シリーズで顕著な成功を収めることになる。

2009年までに私は日本語が話せるようになっていた。初めて日本で監督をした1995年は、常に通訳が私の隣にいた。後にMLBのスカウトになった大慈彌功は、野球を理解した野球人だったが、通訳のスキルは限られていた。2004年、私はプロの通訳者、中曽根俊を雇い、彼はすべての練習、すべての試合、すべての社交の場で私と共にいてくれた。俊は、私の言葉と考えを的確に通訳することができた。彼と素敵なディナーを何度も共にし、世界最高の食事を楽しんだ。私には数多くの友人がいて、私の経験をアメリカの友人や家族とシェアすることができた。私の契約には年間20往復分のビジネスクラスの航空券が含まれていて、すべて友人や家族に提供した。

私は日本語を話す勉強を続け、2009年の最後の試合後には3万人のファンが見守る中、グラウンドの真ん中、マウンド付近から通訳なしで20分間のスピーチを日本語で行った。ファンは笑うべきところで笑い、泣くべきところで泣いていた。

2009年シーズンが終わると、マリーンズとの契約は満了を迎え、私は決断を迫られた。もう数年、地元から離れているか、あるいは、60歳を迎えようとしていたので、アメリカに戻り人生の新しいチャプターを始めるべきか。新たな契約を交わすか、地元に帰るかの選択だった。

私は常に日本のシステムを変えようと努力していた。雇われた最初の日から、それに取り組んできた。私は、外部からやってきて変化をもたらした人物だった。今江敏晃の妻が出産したとき、私は今江が出産に立ち会えるよう自宅に帰した。それまでは聞いたことのない1日の休暇を彼に与えたのだ。我々はファン・フレンドリーな環境を作り、小さな球団でもチャンピオンになれることを証明して見せた。それまで前例がなかった独立リーグ選手のドラフト指名を敢行し、後に彼は首位打者になった。彼はドラフトされなかったら、そのまま独立リーグでプレーし、そこでキャリアを終えていただろう。ドラフトされずに日本野球機構に入ることはできなかった。私は千葉ロッテに独立リーグのチームを買ってもらい、強固なファームシステムを構築したかった。二軍の選手が一軍に簡単に上がれるようにしたかったのだ。だが、球団上層部は興味を示さなかった。10年後、多くのチームがマイナーリーグチームを加えるようになった。私が妨害を受けた最大の理由のひとつは、当時の球団幹部の一部が、私にそれ以上チーム全体を引っ張っていかせたくなかったことだ。彼らは私から主導権を奪い返し、日本式のやり方に戻したかったのだ。それが内部紛争となっていた。

東京の読売ジャイアンツは、世界最大の発行部数を誇る読売新聞社がオーナーとなっている。読売新聞社が日本の野球をスタートさせ、読売ジャイアンツは日本のニューヨーク・ヤンキースとも言える。

当時、球団社長だった渡邉恒雄さんは、ウォルター・オマリーがメジャーリーグ・ベースボールを運営したのと非常に似た形で日本の野球をリードしてきた人物ではあるが、私がやりたがったいくつかのことに対し難色を示した。私は、日本の優秀な選手たちがアメリカに行くことを止めたかった。だから、日本のチームが彼らにもっと高い額をオファーすれば、彼らは日本にとどまると主張した。

日本球界史上最高のプレーヤーで、やはりジャイアンツの監督を務めた長嶋茂雄さんと、王貞治さんは私に同意してくれた。私は、全く変わらない状況にイライラし続けることに疲れていた。潮時が来たと感じた。

選手たちは、私がとどまることを望んでくれ、ファンもまた同じ気持ちでいてくれたので、10万人が署名をしてくれた。彼らは名前だけでなく、住所まで書いてくれていた。日本を去るのは簡単ではなかった。私が日本で過ごした間、我がチームは494勝450敗23引き分けの成績を挙げた。この素晴らしい機会と人生における貴重な経験、そして選手たち、出会った人々、食事、楽しかった数々の出来事。ああ、私はなんてラッキーな男なんだ！

34

100周年のフェンウェイ

日本からアメリカに戻ると、ＥＳＰＮの『ベースボール・トゥナイト』の解説者のポジションに空きがあったので、そのオファーを受けた。この仕事は、私の経験の中でも、最も刺激的で意欲がかき立てられる、華々しく楽しい時間となった。私は各地を飛び回り、オールスターゲームで中継・コメンタリーを任され、リトルリーグ・ワールドシリーズまでも中継した。コネティカット州ブリストルは車で1時間半しかかからず、ハロルド・レイノルズ、カール・ラベッチやＥＳＰＮのチームと共にスタジオでの時間を楽しんだ。

私はまた、地元スタンフォード市のマイク・ペイビア市長の下で公安部長の職もオファーされた。公安部は総予算2億７５００万ドルで、警察、消防、救急医療、衛生局を司る部署だった。これは非常に勉強になる経験だった。私はＥＳＰＮの仕事と掛け持ちになるため、公安部では最低賃金を受け取ることにして、残りの報酬はスタンフォード・ボーイズ・アンド・ガールズ・クラブに寄付をした。街には私の妻と友人、家族が一緒にいてくれた。最初にオープンしたレストランもまだ順調に続いていた。市政に寄与し、テレビ局では週に3日仕事をするという生活は、私にピッタリだった。

公安での1年目を終えたとき、私は地元のユダヤ系退役軍人の会が主催する「第66回スタンフォード市シティズン・オブ・ザ・イヤー賞」を受賞した。私のリトルリーグ時代のチームメート、フランク・アボットとリック・レドニスが、私の人生を辿った楽しいビデオを作ってくれていて、ビデオは高校時代に主役を務めた『八月十五夜の茶屋』の映像に始まり、スタンフォード市政の公安部の「長」となったところで終わっていた。

こうして私が人生を謳歌していたとき、フロリダ・マーリンズのオーナー、ジェフリー・ローリアから電話がかかってきた。2011年6月24日のことだった。ジェフリーは、私がレンジャーズで監督を務めていたときに、オクラホマシティにあったレンジャーズ傘下3Aチームのオーナーだったことから、お互い知り合っていた。彼はその後モントリオール・エクスポズのオーナーになり、2002年にチームを変えてマーリンズのオーナーになっていた。ローリアは監督のフレディ・ゴンザレスを解任した直後に私に電話をかけてきて、私を彼の後任にする件で話がしたいと言ってきた。「ニューヨークで、球団の他のメンバーと一緒に会ってくれないか?」と彼は訊いてきた。

我々は、アッパーウェストサイドのブラウンストーンを張った建物で会うことにした。現況について2時間ほど話をした後、彼は私に監督をしてほしいと言ってきた。また、ローリアは、私を雇う前に、彼が元妻との間に儲けた息子デイビッド・サムソンを含めた、彼の野球運営部門のメンバーと話してほしいと伝えてきた。彼らは建物の1階にあるギャラリーで待っていたので、私はそこで話をし、自宅に戻った。

ローリアは翌日夕方に電話をしてきて、監督職をオファーした。私は3年で年俸200万ドルの額で契約することに電話で合意し、ニュージャージー州ウッドブリッジの近くにあるティーターボロ空港で彼と会うことになった。そこから彼のプライベート機でマイアミに向かい、土曜と日曜の試合を彼と野球運営部門の人々と見ながら、できるだけ多くのことを学び、日曜日の試合後に監督代行に代わり、監督としてチームの遠征に帯同することになった。私は荷物をまとめ、親友のボビー・カストリガーノとの夕食に向かい、彼にこの話をしてグラスワインを1、2杯飲んだ。

その夜の10時ごろ、デイビッド・サムソンから電話があった。彼に会ったとき、心の底から温かく受け入れられた感じはしなかったが、気にする相手ではないと思っていた。

そのときのサムソンは動揺していた。私がＥＳＰＮで一緒に仕事をしているバスター・オルニーが、私がマーリンズの監督になるという速報を出したのだ。木曜日の夜のことだった。サムソンは、私がオルニーに情報を漏らすという、全くやっていないことについて私を責めた。私は彼の言葉を遮って言った。

「いいか、よく聞けよ。君は私のことをあまりよく知らないから教えてやるが、私はウソつきではない。そして、私は親友と近しい家族以外、バスター・オルニーはおろか他の誰にもこの仕事については話していない。親友も家族も、そんなことを誰かに話すことはない」

「たわごとだ」と彼は反論してきた。

そこで私は電話を切った。その夜遅く、ジェフリー・ローリアが電話をしてきてこう言った。「聞いてくれ、問題が起きた」

「どうやら私は、あなたのチームの監督にはならないようだ」と私は答えた。

「いや、君はチームの監督になる。それは心配するな。だが、コミッショナーが、監督を解任したら、次の監督を発表する前にマイノリティと面接しなければいけないというルールがあるのに、我々はそれをしなかったと怒っているんだ」

「どういう意味だ？」と私は聞いた。

「話は完璧に進む。メッツとの3連戦がプエルトリコであるから、そこで何人か面接をして、次のアトランタでのカードが始まるまでには、君が監督になっている」

これが木曜日の夜の出来事だった。私は日曜日にはブリストルで仕事をしていた。ＥＳＰＮの出演者とスタッフは複数のテレビが置いてある大きな部屋で、その日のすべての試合を見ていた。番組で語るべき何かを見つけたら、プロデューサーに何が必要でどのような編集が必要かを伝える。番組終了後に、今後はフロリダで監督をするので、これが最後の仕事になるとボスに伝えるつもりだった。

マーリンズは、プエルトリコでメッツと試合をしていた。テレビには、試合前のマイアミのダッグアウトの様子が映っていた。そこに、ジェフリー・ローリアの姿があった。選手たちが入ってきて、マーリンズの代行監督エドウィン・ロドリゲスとハグをし、握手をしていた。音は出ていなかったが、私はスクリーンの下に流れた文字が読めた。マーリンズがメジャーリーグ史上初のプエルトリコ出身の監督を雇ったと出ていた。それを読んだとき、私は「これから私を監督にするために、どうやって彼を解雇する気なんだ？」と思った。

試合が始まる前、私の電話が鳴った。ジェフリー・ローリアからだった。「実は、プランを変更したんだ。初のプエルトリコ人監督を、チームがプエルトリコを離れた瞬間に解雇することはできないから、今年いっぱい彼をキープすることにした」

「ありがとう。だが、二度と私を欺さないでくれ」

私は電話を切り、メアリーに電話をしてプランの変更を伝え、仕事に戻った。その夜、一体何が起きたのかと考えながら番組を放送した。そして自宅に帰って荷物を解いた。私がマーリンズに雇われたという話をどうやってバスター・オルニーがつかんだのか、絶対に探り出そうと決心していた。バスターはあまり口を開くタイプではなく、他と情報を共有することはほとんどなかった。

何年もかけて調べてみた。そしてハッキリと証明はできないが、こういうことだったのだと思う――マーリンズのコーチにトニー・ペレスがいた。彼の息子エドゥアルド・ペレスはESPNで仕事をしていた。私の推測は、トニーが、速報を報じたバスターと友人関係にあるエドゥアルドに情報を伝え、私の仕事がなくなった。誰も悪意を持ってやったことだとは思わないが、思い起こせば、私は、シンシナティでトニー・ペレスが解雇された責任をなすりつけられていた。こうなって良かったこともあった。ESPNで仕事を続けることとなり、翌年には看板番組『サンデーナイト・ベースボール』の中継という、栄えある仕事を任されたのだ。5月2日、フィラデルフィアで試合の中継をしていたとき、私は、9・11で父を失ったマット・コンロイからオサマ・ビン・ラディンが殺害されたとのメールを受け取った。プロデューサーにそのことを伝え、スタジアムで「U．S．A．」コールが起きている中、我々は視聴者にそのニュースを発表した。そのときは、とても感情が昂ぶった。

2011年11月、私が東京で始めたチャリティのクリスマスショーを撮影するため、私は日本行きのスケジュールを組んでいた。私の代理人トニー・アタナシオが出発前日に連絡してきた。「ボストンの監督職について、ラリー・ルキーノが話したがっている」と彼は言った。テリー・フランコーナ監督が9月末にチームを去ったので、レッドソックス球団社長のラリーが私と面接する機会を設けたいとのことだった。

私は2003年、グレイディ・リトル監督がペドロ・マルティネスを引っ張りすぎて、レッドソックスがワールドシリーズに出場する機会をフイにした直後に、一度ラリーと話している。そのときラリーと私は電話で監督職について話したものの、私はすでに千葉ロッテの監督就任に合意していたので断ったが、今度は彼らとの話を途中でやめるつもりはなかった。ラリーとは2007年にも再会していて、そのときは彼がパシフィックリーグで投げていた松坂大輔を見に訪日していた。シオ・エプスティーンとラリー、他のレッドソックスのメンバーが、東京のグランドハイアットホテルに会いに来るよう私に伝えてきた。

私は解析担当のポール・プポと、スカウティングディレクターの嘉数駿《かかずしゅん》を連れていった。ポールは長年の私の友人で、駿はハーバード大を卒業し、1年前に私が雇っていた。我々は、大輔に関するすべての情報を彼らに提供した。彼らには大輔がとても良い投手であることを伝え、一方でスライダーが抜けると一発を浴びることもあると付け加えた。帰り道、ラリーは、彼を確実に取るためには何をしたらよいかと聞いてきた。

「入札で、他のチームをはるかに上回る額を提示することだ」と私は答えた。私がメッツにいたとき、イチローと契約したかったときに球団に伝えたことだった。「そして、そうすることを事前にライオンズに伝えておくんだ」と付け加えた。彼らはいくつか裏取引をして、いくらかの資金を取り戻すこともできた。結局レッドソックスは松坂を獲得し、それ以来ラリーからは連絡がなかった。

ラリーは電話で、私がボストンの監督職に興味があるかと聞いてきた。「もちろん。話をしよう」と私は答えた。

レッドソックスは、ハートフォードにある奇妙な不動産会社のオフィスでミーティングを設定した。彼らはボストンから、私はスタンフォードから現地に向かった。私が日本に向かう前日だった。私はラリーと45分ほど話した。面接の間、ラリーは「クラブハウスのビールを何とかしなければならないんだ。何かやってもらえるかな?」と言った。レッドソックスは前年、数人のピッチャーが、試合中にビールを飲みながらフライドチキンを食べているという状況があった。誰かがそれを咎めたのだが、テリー・フランコーナ監督が去った理由のひとつはこれだった。

「ラリー、クラブハウスからビールをなくせばいいだけじゃないのか? 彼らが飲みすぎているのであれば、それは君の責任だろう。私は同じ状況をニューヨークで経験したが、そのときはオーナー陣が『我々がビールを撤去する』と言ったよ」

「いやいや、違う。それは監督が決断しなければいけないことなんだ」とラリーは言った。

「私ほど、試合後の冷たいビールが好きな人間はいないんだが」と私は抵抗した。しかし、チームプレーヤーである私は、ついに「私がやらなければならないというのなら、やる。だが、オーナー陣の決断であるはずのことだよ」と言った。

私はラリーに、私の映像制作会社「マクハリ・メディア」が、16歳でミネソタと契約したドミニカ共和国の若い野球選手についてのドキュメンタリー『ペロテロ』を間もなくリリースすることも伝えた。この作品はMLBには喜ばしくないものなので、そのつもりでいてほしいと言ったが、彼は問題ないと答えた。

次に私は新GMのベン・チェリントンと面接をした。前GMのシオ・エプスティーンは突如としてレッドソックスを去り、カブスの仕事を請け負った。私はベンを知らなかった。彼の名前を聞いたのも初めてだった。彼は私の試合中のプロセスを知りたいと言い、録画した試合をラップトップで再生した。「3つの試合のビデオを見せます。途中で止めるので、あなたが監督だったらそこからどうするか教えてください」

彼が録画していた試合は、すべて見たことがあるものだった。彼がビデオを止めて「どうします？」と聞いたとき、私は何をすべきか明確にわかっていた。最初のは「二塁打を許してはいけないので、ライン際を詰める」と答えた。テリーはそうしていなかった。ビデオを再生すると、ボールがライン際に飛んで二塁打となり、レッドソックスは負けた。次の試合は「間違いなく左投手を投入する」と答えた。このときフランコーナが続投させたのは右投手で、その後ホームランを献上していた。もうちょっとで「この試合は、全部見たことがあるんだ」と言いそうになったが、まあいい、これをやりたがったのは彼なのだから。話が終わると、私はコネティカットに戻って睡眠を取り、翌日日本に向かって旅立った。

私は日本に3日間滞在し、千葉ロッテで優勝を共に経験した仲間12人と夕食に出かけた。食事会は盛り上がり、ビールを何本も空け、たくさん笑い、楽しみが続いていたとき、電話が鳴った。ベン・チェリントンだった。契約について話がしたいと言う。

「いつがいい？」と私が聞くと「1時間後でどうでしょう」と彼は言った。

私はホテルに戻って素早くシャワーを浴び、トニー・アタナシオに電話をしたが、不在だった。ベンは提示内容をファックスで送ってきたので、私は東京のホテルにある小さなビジネスセンターで受け取った。私は3年契約を望んでいたが、チェリントンは頑として2年しかオファーできないという考えを変えなかった。私の弁護士フィル・ハーシュが契約書の文言を承認して電話をしてきたのは午前4時ぐらいだった。私は2年契約を受け入れた。

「いつ戻れますか？」とチェリントンは聞いてきた。

「今、日本なんだ」

「できるだけ早く、記者会見を開きたいんです」

「飛行機で戻って、翌日にボストンに行ける」

「オーケー、決まりだ。それでいきましょう」

チェリントンは、記者会見の前にこの件が漏れたら、契約はなかったことになると警告してきた。私は自宅に電話してメアリーに伝え、トミー・ラソーダとルー・ラモレーロにも知らせたが、内密にしてくれと頼んだ。飛行機に乗ろうとしたとき、友人のダグ・ロマーノが祝福の電話をかけてきた。どうやって知ったのかと聞くと、トミー・ラソーダがラジオのインタビューを受けてこのことを喋っていたと教えてくれた。トミー・ラソーダには内密にと言ったのに、世界中に喋ってしまっていた。飛行機に乗ると電話のバッテリーが切れ、そのときは充電器を持っていなかった。飛行機に乗っている間じゅう、契約が破棄されると思っていた。到着して荷物を受け取り、ダグが迎えに来るのを待った。車に乗ると、彼が電話の充電器を持っていないことがわかった。JFK空港の中を歩き回って充電する方法を探し続け、ついにタイヤ・キングダム［訳注：アメリカのタイヤ販売・メンテナンスサービスチェーン店］の店を見つけた。店内に駆け込み、充電器を借りて電話につなげ、固唾を呑みながらベン・チェリントンに電話をかけた。

「心配しないでください。ボストンで情報が漏れましたから」

とんでもない形で我々の関係はスタートした。

記者会見は2011年11月29日だった。レッドソックス幹部の中で、会えてうれしかったのはセイバーメトリクスの偉人ビル・ジェームズだった。私は1980年代からビル・ジェームズの本を読んでいて、彼に会えたことに興奮していた。しかし、記者会見で私はテキサス時代に一緒に仕事をした別のセイバーメトリシャン、クレイグ・ライトと密接な関係だったことを話してしまった。クレイグは、ビルの競争相手だったのだ。私がクレイグの名前を出したとき、ビルは奇妙な顔をして私を見ていた。私はレッドソックスで1年しか仕事をしなかったが、その会見後ビルとは会うことも話すこともなかった。

記者会見で、私はトニー・コニグリアーロ（トニー・C）を悼んで彼の背番号25を希望したと話した。私が通常つけていた背番号は2だったが、それはジャコビー・エルズベリーの番号だった。トニー・Cは愛されたレッドソックスのスラッガーだったが、恐ろしいビーンボールを受けて若くして引退し、その後脳卒中の合併症を起こして45歳の若さで他界した。トニー・Cと私は、彼が復帰を目指していた頃にルームメートになったことがあった。各自のベッドに横になりながら、お互いに頭部に死球を受けたときの話をしていたのを、鮮明に覚えている。誰とでも共有できる話ではない。立ち入ることのできない、とてもプライベートな部分なのだ。私たちが共有していたのは、ボールがゆっくりと来るように見えて、避けられるかと思った次の瞬間、とてつもない衝撃を受け、頭の中で信じられない音が鳴り響いた経験だった。短かい時間だったが、人生の中で彼との接点ができて良かったし、トニー・Cの背番号を身につけられたのは誇りだった。

記者会見が終わると、遠征マネージャーのジャック・マコーミックが「あなたがデイビッド・オーティズ（ビッグ・パピ）主催のゴルフコンペに参加するのは良いアイディアだとチームは考えています」と言ってきた。テリー・フランコーナが行く予定だったが、彼は行かなくなった。

「それはいい。いつだ？」

「明日、ドミニカ共和国のプンタ・ゴルダで始まります」

私は、オーナー陣の頼れる兵隊でありたかった。

「チケットは手配できるか？　これから向かうよ」

私はどこかで歯を磨き、Tシャツと短パンを買って空港に車を置き、ドミニカ共和国へ飛んだ。私はドミニカ共和国が大好きだったから、行く機会ができたことが嬉しかった。しかし、デイビッドが私に会って驚いたのを見て面食らった。彼は喜んだのではなく、驚いていた。まるで私がパーティーを台無しにしに来たかのように。

この旅のハイライトは、ボストン・セルティックス（NBAのチーム）のレジェンド、ビル・ラッセルとゆっくり話す機会を持てたことだった。彼はボストンでの傑出したキャリアと、指導者になったときに、それまで思い描いていたこととどれだけ違っていたかを話してくれた。彼は誰よりも多く優勝を経験していたが、彼が受けて当然だったリスペクトを、選手たちは払わなかった。

「わかります」と私は言った。そしてメッツの監督時代、1990年代後半にサンフランシスコで試合をしたとき、ウィリー・メイズがクラブハウスに来てくれたときの話をした。私はウィリーにビッグ・ハグをし、選手たちに会ってもらいたいとお願いした。ところが、ウィリー・メイズを知らない選手が数人いた。「本当に驚きました」とラッセルに言った。「サンフランシスコにいたんですよ！　サンフランシスコでは、球場に入るのにウィリーの銅像の前を通るんだから、気づくはずでしょう」と言うと、ラッセルは笑っていた。

帰国すると、ボストンの新聞に、クラブハウスからビールを撤去するという記事が出ていた。ボストンのマスコミの中には内部の事情に明るい記者がいて、彼らはすべての情報を手に入れ、組織内の誰かを追い落とすゲームをしていた。その後すぐにわかったことだが、ボストンには絶対に質問をしない記者もいた。このタイプは、事実によって自分が決めつけた話を覆されたくないのだ。こういった記者たちが、かつてのドラッグ捜査官ボビー・Ｖが、今度はビールのゲシュタポ（秘密警察）になってまたチームを変えようとしていると書き立てた。私はこのときも、私はそのような人間ではないとハッキリ伝えようとしたが、スティーブ・ハウの一件とメッツのクラブハウスからビールを一掃した件、そして新たにレッドソックスでのことで、非難はまっすぐ私に向かって飛んできていた。数人のベテラン選手からの恨みは、シーズンが終わるまで続いた。

さらに私が聞いたのは、この前年のシーズンにＥＳＰＮで私がレッドソックスの選手について語った内容が、何人かを怒らせていたということだった。

「シーズンが始まる前に、それらの選手に会いに行くのは大切なことです」とベン・チェリントンは言った。

「スプリングトレーニングまで待つのはどうかな？　そこでも話す時間は十分にある」と私は答えた。

「いや、ダメです」と彼は言うと、私に会ってほしい選手のリストを渡した。載っていたのは、テキサス州コトゥーラのジョシュ・ベケット、ヒューストンのカール・クロフォード、アリゾナのジャコビー・エルズベリー、クレイ・バックホルツ、ダスティン・ペドロイア、ダーネル・マクドナルドだった。

私は、ベケットが投げた試合を中継した『ゲーム・オブ・ザ・ウィーク』でコメンテーターをしていた。ベケットは投球の間合いを長く取っていた。コメンテーターとして私はこう発言した。「これは、おかしい。どうかしている。これを禁じるルールだってある。ちゃんとルールを適用すれば、私だって、この必要のない時間に何を話そうか考える必要がなくなるんだ。頭がおかしくなりそうだ」

ジョシュはこれを聞いて腹を立てたそうなので、私はスプリングトレーニングの前に彼と話しに行かなければならなくなった。彼に電話をかけ「ジョシュ、そちらに行って顔を見て話したい。スプリングトレーニングが始まる前に、解決すべき問題があると聞いたんだ。いつ、どこでも会いに行くよ」と伝えた。

私は予定を決めようとしたが、彼は「できない、無理だ」と繰り返すばかりだった。だがようやく、「元日に自宅に来れば会える」と妥協した。

それからの2、3週間は慌ただしく、コーチの面接をし、睡眠時間を取り、ボストンの住居を探した。そして大晦日にサンアントニオへ飛び、空港のホテルに泊まり、元日の朝ジョシュ・ベケットの牧場に車で向かった。到着すると、ジョシュの友人たちが重要なカレッジのアメフトの試合を見に集まるので、その食事の用意をしていた人が中に招いてくれ、プールサイドで待つように言ってくれた。ジョシュは、広大な敷地に、大きく壮観なテキサススタイルの牧場と家を持っていた。私は水のボトルを出され、ジョシュがようやく外に出てくるまでプールサイドでひとりきりで待っていた。我々は座って話をした。彼は投球間に時間をかけること、特にヤンキース戦でそうすることの理由を話し、それが打者のタイミングを外す方法だと言った。ある部分納得はいった。さらに彼は、ピッチャーたちが試合中にチキンを食べビールを飲んでいたことを、マスコミに話した人物がいることに怒りを覚えていることと、その人物が、どれだけやってはいけないことをしたかについて語った。彼の口調からは、その人物はチーム内にいる選手だということが窺えた。私は彼の話を聞いていたが、1時間半ほどすると彼は「さあ、もうすぐアメフトが始まる。中に行くよ。さよなら」と言った。「それと、野球で500万ドルしかもらえていなかったら、野球はやめているよ」と付け加えた。彼は1700万ドルを得ていた。

私は家の中を通り、たくさんの食事と笑い声で満たされていた美しいキッチンを抜け、彼の家族が座ってテレビを見ていた大部屋を歩いて、正面玄関から外に出た。控えめに言っても無礼な出会いだった。私は空港に戻り、ボウルゲームを1試合見て飛行機に乗り、ボストンに帰った。

アリゾナでは、ダスティン・ペドロイア、ダーネル・マクドナルド、ジャコビー・エルズベリー、そしてクレイ・バックホルツと気持ちの良いディナーを共にした。彼らは、スプリングトレーニングで基礎に重点を置くべきだと言っていた。選手たちから基礎が失われていると言うのだ。しっかりとやり直し、再びチャンピオンになれるチームにしたいと語ってくれた。

自宅に戻り、カール・クロフォードに何度も電話をかけたが、彼は全く出なかった。たくさんのメッセージを残して、ようやく彼がトレーニングをしているヒューストンで会うことができた。30分話をしたが、彼は不機嫌そうに、タンパベイとボストンの違いをひたすら語っているばかりだった。全然慣れることができていないと言いながら、詳しく話すこともなかった。私は、彼がレフトの守備でフライを捕れず、レッドソックスが2011年のプレーオフ進出を逃したことについて、テレビでコメントしていたが、彼はその話題を持ち出さなかった。私が言ったことで何か問題があったかと彼に聞いたが、彼はノーと言った。

フェンウェイで行われたスプリングトレーニング前の行事で、私はジョン・レスターと彼の妻に会った。ジョンは、どこか冷たかった。私は彼と会うことにワクワクしていて、彼を開幕投手として早い段階で発表するつもりだと伝えた。彼がそうすべきだと言うことは、私を含めた全員が感じていたからだ。ジョンは穏やかな男で、ほとんどエキサイトすることがなかった。男の中の男で、開幕投手のことは喜ぶかと思ったが、ほとんどワクワク感を示さなかった。

私が下さなければならなかった最も大切な決断は、どのコーチを残し、どのコーチを入れ替えるかだった。私はラリー・ルキーノと面談したとき、何年も前にトム・ランドリーが教えてくれた、コーチたちに私と同じ考えを持たせろということ、そしてそれがチームの考え方や行動の仕方を決めるのだということを伝えてあった。

「それは素晴らしい。だが、我々は君に報酬を支払い、フランコーナにも支払っている。やや危機に陥っているところだ。来年まで契約が残っているコーチが数人いるので、君に彼らを面接してもらい、可能な限り多くのコーチを残してもらえたらと思っていたんだ」とラリーは言った。

ラリーは、私がチームプレーヤーであるかどうかを探っているように感じられた。私はチームプレーヤーだし、それが得策でないときでも、チームプレーヤーであり続けている。

「わかりました」と私は承諾した。

コーチ陣は、ティム・ボーガー以外は知らない面々だった。私も気づくべきだったが、世の中は素早く変わっていた。数人を残し、数人を加えなければならないと考えた。オフシーズンに入って時間が経っていたので、有能なコーチはすでに他チームと契約済みだった。私が候補に挙げたわずかな数名は、能力の高い人たちだったが、個人的に知っているコーチは少なかった。

投手コーチにはデイビッド・コーンを希望した。知識が深く、彼となら一緒にやれると思っていた。面接をすることなく仕事をオファーしたが、もうすぐ子供が生まれるので家を離れたくないということだったので、諦めて私の友人たちに声をかけることにした。「そうだ、彼らの知識だって、誰にも引けを取らないじゃないか」とそのとき私は思った。

最初の候補はビリー・バックナーだった。「そうか、彼のことを、ボストンの人々はどういう形で思い返すかな?」と私は考えた。ビリーは１９８６年のワールドシリーズで、あのトンネルをした選手だった。私自身は、そのことを一切気にしていなかった。バックを呼び、ベン・チェリントンと彼のスタッフとの面接を受けてもらった。彼は雇われるべきだった。そうならなかったのは、私がそれまでに犯した最大のミスだった。

私はバックをベンチコーチ（監督の右腕）にしたかったが、ビリー・バックが経験してきたのはすべてバッティングに関することだった。彼はシカゴで打撃コーチとして絶大な信頼を得ていたが、私がずっと勧められていたコーチはデイブ・マガダンだったので、彼を面接した。私は良い印象を受けないだろうと思っていたが、他の幹部たちは皆デイブを気に入ったと聞かされ、私も同感だった。結果的にデイブがコーチ陣の中でとても良い存在になってくれた。デイブ・マガダンを雇う際に知っておかなければならなかったのは、彼は打撃コーチなので打撃について語るのは彼だけだったということだ。彼は、彼の持つ概念が選手たちの邪魔になることを望まず、それは私も理解した。そしてビリー・バックも打撃一本槍の人だったので、デイブとバックを両立させるのは不可能だと考えた。

「来年一緒にやろう」とバックには伝えた。

ラリーは私にこう言っていた。「私にとって重要なのは、とにかく今年を乗り切ることだ。何も心配するな。誰ができて誰ができないか、誰と一緒に前に進んでいくかを判断してくれればいい。来年は、君が選ぶコーチでやってもらっていいから」

私はバックを選ばず、トム・パチョレックも雇わなかった。今振り返れば、二人とも必要だった。メジャーリーグレベルで、自分に最も近い友人二人と同じユニフォームを着られたら、人生を豊かにする経験になっていたことだろう。そうしなかったことは、これからもずっと後悔する。

フロントオフィスの年配の幹部アラード・ベアードはアレックス・オチョアを推薦してきた。私はスペイン語を話すコーチがいない状況は作りたくなかったので、彼を採用した。当時は、日本人選手がいれば通訳をあてがわれたが、ドミニカ共和国やキューバ、ベネズエラなどから来たラテン系の選手は、自分で何とかしなければならなかった。それは良くない状況だと、私はずっと思っていた。アレックスはレッドソックスのスカウティング部門で仕事をしていて、私が面接を担当した。メッツのマイナー時代に師弟関係にあったこともあって、彼のことは選手として、人としてとても好きだった。

私はジェリー・ロイスターも雇った。三塁ベースコーチと内野守備の指導者が必要だったのと、彼を韓国リーグのロッテチームで監督として採用した経験があったからだ。ジェリーはウィンターリーグで一緒にプレーしたことがある友人だった。私はジェリーのすべてを気に入っていた。

すでにいたコーチと私が新たに採用したコーチの計3人、ティム・ボーガー、ゲイリー・タック、ボブ・マクルアが私の投手コーチとして全力で仕事をし、力を合わせてくれると期待した。1年間順調に過ごせれば、彼らはチームに残る。すでに他のチームがコーチを決めていた時期だったので、誰も無職にさせたくなかった。「必要に迫られていないのに、解任することはないだろう？」と私は考えていた。私は常に、どんな材料でもなんとか料理はできると信じていた。だが結果的にこの3人は、同じチームで過ごすには最悪のコーチたちだった。人を中傷するのは好きではないが、彼らはそれを受けるべきことをした。私の助けになることは一度もなかった。助けるつもりすらなかったし、助けになりたくないという態度をあからさまに表に出していた。ほぼ耐えがたい状況だった。

ベンチコーチにしたかったのは、フランク・ランペンだった。彼がいてくれたら完璧だったが、長期契約を交わす状況にならないと思えたので、彼の人生を再度邪魔することはしたくなかったから選ばなかったが、これは「大きな」失敗だった。逆にティム・ボーガーをコーチとして残すことに同意したのは、浅はかだった。ボーガーが私を嫌っていたのは知っていた。過去の経験から、それは明らかだった。私がメッツの監督に就任したとき、彼はショートの定位置を争っていたが、私はレイ・オルドニェスを選び、彼はヒューストンにトレードされた。さらに、ティムはトッド・ハンドリーの親友だった。ティムは、私が彼の人生にひどい傷跡を残したと感じているのはわかっていたから、私は正面切ってこう言った。「ヘイ、ティム。君はすべてを心得た良いコーチだと聞いた。我々の間の状況はわかっているが、和解できるなら、このチームでベンチコーチになる機会を提案したいと思っている」

ベンチコーチの候補は、ビリー・バック、トーリー・ロベーロとティムだった。トーリーは球団幹部との面接で輝いていて、幹部たちはとても良い印象を受けたし、私も面接して彼をすごく気に入った。だが、私にはこの馬鹿げたアイディアが浮かび、もしティムに不義理をしてしまっていたのなら、懐の深いところを見せて、今度は正しく扱う姿勢を見せようと思ってしまったのだ。ティムと私は、悲劇的な共存状態にあった。共存すらしていなかった。ただの悲劇だった。私にとって幸運だったのは、ボストンには有名なノースエンドと呼ばれるエリアがあり、そこで上質なイタリア料理を食べ、友人たちと良い時間を共にして気持ちを切り替えられたことだ。

監督は、コーチたちと共にしっかりとした基礎を築かなければならない。しかし、私はトム・ランドリーが私に教えてくれた、古いコーチは一掃し、自分が信じられる人を集めろというアドバイスに従わず、信念を曲げたことで目も当てられないほどひどい基礎になってしまった。私の人生における最大の失敗のひとつは、どんなことでもすべて自分の手でできると考えることだった。「畜生、こんなことができないなんて、俺はどうしちゃったんだ？」と思ってしまっていた。だが、現実は、私には対処できない、いい、いいなかったのだ。

ボーガーがダッグアウトで私の存在すら感じていない試合がいくつかあった。私が質問しても、耳は聞こえず口を開くこともなかった。ある意味、滑稽だった。だが信じられないことに、最悪のコーチは彼ではなかった。

「最悪」の栄誉は、ブルペンコーチのゲイリー・タックが受けていた。史上最高のキャッチャーコーチだとされていたタックは、ヤンキースから2回も解雇されていた。どういうわけか、ボストンを去った後も、また採用されていた。彼は、私や他のコーチと一緒にいたときは口を利かないという誓いを立てていた。どんな会話にも参加しなかったし、チームについて他のコーチと関わることを一切しなかった。

ベン・チェリントンは、前年リリーフ投手だったダニエル・バードが、今年先発投手にならなければならないと私に言っていた。バードはケンタッキー州で2番目に裕福な男の娘と結婚することになり、野球を続けて彼女を妻とするには、リリーバーでは必要な収入を得られなかったからだという。私には、未だかつて聞いたことのない無茶な話だったが、チェリントンは真顔で私に語りかけ、他に選択肢はないと……。「ノースカロライナ大では先発していたんです。球種は3つ、ストレートは156キロ出ます」と彼は言った。

私は彼を先発させた。そして、バードが打ち込まれた翌日、監督室に着くとゲイリー・タックがこう言ってきた。「実験は終わらせないと。バードはリリーバーになるべきだ」

「ノー」と私は言った。「彼は先発として使い続ける」

バードがリリーバーになるべきだったのはわかっていたが、議論の余地はなかった。私がこの仕事を受けたとき、ベンが法律を定めた。「どうにでもなれ。156キロを投げるんだし、過去にも先発で成功している」と私は思った。だが、うまくはいかなかった。そしてゲイリー・タックは私が彼の助言を受け付けなかったため、私とは二度と口を利かないという決断をし、以後、彼が私に話しかけることは一度もなかった。私が話しかけても、うなり声すら出さなかった。異常だった。シーズンが半ばに差し掛かった頃のある日、ゲイリーは球場に姿を見せなかった。彼の妻が救急治療室に運ばれたので、休暇を取ったとのことだった。

ゲイリーはフェンウェイパークの近くに住んでいて、ある日の試合後、私は自転車で帰る途中公園で歩いていた彼と彼の妻に会った。チェリントンに、ゲイリーが試合に来ていなかったこと、彼の妻が元気そうに見えたことを伝えると、そのとき彼の妻は検査を待っているところだったという、出来の悪い作り話を聞かされた。タックも、ただチームから離れていたいだけだった。

トム・ロブソン（ロビー）は私にとってスプリングトレーニングの権威であり、最高のオーガナイザーだったが、すでに勇退していた。ロビーはまるで知識が詰まったファイルキャビネットだったし、打撃練習が常に時間通り進むよう目を配り、変更があった場合は全員がそれを確実に把握し、私の足を引っ張らないようにしてくれた。休養が必要だと感じた選手は、ロビーに申し出れば良いことを知っていて、そのメッセージは間違いなく私に届いた。だがロビーは2007年に日本に戻らないことを決めていた。彼は私よりも年上で健康にも問題があったため、勇退した。とても寂しい気持ちになった。トムがいなくなったので、私は非公式のコーチとしてランディ・ニーマンを招聘した。タックが、そして後にボブ・マクルアがチームを離れたときに、ニーマンはユニフォームを着ることとなった。

問題は投手コーチを探すことだった。デイビッド・コーンに断られた後、私はオーレル・ハーシャイザーに声をかけたが、彼にも断られた。メッツにいたニール・アレンの面接をしてみたが、まだ経験が足りていないと感じた。親友のチャーリー・ハフはドジャースにコーチとして復帰していたし、住み慣れたカリフォルニアから彼を遠ざけるのは正しいことではないと思っていた。アレックス・オチョアを推薦してくれたアラード・ベアードが、ボブ・マクルアを推してきた。フロントオフィスがマクルアを気に入っているのがわかっていたので、2度面接をした後、チームプレーヤーの私は彼を採用した。ボブはとにかくナイスで、良い人間であり、肩の力が抜けた男だった。すべて順調に進んでいたが、ある日彼がこう話してきた。「投手コーチで嫌いなことが2つだけある。私がマウンドに行くたびピッチャーが打たれるので、投手と話をしにマウンドに行きたくない。そして、ブルペンに電話をかけてゲイリー・タックと話をしたくない」

彼が嫌がっている内容は、投手コーチの仕事の中でも重要度がかなり高い2つだった。結局マウンドには私が行くことになり、ブルペンに電話するようティム・ボーガーに言うと、その仕事は自分の役割の範疇ではないと断ってきた。

誰もタックと話したがらなかった。ブルペンに連絡して投手を用意させるようタックに言うと、「オーケー」とだけ返ってきた。

「準備はできたか？」

「ああ」

彼との間に会話は存在しなかった。ボブ・マクルアの妻がシーズン中に双子を出産し、彼は妻と新生児2人と一緒にいるため5週間チームを離れた。コーチに関する不満をラリー・ルキーノに言うたび、彼は「今年はこのまま我慢して、来年は君の思うスタッフでやってくれ。頼むから、今はこのままやってくれ」としか言ってもらえなかった。

レッドソックスの他のオーナーたちと話すことは、ほとんどなかった。ジョン・ヘンリーはヤンキース戦のときに一度やってきた。その頃は、ホームランの判定に対してリプレーを要求できる新たなルールが導入されていた。マーク・テシェイラがグリーンモンスターの上端に当たる打球を飛ばし、ボールはグラウンドに跳ね返ってきた。審判はホームランと判定した。私はそのとき、投手の継投策を考えていた。グラウンドとダッグアウトにいた面々は誰も判定に異議を唱えなかったが、リプレーで見るとホームランではなく二塁打となるべきだったのがわかった。だが、リプレーは要求されなかった。試合後ジョン・ヘンリーが私のところにやってきて、「なぜリプレーを要求しなかったんだ?」と尋ねた。

私は彼を見て「すべきでした」と答えた。

彼は別の試合後もまた監督室にやってきて、ジョン・レスターが直前の登板で球数が多すぎるのではないかと私に訊いていた。

選手に関しては、何人かとは馬が合ったが、その他は親しくなる機会が全くなかった。なぜか? 私がクラブハウスからビールを撤去したからかもしれない。もしかしたら、その選手の代理人がレビンソン兄弟で、私に対する中傷を聞かされたからかもしれない。もしかしたら、風変わりな、甘やかされた人間の集まりだったのかもしれない。もしかしたら、彼らの監督になるのに、私が相応しくなかったのかもしれない。

スプリングトレーニングで、我々はフライキャッチの練習をしていた。フライを捕る際の正しい声のかけ方をすることを選手たちに求めた。ボールを追って内野手が下がり、外野手が前に出てきたときは、外野手が声を出して内野手は黙っている。これをフライのプライオリティという。内野手が前進して、キャッチャーが内野手の方向に向かうときも同じだ。内野手が捕れるなら、キャッチャーはその場から離れる。これからショートを守ることになる、気の強いマイク・アビレスは、練習中ずっと声を出し続けていた。

「もう一度やろう。フライのプライオリティだぞ、ショートは何も言わず、外野が声を出すんだ」と私は言った。

アビレスが外野に向かって走りながら声を上げたのが3度目となったとき、私は大声で言った。「何なんだお前は、耳が聞こえないのか？　難しい練習じゃないぞ。ショートは何も言わず、外野が声をかける。それだけだ！」

私はもう1本フライを打つと、アビレスは何も言わず外野手がボールを捕った。そう、それだ、ようやくできた。次の練習に移ろう。翌朝7時半のワークアウトの前、選手が2、3人監督室にやってきて、前日の練習の後マイク・アビレスがロッカーで泣いていたから、私に謝りに行くように言ってきた。

（ワオ！）

ここは何かが違う。

スプリングトレーニング中、ある日の練習の前に、フロリダ州東海岸に滞在中のビル・ベリチック（NFLニューイングランド・ペイトリオッツのヘッドコーチ）に電話をかけ、チームのメンバーに話をしてほしいと依頼した。1998年、彼がニューヨーク・ジェッツでコーチをし、私がメッツの監督をしていたときからの仲で、当時彼はシェイ・スタジアムにやってきて打撃練習に飛び入り参加するほど、野球が大好きだった。ある朝の午前4時、ビルは車に乗って「アリゲーター・アリー」と呼ばれる高速道路を使って、フォートマイヤーズ［訳注：フロリダ州南西部の都市］に来てくれた。Tシャツに短パンという出で立ちで、カジュアルに話をしてくれた。

「私がニューイングランドで監督に就任したとき、過去の写真が多く飾られていて、過去に成し遂げた数多くのことが話題に上っていた。だが、私は選手たちに、新しい形で取り組むときが来たのだと伝えたんだ。視野を広げて、フレッシュでエキサイティングなやり方で取り組むべきなんだ。それが成功につながる」

講演後、「完璧に的を射ていたよ」と私は彼に言った。事前に話の内容を打ち合わせていなかったのに、言ってほしいことを語る彼の話は別格だと思った。だが、何人かの選手には響いていなかった。

「いい話だったな」と私が選手たちに言うと、「ああ、そうですね」というのが、大体の反応だった。

スプリングトレーニングが始まって1週間が経ち、チェリントンは再三私に聞いてきた。「ケビン・ユーキリス（ユーク）の状態はどうですか？」これが彼の心配事だった。

結局、何度も聞いてくるので、「一体ユークに何があるって言うんだい？」と私は尋ねた。ベンは問題点を教えてくれた。記者連中から、ピッチャーがクラブハウスでビールを飲みチキンを食べていたことをマスコミに伝えたのはユークだという噂があると、数人の年長の投手が聞いたということだった。

「ワーオ、なんで彼はそんなことをしたんだ？」

「ユークだったかどうかはわかりません。誰が言ったのかもわからないけれど、ユークが非難を受けているんです」

スプリングトレーニングが半分を過ぎた頃、年長の投手が数人監督室にやってきて、ロッカーの場所を変えてほしいと願い出たとき、クラブハウス内の環境が良くないことを知った。彼らはユーキリスの隣に座りたくなかったのだ。私の経験上、最も不快な状況だった。私はロッカーの配置換えをしてケビンを監督室に呼び、配置換えに私が関わったことを伝えた。そして、私がユニフォームを着た初日から、何が起きているかを把握していなかったことを謝罪した。

そして、「問題を解決するよう、手助けできることは何でもやるつもりだ」と彼に言った。

「心配はいりません。自分はグラウンドに出たら全力でプレーします。ただ、あいつらは最低なので、一緒にディナーに出かけることはありません」

打撃練習中、私は外野を歩きながら、現状がどれほどのものかを選手たちに聞いて回ると、かなりの深刻さだということがわかった。リハビリ中のジョシュ・ベケットとジョン・ラッキーにも聞いたが、キツい答えが返ってきた。

「あの野郎。あいつがやったのはわかっているんだ。それが結論だよ」

数日後、いつもより早くクラブハウスが空になった。皆どこに行ったのかとクラブハウス係に尋ねると、ホテルでミーティングがあるという。

「何のミーティングだ?」

「テュークスベリーが、投手とユークのミーティングを招集したんです」

わかったことは、チームの精神科医的存在として、かつ選手のメンタル面の調整をサポートする立場として採用された元投手のボブ・テュークスベリーが、ホテルの会議室を借りて全員の思いを吐き出させ、状況の解決を図ろうとしていたことだ。翌日私はクラブハウスに着くと、ユークを呼んだ。彼はこの状況について不満があり、何度か監督室で気持ちを語っていた。

「で、ユーク、昨夜はどうだった?」

「むちゃくちゃ最悪だ」と彼は言った。

ベケットに聞くと「状況はさらにひどくなった」と言っていた。

スプリングトレーニングが進むにつれ、私がチームから依頼されたことのうちいくつかが、うまく運ばないのが明らかになっていた。ひとつはダニエル・バード。もうひとつはアンドルー・ミラー。ラリー・ルキーノは、ミラーがとても洗練された投手だと思うと言い、彼はこれまで数チームに所属してきたが、才能を開花させたところはないと語った。

「私は彼を失わないよう、このチームの中に彼の居所を見つけたいんだ」とラリーは言った。ミラーが開幕ロスターに載っていないと、彼を失うことになってしまう。ミラーを成功させることは、私の優先事項のひとつとなった。彼が投球練習をするたび、成功の鍵を見つけようと試みた。フロントオフィスも彼に提案をしていたし、ボブ・マクルアもアドバイスを授けていた。精神面のコーチ、ボブ・テュークスベリーも同じだった。

スプリングトレーニングが半ばに差し掛かったときでも、ミラーは前に進んでいないように見えた。アンドルー本人と話してみて、アドバイスを受けすぎているのだと気がついた。ワインドアップで頭の上に手を持っていけという人がいれば、投手板の左側に立てというアドバイスもあり、彼はかなり混乱している様子だった。ある日の練習後、私はコーチ陣をビデオルームに集め、オープンな場で自由に考えを述べてもらうことにした。だがテュークスベリーがそこにいたのには、違和感を覚えた。私は皆の意見に耳を傾けたが、かなり多くの考えがあることがわかった。精神科医的な立場の男が、投球フォームについて話し始めたときは、ややイラついた。時間も遅くなっていて、議論が続くばかりで解決に至りそうになかったので、私は「それではこうしよう。アンドルーは今後ワインドアップを使わず、すべてセットポジションから投げる。投手板に立つ位置は、彼がやりやすいところでいい。足を上げるのをやめて、彼ができる最高の形でボールを前に投げ、メジャーロスター入りを目指してもらう」と言った。

沈黙があった後、テュークスベリーが「それはダメだ。彼に何かをしろと強制してはいけない」と言った。

「そうか。だが、君は私に強制する立場ではない」と私は返した。

私がテュークスベリーと会ったのは、それが最後だった。そしてアンドルー・ミラーがワインドアップから投げたのも、その日が最後だった。私はすべてシンプルにしようとしただけだ。彼は201cmの長身と、長い手足が向上の妨げになっているようだったが、私は、彼がボールを強く投げられる能力をリスペクトしていると伝えた。彼もシンプルに考えることに納得し、最終的にメジャーリーグ登録されてとても良いシーズンを送った。さらにその後、高額の契約を交わすことにもなった。あのミーティングがこういう結果を生むことになって嬉しかった。

私は、チーム内のつながりを深めようと、野球から離れて全員が参加できることを企画した。私のアシスタントのザック・ミナシアンが、新しくオープンした巨大なバス・プロショップを借り切ってくれた。奥に湖があり、射撃やアーチェリーの練習場とパーティールームが完備されていた。ジョシュ・ベケットやジョン・レスターなどアウトドアを楽しむ選手がチームには多くいた。参加者をグループ分けし、ルーキー対ベテランや投手対内野手などの対抗戦でフィッシング競技をし、最後はカラオケ大会で締めくくった。選手の妻も参加するファミリーイベントにした。クレイ・バックホルツはゲームに厳しい男で、参加するゲームはすべて勝たなければ気が済まず、実際に全部勝っていた。最高に楽しいイベントになり、楽しい夜を過ごし、さらに費用は1万5000ドルで済む安さだった。ホセ・イグレシアスは、カラオケで高音域を披露して皆を驚かせた。新設されたキャンプ地ジェットブルーパークのレフトには、グリーンモンスター［訳注：レッドソックスの本拠地、フェンウェイパークの左翼巨大フェンスのこと］のレプリカが設置されていた。私はここで行われたオープン戦に毎試合友人を招待した。時間はあっという間に過ぎ、シーズン開幕を間近に控えていた。

我々はロードで開幕を迎え、デトロイトで3敗、トロントで2敗を喫し、1勝5敗と、望んだ形ではないスタートとなった。4月12日のレイズとのホーム開幕戦は12－2で勝利し、その後3連勝したが、続く試合はダニエル・バードが自責点の付かない1点を奪われて0－1で敗れ、連勝ストップとなった。

その日曜日の試合前、私はトム・キャロンのインタビューを受けた。彼は前の週の試合を総括するNESN（ニューイングランドスポーツネットワーク）の日曜夜の番組に出演していた。トムは日曜の試合前にやってきてインタビューを収録した。その中の質問でこう聞かれた。「ユーキリスが厳しい開幕スタートを切っている理由は何でしょう？ ユークらしくないですよね。四球を選ばず、三振が多い。強い当たりも飛ばしていません」

そのとき、ユークは腰痛を抱えていた。さらに、例の投手陣からやり玉に挙げられている状況もあったが、このことは、チームの外には一切漏らしていなかった。

「彼は、身体的、精神的に少し苦しんでいる。全力を注ぎ切れていないんだ」と私は答えた。

番組は日曜夜に放送されたが、私は見なかった。次の試合は午前11時開始だった。「愛国者の日［訳注：マサチューセッツ州、メイン州、ウィスコンシン州において制定されている祝日］」の日の出が近づく時間に、私はチャールズ川沿いを自転車で走っていた。ホームゲームがあるときは毎朝1時間ほど自転車に乗り、その日のスターティングメンバーや、その他に手がけなければならないことを、平和な時間の中で考えていた。フェンウェイパークに入ろうとしたとき、電話が鳴った。ベン・チェリントンだった。

「昨夜あなたが言ったことを、ユークが良く思っていません。彼の代理人が激怒しています」

私はインタビューをたくさん受けるので、終わるたびにそのときの発言は忘れていた。

「ベン、何を言っているかわからないよ。昨夜は誰とも話していない。こっちに来てくれ。話し合おう」

私は自転車を降り、13平米のクローゼットを改装した、彼らが「監督室」と呼ぶスペースに入り、シャワーを浴びた。シャワーから出ると、ユークがそこに立っていた。

「ヘイ、ユーク。ベンから聞いたが、私は昨夜、君の気に障ることを何か言ったそうなんだが、申し訳ない、昨夜はインタビューに応えていないんだ」

「ふざけんな。インタビューを受けてるさ。俺の代理人が、あんたが話した内容を送ってきた」

「私は何と言った?」

ユークは、私が言った内容を反復した。「ああ、それか」と私は思った。「ヘイ、ケブ（ケビン）、侮辱するつもりで言ったんじゃない」

「へえ。俺のプロとしてのキャリアの中で、誰かが俺について言った最悪のコメントだけどな」

「謝るよ。君を守ろうとして言ったことだ」

その間、私が服を着ている最中に、記者のひとりが、ダスティン・ペドロイアのロッカーに向かった。ダスティンはその番組を見ておらず、記者は彼のロッカーを急襲し、「バレンタインがユークの身体的・精神的能力について非難したことをどう思いますか?」と聞いた。

「日本にいるつもりなんだろう。俺たちは、そういうことはしない」とペドロイアは答えた。

大事になった。ペドロイアが監督を非難し、ユークが監督に腹を立てている。チェリントンと球団は、この件をきっかけにユークをトレードに出した。それが彼らの企みだった。ユーキリスはもう1年契約が保証されているという条項が契約書に書かれてあったが、私が話をした全員が、彼とまた契約するのは望んでいないと言っていた。さらには、チェリントンとフロントオフィスは、ユークと投手陣の間に起きたことを知っていたが、その件は一切公にされなかった。もし公になったら、本当にマスコミに漏らした人物が誰だったかわかってしまうからだ。フロントオフィスとマスコミは、都合良くすべてをユーキリスのせいにした。

私は、断片的に集めた情報を合わせて全体像を理解した。気になっていたわけではないが、誰がマスコミに漏らしたかは知りたかった。

私が聞いたところによると、それはユーキリスではなかった。

ユークは6月24日にトレードされ、その責任は私にあると非難を受けた。7月5日、オールスターブレーク時点で我々は43勝43敗だった。ブレーク中に私はオーナー陣に連絡を取り、私のドキュメンタリーがマサチューセッツ州ブルックラインにあるニューイングランド地方最古の映画館のひとつ、クーリッジ・コーナー・シアターで7月11日にプレビューが予定されていることの念を押した。ラリーはここでも「問題ない」と言った。映画のリリース日は私がこの仕事を受ける前に決まっていて、面接の際にも私はラリーに伝えてあった。それなのに、映画のプレビュー当日になって、オーナーのひとりトム・ワーナーから、上映会には出席して構わないがドキュメンタリーについてインタビューを受けたり、コメントしたりすることはできないと言われた。私は、その映画のエグゼクティブプロデューサーだったが、それについて話すなと言われた。本気か？

シーズンでは様々な形の障害を受け続けた。8月2日、我々は53勝53敗と、このシーズンでは最後の勝率5割としていた。8月14日、ケリー・ショパックを筆頭とする選手数人のグループが、私を痛烈に批判する内容のメールをオーナーのジョン・ヘンリーに送った。メールはエイドリアン・ゴンザレスの携帯から送られていたが、エイドリアンは、ショパックが彼の携帯を使って送ったと話していた。レッドソックスは前年、スターキャッチャーのジェイソン・バリテックがショパックのことを我慢できなくなったので、ショパックをトレードに出したが、バリテックが引退した後でチームに復帰させていた。ショパックはとんでもないハッタリ屋のクソ野郎で、クラブハウスで喋りまくり、「ポーダンク・ラジオ」に友人がいたため、彼らにクラブハウスで起きていることをすべて漏らし、騒動をさらに広げていた。通常は、チーム内で何か起きると、状況がさらにひどくならないようにクラブハウス内に収めておくが、一旦外に漏れると、状況は完全に悪化する。ショパックはとにかく性根の悪い男で、私をターゲットにした。何かが起き始めていたが、私は不意を突かれた。

チームの中には、会えて良かったと思えた選手が何人かいた。エイドリアン・ゴンザレスはいつも喋っているので、近づきやすかった。試合中、彼は戦略について語るのが好きだった。あのピッチャーはもうひとつ球種を増やした方がいいと言っていたかと思えば、相手チームの監督は正しい作戦を使っているかどうか、球場に流れる音楽の音量が適切かどうかなど、周囲で起きていることすべてにとても敏感に反応して話していた。彼の言っていることを聞きたくなかったり、聞くのに飽きたりする選手が多かったが、私は楽しんでいた。

ジャコビー・エルズベリーとはとても親しくなったが、私は彼が気の毒だった。周りに遅れを取るまいと、本来できることではないことをやってしまっているように見えた。前年に彼はＭＶＰ級の超絶的なシーズンを送ったが、常にパーソナルトレーナーがついていたと聞いた。パーソナルトレーナーはマッサージをしながら、犬と会話をする人のように、彼にいつもなにかを囁きかけていた。ベンはジャコピーのパーソナルトレーナーを、クラブハウスへの出入り禁止にすると言っていた。他の選手たちが彼のところに殺到したが、レッドソックスのトレーナー陣は他のトレーナーのところに行くのは侮辱的だと言って不満を漏らしていた。このためパーソナルトレーナーはスプリングトレーニング参加が許されず、ジャコビーは良いパフォーマンスができなかった。MVP候補から、他の選手とポジションを分け合うレベルになってしまった。打撃練習でもホームランを打つことはなくなり、前年に見た彼の姿はそこにはなかった。

それでも彼は好きな選手だったので、私は彼を庇護した。カール・クロフォードも同様に扱った。カールはチームに馴染むことがなく、やはりチームメートから疎外された男だった。

デイビッド・オーティズとは同じ考えを持っていると、いつも感じていた。デイビッドは常に私を擁護してくれた。うちの投手がホームランを献上しても、「心配するな、俺たちが取り返す」と言ってくれた。開幕の頃、デイビッドの来年の残留はないという話がフロントオフィスの中で出ていたが、7月半ばまで彼はリーグトップクラスの成績を挙げていた。MVP級のシーズンだと思っていた矢先の7月20日、走塁中にアキレス腱を傷めて故障者リスト入りしてしまった。

ダスティン・ペドロイアは、私が一緒にユニフォームを着た中で、誰よりも信じられないプレーを見せる選手だった。シーズンを通してケガを抱えており、最終的に故障者リスト行きを通告された。誰よりも早く球場入りする選手で、私には深い敬意を持って接してくれた。彼はフランコーナと親密だったが、彼が高校時代にプレーした球場でかつて行われたベーブルース・リーグ決勝戦に私が出場していたのだということを、彼が父親から聞いて以来、親しくなった。

厳しい状況ながらも、7月下旬にビッグ・パピが負傷するまで、チームは何とかやっていた。チームが彼をどれだけ必要としていたか、彼がいなくなるのがどれほど厳しいことかは明らかだったが、私はこう彼に言い続けた。「デイビッド、準備ができたところで戻ってきてくれ。君のキャリアは何よりも大切だ。君の年令でこれ以上のケガをしてしまったら、どこの球団とも契約できなくなる。復帰は、確実に100%の状態になってからにしてくれ」

デイビッドは8月24日、ついに復帰して4打数2安打とした。彼がいない間、毎日彼が帰ってくるのを待ち焦がれていた。翌日、監督室のテレビでESPNを見ていると、ドジャースとレッドソックスのトレードの可能性などという話が流れていた。国歌が始まるタイミングだったので、監督室を出てクラブハウスに入った。そこにエイドリアン・ゴンザレスが立っていた。

「何をしてるんですか?」と彼は言った。

「グラウンドに行くんだよ。勝つ準備はできているさ」と私は答えた。

「そうじゃなくて、ぼくの名前をスタメンに入れるって、何やってるんですか? 今トレードされたんですよ」

スクリーンの下に名前が次々とスクロールされていたが、そこにあったのは別のゴンザレスだとばかり思っていた。

「いやいや、これは噂が出ているっていうことだろう」

「違います。代理人が電話してきて、ドジャースの飛行機が、ぼくとカール、ジョシュ、プントを迎えに来るって」

私は彼らもスタメンに入れていた。「もういい、エイドリアン。この話はここまでだ」私ひとりだけこの悪い冗談に乗っかっていないのが嫌だったので、こう言った。「さあ、行こう! 話は後だ」

国歌が流れ、歌詞の「砲弾の赤い光」の部分が流れたとき、私はダッグアウトのステップ最上段に立っていた。そこにチェリントンのアシスタントのひとり、ブライアン・オハロランが来て、私のユニフォームの端を引っ張った。通路に降りると、彼は言った。「スタメンからゴンザレス、クロフォード、プントを外してください。今トレードが成立したんです」

「冗談を言ってるんじゃねぇ！」と言いたかったところだが、すぐにクラブハウスに駆け戻った。新しいスタメン表を作り、ホームベースの審判のところに持っていかなければならなかったからだ。トレードされた4人は着替え、ドジャースの飛行機に乗るため空港へ向かった。我々がプレーする目的は、もはや勝つためではなくなったので、デイビッド・オーティズは当然ながら、ケガをするリスクを回避するため欠場した。

試合後、ベンが監督室に来て言った。「もう勝敗は関係ありません。ただのプロセスです」

我々のラインアップは、メジャーリーグのラインアップと呼ばれたものの中では最低レベルのひとつとなった。トレードがあった時点での我々の成績は60勝67敗だった。その後シーズン終了までに9勝26敗。最後の13試合で12敗を喫し、69勝93敗でシーズンを終えた。

フェンウェイパーク開場から100年の祝福は終わった。シーズン中多くのホームゲームで行われた試合前イベントでは、様々な過去の名選手たちが姿を見せてレッドソックスファンから温かい声援を受け、思い出深い光景となった。ファンは素晴らしかった。この特別なシーズンでこの球場にいられたのは光栄なことだったが、試合をするのは苦しかった。レッドソックス球団のCEOサム・ケネディと彼のスタッフと仕事ができたことは、非常に貴重な経験だった。ルイス・ティアントが親しくしてくれて、私の隣に立ってくれたのは格別で価値ある瞬間だった。もっと多くの機会でそうしたかった。

2012年10月4日、私は正式に解任された。翌年に、私が独自に選んだコーチングスタッフを揃えるため、この年にできる限りのことをしたが、ここまでだった。レッドソックスと袂を分かった後、私は監督になっていない。

35

野球生活を終えて

私はスタンフォードに戻り、私の中で決めた「野球生活終了後の人生」をスタートさせた。戻ってからの数週間は、レストランの仕事に加え映像制作会社とスポーツアカデミーをサポートしていたが、そこにセイクレッド・ハート大学（ＳＨＵ）の法律顧問マイク（マイケル）・ラロビーナから電話がかかってきた。マイケルは、私がペイビア市長時代にスタンフォード市の公安部長を務めていたときの、市の法律顧問だった。彼は、学長が私と話したがっていると言った。何を求められているのかがわからなかったので、私は会うのを1週間先にしてもらった。

そして学長と私は会い、彼はセイクレッド・ハート大学運動部のエグゼクティブ・ディレクター職に興味がないかと訊いてきたが、その話を持ちかけるには、私は不適切な相手だと伝えた。なぜなら私は大学を卒業していないし、私の映像制作会社はＮＣＡＡ（全米大学体育協会）を非難するドキュメンタリーを発表するところだったからだ。彼は、高等教育機関は異なる意見を唱える場であるのだから、その映画はセイクレッド・ハート大学で最初に上映してほしいと言った。この言葉は私に響いた。それから1週間も経たないうちに、契約もまだ交わしていないいまま、私はオファーを受け入れて、ディビジョンⅠの理想的な運動部作りを始めていた。彼は完全に真っ白なキャンバスを私に託したので、できる限り質の高い仕事をして色をつけていこうと意気込んだ。

セイクレッド・ハート大学運動部エグゼクティブ・ディレクターとしてのここ8年間の実績に含まれているのは、運動部職員の増員に始まり、女子運動部の指導者の報酬を増額して男子運動部のそれと同等にしたこと、運動部所属学生数が40%増加したことなどがある。また、ディビジョンI［訳注：NCAAの最高レベル］に所属するチーム数を増やし、新しいスコアボードが設置された新施設をアメフト、ラクロス、サッカー、陸上の各部に建設した。運動部に在籍する学生が1000人を超えた今、新たに設立されたアカデミックセンターやストレンクス・アンド・コンディショニング・センターとそのプログラム、拡張された医療・トレーニング施設が充実したことで、我が大学の学生たちは、健康を維持しながら正しい準備ができるようになったと自負している。また、学長の希望だった、総工費2300万ドルのボビー・バレンタイン・ヘルス&リクリエーションセンターの建設にも尽力し、同センターのバルコニーには母グレイスの名前が付けられた。これらのプロジェクトにはすべて資金調達のための募金活動が必要だったが、SHUのコミュニティは、私のたくさんの個人的友人たちと共同し、学生アスリートの経験が、楽しく思い出深いものになるよう、懸命な努力をしてくれた。

セイクレッド・ハート大学での計画が完了すると、私のスタンフォードのレストランは同じ所在地で33年目を迎えていた。私は、レストランをさらに規模の大きい場所で展開する機会を模索していた。また、私のスポーツアカデミーの拡張も検討していて、夏休み中にアメリカ南部各地を巡り、60日間で55試合をプレーする少年少女野球チームと、ひと夏を共にする計画も立てていた。

2010年に日本から帰ってきたとき、私は長く多彩な経歴が書かれた私の履歴書に「映画プロデューサー」の肩書きを加えた。『ザ・ゼン・オブ・ボビーV』を制作した若い映画監督のひとり、アンドルー・ムスカートが、ドキュメンタリー映像制作会社を設立する計画を持ちかけてきた。我々はこのベンチャー企業の名前を、千葉ロッテマリーンズの本拠地から取って「マクハリ・メディア」と命名した。アンドルーと私は、短編、長編を含む多くのドキュメンタリーを作り、高い評価を受けて世界中で上演された。この10年以上でマクハリ・メディアが制作したすべての作品を誇りに思っているが、いくつかのプロジェクトは特に私の心に残っている。

『ブランカズ・ピッチ』は、私の義父で、ブルックリン・ドジャースの偉大なる元投手、故ラルフ・ブランカの人物像を紹介した作品だ。『ボールプレーヤー：ペロテロ』は、大リーグへの夢を抱く、ドミニカ共和国のティーンエイジの野球選手たちをリアリズムに徹して取り上げた作品。この作品に登場したミゲール・サノーは、ミネソタ・ツインズの正三塁手にまで成長し、オールスターにも選出された。2013年に初上映された『スクールド：ザ・プライス・オブ・カレッジスポーツ』は、アマチュアリズムとカレッジスポーツ・ビジネスについての意識を再考させる、先駆者的作品として認識された。そして、この原稿を書いている最中には、アカデミー賞受賞監督ピーター・ファレリーが、マクハリ・メディアが2015年のベテランズデー（退役軍人の日）にパブスト・ブルー・リボンと共同で制作した短編ドキュメンタリー、『ザ・グレーテスト・ビア・ラン・エバー』を改作した映画を制作中だ［訳注：2022年9月に公開］。

私のスポーツアカデミーは、かけがえのない友人でパートナーのパブロ・ストールマンとフランク・ランペンの協力により、新しい3716㎡の施設に移転した。

レストランは2787㎡の施設に移転した。1980年、わずか204㎡の面積でオープンしたオリジナルの「Bobby V's Restaurant & Sports Bar」には、バーにテレビが1台しかなかったが（しかも銀行は、客がテレビを見られるようにすると十分な回転率が得られなくなる、と反対していた）今では200を超えるテレビが設置され、そのうち2つは対角線の長さが5・5mの巨大なスクリーンを備えている。

私は幸運にも、スポーテック・ベニューズ〔訳注：スポーツベッティング（賭博）に関するサービスを行う企業〕とパートナー契約をし、スタンフォードのダウンタウンとコネティカット州ウィンザーロックスの2カ所でレストランを経営している。1980年当時の店舗拡張目標が、パックマンとミズ・パックマンのゲーム機2台を置けるスペースを探すことだったのを考えると、ここまで店舗が成長したことに驚きを感じるばかりだ。過去には、4つの州で7件の店舗（同時期には6店舗）を展開していたし、現在でもスポーツバー業界のパイオニアとして認められている。非常に難しいビジネスだが、数十年にわたって経済的・社会的混乱をくぐり抜けてきたことは大きな誇りだし、長い年月の間、数々の大切な友情をつないできたことに、心から満足している。

おわりに

私は健康でいられたおかげで、自転車に乗り、犬の散歩をして、世界中の壮麗な山で最高の人々と一緒にスキーを楽しむことを続けられている。

この本では、幾度となくトミー・ラソーダについて述べたが、２０２１年1月7日に彼が他界して、私の人生の素晴らしい章がひとつ幕を閉じた。トミーと一緒に天国にいるのは、私の母と父、義理の父と母、ラルフとアンのブランカ夫妻、そして私のこの幸運な人生を共に過ごしてくれただけでなく、その幸運は、彼らなくしてはあり得なかったことを知ってくれている数多くの親族や友人たちだ。

そしてこの世には、妻のメアリー、息子のボビー、兄のジョーと彼の妻パット、そしてまだ私と共に楽しく時を共にしてくれている親族の面々と友人たち。

あなたたち全員に感謝の気持ちでいっぱいだ。

この本の出版に尽力してくれたブライアン・バラフ、トム・チアペッタ、アンドルー・マカレアに感謝する。

―ボビー・バレンタイン

ボビーと私を引き合わせてくれた、セバスチャン・ソレンティーノに感謝します。また、私のキャリアでいつも助けてくれた人々にもお礼を申し上げます――ニック・ディンセッコ、マーティ・アペル、ロジャー・カーンと、私にとっては兄弟のような存在だったジム・ボウトン。最後に、35年間代理人を務めてくれているフランク・ワイマン、熟練の編集者、ジェイコブ・ホイ、そして細部までチェックしてくれたロバート・ビディノットに感謝の気持ちを伝えます。私はラッキーな男です。

―ピーター・ゴレンボック

【著】
ボビー・バレンタイン
Bobby Valentine
1950年5月13日生まれ。米国コネティカット州スタンフォード出身。サザンカリフォルニア大在学中の1968年ドラフトでロサンジェルス・ドジャースから全体5位で指名を受けたが、それから数年後に脚を骨折したことで、メジャーリーグでのキャリアは短いものとなった。彼の監督としてのキャリアは1985年にテキサス・レンジャーズで始まり、その後は千葉ロッテマリーンズ、2000年にワールドシリーズ進出を果たしたニューヨーク・メッツ、ボストン・レッドソックスで監督を務めた。マリーンズを2度目に指揮した間、2005年に日本シリーズとアジアシリーズ制覇を成し遂げた。2002年には、2001年に起きた同時多発テロの被災者への寄付金を募る活動と奉仕活動に対し、ブランチ・リッキー・アウォードが贈られた。2018年には、日本にて旭日小綬章を受けた。現在は、セイクレッド・ハート大学で運動部エグゼクティブ・ディレクターを務めており、ボビー・バレンタイン・スポーツアカデミーと、スポーツドキュメンタリーを制作する「マクハリ・メディア」のオーナーでもある。

【著】
ピーター・ゴレンボック
Peter Golenbock
スタンフォード育ちで、アメリカで最も有名なスポーツライターのひとり。『ニューヨーク・タイムズ』紙が選ぶベストセラーに彼の著書が10冊選ばれている。代表作は、『ザ・ブロンクス・ズー』(共著スパーキー・ライル)、『ナンバー1』共著ビリー・マーティン)、『ボールズ』(共著グレイグ・ネトルズ)、『ジョージ:ヤンキー帝国を作り上げた哀れな富豪』、『ハウス・オブ・ネイルズ』(共著レニー・ダイクストラ)など。フロリダ州セントピーターズバーグ在住。

【訳】

中曽根 俊

Nakasone Shun

1964年神奈川県鎌倉市生まれ。1987年ウェストバージニア大学卒業。大手旅行代理店、海外のホテル勤務などを経て、1993年よりフリーランスの通訳・翻訳者として、NHKアメリカメジャースポーツ中継やCNNワールドスポーツでの通訳・翻訳・ボイスオーバーなどに携わる。2004年～2009年には、千葉ロッテマリーンズでボビー・バレンタイン監督専属通訳を務め、WBCでのインタビュー通訳、オールスターゲームオフィシャル通訳なども担当。リベラルアーツ学術院客員講師、東レパンパシフィックオープン・オフィシャル通訳など幅広く活躍している。

【監訳】

荒木 重雄

Araki Shigeo

1963年群馬県桐生市生まれ。青山学院大学大学院修士課程修了。外資系企業要職を経て、2004年のプロ野球再編騒動をきっかけに、2005年1月千葉ロッテ球団入り。当時のバレンタイン監督と二人三脚で人気球団へと飛躍させたほか、パ・リーグ6球団の事業会社立ち上げに貢献。2009年に独立し、株式会社スポーツマーケティングラボラトリーを設立。2013年から日本野球機構（NPB）特別参与（後にNPBエンタープライズ執行役員）となり、野球日本代表・全世代侍ジャパンの事業戦略、デジタル戦略を担当。戦略、営業、マーケティング、システム・メディア構築から運用までを一気通貫で提供し、幅広くスポーツビジネスを推進している。

装　丁　水戸部 功
DTP　松浦 竜矢
編　集　吉村 洋人
編集協力　山本 浩之

ボビー・バレンタイン自伝

2023(令和5年)年3月27日　初版第1刷発行

著　者　ボビー・バレンタイン
　　　　ピーター・ゴレンボック
訳　者　中曽根 俊
監訳者　荒木 重雄
発行者　錦織 圭之介
発行所　株式会社 東洋館出版社
〒101-0054　東京都千代田区神田錦町2-9-1
コンフォール安田ビル 2F
(代　表)　TEL 03-6778-4343　FAX 03-5281-8091
(営業部)　TEL 03-6778-7278　FAX 03-5281-8092
URL　https://toyokanbooks.com/

印刷・製本　株式会社シナノ

ISBN　978-4-491-05170-3 / Printed in Japan